本书获陕西师范大学人文社会科学高等研究院学术专项经费资助

· 秦岭学术书系 ·

主编：党圣元 李继凯

# 姚雪垠传

许建辉 著

人民出版社

# 序 一

陈建功

　　许建辉是中国现代文学馆的研究员。我自 2004 年开始兼任文学馆馆长之后，始与之有所接触。许建辉敬业、勤勉、心直口快，每每对文学馆管理弊端直陈其害，督促我们革故鼎新，使我深感温暖也深受鞭策。嗣后她为了改进文学馆的工作，又专程到国家图书馆等机构走访，把获得的感受在馆员会议上娓娓道来，如数家珍。我馆派她出访日本，访问归来，她独具慧眼的总结在文学馆获得极高的评价。渐渐的，这位不遮不掩、坦率直言的学者，以其见解的独特、持论的公允、学理的严谨，赢得了我的敬重。

　　说来也巧，我与本书的传主姚雪垠先生，也曾有过半月的"粉丝"之缘。那是在 1991 年，那时我在北京市文联从事专业写作，作为中国作家代表团的一员，随同姚雪垠先生出访日本。姚雪垠在日本名声很大，因为《李自成》第一卷被译成日文，更名《叛旗》，在日本讲谈社出版。《李自成》第一卷，是我青年时代就爱不释手的读物，读过后的第一件事，就是上街四处找新华书店，要买第二卷。得知随姚先生出访的消息时，我几疑梦中。出访的日子忙碌而短暂，当然主要是身为团长且声名远播的姚先生在应对访问事宜，附骥其后的我辈，倒多了一些观察琢磨这位心仪已久的前辈作家的机会。更为有趣的是，这次观察，为今天阅读许建辉的《姚雪垠传》带来了莫大的快乐：我一边读，一边回忆起那个步履蹒跚、满面慈祥地走在代表团最前面、走在盛开的樱花下的老爷子，回忆那个在吃法式大餐的餐桌上像孩子一样高声大嗓地和我们争论历史小说写作的老爷子。

　　我对传主的人生历程和文学成就没有做过系统的研究，故对本书的学术成就不敢置喙，但可以很自信地说，许建辉对传主性格的深刻把握令我折服。拜读本书，我时时忍俊不禁，因为那个在学问上脾气固执、性格自负，在为人上却宽厚素朴、蔼然慈祥的老人家，又来到了我的面前。

　　虽然我对姚雪垠先生的一生并无更多的了解，但他坚守自己文学追求的意志和勇气，我一直很敬佩。早就听说过，中华人民共和国成立之初，他辞却大夏大学文学院教授兼大夏大学副教务长职务，辞却包括孔罗荪和方光焘先生在内的朋友们为南京大学等高等学府的热情相邀，执意从上海回到开封，以一个知名作家的身份做了一名普通的创作员。失去的是优越的地位和丰厚的薪酬，得到的是他自己最想担当的一个社会角色。其对错得失都不重要，重要的是他自己终于实实在在地把握了自己。后来的几年里，他先做了只想为个人在创作领域"打'翻身仗'"的"白专"典型，因为不肯写"夏锄草　冬积肥"的宣传材料便什么都不能写；继之又成了"极右派"，人身自由连同创作权利一起遭到剥夺。但他并不后悔，更不罢休，而是流着眼泪，偷偷开始了《李自成》的创作。这是一个人对其生命状态进行了反省的煎熬之后的"反叛"，是姚雪垠先生的又一次选择。没有奢望生前出版，因而便没有了许多禁忌，周围的环境可以视而不见，心里眼里唯有他的文学。他把生命的全部热情都投注于此，在以自己选定的方式为社会恪尽一份职责的同时，也把个人的品质和潜能发挥得淋漓尽致。文学评论家雷达曾为之击节赞赏："《李自成》第一部写得真好，就是把人置于那么一种情境之中，那种情境叫什么情境呢，我不知道，就是被剥夺了很多很多的东西，只有一支笔自己拿着，自己真正能够回到历史里面去，深入到历史里面去，写出一种文学的精品。了不起。"

　　的确，姚雪垠先生以其小学三年正规学历而成为著作等身的作家、学者，其生命旅程中的每一个脚印，都镌刻着超乎寻常的坚韧和艰辛。作为一个脱胎于中国文化传统的知识分子，姚先生与生俱来地有着对世道人心的使命和责任，然而他又是"叛旗"独树的——自己选择，独力担当，堂而皇之地把自我价值的实现当作实现这使命与责任的要义。他的不懈追求，在那个只承认群体而无视个人的时代，只能以一种特立独行的姿态横空出世。唯其如此，我以为他有资格成为审视 20 世纪中国式成功人生的一个观察点。从这个点上，除了可以窥见一代中国知识分子的命运之外，还应该能够看到传统与现代、东方与西方文化的矛盾，甚至可以看到在坚守与突围中迎接新的人格曙光的东方知识分子的人生范式。

20 世纪 60 年代，一部《李自成》一夜之间名满天下。当时，电影、戏剧、美术、评书甚至连环画，几乎所有的艺术形式都蜂拥而上争相改编，称之为趋之若鹜，当不为过。然而，由于时代语境的变迁，由于光怪陆离的文化现象的遮蔽，或许，也由于他过于顽强的个性所致，姚雪垠先生同他的历史小说一起走进了历史，当年的无限风光尽被雨打风吹去，仿佛什么事情都没有发生过一样，已经很少再被忆起并形诸笔墨。在这样的时候来写这样一本书，是需要一种超功利之目的的。令人欣慰的是，这项工作从一开始就得到了许多帮助与支持，使一项原本属于坐冷板凳的劳作过程变得温馨和谐春意融融。而更令人欣慰的是，这本传记写得很规矩很老实，不拔高溢美，不文过饰非，不顺情说好话，一切唯史料是瞻，白白黑黑、非非是是。作者许建辉曾给传主姚雪垠先生做过四年多的工作助手，对传主的观察了解自有其独到之处。书稿采取传记习用的以时为序方式，沿着传主跌宕起伏、波诡云谲的人生轨迹向前推进，把现实生活中的姚雪垠尽量真实地展示在读者面前。

作者自谦，写作此书的目的是"为后来的研究者铺路搭桥"，我相信这个目的一定能够达到，相信来的研究者一定不乏其人——毕竟，姚雪垠先生把 800 多万字的作品留在了人间。毕竟，中国现当代文学史上应该有属于他的一席地位。

2006 年 7 月 8 日

# 序　二

俞汝捷

大约三年前，曾听许建辉发感慨，说在现代文学馆的书架上，不少作家都有多部传记，而姚老连一部像样的传记都没有。三年后，当我读到《姚雪垠传》的部分初稿时，欣佩之余，相信这个缺憾已经由她弥补了。

在我国古代图书分类中，传记从来都是史部的主干。"像样的传记"应当体现史的特质，首先是拥有"像样的"史料。鉴于姚老自己写过一部《学习追求五十年》，有关研究者编过姚雪垠创作年表，《姚雪垠传》如果只是复述同样的事迹，那么对于读者特别是比较熟悉姚老的读者来说，怕就没有什么吸引力了。可喜的是，现在这部传记在资料的搜集上颇下功夫，它所提供的信息不但丰赡可信，而且有相当部分是首次面世。

该传按人称可以分为两部分。正文写的是许建辉 1995 年结识姚老之前发生的事，也就是传主 85 岁以前的经历，采用第三人称叙事。《尾声》写的是 1995 年之后的事，以在场者的身份采用第一人称叙事。

《尾声》篇幅虽小，却价值独具，因为它是笔耕一生的老作家最后几年生活的写照、思想的实录。作为姚老的助手，我与许建辉是先后同事，见证的世态则有炎凉之别。我于 1977 年秋至 1985 年春给姚老当助手。那正是《李自成》前三卷以数百万册的印数风靡全国之际。有段时间我每天都要代姚老拆阅大量读者来信。其"粉丝"从十几岁的学生到七八十岁的老者皆有。但人生有起有伏，当许建辉来到姚老身边时，老人因患"退行性脑软化"症，已逐渐失去往昔那异常活跃的形象思维能力；访客的剧减也与若干年前形成一个大的落差，生活相当寂寞。倘若一部传记，只有对高潮的渲染，没有对低潮的记录与思索，其对传主生平与人格的呈示就很难说是完整的了。幸好有此一篇《尾声》，刻画了姚老归途中的境遇、况味，留下了他临去时的若干身影。其中最令我感动的是衰病中的老人，尽管思维已经迟钝，但一种已化为潜意识的使命感，一种60余年来养成的习惯，使他仍然每天坐到写字桌前，摊开稿纸，凝神构思。即使一个字也写不出，他仍然坚守在那里。这是多么悲壮的画面！

《姚雪垠传》的正文部分，资料功夫也值得称道。除了作者《后记》中谈到的曾参阅姚老同辈作家的传记、采访相关的当事人、借鉴友人的文章之外，据我所知，她还广泛浏览了传主的著作、别人与传主的通信以及包括一些会议纪要在内的各种文献。譬如1990年在华中师范大学举办的"姚雪垠文学创作六十周年纪念学术讨论会"，许建辉并未参加，但她显然认真阅读了讨论会的相关资料，于是把16年前一次会议的进程乃至气氛基本如实地再现了出来。书中此类例证甚多，都在素材的开掘上给人以新鲜和意外之感。

在她所引用的资料中，文字最粗糙的可能是我提供的所谓"日记"。需要说明的是，我并无写日记的习惯。只是在1983年，有电视台想改编拍摄《李自成》，姚老让我代为接谈，而我与姚老的意见未必完全一致，为避免混淆，便决定每次与姚老交谈后作些记录。这样便断断续续有了几十则貌似"日记"的东西，所记内容则大大溢出了电视剧的范围。

但凡好的传记，总是能在叙述传主生平的同时，展示出他的性格、情操、精神面貌。《姚雪垠传》也在描述姚老生活的时代环境、遭遇的顺境逆境、作品产生的经过及影响时，让我们看到了人物鲜明独特的个性。书稿《后记》中，作者将姚老的一生称为"奇怪个案"，坦承"拙笔所试图捕捉的，正是雪垠老生命旅途中那些构成'奇怪个案'的最不同寻常的'风景'"。她从十多个方面列举了这一"个案"的奇特之处。而透过书稿展现的连绵"风景"，可以说，一个集自负、执着、倔强、坦诚、和善、幽默、好激动、易受骗……种种特征于一身的独特形象已经展现在我们面前。

这里,我忽然想起以前就《李自成》向姚老提过的两条意见。那意见恰好可与上述"好激动""坦诚"的性格特征相印证。大概是在整理第五卷某个单元的录音时,我对他说,有两种细节要尽量减少,能避免更好。其一,您本人易激动,爱哭;结果小说中的人物也都爱哭,动不动就流泪,哽咽。其二,小说中写两个人谈话,总要让边上的人(或太监宫女、或亲兵亲将、或丫环仆役等)回避,这就等于告诉别人所谈的话十分机密;而真正善于保密的人,应当外松内紧,在别人毫不觉察的情况下进行密谈。这类细节的一再出现,也与您本人的不善于保密相关。姚老当时听了忍俊不禁。对于第一条意见,他说,小说中的武人一般不哭,李自成、张献忠、刘宗敏都不哭。慧梅出嫁时,张鼐悲愤,也不哭。但女性哭的情况较多,崇祯也爱哭。以后描写时要注意,把握分寸,避免重复。对于第二条意见,他说要看具体情境。

其实,我当初将《李自成》中的细节描写与他的性格相联系是有根据的。与姚老接触稍多的人都知道他爱激动流泪。譬如1984年新文学学会在西安召开年会,其间招待大家观看反映张自忠事迹的台湾电影《英烈千秋》。在返程的大客车上,年逾古稀的姚老谈及张自忠必须以一死来向国人证明自己的清白时,竟当着一车人痛哭失声。由于自身如此易受感动,当小说人物遭逢某种触发情感的场景时,他把自己固有的体验移注到人物身上,也就再自然不过了。

至于他的坦诚和不善于伪饰,我也深有体会。我与他相识相交20余年,从不担心他会当面一套,背后又一套。我们之间对不少问题存在歧见,他对我也有不满的地方。他绝不会把分歧说成一致,把不满说成满意。有时当面不好意思表露,他会写信把他的批评说出来。如果别人在他面前或在给他的信中对我有所批评甚至诋毁,我也很快会知道,因为他没有替人保密的习惯。同样,如果我在他面前对熟人有所议论,对方也迟早会知道。有时,姚老会故作神秘,仿佛所谈真属机密,不可外泄,但这正像我对他小说所提意见一样,本身就是不善于保密的表现。我曾对一些友人说,姚老也有狡猾的时候,但那是李逵式的狡猾,一眼就可看穿的。

回到《姚雪垠传》。凡属传记,在客观叙述传主生平的同时,必然有意无意地会带有作者的主观评价,流露出自身的情感倾向和价值取向。特别是涉及某些敏感而带争议性的问题,或述及传主参与的某些论争时,更会有自身的观点与是非标准。由于未读全稿,我不能说许建辉在这方面已做得毫无瑕疵,但就已读过的书稿而言,至少有两点是值得称道的。其一,她对与传主相关的任何人与事、涉及的任何问题都不回避,勇于通过事实的铺陈表达自己的观点和倾向。其二,无溢美之词。由于在以往介绍姚老的各类文字中时有戴高帽的现象,她这种褒贬有据、不作廉价恭维的文风就显得格外可贵。

当然,许建辉在姚老身边毕竟只待了四年多时间,要她对一位享寿90、驰骋文坛70年的老人一生巨细靡遗地全盘把握是不切实际的。该传总会有所缺漏,有所失误,留下遗憾。实际上我曾就自己读过的部分初稿内容提过修补意见,其他熟悉姚老生平的读者当然也可能提出各种不同意见。

它是迄今写得最好的《姚雪垠传》,却未必是最后一部《姚雪垠传》。

2006 年 9 月

# 目　录

# 引子　1910—1929 年

　　古老的南阳盆地西尽头，清凌凌的刁河水不舍昼夜。河边有个村寨名"姚营"，满村子都是"姚"姓的同宗同族人。他们祖籍江西，明朝洪武大移民时被迫迁移至此，受河南邓县辖治。

　　姚营有户人家，以老祖母为核心，组成了四世同堂的一个大家庭。有房有地有佃户，虽然不是大富大贵，但在整个社会都日渐沦落的大背景下，能够不拖饥荒不欠债，过自给自足温饱无虞的日子，也算得上安生且怡乐。

　　1910 年 10 月 10 日（即宣统二年九月初八），姚雪垠就出生在这个家庭里。他是老祖母的第三个重孙子，循兄长冠杰、冠略之例，取名姚冠三，小名"三儿"。

　　三儿尚躁动于母腹时，死神却已先期光顾："生下来就把他摁进尿罐里"——这是母亲的判决。那年月，"溺婴"乃寻常之事，没有人大惊小怪。被"三寸金莲围着三台（磨台灶台炕台）转"的日子折磨怕了的女人们，自行"减负"的唯一办法，就是剥夺那个比自己更为弱小者的生存权。如同早期产业工人破坏机器，是发泄，是报复，也是流淌着血泪的控诉与反抗。

　　但是，老祖母不干，其理由十分强硬：兵荒马乱年头，死神无处不在。生下十个八个，能有一两个长大成人就是万福。更何况姚家已是两世单传，而她才只有两个重孙子，怎么就敢不再要了！于是紧紧盯住了孕妇，出来进去前后脚跟着。孩子刚落草，抱起来就跑，躲进卧室，把孩子贴在胸口。饿了就抱出去，找堂侄媳妇和一位姓胡的佃户女人轮流"借"奶吃。整整一个月，就那么不错眼珠地守护着，直到确信孙媳妇已回心转意为止。

三儿自小就生活在看不见男人的"女人国"——他有爷爷，爷爷不出门，一天到晚躺在炕上抽大烟；他有父亲，父亲不在家，"县优级师范"毕业后一直谋生在外；他还有两个哥哥，只是皆在幼年，不能以"男人"计数。如此这般，呵护三儿的便只有女人：老祖母、外祖母和母亲，后来又添上一个大嫂。

在三儿的心目中，老祖母是天下最美的人。她一天到晚总在笑，仿佛天底下就没有该她发愁的事。在老祖母的笑声里，三儿学会了爬，学会了坐，学会了蹒蹒跚跚咿咿呀呀。老祖母上茅房时嘱他不要动他却偏要动，摔倒了就赖在地上哭，直哭到老祖母扶起他，再用棍子狠狠地敲打着摔疼了他的砖墁地。三儿要是不听话，老祖母就会伸出指头点着他的脑门数落："不孝顺的小东西！要不是你生下来我抱起就跑，这世上哪里还会有你！""是的呀！"他学着老祖母的口吻："要不是我把你抱起来就跑……"话音未落，老祖母早已笑得合不拢嘴。

老祖母用笑声把曾经的苦难酿成故事，笑模笑样讲给她的三儿听。太平天国的收场锣鼓已经敲响，遵王赖文光奉命率残部西征，途经邓县。其所到之处，鸡犬不宁。三儿的老祖母为"逃难"而匆忙出嫁，连花轿都没坐就成了姚家的人。不久便死了丈夫，十九岁的寡妇带着襁褓中的儿子苦度时日，因为"克夫"而受尽家人和族人的白眼。那一次，她想给儿子缝件衣服，公婆却死活不给钱——不是没有，就是不给！郁积在胸的愤懑终于变成烈火岩浆喷薄而出，她抓起一块砖头冲进账房，照着钱柜狠狠砸下去……本是豁出命去的拼死一搏，却不料绝处逢生时来运转，从此竟成了姚家的掌门人。

三儿的笔下，外祖母的命运悲惨至极：家庭败落，儿子、儿媳病逝。为把小孙子养大成人，几次上城向女儿求助，却总是怀揣希望至，满怀失望归。后来小孙子也病死了，乡下衰败得再也没法活下去，外祖母不得不寄居女儿家，充当起一个老仆人的角色。天不亮就起床，到晚饭后收拾清灶间才作罢。除了饥饿，她已经对一切都无动于衷。她还活着，但她的心已经死了。

可是，镌进三儿记忆的，却是好年景下外祖母到他家走亲戚小住时的印象：挎着装满各式礼品的篮子，装着一肚子讲也讲不完的故事。晚饭后搬把小椅子坐在院里乘凉，被几个小孩子拱围着。外祖母点着一袋烟，深深吸一口，徐徐吐出来，然后，故事就从"很早很早的时候""很远很远的地方"开始了。

灰蓝的天上撒满星星，纤纤的新月挂在树边。清风徐徐吹来，掀动了外祖母的鬓发。大门外不远处是打麦场，麦秸垛的暗影在场中朦朦胧胧……夜深了，两个哥哥已经抑制不住眼皮打架，只有三儿还在缠着外祖母讲、讲、讲……讲不完的故事催生了问不完的问题，美妙的故事诱发出无限的期待与向往。

唯其如此，才有了《外祖母的命运》中的深情述说："我首先读童话是在初中的课本上读王尔德的《快活的王子》。二十岁以后才有机会看英文本王尔德和安徒生的童话选集。所以最早启发我的想象能力、培养起我的文学兴趣的，不是王尔德，不是安徒生，也不是五四时代的文学先驱者，而是我的外祖母，一个不认字的乡下老婆子。"

三儿成为"姚雪垠"之后，曾经写过《我的老祖母》、《外祖母的命运》和《大嫂》，却从来没有为母亲专门写过什么。可是被母亲搂在怀中的幸福，三儿又何曾忘记过！

那时候母亲太忙，套碾子套磨，洗衣服做饭，忙完白天后，夜里还得去给三儿的奶奶烧大烟。婆婆躺在炕上，她站在地下，一站就是多半宿。什么时候抽烟的过足了瘾，她才算干完了一天的活，才能拖着肿胀的双腿回到房间。看着儿子们都钻了被窝，就开始凑着油灯缝缝补补，有时候一边做活，还一边小声地哼着梆子戏。三儿趴在被窝里，一会学狗叫，一会学羊叫，还学有痨病的五爷"吭、吭、吭"地咳嗽。母亲常常停下活计，伸出手在他的头上轻轻摩挲着，温柔的目光里流露出暖暖的笑容。两个妹妹都被溺死了，该妹妹们吃的奶水就都便宜了三儿，三儿吃奶一直吃到十岁上。穿衣服呢，是九岁以后才学会的，之前则一直由母亲越俎代庖。冬天他怕冷，赖在床上不肯动窝，母亲就拍着、摇着，直到他乐意起床为止。

有一次，三儿病了，发烧，不吃东西。奶奶坐在堂屋前檐下的台阶上，一声不响地抱着他。夜幕四合，母亲拿了一叠火纸，凑到灯上点着，在他的脸上和身上绕几绕，然后匆匆跑出角门。少顷，后门口传来母亲的呼唤："三儿，你回来吧！三儿，你回来吧！"奶奶的身体微微摇晃，一边轻轻地拍着三儿的后背，一边喃喃地重复回答："乖乖回来啦！我的乖乖回来啦！"就在奶奶与母亲这极其亲爱而悲哀的呼唤里，三儿的热度悄悄退去，他依偎在奶奶怀里朦朦胧胧睡着了。

在三个女人撑起的"半边天"下，三儿浸在幸福中度过了他的幼年和童年。老祖母的刚强与乐观，外祖母的善良与坚韧，母亲的贤惠与勤劳，滋养了他的"善根"，也张扬了他的个性，让他从小就自信，自我，敢想，敢做，争强好胜，不屈不挠；正直，开朗，执着，倔强，襟怀磊落，疾恶如仇……事业有成者不可或缺的种种特点，都从小就在他身上扎下了深根。特别是外祖母描绘的神话世界，更是为他天性中的浪漫情愫开辟了一个广阔空间，于无意识中对一个未来作家进行了培养。

姚雪垠感恩这一切。他说，每个人的童年都像生活在神话世界里；每个人都有几个童年生活的片段留在脑海中，不管这些片段在当时是浸着眼泪还是闪着微笑，回想起来时都同样地使我们产生美感，正像欣赏一幅残缺的古画或一首记不全的歌谣。在古代，天上的诸神和人间的英雄不能分开；在童年，现实生活结合着故事和传说；而老祖母、祖母、外祖母，她们是那些美妙故事的最大源泉。[①]

三儿成长的同时，他的家庭正一步步走向没落。为挽救危亡，父亲姚薰南回到姚营，下决心发动一场"复兴运动"。他买了牛和驴，雇了长工，添置了农具，收回部分出租土地自己耕种。他甚至在西寨外种上了罂粟，因为卖鸦片毫无疑问是最能赚钱的营生。

然而，在整个农村社会都处于迅速崩溃的时代背景下，一家一户的"复

---

① 《外祖母的命运》，载《姚雪垠书系》第 14 卷《惠泉吃茶记》，中国青年出版社 2000 年版，第 97 页。

兴"只能是匆促的回光返照。短暂的繁荣过后，姚薰南的梦想便像肥皂泡一般破灭了：驴被土匪掠去，牛不得不卖了还账；土地上的劳作入不敷出，收获的烟叶被债主抢走，长工一个也雇不起了，只好发放了工钱请人家走路。曾经人欢畜叫的院子又变得冷冷清清，久已弃置的大烟盘子又摆在了姚薰南的炕头上。

1918年秋天，中原大地已是匪患蜂起，而姚营寨地主之间的相互倾轧却在日益加剧。一位与姚薰南是对头的大地主勾引来一杆土匪，一把火将姚家烧得精光。幸亏孩子们跟着父母去了黄渠寺走亲戚，一家人才侥幸保住了性命。只是从此不得不背井离乡，逃进县城去避难偷生。

父亲的"复兴运动"给家庭造成了灭顶之灾，三儿却从中感受到了一个男人对家庭、对社会所应该担当和能够担当的责任，以及在这种担当中焕发出的人格光辉。不啻如此，三儿还从父亲身上看到了见识和学问的力量，看到了民主思想下社会人际关系的和谐，看到了不恃强不凌弱不畏权势者的可亲可敬、正气浩然……正因为如此，一个情景才在三儿的心中挥之不去：

> 大约在我五岁时，我的父亲又从外边什么地方回到家中，不再出去了。有一天下午（他每日上午照例起床很晚），我父亲左手提着玉石嘴、白铜锅的旱烟袋，右手牵着我，到西寨外看佃户们在地里劳动……当我的父亲来到自家地头的时候，正在锄地的人们都停下工作，凑过来笑脸相迎，向他搭腔说话。父亲在路边草地上坐下，叫大家歇一歇，坐在一起，向大家询问庄稼情况。留给我印象最深的一件事是大家对父亲穿的袜子最感兴趣。人们要他从脚上脱下来，顺着拉一拉，横着拉一拉，还用终年劳动的大手插进去试试，惊喜地叫道："看！看！这机器袜子能大能小！"[1]

---

[1] 《我的前半生》，载《姚雪垠书系》第16卷《学习追求五十年》，中国青年出版社2000年版，第306页。

1920 年春天，兄弟三人被父亲送进了学堂。"姚冠三"这个名字，由此正式使用。

他们先去了开元寺私塾。一年后又转到北城门私塾。两处私塾的先生李万千和李尊楼都很开明，都没有让他们读"四书五经"，而是以教育部审定的高等小学《国文》课本作为基本教材；也都不讲什么"语法"之类，一门《国文》就是读呀读呀，读多了便能"融会贯通"，自然也就能依葫芦画瓢写字做文章。背了《国文》还得背《古文观止》《论说文范》，李尊楼先生的要求更苛刻：除了背，还得写，每个学生每隔一天就必须交出一篇用文言写成的论说文来。

两位先生都对韩愈有着高山仰止之情，都一样拿韩愈作师范，鼓励学生目下要像先贤一样刻苦读书，将来要像先贤一样"立言立行"。他们要求学生背诵的《古文观止》和《论说文范》，内容均以"策论"为主，无形中把韩愈的"文以载道说"贯彻得淋漓尽致。

一年半的私塾生活虽然短暂，却为姚冠三的人生奠定了昂扬的基调，为他将来的事业打下了坚实的基础。父亲姚薰南的开明更是姚冠三的幸运——在父亲的护佑下，没有人用"尊孔读经"来强迫他，也没有人用"父为子纲"来约束他，"唯圣""唯上"两条绳索窒息了多少青年人的生命，姚冠三却未受桎梏，父亲放他的思想飞向自由，这为他形成民主意识提供了重要条件。

1921 年秋天，姚氏三兄弟告别私塾，一同考入邓县"鸿文高等小学"。该校系教会所办，《圣经》是必修课，历史课又只讲英国历史，姚冠三对此非常反感，他只爱国文。而教国文的先生也格外青睐他，不仅给他的作文极高评价，而且赐他表字"汉英"——汉民族之精英——先生期待学生成为国家栋梁的殷殷之情，天地可鉴。

家里的经济状况正江河日下。每到年关，债主踏破门槛，父亲被逼得四处逃债，再无力量供三个儿子读书了。大哥主动辍学，把读书机会留给更有天分的小弟弟，自己与几位"拜把"兄弟结伴离家，到洛阳去加入了吴佩孚的“学兵营”。

1924年7月，姚冠三小学毕业。恰逢吴佩孚又开办“幼兵营”，专门招收十来岁的小孩子。姚冠三便也到洛阳，准备也走上“当兵吃粮”路。可是见了大哥才知道，进了“吴大帅”的兵营就等于下了地狱，而“幼兵营”比“学兵营”更黑暗。大哥以“一刀两断”相逼迫，坚决不许姚冠三去当兵，坚决要他去上学，否则“再不认这个小弟弟”！

遵照大哥吩咐，姚冠三直接由洛阳去信阳，考上了教会开办的信义中学，按成绩直接插入初中二年级。而大哥却随部队去山海关与奉军作战，一去便再未回头。

1924年冬天，失败的吴佩孚逃回河南，带着残部顺平汉线南撤回信阳。信阳大乱，信义中学因之解散。姚冠三跟着二哥与几位同乡同学结伴回家，在唐县境内被土匪绑了“肉票”。

知道父母没钱赎票，姚冠三认定自己必死无疑，反倒心无杂念一身轻松，加之浓眉大眼机灵可爱，竟被一个姓王的小头目看中认作“干儿子”。后来姓王的走了，就又有姓薛的小头目毛遂自荐当了他的义父。在这层关系掩护下，姚冠三及其二哥都得以死里逃生。

当“肉票”的日子里，姚冠三亲眼看到了土匪由零星到大股，由昼伏夜出到白昼横行，由东奔西跑到盘踞一地征粮抽款；看到了“捻子”之间的火并，看到了“杆子”同红枪会的交锋，看到了土匪与军阀的勾结和咬噬。他知道土匪如何“贴片子”，如何绑票，如何打孽，如何黑吃黑……管家的在马上不耐烦地吩咐一句：“去，送那个害病的家伙回老家！”随即一道火光一声枪响，一件沉重的物体便滚下了河岸——一个生病的“票子”，就这样被一句若无其事的命令夺去了生命，简直比杀一只小鸡还随便。

这样的经历，让姚冠三理解了鲁迅先生笔下的“狂人”，同时也读懂了中国的历史——那部几千年的大书上，确乎是写满了一个用血泪凝成的“杀”字。杀、杀、杀，人们天天在互相杀戮，天天都有弱者稀里糊涂就做了冤死鬼。邓县西门外的城墙不远处有一片杀人场，“有一年春天，就在这片小小的空场上杀过两百多人，地面上经常浸着一片片的殷红血迹"①。姚雪垠因之而很佩服起白朗、黄巢和李闯王来，认定若没有他们这些弱者中的强者来组织，弱者就永远是任人践踏的一盘散沙，永远不会有翻身出头之日。

这样的经历，也让姚冠三读懂了挣扎在半封建半殖民地时代的中国农民。他了解他们的生活，也理解他们的心；他知道他们的痛苦和仇恨，明白他们中的许多人是多么希望不当土匪而能够活下去！他忘不了他们，永远忘不了！所以，他终于写了《长夜》，又写了《李自成》。后者中那位少言寡语、忠厚温良的人物高一功，其原型就是他的义父薛正礼——此是后话。

在土匪窝里生活了三个多月，"杆子"被军队打败了。好心的义父派人把姚冠三送回邓县与亲人团聚。

可是，"死"而复生后骨肉相聚的喜悦是短暂的，生活的苦难很快便夺去了母亲的笑容。自从一家人两手空空逃进县城后，母亲就总是在哭——一想起家乡、想起家乡的老宅子就恸哭不止。因为实在无法面对苦难的现实，母亲终于不得不转向毒品寻求解脱——她开始学着抽大烟，先是偷偷地抽，到后来便堂而皇之地摆起了烟盘子。

自从抽上了大烟，母亲便什么活都不再干了。大嫂承担了所有的家务，像奴隶一样被驱使、被辱骂、被责罚。母亲几乎天天哭，天天吵，天天骂。不仅骂孩子，也骂丈夫，骂公公，骂婆婆，还骂所有上门来的穷亲戚、穷朋友，更多的时候是无缘无故地责骂大嫂。

姚冠三痛恨母亲的专制，同情大嫂的不幸，他从母亲与大嫂之间压迫、奴役、忍耐与反抗交织的人际关系中，看到了封建伦理的不合理，认定了既有社会秩序的不公平。但他又无能为力改变这一切，只能抱着"眼不见心不烦"的消极心理，寻找时机躲出去。

1925 年暑假后，姚冠三又一次以上学为由离别了母亲，离别了家，到

---

① 《外祖母的命运》，载《姚雪垠书系》第 14 卷《惠泉吃茶记》，中国青年出版社 2000 年版，第 111 页。

湖北樊城进入鸿文书院重读初中二年级。可是不到半学期，父亲就托人捎信，以母亲病重为由，把他又唤回家中。

此时大革命已经在南方发动，波及湖南，震动了湖北和河南。大哥早已杳无踪迹，生死难卜，二哥又从家中逃出投奔革命，音信缥缈，三兄弟只剩下冠三一个，父母怕他也被革命洪流卷走，所以赶紧召回。

再往后，姚冠三又曾两次上私塾"回炉"，还曾两次跑出去当兵，但最终都像是折断了翅膀的鸟儿一样，被捉住囚在家中，除了翻翻书，就是画几笔画，要不就是在母亲折磨大嫂时，站出来同母亲争吵，为大嫂打抱不平……恶劣的生存环境窒息了立德立言的人生抱负，姚冠三深深感到了生活的无奈与无聊。

从姚营到县城，已经差不多十年了！十年，一个人的一辈子能有多少个十年可供蹉跎！姚冠三忧心如焚，冷汗淋漓，他不允许自己就这样沉沦下去。由缺少温暖的家庭与黑暗重重的社会合力制造的叛逆性格终于昂起头来，姚冠三下定决心要离开父母，离开家乡，做一只冲出樊笼的鸟儿，到外面的世界里振翅高飞。

1929年春天，姚冠三只身抵开封。靠着一位校友兼同乡的帮助，搞到一张"初中毕业证"。凭着一天一碗豆面丸子提供的能量，突击学习三个月后，报考了河南大学法学院预科。

等待考试结果的日子里，姚冠三以家乡某地主对佣人打骂至死事件为素材，写成一篇揭露封建地主对贫苦农民残酷剥削压迫的短篇小说，题曰《两个孤坟》。以"雪痕"二字作笔名，把《两个孤坟》投寄《河南民报》。

1929年9月9日与10日，《河南民报》副刊分两次登载了《两个孤坟》。这是姚冠三文学生命的初始，他的全部文学生命中将要具有的主要特色，如对现实生活的辑录与开掘，对被压迫者命运的同情与关注，匠心独具的小说结构以及富有感人力量的激情叙述等，基本上都在这里初露端倪。

初战告捷后，姚冠三又趁热打铁写出了第二个短篇小说《强儿》。依然是从家乡的现实生活中取材，依然是写穷苦百姓的"悲惨世界"，依然署名

"雪痕"。在《两个孤坟》发表后的第十天,《强儿》又同读者见面了。

两篇小说,既给姚冠三带来了"可观"的收入,又带来一份"激扬文字""指点江山"的责任。为了《河南民报》副刊"能保着高尚面目而未流染于鸳鸯蝴蝶化",姚冠三致信该副刊主编灵涛,"向它这春圃似的园地说几句忠诚劝告"。

这封信被登在 9 月 23 日的《河南民报》副刊上。同时登出的,还有副刊主编灵涛给"雪痕"的复信:"你的来信,所示各节,我完全诚恳地接受……你的信中所说的话,正是我近日要说的话,现在公开出来,谅你也会同意罢!"

副刊主编亲自回信,对一个文学青年已是莫大鼓舞;而信中的诚恳与谦和,更是莫大鞭策。姚冠三希望报纸能把关切的目光凝聚于贫困,凝聚于苦难,凝聚于底层民众的艰辛,凝聚于在这贫困、苦难和艰辛之中的常为人们所忽视的人性光彩。而他自己,则从一开始就把这"希望"作为文学表达最重要的原动力之一。后来他之所以能够几十年如一日初心不改,应该说灵涛的回信功不可没。

# 第一章　1929—1936 年

## 第一节　在河南大学校园里

1929 年 9 月，姚冠三好事连连：就在他的处女作《两个孤坟》和《强儿》以及"雪痕"与灵涛一来一往两封信都相继登上《河南民报》副刊时，河南大学的录取通知书又悄然而至。带着两篇小说收获的小小名气，带着未来前程的理想蓝图，姚冠三兴冲冲走进了河南大学校门，成为法学院预科的一名学生。他说："进河大预科读书是我一生的第一个关键，它决定了我这一生的道路。"

河南大学校园内，曲径回廊，环境幽雅。一座遍体沧桑的贡院碑亭静静伫立在绿树浓荫中，更给校园平添一份古香古色。多少青年人心向往之却无缘而至的理想王国啊，姚冠三竟幸运地走进来了。他激动，他喜欢这里的一切。他说："在这以前，我在家乡，也想学习，但对于学习什么，走什么道路，心中是糊涂的，混沌未开，而且也没有学习条件。从这以后，我好比混沌初开，开始有了追求、理想，并开始从事有目的的努力，而且有了读书的环境和得到书籍的条件。总之一句话，对我这一生具有决定性的日子开始了。"①

---

① 《七十述略》，载《姚雪垠书系》第 16 卷《学习追求五十年》，中国青年出版社 2000 年版，第 274 页。

"决定性"的日子开始于校园里那座内涵极其丰厚的图书馆。在那里，姚冠三找到了鸟翔蓝天鱼跃碧海的感觉。他什么书都想读，除了自然科学外，差不多任何社会学科他都有兴趣，而任何学科的著作只要泛泛读过几本之后，幼稚的心中便马上热烈地期望着自己能在这方面做一个"独步国内"的头号专家，于是定下研究计划，废寝忘食地投入。只是过不了多久，另一个新的野心便代替了旧的野心，读过的书籍扔在一旁，一切计划又从头开始。虽说这种读书方式如蜻蜓点水一般浅尝辄止，但对一个可塑性极强的青年人来说，其收获无疑是巨大的。

首先，姚冠三阅读了在白色恐怖下的开封他能够找到的所有与马克思主义有关的书籍，如《经济学大纲》《贫困之哲学》等。这些书的内容本来就极生疏，而译文又往往艰涩，读之真如同看天书念咒语一般，困难极了。姚冠三硬是蚂蚁啃骨头似的把《经济学大纲》啃了两遍，总算囫囵吞枣一知半解；《贫困之哲学》却始终一头雾水不知所云，只好悻悻放弃。尽管如此，他毕竟迈开了接触马克思主义基本理论的第一步，而且开了心窍，得了益处，为他后来对马克思主义理论的进一步学习奠定了基础，发挥了启蒙和引导作用。

其次，姚冠三比较系统地阅读了一些历史研究著作。1927年大革命失败后，中国社会特殊论——即否认中国社会存在着阶级的理论思潮曾一度蔓延，其实质在于宣判马克思主义不适合中国国情。这就迫使进步思想界不得不对近代以来中国的社会性质进行重新认识，由此引发了一场连续数年的颇为热烈的大讨论。姚冠三进入河南大学时，讨论如火如荼。众说纷纭的热闹把姚冠三的读书兴趣引向了史学，虽然仍是浅尝辄止，却也仍然受益匪浅。

读梁启超的《清代学术概论》，他学到的是从顾炎武以来的清代学者们的治学态度和治学方法。"那种实事求是的严肃态度和勤于收集资料，以众多经过推敲辨析的资料为基础，以老老实实的态度论证问题，然后得出结论"的方法，让姚冠三"非常佩服"并"始终怀有深深的敬意"。他认为"倘若将这种治学态度和方法同马克思主义的方法论结合起来，就会更利于学术研究"。读罢《清代学术概论》之后再读其他学术著作——尤其是史学著作时，姚冠三总是特别注意其引证的材料是否可靠，是否充足，运用材料的态度是否老实，是否科学。是者，他一概点头佩服；否者，纵是名震一世、一言而能风靡天下的权威，他也决不苟同，更不违心吹捧。他对态度不严肃的海派学风疾恶如仇，同时对前代学者重视卡片工作推崇有加。后来他用蝇头小楷为《李自成》的创作抄写了一万多张卡片，正是他学习前人治学经验所得的成果。

读顾颉刚和"古史辨派"的著作，姚冠三的最大收获是"打破对许多古圣先贤的著作和古史传说的迷信，只要证据确凿就可以怀疑，进行考辨真伪"。这一学派还使他明白，"有些历史人物常常经过'加工'，好的愈好，坏的愈坏，与本来面貌相去渐远，这叫做'箭垛式的人物'，也可以算是一个小小的规律"。姚冠三认为，"古史辨派"乘着反封建、反儒家思潮的东风，猛烈鼓吹"疑古"思想，批判矛头集中于儒家经典所记载和宣传的上古历史，在一定程度上对上古史的研究起了振聋发聩的作用。这一派的代表人物都是姚冠三终身佩服的学者，只是他们为疑而疑，最终由追求真理而走入了上古虚无主义，让姚冠三不能不深为遗憾。

读《古代社会研究》，姚冠三的热情更高兴趣更浓。他认为这本书是郭沫若受恩格斯的《家庭、私有制和国家的起源》与摩根的《古代社会》所启发，凭借他对先秦古籍的丰富知识，再充分利用了罗振玉、王国维、董作宾等学者在甲骨文方面的研究成果之后写出来的，堪称"新史学派"运用马克思主义思想方法研究中国奴隶社会的开山之作。姚冠三对此佩服之至，他在《古代社会研究》的封面工工整整写上了"心爱的书"几个字，把书放在枕边每日必读。他甚至以郭沫若为偶像，曾一度以其"私淑弟子"自诩。

如果说姚冠三向传统史学派和古史辨派学习了怎样考证史实、怎样评价历史人物的话，那么新史学派则帮助他确立了唯物主义的历史观，教他运用唯物史观去辩证地看待历朝历代的兴亡更迭，辩证地看待农民起义的失败与成功。这种学习，对他在未来几十年后走上历史小说的创作道路，毫无疑问是一种不可或缺的理论准备。

在阅读史学著作的同时，姚冠三对新文学也发生了特别浓厚的兴趣。"普罗文学运动"方兴未艾，苏联的文学作品和文学理论正被源源不断地引进国内。虽然"普罗文学"创作因为缺乏生活和艺术粗糙的毛病而成为"标语口号文学"，但它呼唤着文学青年们投身到革命中去，以文学为武器同反动势力进行斗争，从而形成了对旧时代的强有力的冲击。受其影响，姚冠三对文学的"使命"问题有了新的理解和认识，开始对曾经深信不疑的"文以载道"观念发生腹诽，认为韩愈不该只主张"载道"而忽略表现现实；袁宏道当然也不该只注重表现性灵而同样不曾想到要表现客观社会……受此意识驱动，姚冠三实现了与悲观思想和感伤情调的彻底决裂，同时也彻底抛弃了充满颓废色彩的笔名"雪痕"。正因为如此，姚冠三"衷心感谢二十年代到三十年代初的文学先驱者"，自谓"五四新文学革命给予我第一次启蒙作用，而1927年大革命失败后的革命文学运动（普罗文学运动包括在内）给予我第二次启蒙作用"。

在对新文学狂热追逐的日子里，姚冠三对学校设置的课程失去了兴趣，他甚至一听见上课的铃声就感觉头疼。迫不得已坐进教室里，却常常是先生在上边讲，他在下边埋头偷读五四以来的新文学。由读其书而仰其人，郭沫若、茅盾、郁达夫……甚至一些忽然登龙文坛又忽然销声匿迹的"短命鬼"，他都曾经读过而且崇拜过。在情绪最高涨的阶段，他宁愿到期末考试之前开夜车，或者找同学帮忙，甚至牺牲一两种不重要的工作，却不能不读新文学。他甚至写信向父亲夸下海口，说一定要做一个文学家，决不一生庸庸碌碌与草木同朽。

深冬，一夜好雪，漫天皆白。姚冠三的座位靠着教室的南窗，窗外的玉树琼枝牵动他的思绪，触发他的灵感。恰逢作文课，又可以自由命题，姚冠三便从眼前的银色世界起笔，用了有着宽泛韵脚的文言，洋洋洒洒作出一篇仿"古赋"体的抒情散文来。文章交上去，国文老师击节诵读，之后挥笔写下了"直追汉魏"的批语。这位国文教员在本科大一任课，教预科国文是他的兼职。他把姚冠三的文章当作范文拿到大一课堂上读给学生听，之后又大加赞赏道："像 Mr. 姚这样的文章，在本科中文系中也很少有人能够写出。他的国文程度，可以做一般学生的老师教几年。"

老师的褒扬也许"过奖"，但姚冠三能娴熟地运用文言写作确是事实。出类拔萃的语言能力加上国文老师的厚爱，使他进预科尚不满半年，便已在整个法学院"文名"鼎鼎。虽然因为忙于阅读各种书籍而暂时未再投稿，但其写作能力正在随其读书日多而长足发展，则是毫无疑问的。

## 第二节　遭逮捕与被开除

寒假过后，宁静的读书生活再不能继续，校园里闹起了学潮。学生们频频组织"飞行集会"，上街演讲，贴大标语，向市民散发传单进行"突击宣传"……姚冠三惊喜地看着这突如其来的一切。他从 15 岁起就失学在家，眼睁睁蹉跎 4 年时光，几乎是在对未来陷于绝望之时才到开封寻找出路的。在饱尝过个人走投无路的无助与无奈之后，孤寂的心灵突然与一种万众一心奔向同一个明确目标的强大集体意志相逢，他的魂魄立刻受到了山摇地动般的震撼。

就在这时，一些同学主动来接近他了，先是聊天，漫天漫地地聊；后来就一起抨击社会上的黑暗与龌龊，继之便塞给他一些油印的小册子……当彼此相互认同之后，他们伸手拉住他，请他加入"反帝大同盟"。同时他们也告诉他，河南全省已被蒋介石的嫡系势力所统治，"军统"和"中统"特务活动十分猖獗，密捕、暗杀活动遍于各地，河南大学更是他们监控的首要目标，进步学生一夜之间"下落不明"事件时有发生。"反帝大同盟"是中国共产党的外围组织，加入了，就意味着要随时准备为了共同的事业牺牲自己的一切。生死攸关，请他务必三思，之后再做出决定。

姚冠三却不需要"三思"。在故乡经历过和见闻过的种种黑暗现实，使他早已认定既有社会秩序的不公平，确信青年人有责任也有能力以行动改变这不公平的社会秩序。他没有丝毫犹豫，而是迫不及待地纵身跃入了革命洪流之中。游行，演讲，贴标语，撒传单……杀气腾腾的白色恐怖锻炼着他的勇敢，社会现实更让他相信自己的行为正义而神圣——在时时刻刻呼唤着"开启封闭"的古都名城，在充满了革命的激情与理想的时代文化氛围中，姚冠三与生俱来的浪漫气质得到了充分张扬，他期待，他向往，他执迷于对一个绝对的"真善美"的理想境界的追求，并不惜为之付出个人的一切。

被逮捕是预料中的事情。那是 1930 年夏天的一个深夜，姚冠三发了半夜高烧，才刚迷迷糊糊睡去，就被一阵粗暴的叫喊闹醒了。见满屋子全是大兵，他立刻明白了。不慌不忙地下床点亮麻油灯，看清了四周明晃晃的大刀和黑洞洞的枪口，看清了来人佩戴的国民党西北军标识。"还磨蹭什么！快跟我们走！"说话人操着一口河南腔，"南阳味"很浓烈地弥散出来。"连长，咱们是同乡啊！""废话少说，快走！"面孔依旧生硬，但说话的语调却和缓了。两个大兵上前扭住姚冠三的胳膊，拇指粗的麻绳绕过双肩扯到背后。"不用绑"，姚冠三说，"放心吧，我不会跑"。"不绑交不了差——就绑一只胳膊吧。"是"南阳味"在说话。两个大兵奉命而行，姚冠三被反剪的胳膊得到了解放。刚被押解出门，他又停下了。"等一等，我还有点儿事没办完。"一边说，一边弯腰扒下脚上多半新的鞋子放在门口，回身向屋里大声喊道："谁能穿谁就穿去吧，我用不着了！"

赤脚走在路上，岁月仿佛又退回到五年前。那一次，也是被这样荷枪实弹地押解着，但那一回是懵懵懂懂被土匪绑了"肉票"，这一次却是因为投身政治活动而成为当局眼中的"共党嫌疑"；那一回，死了都不知道为什么死；这一次，却是为了国家的前途和民族的命运尽一份责任，做一点牺牲。那一次，他一点儿都没害怕，因为他从小就看惯了各种各样的死法；这一回，他更是无所畏惧了，因为他浑身的热血正在为一种崇高的献身精神而沸腾；那一回，死神高抬了"贵手"；这一次，"无常"还肯放过他吗？

黎明前的黑暗已经过去，天色正慢慢放亮，路旁的景物在晨曦中越来越清晰地显现出来。姚冠三一边走，一边贪婪地弥望着四周的一切，在心里与他生活了二十年的世界作着最后的告别。经过鼓楼时，一片霞光射过来，把这座古老的建筑笼罩得流光溢彩，如真似幻。"真美呀！"姚冠三心中赞叹。"如果有机会写一部小说，就从这里开始。"他想，"第一句就是：霞光照在鼓楼上"。然而，他又窃笑了——今生今世是没有这个机会了，只能留待来世再说吧！

思绪继续翻飞，向着郊外，向着天边。从青藏高原蜿蜒而至的黄河，一路狂奔一路用裹挟来的沙石充填着自己的河道。年复一年，把豫东地段的河床抬得比开封城还要高。肆虐的黄沙堆积在两岸，构建起一片雄阔，一片苍凉。姚冠三仿佛看到了这一切，慷慨赴义的悲壮激动着他的心胸。在一处僻静地，他停住脚步，对那位同乡大声说道："连长，我看这地方很好，就在这儿收拾了吧！"押解着他的大兵们同时一怔，随即都明白了他的意思。那位"连长"忍不住拍拍他的肩膀，用了亲切的乡音对他说："娃儿，别乱想。你不就是念书识字吗？只要自己把得稳，没犯天条，就该不着死罪。"说完又在他的肩上使劲拍了两下。

这似乎是一种暗示，姚冠三立刻明白了。被押解到开封警备司令部之后，关了4天，提审了几次，每次他都一口咬定自己是个穷学生，除了念书，其他任何事情都一问三不知。审讯者审不出结果，又未抓住任何证据，再加一位有社会影响的同乡从中斡旋并出面作保，姚冠三又一次与死神擦肩而过，逢凶化吉。

保释姚冠三的，是辛亥革命老人王庚先。王庚先，字协三，邓州白牛谷杜寨人。清光绪二十九年（1903年）成秀才，光绪三十一年（1905年）公费赴日本留学。时值孙中山在日组织同盟会，王庚先即行参加。光绪三十二年（1906年）毕业回国，任邓州师范学堂堂长兼教育会会长，在邓州境内开办初级学堂百余所，欲从教育入手，启迪民智，宣传革命。辛亥革命爆发后，他东往商丘西出洛阳，密与志士张钟端、王天纵等筹划起义，事泄后坠城得脱奔赴武昌，被委为北伐军左军先锋粮台帮办，随军至新野，赴南阳。

中华民国成立后，王庚先被选为临时省议会议员。民国二年（1913年）为嵩县知事。由于响应"二次革命"，被袁世凯以万元悬赏缉捕，遂出走陕西达三年之久。袁世凯死后，王庚先回到开封，倡办爱国毛纺厂及平民工厂，致力于实业救国。民国十四年（1925年）被任命宜阳县县长。民国十八年（1929年）在开封创办国货市场，提倡国货，抵制舶来品。

凭借着丰富的阅历，王庚先一眼就看中了姚冠三的才学，认定其绝非无所作为的庸常之辈，便在救其出狱之后又慷慨地将女儿王梅彩许配其为妻。翌年五月，姚冠三成为王家的乘龙快婿。郎才女貌，天作之合。从此不离不弃，双宿双飞，用忠贞的爱情演绎了一个白头偕老的美妙故事。

获释后的姚冠三重新回到学校读了一年书，由于不肯放弃对理想的追求，被校方确认为"危险人物"，于1931年暑假前以"思想错误言行荒谬"之罪名挂牌开除。其时他新婚不久，住在岳父家中。一日午后到学校去，适逢开除他的布告牌刚刚挂出，许多同学正围着观看。姚冠三正要挤进人群，被好朋友彭乔龄从背后捅了一下。姚冠三会意，二人来到一个僻静处，彭乔龄向姚冠三通报了国民党又要逮捕他的消息，催促他赶快离去，走得越远越好。姚冠三接过好朋友为他准备的十几块现大洋，于当天下午登上了开往北平的火车。

一段激情燃烧的经历就这样匆匆结束了。时间虽短暂，影响却深远。几十年后回忆起来，姚冠三平实而诚挚的话语里充满了感激与怀念："当时由中国共产党领导的奔腾前进的时代潮流，宏伟的历史运动，鼓动着、教育着我们那个时代的知识青年前进，无数人为着崇高的理想而战斗，而献出生命。我是这一时代潮流中比较蹩脚的学生，但是到七十岁回顾来路，假若我还有一点点成就的话，我不能不感激那时中国共产党所领导的历史运动（包括文化和思想的革命运动）对我的启蒙、教育和熏陶。"①

---

① 《学习追求五十年》，载《姚雪垠书系》第16卷《学习追求五十年》，中国青年出版社2000年版，第4页。

## 第三节　从北平图书馆起步

火车像一条长龙，由南向北，匆匆爬过。姚冠三两手托腮，默默地注视着车窗外。绿色的大地旋转着迎面扑来，又旋转着向后退去。古城开封，就在这无休无止地旋转中离他越来越远了。

北平，久已向往的地方。睡梦中曾经无数次地走近她，却从未想到去得会是这样落魄这样仓惶——除了身上穿的一件安安蓝洋布衫，姚冠三别无长物。生脚踏生地，路将怎样走？前途是什么？答案是早就想好了的：埋头读书，刻苦钻研，多则十年少则八年之内，成为一个有相当成就的马克思主义史学家或者文学史家。

这目标，听起来似乎有点"狂妄"，但姚冠三决不是逞一时之强发一时之愤，他事先已经把自己的可"资"之"本"进行过反反复复的衡量：首先，他对历史这门学问很有兴趣。兴趣是最大的动力，何况在河南大学的两年中，史学界的论战又开阔了他的眼界，使他有了一个较高的起点。其次，他有极强的阅读古书的能力。研究中国历史，这是最起码的条件。

抵达北平，姚冠三在沙滩附近的"蓬莱公寓"租了一间坐西朝东的小房子。公寓是专门租给他这一类穷学生的，条件很差，但很便宜，每月连伙食、茶水、电灯在内，只要10块钱。他给家里写了信，说明了离汴赴京的缘由，也汇报了今后的打算，同时提出了经济上给以支持的要求。

父亲回信了，把姚冠三一顿痛骂。这是早在意料之中的。家乡的人们都夸赞他有才华，父亲也曾以此为骄傲，希望他能顺利地读完大学，之后不说成龙变凤，至少能找一个高尚职业。谁知他入学后"不走正路"，头一年遭逮捕，第二年被开除，实在太没有出息了！父亲的失望程度可想而知。

不过，气则气矣，骂则骂矣，父亲毕竟把钱寄来了——虽然很少，但维持个把月的生活还是够了。家中入不敷出日甚一日的窘迫境况姚冠三很清楚，他知道为给他寄钱需要父母做出怎样的努力。好在有同学出于朋友义气又接济了一点，两处合起来，支撑过夏天问题不大。靠着这点给养，姚冠三开始了艰难的自学生活。

五四时代，北京大学校长蔡元培先生率先向社会敞开校门，允许校外青年到北京大学自由听课，自由找教授求教。另外几所有名的大学起而效之，使之成为一时风气。当政治中心南移后，北平把这种自由的文化传统保留下来，向世人展现着一个文化古都的雍容大度。于是，失学的、失业的青年来到了这里；政治上受迫害、被追捕的青年来到了这里；有雄心壮志，想在艺术上或其他学问方面谋出路的青年也来到了这里。他们以中国大学、北京大学和朝阳大学为中心，在西城和东城形成三处群集地。姚冠三落脚的沙滩，就是群集地之一。

蓬莱公寓距北京大学近在咫尺，孕育了五四时代大潮的红楼翘首即见。但姚冠三要去的不是北大，而是北平图书馆。出公寓西行，从故宫与景山之间穿过，再前行数百米即见一泓清水，湖光塔影，碧波荡漾。一条汉白玉石桥横亘水上，桥北是北海，桥南为中南海。桥两端各立一座朱漆彩绘木牌坊，牌坊门楣正中各书二字，西为"金鳌"，东为"玉蝀"，石桥则以此而名之。过桥后不远处，一个坐北朝南的高敞大门，便是姚冠三的目的地了。

每天早晨，图书馆开馆之前，姚冠三都要沿这条路走去；每天晚上，图书馆闭馆之后，他再原路返回。去时从来无暇旁顾，步履匆匆；返回时则每每驻足金鳌玉蝀桥，凭栏远眺。此时桥上已少行人，北海和中南海灯火稀疏，虚无缥缈中的瀛台，勾起他无限思绪……夏天过去了，夜风里已蓄满阵阵秋意。冷月高照，桥下残荷败叶瑟瑟作响。在图书馆里用功时心无旁骛，此时此刻却不能不想到下个月的公寓租金、冬衣、养家糊口等迫切的生活问题。一阵风过，他的空筒蓝布长衫被掀起来，顿感周身寒彻。好在公寓门口有一个卖夜宵的大布篷，进去要一碗小米粥，同拉洋车的"祥子"们挤在一起，稀里呼噜喝下去，趁着身上一股暖意生出，赶紧回去睡觉。

自学尚不足半年，九一八事变发生。日本帝国主义夺去我辽东巨野，迟早要入侵关内蚕食华北。朋友与姚冠三在信中分析形势，认定日寇铁蹄一旦踏入山海关，中日战争将不可避免。即使政府不战，人民也会自发组织抗日游击队。基于这种认识，他们急于当面商议准备应变。于是，帮助姚冠三逃离开封的彭乔龄又召唤姚冠三返回开封，姚冠三应召告别北平而后匆匆南下。

然而，形势的发展完全不似青年学生们的想象。夺去我东三省以后，日军并未径直向关内进兵，而是把侵略目标锁定在我沿海要埠，肆意骚扰挑衅，以致天津事件、福州告警纷至沓来。蒋介石坚持"攘外必先安内"，对侵略者采取不抵抗政策。姚冠三们纵有一腔热血，可叹报国无门，只有击节扼腕！

既然不能血洒疆场，就必须负起养家糊口的责任。妻子主张姚冠三去教书，他本人虽不乐意却别无选择。当是时，河南教育界派系林立，各据山头。北师大派、北大派、中大派等控制了几乎所有的省立中学和师范学校；河南大学派虽不如其他几个派别的旗号鲜亮，但它是"地头蛇"，利用地方上各种势力的支持，争夺地盘时也不甘示弱。姚冠三一无大学毕业资格，二不属于任何派系，上述"山头"哪一个也去不了，只好远离开封，到豫北淇县的楚旺中学谋到一个教职。

楚旺是卫河边上的一个小镇，利用卫河楚旺关的税款办学，经费比较充足，办学的几个人也都朴实肯干。校园周围是田园风光，授课之余到校外走走，倒也别有一种"采菊东篱下，悠然见南山"的惬意。闲适的环境培养着遐思，初来乍到的姚冠三，趁机又做起了他那个"科学的文学史家"之梦。

他读过《诗经》《楚辞》，读过曹子建、陶渊明、杜子美，他甚至花了不少时间研究过中国的古代神话。可是真的动笔作"史"，才知远远不够。于是放弃了"通史"，集中力量去研读戏曲文学。采取现趸现卖方式，一边读一边写，很快便有了一堆收获：《土戏中的滑稽趣味》《东西文化之搀和》《唠子腔》《小喜子赶嫁妆》《老妻少夫》……产出源源不断，《河南民国日报》副刊上的"豆腐块"文章也便源源不断。笔名"雪痕"本来就那么一直用着，父亲却嫌那个"痕"字"不吉利"。姚冠三便信手一挥，以"垠"代"痕"——

"姚雪垠"，音形并茂，有诗有画。

小小的成功，又激活了潜藏心底的憧憬；校园风光的美好，却不能驱散反动统治的阴霾。国民党和三青团组织无孔不入，无缝不钻，楚旺中学也终究不是可以"无论魏晋"的世外桃源。姚雪垠呆的时间越长，对这些问题就看得越透，心情也就越沉郁越孤独越感觉前途虚无缥缈。终于不堪其苦时，一支《迷惘之曲》便开始在悲凉的心底中悄悄酝酿："我凄迷的，跟踉的，彷徨于崎岖的幽径，这荒原，没个人，只一声两声的野鸟哀鸣。一块黄土，在等待——等待着为我收容。我好像路旁的黄花，自开自谢，空空漠漠，无臭无声！这荒园，没个人，只一声两声的野鸟哀鸣！寂寥中，淡淡的吹送着恼人的东风。片片落花，清清流水，象征着我的人生！剪不断，理还乱的忧思重重。"

忧也，求也。为了坚持自己的追求，姚雪垠在楚旺中学教到暑假，又到信阳义光女子中学教了一学期高中国文，于1932年年底坚决辞了聘约，准备再到北平，继续去追寻那个沉甸甸的人生之梦。本打算很快就动身的，却因为筹不齐路费，只能无限期地在开封拖延着。好在龙亭湖边有一个二曾祠，那是河南省立图书馆之所在。那里阅览室很大，看书的人却不多，姚雪垠是唯一一个天天必到者。院中绿草如茵，垂柳摇曳。檐际小雀啁啾，更增加阅览室的寂静。坐在高柜台里边负责出纳图书的是一个名叫薛连仲的青年人。姚雪垠从这位青年图书管理员手中，第一次借到了李光壂的《守汴日志》和周在浚的《大梁守城记》，从而第一次"认识"了三次进攻开封中的李自成。

窗外春雨绵绵，书中金戈铁马，姚雪垠又沉浸在了知识的海洋中。依然是现趸现卖式的边读边写，依然是各种各样体裁、题材的文章源源不断。不同的是这些文章很少再见于《河南民国日报》，而大多登在了《河南民报》上。《生命的寻找》《寄》《寡妇及其儿子》《洛滨梦》……随着见报频率日高，"姚雪垠"这个名字，在中原地区越来越为广大读者所熟悉，不唯"雪痕"被代替，就是"冠三"本名，也逐渐隐身其后了。

1933年秋末冬初，姚雪垠与友人王国权、苗化铭联手，在开封北书店街合办了一个"大陆书店"，目的是经销来自上海的进步书籍。年底又一起创办了《大陆文艺》，却因为登载了姚雪垠鼓吹革命的《沧桑曲》而立刻遭遇查封。旧的被扼杀了，新的又立刻生出来。仅仅两个月后，接替《大陆文艺》的《今日》又面世了，主编仍然是姚雪垠。创刊号上，仍然有出自姚雪垠之手的文章，题目是《畜生》。文中写道：

> 畜生中最没出息的是狗，最可怜的是猪和牛，而牛更可怜于猪……牛，一年到头，一天到晚的辛辛勤勤，为人们底生活享用而流着血汗。掌鞭的恐怕比工厂中的工头还要严，动不动就挨鞭打。挨鞭打本不算得什么痛心的事情，痛心者乃是那打牛的鞭子也是用牛皮做成。人们榨取牛的劳动还不足，索性连肉也吃了，骨再和皮毛更都有使用。牛不也是庞然大物么，孔武有力？临死时不也是流着眼泪而心中明白的么？为什么不向宰割它的人们反抗呢？我常常这么想：假若牛们大家联合起来，向人们革命，人们的命固然未必会被它们革掉，但至少也要闹得天昏地暗，不亦乐乎。然亦幸而牛心犹古，不思反动，到如今才仍旧天下太平，相安无事。所以牛毕竟是畜生，畜生是不会革命的。

虽然通篇都用了隐喻，但煽动造反的文章主旨却是再明白不过。于是，这一回便不仅是查封刊物，而且要抓人了。得到消息，姚雪垠从妻子手中接过一顶大草帽扣在头上，压低帽檐，再一次踏上了逃亡之路。

## 第四节　用脑袋敲开编辑的大门

1934年初春，姚雪垠再次来到北平。他依然在蓬莱公寓落脚，依然身无长物——除了手中的一支笔。好在经过近两年的磨砺，这支笔已经初具锋芒，使用起来颇有些得心应手了。他这一次来，就是准备靠这支笔讨生活的——他要卖文为生，不再梦想当什么"史学家"了，因为他清楚地知道："研究历史需要一个比较安定的读书条件，而我没有；除依靠图书馆外也需要自己有一定能力购买书籍，这条件我也没有。我只好走写小说这条道路。"

纯粹是一种无奈的选择。从个人的自由发展角度来看，不能不说是一种牺牲，是一出人生的悲剧，因而姚雪垠是不幸的——假如生他养他的家庭没有没落，纵然不是书香门第，只要经济上有能力让他受到正规学校教育，凭着他所具有的天资、读书人的气质和勤奋好学的性格，他极有可能如愿以偿地成为社会科学界某个门类首屈一指的专家、学者，而用不着违着心性去干他并不喜欢干的事情。但姚雪垠又是有幸的，因为他在 24 岁的时候，就看清了个人所能走所该走的道路，一经决定，便终生不渝。比起那些不顾主客观条件限制，在本来就不充裕的时空中无休止地犹豫彷徨者，姚雪垠的决定等于延长了个体生命期限，从而活出了效能，活出了质量。

然而，当学者不易，当作家也难。想拿文章糊口，谈何容易！况且要把文章写好，不是一朝一夕就可以办到的。衣食无着的穷青年，谁有那一字一句推敲琢磨的闲工夫？朝不保夕的生活助长了投机取巧的风气，许多写得半通的文章都被当作了敲门砖。如果有可凭借的人物予以推荐、提拔，或者有在刊物主政的朋友，文坛"爬"起来就相对容易，否则只能"硬投"，靠自己的脑袋去敲开编辑的大门。

姚雪垠的出身决定了他在事业上的无依无靠，他的性格又使他不肯为达到某种个人目的而摧眉折腰。北平文坛上，"知堂老人"正高踞"盟主"之位，若能得其指点，稿子断无无处发表之理。无奈姚雪垠虽尊重周作人的学问，却瞧不上他的人品，更不赞成他所提倡的冲淡和闲适情调。所以他宁肯"白劳"，也决不肯为了"投靠"而去"卖身""卖心"。北平另一位文坛"重镇"则是年轻一代的"京派"代表沈从文先生。沈从文为人诚恳、朴实，创作上有特色，作品高产，奖掖后进，后来又是《大公报》文艺奖金的主要主持人。姚雪垠崇尚沈从文的人格，佩服沈从文的文笔。他读了他的许多短篇小说，对他的《边城》更是喜欢之至。但他仍不肯通过"拜访"来打通"关节"，于是他只有拼搏只能拼搏，只有奋斗只能奋斗，破釜沉舟，背水一战，无论怎样艰难困苦，决不半途而废。

有这样的决心，也为一日三餐的现实生活，姚雪垠全线出击，诗歌、散文、短篇小说……出产的不少，发表的却不多。有幸变成铅字的，也大多面世于熟脸熟面的《河南民报》。想凭本事让自己走出故乡而名扬天下，何其难哉！姚雪垠感慨系之，挥笔写下了小品文《文学的别用》。

"所谓'别用'者，干脆点说，就是它的敲门砖作用。文学被当做敲门砖，由来很久了。""从前人们拿文学敲宫廷士大夫的门，如今却拿来敲社会的门。"之所以如此，是因为"在社会上争碗饭吃得有资格、有名望，真本领倒在其次"。"在公寓的亭子间从事文章生产的人，大半是没有大学商标的穷青年，倘不兜个作家头衔，恐怕连个教学的机会也没有。为兜个作家头衔而从事文艺，并没有把文学当做终身事业，根本就想投机，滥产，千方百计的想把原稿变成铅字。万一文章出去后左右碰壁，锋头出不来，便设法办刊物。但办刊物也须自己能够活动，且多少有点地位，才能办得起来；没有这两条资格的，就只好于千艰万难中，自费印个集子出来，分赠亲友传观。而出集子时央名人题封面，写序文，央朋友写书评，都是必要的工作。有了集子，到外省外县便俨然是个作家，再加朋友帮助，找事做往往就不成问题。"对此，姚雪垠深恶痛绝却又无可奈何："文化的水准虽然一天提高一天，但文艺界的投机取巧只有日见巧妙，绝对不会绝迹。"好在，他坚信天道酬勤，"从投机取巧所获得的一点点便宜，也只能像朝露一般，决不会保持长久。一切物品的价值，与所费去的劳动成正比例；伟大的收获，永远只给伟大的努力者。"就在这断言发出半年之后，1934 年 11 月的第 52 期《论语》上，登载了姚雪垠一篇杂文——《文人与装璜》。

《论语》发起人为林语堂、邵洵美、李青崖、全增嘏、沈有乾、章克标、张光宇、潘光旦、叶公超等，都是当时大名鼎鼎的文人墨客。能在他们主持的刊物上出彩亮相，其意义已远远不在文章内容本身。正如姚雪垠在其回忆录中所说："随着文学革命大潮的退去，新文学运动的中心已由北京转移到了上海。只要能够在上海的文学刊物上发表两三篇稿子，名字就可以为全国所知晓。编辑们熟悉了你的名字，以后再投稿就轻车熟路了。再假如你发表的第一篇作品引起了人们注意，那么从这一篇后也就算是敲开了文学的大门。"

《文人与装鳖》是一篇两三千字的小品文，旨在批判那些对个人对社会都"学哑巴进庙多磕头少说话"的明哲保身者，而褒扬"既无三头六臂，又无铜头铁额，却偏爱说话，偏爱发泄不平，偏爱谈些'干卿底事'问题"的"真正的文人"，因为"真正的文人是傻子，世上只有傻子爱讲良心，好说实话，不会替丑事掩饰"。文章以其犀利的笔锋、幽默的语言而得《论语》编者青睐。既有第一，便有第二，姚雪垠的《教育四征》很快又出现在《论语》上。同样的幽默语言、同样的犀利笔锋，把"中国教育上的共同病象"剖析得淋漓尽致、入骨三分，即使今天看来也不失匕首与投枪作用。

姚雪垠因为走进《论语》而走进上海，但他却对《论语》一味推崇的"幽默"与"闲适"不以为然，认为在"杀人如草不闻声"的最黑暗时期，这种导向只能起到麻痹国人革命意识的作用。道不同不相为谋，姚雪垠与《论语》的关系，只好才刚开头便已煞尾。

好在此后不久，便有曹聚仁的《芒种》创刊。姚雪垠以《鸟文人》《老马识途》《日子倒走》《京派与魔道》《苍蝇主义》五篇文章连发其上，批判复古倒退，批判"尊孔读经"，批判谈龙谈虎谈闲适，批判逗鸟品茗玩潇洒。如同一阵排炮，既轰了"京派"也炸了"海派"；而"鸟文人"的帽子下，"陶渊明"和"终南山"两派"隐士"，都对他不可能不侧目而视了。

从《论语》到《芒种》，即 1934 年和 1935 年两年时光里，姚雪垠所写多为评论性文章，锤炼的是逻辑思维，强化的是政治意识，增厚的是理论积淀。但他的情感功能和想象功能并未因此受到压抑，而是时时翻飞跳跃，酝酿着文学创作的冲动。

由于过度劳累，姚雪垠于 1934 年冬天患上了肺结核病。每天下午发烧，夜晚盗汗，痰中带血。协和医院倒是去过，但医生开出的药方除了要他加强营养，就是要他卧床静养。这两点姚雪垠都做不到，因为他既没钱又没时间。他唯一能做的就是病重了回河南去，病见轻了再到北平来。肺结核在当时差不多是不治之症，所以他常常想着活不过 30 岁，所以他要抓紧时间工作。只要不咯血，他就写。他写了散文《阴影里》和《渡船上》；写了小说《野祭》和《山上》；写了新诗《梦归》和《出家人之歌》；写了剧本《洛川之滨》和《最后的一面》……他用脑袋敲开了编辑的大门，一支笔握在他手中，是日甚一日地轻松自如鲜活灵动了。

## 第五节 "大同"世界与英雄朋友

自从得了肺结核，姚雪垠每隔半年就要发生一次大吐血，而后身体便虚弱得不能支撑下去，必须离开北京的小公寓，到一个不需要他月月交钱的地方去住一段时间。岳父王庚先被宛西军阀别廷芳杀害之后，妻子已随岳母由开封回到邓县。而姚雪垠却不能回去。他在故乡素有"文名"，盘踞邓县的封建反动势力一直视其为"左倾分子""危险人物"，早就欲除之而后快。茫茫中原大地，能让他敞开心肺自由呼吸的地方只有一处——河南杞县的大同中学。

大同中学为河南大学进步教授王毅斋先生创办。王先生名子豫，字毅斋，河南杞县人，留德经济学博士。因为他敢说良心话，敢同恶势力抗争，人们背地里都说他是"疯子"。凄风苦雨的岁月里，王教授办起一个以"大同世界"为理想的学校，好比在黑夜里点起来一盏明灯，鼓舞着一群天真活泼的孩子。学校的各个教室都用东北沦陷地命名，如"乌苏里""鸭绿江""哈尔滨"等。名字写在小木牌上，悬挂于教室门楣。在浓厚的抗日氛围中，学生们敢谈抗日救亡，敢读进步书报，敢组织各种活动，甚至敢压低了嗓门唱《国际歌》。仿佛浩瀚沙漠中的一片绿洲，大同中学的师生在四面楚歌里倔强地喊道："关起我们的大门来，支持到最后一刻！"

在王毅斋先生掩护下，大同中学里没有其他学校都有的国民党"蓝衣社"，却有中共地下党组织。教职员工中有不少中共党员，其中教务主任梁雷、训育主任赵伊坪、校务主任王衡儒各为"三个灵魂"之一。

1933 年春天，受王毅斋先生邀请，姚雪垠与其友人王国权、苗化铭一起去大同中学参观。全校师生为他们开了欢迎会，教务主任梁雷用抑扬顿挫的声调发表了慷慨激昂的演说："各位同学，在如今，遍地都是疯狗，都是没理性的疯狗。我们大同中学是一片难得的干净土地，我们的学校就是打狗团，每一个同学都是好的战士。我们要从我们的周围打起，把全河南、全中国所有的疯狗打尽，为着真理也为着光明……今天，我们开会欢迎从开封来的这三位先生，不是因为他们是了不起的名人，而是因为他们确切是我们的朋友。我们知道他们不是狗，而是三个真正的人！"①

梁雷是姚雪垠的邓县小同乡，原名梁德谦，由寡母一手抚养成人。他聪明、倔强、刻苦、负责，深得学生爱戴。他"对于教育的理论和方法有许多独创的见解"，"对于文学有很高的理解能力"。他无比热情，"永远希望同朋友住在一块儿，不幸分了手，也永远希望朋友逐步的好起来，最好是都成了进步的战士和伟人"。

在姚雪垠的一生中，梁雷毫无疑问是他青年时代最要好的一位朋友。从第一次大吐血之后，姚雪垠每年都要到大同中学去过一段不必为生活奔忙的日子。住着梁雷安排的小屋，吃着梁雷提供的饭食，看看书，睡睡觉，或者忍着肋巴间的疼痛写点文章，有时也接受邀请给学生讲上几节课。他的那一段生活，被新华社原社长穆青写进了《忆雪垠老师》一文中：

> 记得当时校园里有一个幽静的小院，姚老师就住在这里。平时，他总是闭门写作，很少外出活动。有时候梁雷老师有事，便请他给我们代

---

① 《雁门关外的雷声》，载《姚雪垠书系》第 16 卷《学习追求五十年》，中国青年出版社 2000 年版，第 407 页。

课。我现在还清楚地记得他上课的情景：穿一件蓝布长衫，大襟上插着一支钢笔；讲起课来从不拘于课本，总是借题发挥，宣传革命思想，语言充满了感情。有时激动起来竟热泪盈眶，使我们深受感动。饱满的激情，儒雅的风度，使姚老师很快便赢得了学生们的敬爱。当时学生中有一个课外文艺小组，大家在一起阅读进步文学，交流写作体会。和姚老师熟悉后没多久，我们都被吸引到他身边，得空就去他那间小屋，听他讲文学，谈时局，讲他经历的故事。而他也非常热情，总是不厌其烦地解答我们的每一个问题。常常是夜深人静，月影西斜时，他的小屋里还弥漫着热烈的气氛……其情其景，思之令人神往。现在想起来，尽管那段时间不长，却给了我很好的文学和思想的启蒙。

引文中提到的"课外文艺小组"，成员都是一腔热血倾向革命、积极主张抗日救亡的学生。这些学生身在"大同"，心怀天下，与外面的进步运动息息相通。他们关心着拉丁化拼音字的推广，关心着"大众语"的讨论，关心着抗日民族统一战线的建立，关心着文艺战线上"两个口号"的论争……为了宣传"国防文学"，他们创办了《群鸥》文学杂志。当地没有印刷条件，便由姚雪垠在北平设法解决。据穆青回忆："第一期杂志在1936年年底出版，其时离鲁迅先生去世不久，记得封面就是鲁迅先生的纪念像。现在想想，在那样的环境下，姚老师为了支持同学们的抗日救国热情，该经历了多少艰辛和风险，付出了多大精力啊！可惜的是，《群鸥》文学杂志刚出三期，就引起了国民党当局的注意，旋即被查封。但仅仅这三期杂志，亦产生了抗日号角的作用。"

1936年12月12日，西安事变发生，旋即和平解决。正在大同中学养病的姚雪垠同其朋友们一样，先是狂喜，继之气愤，为蒋介石被放回南京气得一天不肯吃饭。但当他们终于想明白之后，便不禁为中国共产党真诚的抗日之心、为共产党人的磊落胸怀和高瞻远瞩所深深折服了。他庆幸抗日民族统一战线终于建立，相信必将彻底埋葬一切黑暗与腐朽，期盼我们的国家和民族在抗战烽火中涅槃，渴望为这伟大的时代贡献出自己的热血与青春。

最先听到祖国召唤的是姚雪垠的另一位朋友、大同学校的另一个"灵魂"赵伊坪。这位文弱而刚强的诗人奉命到山东去，担任起中共鲁西区党委秘书长兼统战部部长的责任，协助国民党爱国人士、聊城专员范筑先将军从事抗日斗争。临行前，几个朋友在杞县的十字街口买了一包花生米，一包咸牛肉，一碗白干酒。夜深人静时，在诗人的寝室里，几位志同道合的年轻人围着一张小方桌，边喝酒边谈话，商定对学生只说"赵老师有急事请假回家"，其课程先由姚雪垠承担，同时尽快从开封再另请别人。要分手了，朋友们请远行人留下赠言，而谦虚的诗人却只肯给大家讲一个韵味隽永寓意深刻的"红灯笼故事"。就这样，诗人走了，去了民族解放战争的最前线。后在聊城战役中不幸落入敌手，受尽酷刑宁死不屈，被灭绝人性的日寇绑在树上活活烧死，时年 29 岁。

几个月后，梁雷也离开大同中学，奔赴山西加入"牺盟会"，以"绥远省特派员"的名义，与其他十来位同志负责领导全省的救亡工作。后来随着大片土地的相继陷落，一个又一个的县长望风而逃，他便把一个又一个县长的担子挑在自己肩上——右玉、盂县、偏关，临危受命，在辽远荒寒的塞外支撑着艰危的局面。第二战区司令长官还委任他为"执法司令"，让他率领执法队处决那些"丢尽了中华民族的人"的大大小小的汉奸。不久他又作了"第二战区雁北游击司令"和"牺盟雁北战时工作委员会军事部部长"，率领他的同志们组织民众保护生产、发动游击战争。兼着一大堆官职头衔的梁雷抱定了必死无疑的信念，在一场惨烈厮杀之前特意给他的朋友姚雪垠写了信诀别："敌人在华北喘息后，又大规模地来进攻我们了。我们是绝不惧怯、退缩、退让、逃避的！我们是要拼着头颅杀向敌人的侧方、后方去的，死的机会多着呢。"后来，他果然死了，死得壮烈而英勇，他的头颅被残忍的日寇挂在偏关城门上。

两位朋友的英勇牺牲，让姚雪垠比以往任何时候都感觉生命的价值，因而也更羡慕别人的健康。他多么希望自己的身体强壮起来，那样他就可以到北方去，到荒远的长城外去，和梁雷、赵伊坪们一样生活，一样流血，一样奋勇杀敌、笑卧疆场。他的眼前常常幻化出这样的风景：荒山、古道、一行人马、一片夕阳，同时耳边就响着松声、泉声、隐约的枪声。而最可笑的是，他听到了枪声并不立刻就准备厮杀，却是很镇静地、悠闲地、吟诵着未完的诗句……

被这样的向往这样的憧憬激动着催逼着，姚雪垠在弃旧迎新的元旦之夜，挥笔写下了《一九三七年是我们的》。他用火一样的炽热、诗一般的语言，纵情欢呼着一个新时代的到来："倘若说一九三六年是黎明，一九三七年就应该是日出；一九三六年是冬天，一九三七年就是春天了。有冬的酝酿，才有春的生长；一九三六年没有完成的，我们要在一九三七年完成它，让解放的战线更展开，向黑暗包围去，给它们个无法抵御的总攻。新春是一切伟大事业的开始，我们要坚决而勇敢的负起来这时代所给予我们的使命。我们是孩子，我们的本身是春天，所以我们要欢呼着迎新年——'一九三七年是我们的'！"

# 第二章　1936—1938 年

## 第一节　抗战前夜的收获

从 1934—1937 年，每当被严重的吐血驱赶回河南时，姚雪垠总是先在大同中学住一段时间，然后再回邓县去。这时候，他的家乡正值午夜，无边际、无尽厚的黑暗压迫着所有的物和人，暗杀事件司空见惯。毕业于北京大学的丁叔恒是一个反共的死硬派人物，名为邓县民团司令，实为十恶不赦的地头蛇。在他眼中，姚雪垠是个早该铲除的"共党嫌疑"分子，只是因为对"文化名人"还有所顾忌，所以尚未下手罢了。

按照"规矩"，小有身份的游子回乡，首先要去民团司令部拜望丁叔恒，姚雪垠也不能例外。而丁叔恒也必要"礼贤下士"，在大群护兵的簇拥下回访一次。客客气气的"礼尚往来"中危机四伏，姚雪垠心中非常明白。他说："将近十年，我几乎没一天不是在穷困和迫害中过生活，没一时头顶上不悬着生命危险，为着什么？就为着我不能与世人同流合污，就为着我的脑筋不糊涂……只会作歪诗，写小说，还爱说几句良心话。"

在"大同"，姚雪垠拥有自由快乐、搏击的冲动、生命的坚强。一回到邓县，黑暗环境与病痛折磨立刻一齐压迫过来，让他孤独、痛苦，时时刻刻感受着死亡的威胁。死，姚雪垠不怕，他怕的是在一个伟大时代的前夜不明不白无声无息地死去。他拒绝这样的结果，所以他必须与病魔抗争，必须在剩余的日子里做些什么——哪怕只能做微乎其微的一点点儿，但只要是对人类有益的，自己就不算白活。

　　姚雪垠常年在北平生活，却一直不肯学习北平话，因为他觉得为人应该保持本色，学"大地方"说话纵然不是东施效颦，也多少有点装腔作态。纵然如此，故乡的土话还是被忘了不少。回到邓县后，久违的乡音唤回了美好的记忆，而那些生动幽默的鲜活词汇，更让姚雪垠情不自禁地想起了托尔斯泰对故乡农民语言的种种赞美。他说："文艺是语言的艺术……前代的一些伟大作家们，从普希金、果戈里，一直到托尔斯泰，没有一个不是从国民的语言中去发展自己的艺术天才。"

　　于是，一项新的工作开始了——姚雪垠开始搜集整理家乡的土话。他不断找来乡亲们交谈，从各种各样的话题中捕捉着那些带着鲜活生命的方言俚语，然后忍着肋间的疼痛，把它们去粗取精淘洗净化，再按照辞书体例编辑起来，题名为《南阳语汇》。这工作虽未最后完成，但口语"所具有的现实的深刻性、趣味性，以及它的恰当、真切，素朴与生动"，却让姚雪垠真正认识到"故乡的群众语言是一座开采不尽的宝藏"，认识到"真美是存在于现实中而不是存在于字面上"，认识到"语言学家只须要忠实的将美的现实写出来"，而"不须要违背现实或企图在现实之外去另外找美"。用这样的认识检验曾经的实践，对当初不懂文学语言道理却急于形成个人语言风格的自己，姚雪垠进行了毫不留情地批判。他说：

　　　　我在才学习小说的几年中，也是为故意求美，故意要造成自己的特殊风格，反而忽略了口语文学的美的本质，写出来一些叫我现在想起来就会脸红的作品。举例说，我在《文学季刊》上发表过一篇小说叫《山上》，记得一开始是这样写着："薄的白云像轻纱，被晨风抓拽过山头。风，凉凉的，呼呼的走下树杪，又吻着满山的鲜花和野草……"假若将来我的孩子写出来这样句子，我一定要痛痛的训他一顿；假若别人写出来这样句子求我批评，我一定提笔批道："什么话！"然而人往往是当走了错路以后才知道路错，我当时何尝不得意自己的造句之美？何尝不私

下为自己的天才而忍不住一串微笑？如今回头想起来，我只好说出来北
方人爱用的一个感叹词："乖乖！"①

告别过去，只为奔赴将来。从《南阳语汇》开始，病中的姚雪垠走上了
在文学语言上弘扬民族风格、发展民族气派的探索之路。

为了自己的研究工作，姚雪垠在故乡住了很长一段日子。一天晚上，突
然得到丁叔恒午夜要动手的消息，因而不得不立即出逃。其间，一二·九运
动在北平爆发，抗战图存的呼声日益高涨。日寇的嚣张气焰把中国变成了一
座即将喷涌的火山，滚烫的岩浆正在地壳下奔突运行。这时候，"黄河以北
的省份里大量种起棉花来，食粮的产量减少了，黄河流域又逢着旱灾……于
是乡下土匪多起来，流民也多起来。""这日渐加深的国难，它的黑手插进乡
村的角角落落里，到处起着怕人的作用，到处掐断中国人的生命线。"②

深重的民族危机，严重的阶级对立，恐怖的政治强权，苦难的底层民
众……这一切逼迫着姚雪垠——逼迫他举起手中的笔，为失语者代言，替觉
醒者呐喊，呼唤民权民生，呼唤救亡图存。于是，病中的姚雪垠中断了他
对《南阳语汇》的整理和编辑，转而举全部精力开始构著小说。工作重心的
转移带来的是另一种丰饶的收获，一批反映被压迫者从觉醒到反抗的系列短
篇，相继发表于 1936 年春到 1937 年夏的各种文学刊物上。

《七月的夜》中，被压迫者的觉醒还是苦难最深重处的一丝朦胧，反抗
也只是潜伏在下意识中的一点儿梦幻：

梦，轻飘飘的在红薯脚的心上跳着舞。她看见村里的穷邻居，那些
时常被村长和李五阎王欺侮的男女们，慢慢的聚拢来，草屋里站不下，

---

① 《我怎样学习文学语言》，载《姚雪垠书系》第 17 卷《小说是怎样写成的》，中国青
年出版社 2000 年版，第 157 页。

② 《M 站》，载《姚雪垠书系》第 13 卷《差半车麦秸》，中国青年出版社 2000 年版，
第 111 页。

大部分站在草屋外。这都是来看她的。起初大家默默的，流着泪；后来不知谁说些不平的、无法无天的话，群众骚动了，狂呼起来，像大河决了岸，海水起了潮……她从床上跳下来，黑心老婆子赶忙来拽住她，扎纸匠也来拽住她，一家三口人亲亲密密地走出草屋外。"我们报仇去！"她叫一声，别人也嗡的应一声，变成一道澎湃的巨流，向村长和李五阎王的宅子流了去。

到《M站》里，觉醒已由朦胧而清晰，反抗也由梦境变为现实：

　　十一点钟的时候，一部分壮年男子为强烈的求生要求而开始疯狂起来。起初，从群众里投掷出粗鲁的小声谩骂，随即就无顾忌的大声骂起来。后来不知谁在黑影里喊了一声"打"，飞速的传染开，满月台，满车厢，一片恐怖的哭叫起来了。小车站突然变做了大地的心脏，紧张的跳动起来了。石头像雨点似的飞起来，打在屋瓦上，玻璃窗子上，木门上，屋里的家具上，打在空空的车厢上和沉闷的机车上。不同的声音在黄沙的原野上震响着，落进苍茫里。几百个强壮的男子的手，齐心的向着一个目标报复的破坏着。

然而，这种低级形态的反抗是注定要失败的，紧随其后的只能是更大惨剧的发生。《M站》上，"开枪弹压的结果，据天津二十六日某报的记载：'饥民死男女各二人，重伤六人，轻伤七人。'另据本省的报纸说：'灾民当时各自逃生，父子离散，老弱匍匐轨上，什物散满车站，哭啼声、呻吟声，惨不忍闻。'"而《碉堡风波》中，"半月前，一个村子被毁灭了。经过两个钟头的抵抗，村民当场死了四十多个，被拉走了三百多人，留下的不到十分之一，所有的房屋被烧光了。拉走的人中又有一半被铡了。"

姚雪垠注视着这一切，他的目光痛苦而深沉。他以一个真正艺术家的勇气，直面鲜血，直面杀戮，他甚至在《援兵》篇中对带头反抗者被剜肉、刘鼻的处罚过程都进行了相当细致的描写，通过那种难以忍受的苦难，在鞭挞乡村土霸王灭绝人性的同时，刻画了一种敢作敢为的坚强性格，表现出作者对坚强之美的充分肯定。

作为一个搏击在苦难生活中的现实主义作家，姚雪垠对他笔下的劳苦大众有着深切的理解与同情。他说："在几乎是无尽长的黑夜里，民众是用怎样焦急的心情在期待着天明。虽然他们的希望的灯火时时会被陡然而起的暴风吹灭，但，新的力量像春草样的滋长着：铲过一回，再生出来的就更加茂盛，更加蔓延。"他相信："人不是畜生，所以没有人愿意等着死。只要人不断的和死进行斗争，终究有一天，这些对死斗争的力量将必由分散的变为集体的，薄弱的变为雄厚的，零乱的变为齐一的。"①他把自己的创作过程视若生活实践过程，从而在创作过程中为人民探寻着翻身求解放的大道通途，唯其如此，才有了感情基调显然明朗了许多的《生死路》。

在《生死路》中，小说主人公"鸭蛋头"们已经看到了黎明的曙光，他们"听说在那青天的边角外，隔着无数的山和河，那里，所有牛马似的人们都挣断了笼头，流着血，流着脑浆，为人类的真幸福、真自由而牺牲着。"于是他们"没明没夜的奔跑着，计划着，组织着。失败的经验使他们变得很精明，很能干。他们能辨出自己同伙中的游离分子和奸细，因而把形迹秘密得风丝不露。他们不但知道设法来克服农民特有的、畏首畏尾的、狼上狗不上的弱点，并且也很知道在土皇帝的统治下，在没有法律、没有理性的黑暗社会里，赤手空拳是失败的致命条件，而生法把散漫的、零碎的武力，暗地里联络起来。"在他们的努力下，"反抗的火焰在无数的心头上点起，从部分的变为全体的，从迷信的变为政治的，从犹豫的变为坚决的。"于是，"鸭蛋头一班人在监视下冒险点起的一星火，开始迅速的长大着，蔓延着。无形的线儿在空中浮动着，渐渐落下来，从这个村牵到那个村，这个心牵到那个

①《碉堡风波》，载《姚雪垠书系》第13卷《差半车麦秸》，中国青年出版社2000年版，第73页。

心，所有村和村，心和心，结合在一根线上。这根线变做了一根琴弦，不停地震动着一个调子：'我们要活！'"最后呢？"灰暗的月光照着几百双健壮的，酱紫色的腿和脚，带着黑汗毛，带着疙哩疙瘩的粗血管。壮健的腿和脚，配合着长枪和短枪，大刀和杆子，配合着深夜的严肃和寂静。血债偿还的一刻快到了，每个人抓着一种武器，没有多的话，血在沸腾，心在跳跃，灵魂在燃烧。"

就这样，姚雪垠用诗的语言为《生死路》画上了句号，同时也为被压迫农民找到了前途所在。姚雪垠把他的理论思维渗透到形象思维中，用艺术的方式为中国现代革命的实质即农民和土地问题解出了自己的答案，从而使这组被河南大学教授刘增杰等评论家称为"《七月之夜》的系列短篇"不仅具有文学价值，而且对我们认识中国现代革命的历史进程具有亲证性的史料意义。随着这批短篇小说的问世，"姚雪垠"三个字真正走出了河南，走向了上海、北平、天津，走向了大江南北、长城内外。

## 第二节 敌寇枪刺下的宣言

1937 年春末，姚雪垠最后一次告别了大同中学，告别了朋友们。几个月后，这里的许多教师和学生都将奔赴抗日战争的第一线，他们中的不少人血洒疆场，一去不回。因为不知道是"最后"，所以没有怎样的黯然伤情。姚雪垠先到新乡，暂住《豫北日报》社，等候在邓县教小学的妻子提前结束课程，然后一起到北平去。他已经有将近一年的时间不再大口吐血，虽然仍有咳嗽，痰中偶尔也仍带有血丝，但病情显然在趋向好转。上海、北平、天津的文坛大门都已经叩开，靠稿费生活将不再困难。这一回，他没有再去蓬莱公寓，而是在沙滩附近的中老胡同租下了两间小房子。他本想长期扎下去，安安定定地写一部长篇小说，可时局却让他无论如何安不下心来。日本人在卢沟桥一带的军事活动不断升级，以演习为借口不断寻衅滋事。而驻守

宛平城的中国军队却一忍再忍，一让再让，一味屈辱地沉默着。姚雪垠为此
扼腕顿足、仰天长啸，他多么希望能够听到中国军队奋起抗击侵略者的隆隆
炮声啊！

终于，这炮声响起来了！ 1937 年 7 月 7 日，卢沟桥事变发生了！彼时
彼地彼情彼景，姚雪垠终生难忘！几十年后回忆起来，依然切切犹新，历历
如昨：

> 在一个静谧的午夜后，我突然从熟睡中被一阵轰隆隆的声音惊醒。
> 这声音从西南方的远处传来，震得窗纸轻微地索索地颤动。起初，我怀
> 疑是雷声。但是，当朦胧的睡意消失后，我听出来这声音有点特别。隔
> 着窗子向天空望一眼，看见天上没有一丝云，像往常一样地横着天河，
> 布满繁星。我的心突然间紧张地跳动起来，想道，难道是我们的军队终
> 于同日本人打起来了吗……我怀着激动的心情，一面想着，一面倾听着
> 远处的隆隆声，焦急地等候着天明……天明以后，我听见一阵沉重而匆
> 匆的脚步声来到门外，一个熟悉的、苍哑的老人声音叫了一声："报！"
> 随即匆匆地走掉了。我赶快跑到门口，拾起从门缝中投进来的报纸，打
> 开一看，果然，我们中国的军队在卢沟桥同日本人发生了武装冲突！我
> 激动得从地上跳起来，不由地大声喊道："真的是打起来了！"我的胸脯
> 紧张得不能呼吸，而热泪涌满了我的眼眶。[①]

7 月 8 日，中共中央通电全国，号召全国同胞"武装保卫平津！保卫华
北！"毛泽东、朱德、彭德怀、贺龙、林彪、刘伯承、徐向前等红军将领，
向正在庐山的蒋介石致电："日寇进攻卢沟桥，实施其武装攫取华北之既定
步骤，闻讯之下，悲愤莫名！红军将士，咸愿在委员长领导之下，为国效

---

[①] 《卢沟桥礼赞——北京散记之二》，载《姚雪垠书系》第 14 卷《惠泉吃茶记》，中国
青年出版社 2000 年版，第 152 页。

命，与敌周旋，以达保土卫国之目的。"中国共产党人深明大义的磊落胸襟，促生了第二次国共合作，全民族万众一心抗日救亡的新局面开始了。姚雪垠情不自禁地放声欢呼：历史发展到了"春暖花开的时候"。

和所有的爱国青年一样，姚雪垠恨不能立刻到丰台去，到卢沟桥去，去慰劳军队，去救护伤员，去做一切支援工作，去同前线的将士们一起流汗流血。这种愿望，这种激情，他让小说《等待》的主人公方志刚"用坚定的，充满幻想的声调"替他喊出来了："我等待，等待，等待了许多年。""如今，暴风雨果然来了。我应该向风雨冲击，一刻也不能再等待了。""这次抗战不仅是中国人民对日本侵略者进行总清算，也是对国内帝国主义走狗和封建余孽的大清算。""我们能生长在这个时代，能亲身参加民族解放的神圣工作，并且能亲眼看见中国经过一次伟大的民族革命后变成自由的乐土，我们是多么幸运！""时代在向我召唤。战争的号角在向我召唤。我应该毫不犹豫的抛弃将近十年的教书生活，向祖国更需要我的地方去，向战斗最激烈的地方去。"①

经过紧急磋商，姚雪垠决定把妻子送回故乡，去照顾留在邓县的老人和两个孩子。他一个人留在北平，准备参加北平保卫战。正值西班牙内战，"保卫马德里"的口号不仅响彻西班牙，响彻欧洲，而且传遍了世界，其爱国主义精神激动着每一个热血沸腾的中国人。

姚雪垠非常感激《光明》半月刊的主编人之一沈起予，雪中送炭般给他汇来了两篇小说的稿酬。知道上海和北平已经不通汇兑，沈起予特意将款子先汇给姚雪垠的同乡——正在天津女子文理学院教书的巴黎大学博士李辰冬，再由李辰冬通过大陆银行转至姚雪垠。其时法币刚代替银元流通，一块钱大约可买一袋面粉。姚雪垠在《光明》等刊物上发稿大约是千字五元，两篇小说的稿费是一个很管用的数目。姚雪垠将其一分为三，其一借给同乡，

---

① 《等待》，载《姚雪垠书系》第 13 卷《差半车麦秸》，中国青年出版社 2000 年版，第 208 页。

其一留下自用，其一让妻子带回河南。他把妻子送到门头沟，替她雇好驴子，望着她渐渐消失在逃难的人群中。

本以为北平保卫战很快就会打响，而事态的发展却大谬不然。卢沟桥武装冲突爆发后，蒋介石在庐山发表谈话，声称"和平未到根本绝望时期，决不放弃和平，牺牲未到最后关头，决不轻言牺牲"。于是，日本侵略者尽管把军队一批一批开进关内，守军将领宋哲元却若无其事，熟视无睹。等到对方新的军事部署宣告完成，和平谈判也随之决裂。经过两天的局部战斗之后，宋哲元突然撤走了守军主力，只留下张自忠维持治安，实际上是把北平拱手送给了日本人。

得到消息，姚雪垠的第一反应是"誓死不当亡国奴"！他立即去找南阳小同乡刘尧庭，两个人决定从平绥路逃出去。他们乘黄包车奔西直门火车站，无奈铁路已经不通，不得已又返回城里，在什刹海附近的前炒米胡同找到同乡前辈徐炳昶先生家，寄存了行李，然后到刘尧庭熟识的一位在辅仁大学读书的同学处住下来，等候出逃机会。其时，日本人在北平出版的两家报纸上，登出了一份北平抗日文艺界人士的黑名单，姚雪垠名列其中。为免遭毒手，他蓄起了胡须，把一张27岁的年轻面孔掩蔽在毛毛扎扎的髭髯之下。

8月8日，日军开进北平城，平津铁路通车。姚雪垠和刘尧庭立刻出逃，途中邂逅河南大学预科同学——曾一道搞过地下工作的郑西林。几个人结伴同行，在前门火车站挤上了火车。火车开得很慢，停停走走，走走停停。沿途各站，站站空空荡荡少有旅客，只有凶神恶煞般的日本兵三步一岗五步一哨，横端着步枪怒对着列车。姚雪垠看在眼里恨在心头，祖国的大好河山，岂容侵略者如此横行霸道？实在忍无可忍了，他挣脱同伴们的拉扯，跳下火车踏上站台，摇着一把破扇子，迎着一根根闪着寒光的刺枪，从西边走过去，再从东边走回来，仰头挺胸气宇轩昂，用一种旁若无人的高傲向侵略者凛然宣告：这里是中国！我是中国人！这土地是我们的！

又热又闷的车厢里，不知道有多少双惊恐的眼睛在追随着姚雪垠的身影，沙丁鱼似的挤作一团的逃亡者们，都为他提着心吊着胆，唯恐日本兵突然拉动了枪栓。毫无疑问,站台上的侵略者都看到了姚雪垠,看到了这个中国人的"招摇过市""游行示威",奇怪的是却没有任何一个对此做出反应。据说日本人特别尊崇中国人中的"硬骨头",站台一幕岂非强力一证?

请不要讥笑姚雪垠的行为鲁莽幼稚吧!作为手无寸铁的一介书生,敢在灭绝人性的日寇枪口下挺身而出,把自己的不屑、不服、不驯、不屈淋漓尽致地展示给敌人看,单是那种蔑视仇寇、蔑视死神的胆量和精神,就足以让人心折,让人肃然起敬。

到天津已是夜幕四合。遭罹炮火轰击过的车站一带,房破屋残,无灯少亮。姚雪垠与同伴在恐怖中挨过一晚,第二天早晨分别转入英、法租界躲避,两天后才搭乘上私营直东轮船公司的一艘客轮,出大沽口抵龙口登岸。一脚踏上尚未沦陷的土地,好像一个受尽委屈的孩子扑进母亲怀中,只顾伤心,只顾兴奋,又只顾亲热与欢喜。在北平和天津,他们成了"丧家犬",到了这里,他们依然是堂堂正正的中国人!

在荒凉的海边打开铺盖,姚雪垠和朋友们休息了。他们要养精蓄锐,准备继续前行。第二天,有长途汽车把他们运到济南,再由济南登上火车,于8月19日回到开封。


## 第三节　风雨同舟办　《风雨》


开封,古老的都城。姚雪垠曾在这里读过书,安过家,忍受过被通缉遭逮捕之苦。此次回来,他没想久住,只是怀着一种近乎吊古的心情跳下火车,准备稍事休整,就踏上向延安之路。

可是,他的老师嵇文甫劝他留下来,说可以创办个期刊以鼓吹抗日。姚雪垠接受老师的建议,当即取消西行计划,投入了紧锣密鼓的创刊筹备工作中。

1937年9月,由嵇文甫、姚雪垠、王阑西主编的《风雨》周刊,在古城开封问世。初为周刊，从第五期改为五日刊，主编又增加范文澜、方天逸二人。

刊称《风雨》，名副其实：为"风雨飘摇"的民族"风雨如晦"的祖国而战，《风雨》同仁手足相携"风雨同舟"：嵇文甫是河南大学文学院院长，在河南学术界和教育界都有很高声望。他在前面执掌大旗，具体工作由姚雪垠和王阑西负责。姚雪垠主管刊物内容；王阑西负责社会活动以及与中共河南省委的联系；中华人民共和国成立后创作了著名长篇小说《红日》的作家吴强，则承担起发行工作和一应杂事。每到看清样的时候，大家都进排字房，一起工作到深夜。谁也不拿工资，姚雪垠唯一的收入是少得可怜的一点稿费。王阑西的家庭比较富裕，他本人"啃"家不算，有时还得从家往外拿钱以资助《风雨》出版。

《风雨》社址在开封同乐街41号——一座刚从荒凉的铁塔附近租赁来的宅子。据说这地方从前是一座大寺庙，后来变成了废墟，又变成了乱葬场；再后来又从古寺的废墟中，从乱葬场枯朽的骷髅上建起了宅子。出宅门往东去是一带空场，有几座无主的坟墓散乱其中。空场的尽头是惠济河，河东岸是河南大学和国民党河南省党部，再往东便到了已被黄沙掩埋半截的城墙根。河南大学往南是一片很大的池沼，北面是铁塔和栽种不久的一片树林子。宅子的上房坐东朝西，另有三间北房三间南房，院中一棵洋槐树。吴强住南房；姚雪垠先住又空又大的上房，天冷后再搬到北房里。北房的开间比上房略小，东间归姚雪垠，西间住石仲坚——一个负责校对工作的女同志。

《风雨》创刊号上，姚雪垠执笔写了《编者的话》：

> 伟大的解放战争已经发动，兴奋的日子开始了。谁都知道，全国上下一致奋起走上救亡战线是我们胜利的保证之一。在前线，我们需要飞机和大炮；在后方，我们同样的需要文化武器。疯狂的日本军人毅然的来屠杀我们，破坏和平，摧残文化的时候，我们就毅然的起来抗战，为我们，为东亚，为全世界，担当起维护和平、保障文化、反帝反侵略的

重任。为着上述天赋的使命，我们的《风雨》就匆匆的诞生了。

从决定出刊到出版，这之间仅仅有一个星期的光景。幸赖朋友们在百忙中供给我们所需要的稿子，使我们觉得无论在质上或量上都不算对不起读者。但因为出版过于匆促的关系，各方面需要改进的地方实在很多，我们诚恳的希望海内外认识和不认识的朋友们多多的给我们指教，同时也给我们鼓励。

如此这般，匆匆诞生的《风雨》高高举起了抗日救亡的旗帜，以其充实的内容和活泼的形式，很快成为在全国具有较大影响的刊物，吸引了相当大的一批作者和读者。范文澜教授以其社会影响给予了有力支持，沈起予、芦焚、刘白羽、碧野、于黑丁、李蕤等许多著名作家、戏剧家、音乐家都先后应约撰稿。还有那位尽忠守土最后被日寇把头颅挂在偏关城楼的"雁北游击司令"梁雷，生前写给好友姚雪垠的第二封信一经在《风雨》刊出，便如进军的战鼓如冲锋的军号，鼓舞着千千万万的热血青年投身疆场。

上海沦陷，华北沦陷，济南、太原相继沦陷……一批接一批流亡到开封的学生、作家、学者，都不约而同地投奔《风雨》，小住一时，然后怀着中国将在战争中发生根本蜕变的理想，和由这理想激发起来的热情、意志与完全置生死于脑后的牺牲精神，义无返顾地踏上共赴国难的征途。在战火熊熊激流滚滚的伟大时代里，《风雨》扮演了一个真理在手、正义在身的英雄角色。有着一棵洋槐树的小院子终日忙忙碌碌，热热闹闹，成为开封抗日救亡运动中一道独特的风景线。由此出发走向革命的青年人究竟有多少？因为从未计数过，所以从未有人说得清，只知道后来的新华通讯社社长穆青就是其中的一个。请看他的《忆雪垠老师》一文所记：

1937年夏，我从大同中学毕业后，考入开封两河中学读书。当时姚老师也从北平回到开封，在中共地下党的领导下，与王阑西、范文澜、嵇文甫等人创办了《风雨》周刊，他任主编之一。其时抗战已经爆发，济南、太原相继沦陷，开封也危在旦夕。但就在这样的风雨飘摇之中，他们坚持以《风雨》为阵地，团结了一大批爱国进步人士，积极宣传抗日，共赴国难，形成了当时开封抗日救亡运动的主流。我因姚老师的关系，经常到风雨社帮助工作，并积极参加他们组织的报告会、座谈会、游行示威等各种抗日宣传活动。当时的风雨社，名为一个杂志社，实为我党在开封的一个联络点。据我所知，在那一段时间内，就有一批又一批的热血青年，经风雨社介绍纷纷奔赴延安或到山西八路军抗日前线。到1937年底，开封形势更加紧张，我便相邀几个大同中学的同学，在姚老师的关怀鼓励下，拿着风雨社的介绍信去了山西，参加了当时在临汾创办的八路军学兵队。这是我参加革命的开始。我永远不会忘记是党和姚老师在历史的紧要关头亲手把我送上征途的。

作为《风雨》主编之一，姚雪垠不仅组织刊发了大量抗战文学作品，而且在烽烟弥漫中组织展开了抗战救亡文艺理论的探讨。他以通信形式，亲笔写出了一系列具有独特见解的文章。

关于"抗日救亡文艺应该描写什么"的问题，姚雪垠主张要描写"全民抗战的热情"，认为"这主题既积极，又鲜明，既容易教作者把握，又容易让读者感动"。他特别强调要正确地描写农民，强调"对敌人谩骂侮辱并不能长自己的志气，灭他人的威风，还是把敌人的暴行多多揭露出倒能发生积极的作用"。强调作家们不应该把视线都集中在"抗战"呀，"咆哮"呀，"雄壮的行进呀"，"壮烈的牺牲"呀，而应把建设民主政治和改善大众生活作为两种紧要任务。因为"我们抗日必须依靠大众的力量，而大众决忘不掉他们自己的饥饿寒冷"，"所以，拥护民主，改善民生，这两个口号在现阶段我以为有特别强调的必要"。

关于"是否还要反帝反封建"，姚雪垠的回答是："反封建是对内的，反帝是对外的，目前和帝国主义对立是一个大矛盾，和封建对立是一个小矛盾，我们应该缓和了内部的小对立，加强了外部的大对立。""我们为加强抗战的力量，不得不同一部分帝国主义做朋友。这样一来，反帝反封建虽然是我们这殖民地国家天赋的两种任务，但为适应当前的客观环境，在执行策略上就不能不稍加变通了。"

关于"怎样写汉奸"。为避免枯燥的论说，姚雪垠把讨论地点放在了大海边。一群从北平逃出来的青年男女，在荒凉的沙滩上谈论着北平的失陷。作者的观点，就在大家的七嘴八舌中得到了阐述："每个汉奸都有他做汉奸的生活环境。生活环境先使他在不知不觉中有了汉奸意识，在意识与生活环境交互影响之下，再加之外来的威迫和诱惑，便会很容易由准汉奸变成真汉奸……老百姓因生活悲苦而把亡国看作是'改朝换帝'；军阀余孽们希望在日本的帮助下趁火打劫；一班遗老们梦想着封建制度的死灰复燃；大资本家们甘愿在敌人铁蹄下苟延残喘，希图瓦全——这些汉奸意识不都是由他们各自的生活环境所决定？"基于这样的分析，作者认为文艺作品中的汉奸，第一得把握其叛国的客观条件，第二得描写出来汉奸出卖民族利益的经过情形，第三要写出其行为不被其亲人接受而造成的精神痛苦，第四要写汉奸的众离亲叛，第五要写他的新主子对他的"卸磨杀驴"……

紧张的劳作中，肺结核病还在纠缠不去。姚雪垠却没有吃过任何药品，也没有同任何人说起过。为了节省每一文钱，他的头发总要长到能梳起小辫子的时候才去修剪。抗日演剧队从上海到了开封，陈荒煤和张瑞芳连哄带闹让姚雪垠"尽地主之谊"，他却连请他们吃一份"坛子肉"的五角钱都拿不出来，只好到吴强处借支稿费。物质生活的窘迫是事实，但他们从来不以为苦也是事实。"谁谓荼苦，甘之如饴。"抗日战争中民族被放在了历史的前沿位置，鞭策着每一个真正的中国人，让他们忘记个体，自觉自愿地将"小我"消融于"大我"之中。正是这种"献身"的渴望，让《风雨》同仁硬起脊梁支撑着这份小小的刊物。

《风雨》搏击在大时代的风雨中，不仅当时曾深受欢迎，"出版后一销而光"，就是到了八十多年后的今天，作为了解抗战初期文艺运动面貌的历史资料，它也有着无可替代的价值与意义。

## 第四节 萁豆相煎中的逃离

《风雨》初创时，因为以宣传抗日民族统一战线为宗旨而深受欢迎，读者群不仅遍布河南，而且在江苏、陕西、湖北、山西、安徽都有人代销。伴随着它的影响不断扩大，中共河南省委的介入也日益加深，导致刊物日趋"左"转，其结果是撰稿人的圈子日趋紧缩，统一战线性质的编委们与刊物的关系也日趋疏离，以至于各县的许多代售书店都相继退出了发行队伍。

姚雪垠为之忧心如焚却束手无策。作为主编，他的思想水平、决断能力，他的所好所恶所褒所贬，都会自然而然地渗透在他对稿件的取舍中。可是主编并非他一个，他的性格中又天生缺少在温良恭俭让的氛围里贯彻个人意图的潇洒与从容。他有独立见解有政治激情，但他更有动辄剑拔弩张的极艺术化的情感个性。凡他认定的他都要顽强固守，尤其在大是大非的原则问题上更是寸土必争、锱铢必较。他不懂得他必须随时准备或轻或重地牺牲个人情感，才能够保证团队的方向明确、步调一致。既然如此，那么人前人后遭遇非议和责难，便成为姚雪垠在《风雨》社的必然结局。

姚雪垠缺少应有的自省，所以他搞不懂为什么会是这样。他一向认为，一个社会的变革，肯定要有一种主体力量。找不到这个力量，变革就不会成功。抗日救亡是整个中华民族的事情，必须集结起全民族的力量来一致对外。这个道理，难道还有什么可争议之处吗？在百思不得其解之时，姚雪垠写了《是否还要反帝反封建——关于救亡文艺的第四封信》，把自己的困惑和迷茫变成白纸黑字登载于《风雨》，希望借此使自己的意见上通下达，以广博大权在握者的视听和思路。他在文中写道：

> 不论我们的祖先相互厮杀得血流成河，骨堆如山，一逢着外国来侵略，就马上携手同外国打起来。我们的祖先全是真正的封建人物，不也是都知道爱国吗？岳武穆、文天祥、史可法、郑成功，他们哪一个不是

封建时代的人物？又哪一个不是顶天立地的民族英雄？总而言之，国家是大家的国家，爱国是大家的事情，新派人物应该起来救中国，旧派人物也应该起来救中国，千万不要抱着关门主义，把别人一脚踢开。踢开一部分人不但会减少一部分抗战力量，并且被踢开的还会起反动的作用呢。大时代好比一座化铁炉，不管那些碎铜烂铁锈得多么不堪，只要丢进这座化铁炉，慢慢的都会发热，变红，和新铁熔化在一起。所以铁虽然生了锈，经过一番熔化和锻炼也可以做成杀敌武器呵。[①]

姚雪垠的肺腑之言在某些人看来是不可理喻，是"是可忍而孰不可忍"。于是，没有调查了解没有征求个人意见，一系列处理决定便以组织的名义自上而下压过来，立刻就有人宣布：姚雪垠"思想右倾"，不适合再担任《风雨》主编。调离开封，派往豫南……

事情突如其来，姚雪垠一时怔住。豫南是他的故乡，那里的封建反动势力早就把他看作眼中钉肉中刺，必欲除之方后快。只是虑及他的名气，需要等时机找借口。让姚雪垠回到故乡搞"地下工作"，等于送他去就死。姚雪垠不怕死，但他却不肯做无谓牺牲。再说，他的家人都在土霸王们的治下讨生活，他不能不顾及他们的安危。姚雪垠申述衷情，领导回答：要革命就不能怕牺牲，老婆孩子都得豁出去。前怕狼后怕虎，不是真正的革命者。

一位编委挺身而出仗义执言，说姚雪垠的理论修养和文化修养都比较好，在读者中有威望，在社会上有影响，就是不能再做主编了，也应该让他留在城市做文化工作为好。但这意见马上被领导否定了："只考虑他应该无条件地服从组织决定，不考虑他有多少文化和理论修养，也不考虑他在社会上有什么影响和威望。"

闻听此言，姚雪垠再无话可说。他一向认为，为了共同的事业，革命同

① 《是否还要反帝反封建——关于救亡文艺的第四封信》，载《姚雪垠书系》第17卷《小说是怎样写成的》，中国青年出版社2000年版，第32页。

志可以争可以吵，可以拍桌子瞪眼睛；但不可以把工作分歧变成个人主义色彩浓重的意气之争，泄私愤图报复，甚至同室操戈借刀杀人。他鄙视那些人的勇于内斗、善于内斗、热衷于内斗，认定他们的思想与行为只能迎合下层社会心理，助长游民习气，革命队伍中绝不应该允许其存在。而事实上这些卑劣龌龊的东西却不仅能存身于革命队伍，而且还能因为得到某些负责同志的听之信之而大行其道。呜呼！姚雪垠为之痛心！

此前不久，由同事王阑西介绍，姚雪垠成为中国共产党预备党员，满怀对未来社会的美好向往，站在了金色的镰刀锤头下。在他的理想中，美好的人类社会必有一个不可或缺的重要内容，那便是"同志"之间的真诚团结与友爱。唯其如此，"以革命的名义"对他进行的打击才过于沉痛，沉痛得直接关乎他对人生的认识、对理想的审视、对未来道路的重新选择。

好在，"革命"不仅能吸纳感性生命蕴含的能量，更能提供理性生命憧憬的未来。前者被碰得头破血流了，后者却在远方招手呼唤。姚雪垠抬起头来，他的目光已经锁定了正在血火相搏的台儿庄，锁定了当时国民政府临时驻地武汉。就要离开了，他提出三个要求：第一，请允许他以《风雨》主编名义到徐州前线进行一次采访。第二，请允许他以同样的名义到武汉去一趟。第三，在接受新的工作之前，他要回家去看看。

上级领导批准了姚雪垠的要求，同意由中共河南省委开出证明其"《风雨》主编"身份的介绍信。姚雪垠拿着介绍信走出了《风雨》社，同时也强迫自己走出了《风雨》遭遇留在心上的阴影。他要一身轻装出发，到徐州去，到武汉去，到抗日战争的炮火中去，浴血浴火，凤凰涅槃，他要让一切错误、丑陋的东西化为灰烬。虽然他对到武汉后如何解决工作问题毫无把握，但毕竟理想在远方，所以远方充满了诱惑。

1938年1月下旬，姚雪垠以《风雨》主编和"全民抗战社"特约记者的名义到达徐州。他先去了第二集团军所辖第三十军的前沿阵地，又到了于学忠将军驻守的淮北前线。然后经开封抵武汉，住进专为学生开设的廉价公寓"两湖学社"。再找到位于汉口长春街的八路军办事处，见到了中共长江局组织部部长博古。适逢"全国学联第二次全国代表大会"召开在即，姚雪垠被博古顺势抓了"公差"：先是搞会议筹备，再与蒋南翔、黄华一起担任大会秘书。会议结束后向博古表达了留在武汉工作的心愿，结果是希望破灭还白挨一顿批评。盛怒中姚雪垠同博古拍着桌子大吵一顿，最后却不能不执行"个人服从组织"的规定。

5 月 4 日晚上，姚雪垠离开武汉去确山县竹沟镇报到。竹沟是新四军第四支队留守处所在地，那里的负责人对姚雪垠十分冷淡。几句交谈之后，便突然问他"对陈独秀怎么看"。姚雪垠未及思考，随口作了大致如下的回答：陈独秀对国民党右派妥协，害怕领导武装斗争，使共产党遭受惨重损失，所以党的"八七"会议决定将陈独秀开除出党……不过，据说他出狱后坚决不接受国民党的津贴，全靠朋友接济维持生活。只从这一点看，他的个人品质并不坏，同叶青之流大不一样……

姚雪垠的回答招致一顿严厉批评。批评者秉持的论点是：政治立场同个人品质不能分开，"一个人在政治上犯了错误，背叛了革命，他就不可能有什么好的个人品质"！"你看不到这一点儿，说明你思想右倾。"

这是第二次被当面指责"思想右倾"。姚雪垠忍无可忍，负气而去，一去便不再回头。他所崇尚的"气节"对他说，只要为祖国为民族为劳苦大众求解放的奋斗目标不变，在哪里干都一样，何必非要寄人篱下看人脸色！他姚雪垠不是为解决吃饭问题而"卖身"的投机者，他有知识有见解有思想有能力，他相信"是金子就会闪光"，所以他不怕"此处不留爷……"虽然他由衷地希望把自己这一根指头与其他指头联合起来攥成拳头，但当这拳头成为气势汹汹的专断时，他的自我独立意识便立刻被激活，指挥他按照自己的愿望、自己的性情去走自己想走的路。为了维护一己之真实，姚雪垠付出了被组织取消中共预备党员资格的代价。

多少年后回忆起来，姚雪垠的心情依然十分沉痛。在其人事档案的一份检讨书中，他写下了如下文字："我那时的想法真是幼稚极了……我不应该把个别同志对我的打击看得那么严重，好像他们就代表着整个的党。"

## 第五节 《差半车麦秸》——抗战文学中的第一个游击队员

1938 年上半年，姚雪垠一直在辛辛苦苦地奔波辗转。他从开封到南阳到徐州到武汉到竹沟再到南阳，餐不定时居无定所，又屡受打击情绪不佳，但为了负起鼓吹抗战和爱国主义精神的职责，也为了筹措来来去去的路费，他还是在武汉"两湖学社"那间东倒西歪的土房子里，用最快的速度写成了书信体通讯《战地书简》，交由上海杂志公司出版了单行本；又根据报纸资料写了一篇小说《白龙港》，登在了孙陵主编的《自由中国》上；而最重要的是，他根据在淮北前线与山东籍游击队员座谈的记录，用豫西方言一气呵成了一个短篇小说，以极其细腻的笔触塑造了一个抗日游击队员形象，取名《差半车麦秸》。

《差半车麦秸》完成后，姚雪垠有事外出，少顷返回后，看见于黑丁夫妇正拿着他的小说稿俯在桌上咪咪地笑，并坦言这篇小说的语言他们不喜欢。姚雪垠收起文稿，笑而不言。适有舒群新创《战地》一刊，致信姚雪垠邀稿，姚雪垠便把《差半车麦秸》寄给了《战地》。几天后舒群将稿子退回，说他"不打算发表它"。姚雪垠准备离开武汉，去向以群辞行时得到了茅盾先生正在香港主编《文艺阵地》的消息，便抱着碰运气的心态，将《差半车麦秸》文稿寄往了香港。

告别了武汉又告别了竹沟后，姚雪垠回到邓县住了十来天，于 1938 年 5 月下旬到郑州。在郑州住到 7 月底，又应邀同袁宝华结伴到舞阳，去组织召开"河南全省救亡青年代表大会"。大会到了三十几个县的代表，姚雪垠为大会贡献了《对于保卫河南的几项紧急建议》，起草了《河南青年救亡协会宣言》。他大声疾呼："不愿做奴隶的中原儿女们，时机紧迫了，让我们携起手来，集中力量，齐一步伐，以铁与血回答敌人的疯狂进攻，保卫我们的父母妻子，保卫我们的家乡，保卫我们的祖国，保卫人类的正义与和平！"

"河南省青年救亡协会"总会设在洛阳。怕日寇渡黄河西犯致洛阳陷落，又在南阳设立了一个"豫南执行部"交姚雪垠负责，目的在确保万一总会不存而工作不止。代表大会结束后，姚雪垠徒步从舞阳回南阳。他走了整整四天，在一个细雨潇潇的下午赶到南阳平津同学会。进门刚坐下，便有朋友来传达喜讯——《文艺阵地》第三期上登载了《差半车麦秸》，茅盾先生还为之撰写了"编者按语"。

其后不久，数篇评论相继问世，异口同声肯定了小说的成功。其中最热烈的赞扬来自张天翼，他在《致文阵信》中说："《差半车麦秸》写得真好，可说是三期来第一篇创作，也可以说是抗战以来的最优秀的一篇文艺作品。在文抗会的座谈会中，我提议每人把这篇读一读，预备下次开会时讨论。看到这样的文章真是愉快……"后来，小说被著名翻译家叶君健译成英文，发表在美国一家进步杂志上。再后来，苏联人罗果夫又把小说译成俄文，收入莫斯科出版的《中国短篇小说选》中。

欣喜与激动是必然的，但姚雪垠同时又很冷静很清醒，因为这成功并非天外飞来，而是他立志于此长期努力的结果。几年前，为改变"欧化文"当道的文坛现状，进步文艺阵营开展了一场关于"大众语"的讨论。讨论中提出了"手头字和口头语"问题。姚雪垠拥护讨论本身，但对其提出的用拼音代替汉字的主张不敢苟同。他没有参加讨论，却从讨论中受到了很重要的启发。他想，如果文章改用拼音写，就必须做到一听就懂，而且要读来顺口，听来顺耳。那么，不改拼音而继续使用汉字写文章，难道就不该追求这样的效果向这样的方向努力么？

姚雪垠认为，作为语言的艺术，"中国新文学曾走过差不多二十年的曲折路线，不是生吞活剥接受欧化，便是对旧文学留一道妥协之门。前者显示了中国新文化对于西洋资本主义文化的依赖，后者又表现了新文化仍多少受着封建势力的顽固影响"。他还认为，若不从上述二者的夹缝中冲出来，中国新文学就不会有中国作风和中国气派，就难以有独特的风姿屹立于世界文学之林。

基于这样的观点，姚雪垠对抗战文化与抗战形势脱节的现象，一直自觉

51

进行着认真地研究。还是在担任《风雨》主编时,他就写过一篇《文字宣传到乡间》,专门谈到了文字与农民的隔膜。他说:

> 从标语一项来说,过去我所见到的标语十之八九是空洞的,抽象的,官样文章的,甚至可以说是些无聊的废话。例如"中华民国万岁"啦,"打倒日本帝国主义"啦,"林则徐先生精神不死"啦,这些口号都是满大方、满好听的,但是不发生什么力量。老百姓不明白"中华民国万岁"对他们的生活有什么好处;至于"帝国主义"那四个字,叫他们简直是无从明白;而明明要禁鸦片烟,却故意提起林则徐这个陌生的名字,更有点"岂有此理"。这几年来我南北跑了几千里,没看见一个标语或传单引起过乡下人的特别注意。①

姚雪垠的目光很犀利,他的批评切中时弊,入木三分。

姚雪垠的实践意识很强大,他决心做一次反拨现存弊端的尝试。

于是,姚雪垠笔下就诞生了《差半车麦秸》这位看似笨嘴拙舌,说出话来却让人忍俊不禁的小说主人公。

他这样自我介绍:"我叫王哑巴,哑巴,人人都知道的。""是小名字,老爷。小名字是爷起的,爷不是念书人。爷说起个坏名字压压灾星吧。""爷说庄稼人一辈子不进学屋门儿,不登客房台儿,用不着大名。""这是吹糖人的王二麻子给我起的外号(差半车麦秸)。他一口咬死说我不够数儿。"

他这样倾诉苦难:"俺是王庄人","是大王庄不是小王庄。北军来啦,看见屋里人就糟蹋,看见外厢人就打呀,砍呀,枪毙呀。小狗子娘说,'小狗子爹呀,庄里人跑空啦,咱也跑吧。跑出去,唉,一天喝一碗凉水也是安生的!'俺带着俺的屋里人跟俺的小狗子跑出来啦。小狗子娘已经两天两夜

---

① 《文字宣传到乡间》,载《姚雪垠书系》第14卷《惠泉吃茶记》,中国青年出版社2000年版,第323页。

水米没打牙，肚子两片塌一片。小狗子要吃奶，小狗子娘的奶瘪啦。小狗子吸不出奶来，就吱咩咩的哭着。"

他这样宣示自己的民族气节："龟孙才是汉奸呐！我要是做了汉奸，看，老爷，上有青天，日头落——我也落！"

实例不胜枚举。在《差半车麦秸》中，通篇满布着的都是绿生生青凌凌蕴含着无限生机的文字。这样的文字来自中原大地，属于中原大地。姚雪垠炉火纯青地把握了它们，挥洒自如地驾驭着它们。他用它们把抗战的农民送进了文学，使现代文学人物画廊中有了第一个抗日游击队员形象。"第一个"是难能可贵的，而更可贵处在于这个形象的一身土气一口土语，一下子就拉近了进步文学与人民大众的距离。还有一点不能不说：当具有划时代意义的延安文艺座谈会召开之时，《差半车麦秸》来到这世上已近四年之久。延安文艺座谈会上提出了文学走向人民大众的历史任务，可以说《差半车麦秸》就是执行这个历史任务的排头兵和先遣队。

至于这篇小说的思想意义，应该说周斯奋的评价是较为全面而中肯的。他指出《差半车麦秸》"不特是形象了中国农民潜力的伟大，而且指出了民族抗战的光明前途，在当时对于那些抗战悲观论者真有发聋振聩的作用"；他认为"这作品可以代表时代的意识，指示国人应认识的光明路向"；他赞扬小说主人公一类"不够聪明"者是"挺坚实挺勇敢的精忠卫国的人"，他遗憾"认识这作品的人太少，没有人作有意的阐扬"，他呼吁要对这篇小说"予以高的评价"。

一篇《差半车麦秸》让姚雪垠在文坛立定了脚跟。他成功了，但他没有停下脚步，他甚至没有读到茅盾先生的评介文章，也无暇寻找登载了《差半车麦秸》的那一期《文艺阵地》。他知道还有许许多多的工作等待着他去做。路漫漫其修远兮，姚雪垠把目光投向更高远的未来，满怀信心开始了新的尝试与探索。

# 第三章 1938—1943 年

## 第一节 第五战区抗日救亡的辉煌一页

1938 年 8 月中旬，姚雪垠在南阳的"平津同学会"住下来，以"河南省青年救亡协会豫南执行部"的名义展开工作。他可真是忙啊，谈话、开会、写信、编壁报、写文章、接待访客，半夜上床后还要看几页书，或者翻一翻从武汉寄来的刊物报纸……每天忙得腰痛腿酸，完全忘记了自己还有顽疾缠身。说来也奇怪，他居然不再咳嗽，也不再吐血，肺结核病竟然在神不知鬼不觉中痊愈了。

不过一个月光景，姚雪垠周围便团结起一大群青年。这种进步使他快乐，心头上的故乡也逐渐清朗起来。"时常快慰的想着，万一日后中原不守，敌人进攻信阳不下，迂回部队必出南阳大道，那时他就会碰上一头钉子，因为我的同乡们好比中国的哥萨克，素来以能打仗著称中原。"

然而，武汉的国民党政府却发来指令，取缔三个民间抗日组织，"河南省青年救亡协会"也在其列。"豫南执行部"关门了，姚雪垠回到邓县，同另外两个同志一起，开展"地下""民先"活动。邓县民团司令丁叔恒十分猖狂，曾经一下子就活埋了 9 个反对他的人。姚雪垠回邓县不到 1 个月，丁叔恒就放出风来，说姚雪垠"想要把邓县赤化"。

一天晚饭后，与姚家素无来往的斜对门邻居——外号"寇团长"的暗娼匆匆跑到姚家，告知民团派来的刺客正躺在她家抽大烟，催促姚雪垠赶快逃命。姚雪垠连夜出走,暂避朋友家中。正愁山穷水尽,突见柳暗花明——"第五战区文化工作委员会"主任钱俊瑞的邀请函到了。

"第五战区文化工作委员会",是国民党第五战区司令长官李宗仁接受中共长江局建议,与董必武、郭沫若等人在武汉面商后达成协议,于1938年10月9日在歧亭成立、"保卫大武汉"战役中跟从司令长官部西撤襄樊的一个抗日宣传机构。该机构受第五战区司令长官部直接统辖,由司令长官李宗仁聘请中共党员、著名经济学家钱俊瑞担任"少将顾问兼主任",机构编制中有中校和少校参谋多名,皆为文化界著名人士。钱俊瑞与姚雪垠素昧平生而直接向姚发出邀请函,看中的也正是姚雪垠的文名。

同时收到邀请函的还有姚雪垠的老师——河南大学教授嵇文甫。两个人一番研究讨论后,决定先去看看情况再说。二人结伴登程,姚雪垠骑自行车,嵇文甫坐黄包车,经镇平到新野再奔枣阳。沿途虽然土匪如麻,但一听说是姚雪垠便都肃然起敬,不仅大酒大肉招待他们,土匪头子戴焕章甚至派出护兵为其带路。到双沟时遇敌机轰炸走散,嵇文甫返回开封,姚雪垠抵达襄樊。

襄樊是襄阳与樊城的合称。两个小城隔汉水对峙,中间一架浮桥相连。南是襄阳,北是樊城。襄阳是周围十几个县的政治中心,樊城则是一个相当热闹的小商埠。乘汽车从平汉铁路南段的花园车站出发,在桐柏山和大洪山之间逶迤西进,到此后便有了几条更宽更长的公路四通八达。地理位置的重要和交通的便捷,使襄樊自古以来就受兵家青睐。自从来了文工会,汉水两岸到处是熙熙攘攘的救亡青年,襄樊一时成为国统区的抗日救亡运动中心。

战区文工会受战区政治部领导,战区政治部主任是李宗仁的外甥韦永成。文工会的第一项重要工作是革新《鄂北日报》,把原属国民党襄阳县党部的地方小报,办成一个由战区政治部、文工会、襄阳县党部共同主办、以贯彻中共中央《抗日救国十大纲领》、维护抗日民族统一战线为宗旨的权威媒体。第二项重要工作是创办战地文化工作干部训练班,就地招收抗日爱国青年,经过短期学习后即参加实际工作。

1938 年 11 月初，姚雪垠成为文工会委员，比他捷足先登的有臧克家、曹荻秋、孟宪章等人。是月底，中华全国文艺界抗敌协会要在各地成立文协分会，姚雪垠与陈北鸥、田涛、孙陵等被推举为宜昌襄樊分会的筹备员，继之当选为该分会理事。到了年底，姚雪垠被派往文工会的均县留守处，同去者有臧克家、田涛、孙陵等。

均县古称均州，背靠武当，面临汉水，是一座美丽幽静的小城。古人诗云："水上桃花岸上楼，轻帆三月过均州。"均州有明永乐皇帝为自己修建的行宫一座，以"净乐"为名，属道教。净乐宫石铺大院，古柏参天，占地约为均县县城面积的一半。中有碑亭，负碑石龟一对，各重 80 吨，为全国石龟之冠。初抵均县，姚雪垠曾到此一游。徜徉于名山秀水之间，想到国家危急，更觉责任重大。

当是时，文工会已在樊城、襄阳、老河口、均县等地成立了多个抗战干训班。樊城、襄阳、老河口的训练班由曹荻秋主持，均县训练班由姚雪垠负责。除日常管理工作外，姚雪垠还担负着为训练班讲授唯物辩证法的任务。同时，他又与臧克家等人筹建了中华文协宜昌襄阳分会均县支会，并以该会名义在均县举办文艺通讯讲习班，招收学员三百多人。除此之外，姚雪垠还接受张自忠将军部属的邀请，多次到三十三军团均县下级军事干部学校"七七军训团"、由多所流亡中学联合成立的"国立第六中学"等文化单位作大型报告。

1939 年年初，蒋介石派遣军统特务张元良到第五战区担任政治部副主任。此人上任伊始，首先撤销文工会；继之改《鄂北日报》为《阵中日报》，并收回对报纸的控制权，由原来的三家联手主办改为战区政治部独办。至此，第五战区民主和抗日救亡运动的辉煌一页，被蒋介石的反共政策强行画上了句号。汉水两岸的抗战歌声喑哑了，从四面八方汇集襄樊的大批进步文化人士，又黯然分手各奔东西。

1939 年春节前的一个夜晚，文工会均县留守处结束了工作，全体人员乘船离去。干部训练班、文艺讲习班、七七军训团以及国立六中的师生们都赶来送行，江岸上人山人海。熊熊火把映照着沉沉夜空，也映照着万头攒动的人群。壮观的送行场面，不啻对国民党反动派的一次抗议示威。七七军训团和讲习班的学员们几次大声呼唤已经上船的姚雪垠，请他务必把辩证唯物论的讲义写完寄给他们。姚雪垠则眼含热泪对着他的学生们谆谆嘱咐："这段学习生活，只是你们参加抗日斗争的开始，好比一部长篇叙事诗刚刚开头，波澜壮阔的章节还在后面。你们一定要继续写下去。不管遇到多大困难和挫折，都要坚持将这部巨著完成呵。"

离开了均县的姚雪垠，拒绝了同刘子厚"一起去敌后打游击"，选择了在第五战区留下来。留下来的还有胡绳、臧克家、碧野等人，他们一起先在战区政治部然后在司令长官部挂一个"秘书"名义，每天的工作就是谈谈闲话，下下象棋，到野外骑骑马或到马路上散散步。太无聊了！姚雪垠很快就厌倦了这种无所事事的生活，他从内心深处憎恨这种腐蚀青春的日子。尤其是在胡绳不久也去了重庆之后，沉重的失落感让姚雪垠对自己当初的选择充满了鄙夷和悔恨。但是，随着一天天胡混下去，毅然走掉的勇气竟越来越小。他说："我看见光明在遥远中向我招手，但我却不能拥抱光明！"充满理想主义、浪漫主义、英雄主义色彩的日子过去了，他在痛苦中越来越怀念那些踏上另一种生活道路的老朋友，怀念那位已经壮烈殉国的英雄赵伊坪临行之前留给他的那盏"红灯笼"。

在均县时，姚雪垠曾经把"红灯笼"的故事讲给他的学员们：一位衰老的酋长领导着一个衰微的部落，在一次惨烈无比的战斗之后变得一无所有，连两个最小的孩子都成了两个敌对部落的俘虏。敌人分别把两个孩子养大，然后让他们各为其主互相残杀。嫡亲兄弟互不相识兵戎相见，同时都暗中惦记着逃进深山的老父亲。在那次最惨烈的战斗开始前，老父亲曾经告诉他的儿子：只要他不死，就一定逃出去，逃进深山里，在每季中最后一月末尾的漆黑之夜，在一株最高的树上挂一盏血红的灯笼做标记。只要能找到红灯笼就能找到他，能找到红灯笼就能骨肉团聚……这个故事是那样美丽而凄切，曾经让姚雪垠满怀希望又满怀忧伤地写下散文《夜行曲第一章》：

这篇美丽的故事给我几许捉摸不定的希望和伤感。午夜里天是黑的，地是黑的，黑暗中照耀着一盏红灯笼，它是多么的美丽而可爱！我仿佛自己就是那位失去了音信的旅人，不管道路是怎样的崎岖，身体是怎样的疲劳，一个除夕一个除夕的过去了，我依然顽固的向着红灯的方向摸索。有时我仿佛看见了那盏红灯，它在遥远的前方飘荡着，飘荡着，于是我兴奋得忘掉疲倦，欢喜欲狂，不由的加速了脚步……我虽然偶尔有苦闷，却不曾悲观过。旅人只有坚强的意志和一双顽固的脚，不管白昼，不管黑夜，不管雨，不管雪，背着行囊不停地向前走。红灯确乎不是梦，它像上帝的火柱，引导着被压迫的以色列人往迦南去。它在未有我之前就存在着，现在和将来也一样存在着；它不惟照耀着我的旅途，也照耀着千千万万善良人的心。

写这篇散文时，抗日民族统一战线才刚刚建立，一个理想主义者对梦幻世界不懈追求的精神历程，在红灯笼的闪烁中得到了充分展现。然而曾几何时，物非人亦非。不胜唏嘘感慨的姚雪垠，决意把"红灯笼"写进小说，既为了纪念那些为祖国为民族而英勇牺牲了的英雄们，更为了凭吊名存实亡的抗日民族统一战线。

1939 年的《抗战文艺》第 4 卷第 2 期上，《红灯笼故事——一部长篇小说中的片断》发表了。不久即被译成俄文，后来同《差半车麦秸》一道编入莫斯科出版的《中国小说》。小说中，姚雪垠假借主人公之口，"从心的最深处发出来那简单而真诚的呼声：'或者我们立刻死，或者我们立刻去找那一盏红灯笼'！"

## 第二节 《四月交响曲》——抗日英雄的赞歌

蒋介石还在步步紧逼，重庆又发来命令，要求滞留第五战区的进步文化人统一填表集体加入国民党。姚雪垠不干。他对主管此事的韦永成说："国民党我是不入的，谁入我都不入！你不要为这种事情找我。你今天找我，我明天就卷铺盖走人！"他的铮铮铁骨凛凛正气赢得了韦永成的钦敬，这位五战区政治部主任略作沉吟，便简捷明了地回答说："好，你例外，你不用参加了。放心吧，我决不让任何人为这件事情去找你。"

在终日碌碌的苦闷中，随枣战役打响了。为鼓动抗战情绪，文协五战区分会发出了"到战地去"的号召。姚雪垠兴奋起来，他同臧克家、孙陵等各率一支小小的"笔部队"，分别深入一四三师、一八九师和一七三师驻守的前沿阵地。

1939 年 4 月的一个早晨，他们沿着曲曲折折的羊肠小路出发了。多少天来虚度时光的烦恼烟消云散，姚雪垠的心情变得无比轻松。随着一步步走近前线，一切忧郁都化作了兴奋，他的生命充满着青春，充满着活力，洋溢着一个战士的慷慨激动。他挥着手杖，迈着轻快的步子抢在前面，不管泥，不管水，奔下岗坡，奔下河滩。隆隆的炮声和雨中行军使他感到无限的兴奋，他跳着跑着，手杖在细雨中挥舞得呼呼作响。

5 月 1 日晚间，日军向我鄂北前线阵地发动猛攻，双方枪炮声如同潮水，彻夜不停。姚雪垠一行正在一七三师师部，黎明时分被催促赶快撤离。性格豪迈的师长钟毅将军在庭院中设小酌为他们送行，桌旁花坛上的红玫瑰开得正艳，钟师长幽默地对姚雪垠说："日寇已经逼近，这花你不能欣赏了，等打完这一仗再来看吧。"

离开钟毅将军的师部，姚雪垠等一路撤退。到处都是枪炮，火光，人群……一直爬跑了八天两夜，终于平安脱险。回到司令长官部后才知道，几天前防守襄阳西岸的第三十三集团军渡河向敌压迫，鏖战九昼夜，歼敌甚众。总司令张自忠将军亲自指挥士卒冲锋陷阵，壮烈殉国。而钟毅将军的一七三师也伤亡惨重，原班人马已所剩无几。听到这个消息，想起钟将军饯别时的"赏花"之邀，姚雪垠心如刀绞，潸然泪下，悲愤中他挥笔写成《四月交响曲》，通过自己的所见所闻，记录下了那血与火中的战壕真实：

蔡家河之役，有一位班长的左边肺叶被机关枪弹穿透了，气从伤口随着血液冒出来，人们把他抬到医务所的时候，他用没有光彩的眼睛望着医务主任说："主任，我认识你的，请你把伤口裹紧一点，别叫它冒出气来，我好回到火线上……"半点钟没过去，这位英雄就在一种兴奋的情绪中死去了。临死时，据说他又突然睁开眼睛，含糊说了一句话："丢那妈，这就算完事了吗？我还要杀鬼子呀！"

大小九冲的战斗里，有一位连副负了两处重伤后才从火线上退下来。因为找不到担架兵，等他步行到团部时，已经只剩奄奄一息了。一边不住的流着血，神智开始昏迷起来，一边还喃喃的告诉团长说："不要紧的，团长，我用手榴弹打死了七个敌人，已经赚了六个了。"

有一位叫做黄式勇的二等兵，负伤后不曾退下火线时阵地就被敌人突破了，白天，他有时藏在草堆里，有时藏在被敌人炮火轰毁的废墟里，夜里，他忍着痛苦，忍着饥饿和疲惫，把步枪驮在脊背上，摸索着从敌人的阵地上爬出来，三天后在炮火中他重又同自家的兄弟们碰在一起，像一个受了折磨的孩子似的流下了难过的眼泪。营长问他道："黄式勇，你为什么不把步枪扔掉？""报告营长，"他说，"有枪，我起码还可以换他一个呐！"

写着这样的文字，姚雪垠无法抑制感情的潮水放纵奔流。那些"来自不同的省份里，说着不同的地方话"的英雄们，"八一三战争一起就出来打仗，到上海、到南京、到徐州"，枪林弹雨，九死一生，用青春的生命守卫着祖国的每一寸土地，把血染的风采留给了山高水长。

关帝庙之役，日本一个中队只逃走了十几名，中国兵出其不意的把敌人消灭了。另外，在郝家店、蔡家河、黄土关、兴隆重集、大九冲、小九冲，三零四高地，在这些大小战役里，敌人利用优势的炮火外，还不断的施放毒气和烟雾，然而中国军队在艰苦的条件中获得胜利了。

在争夺三零四高地的战斗里，中国士兵用惊人的沉着去阻止敌人的猛烈攻击……有许多中国士兵被炮火所鼓舞，被死伤所鼓舞，被烈火一般的狂怒所鼓舞，当敌人的手榴弹刚落地没有爆炸的时候，就像猴子一般敏捷的把手榴弹从地上抓起来，牙一咬，眼一合，嗖的一声投回去。有时候，手榴弹刚出手时在空中爆炸开，中国士兵就在一瞬间倒在血泊里。日本士兵从来没有这样英勇的死法，他们对全世界宣传着中国人是野蛮的，我想，这样死法大概就是"野蛮"的证据吧。[①]

《四月交响曲》不仅记下了抗日将士们英勇捐躯慷慨赴死的忠烈，也同时记下了他们对生活的热爱、对未来的憧憬、对亲人的眷恋、对家乡的向往。在战斗的间隙里，"有的同志围坐在石头上或茸茸的青草上，痛快的吃喝着，谈笑着……有的静静的坐在掩蔽部或用稻草松枝搭盖的小屋里，熟练的缝补着衣裳。有的坐在温暖的阳光下，从身上脱下来破军装，用心用意的捉虱子……有的在学习记日记，日记本子是从敌人身上捡来的。有的在聚精会神的一字不漏的读着包花生米的一片旧报纸"。他们并不讳言他们想家，但他们又说："有国才有家。不把敌人打出去，回家不是要当亡国奴吗？……想回家，就得打仗呵！"

这一切，深深地震撼着姚雪垠。他说："隔着那发散着汗臭和蠕动着虱子的破军装，我认识了那些纯朴可爱的心，那心上，有着爱国者的慷慨热情，革命者的灿烂理想，和每个战士所应有的那由五千年文明历史养成的自尊与自信。"他说："死的人给活着的人留下了悲愤的记忆。活着的人除非他的灵魂已经麻木，谁肯忘掉这悲愤的记忆呢？"

娘娘庙之役，我方军队退走时，有七位英雄的尸体留在山上，山下

---

[①] 《四月交响曲》，载《姚雪垠书系》第 14 卷《惠泉吃茶记》，中国青年出版社 2000 年版，第 440 页。

边余家沟农民余显华等敌人退出山寨时，把七具尸首埋葬在一个风景幽美的地方。随后，他派人送信给营长道："请营长将此七位烈士的芳名记下，以便竖碑，永垂千秋。"

是的，不会忘掉，不该忘掉，不能忘掉！热血沸腾的姚雪垠又一次真真切切地感到了自己的责任。他要用手中的笔写出更多的英雄"交响曲"，他要把那些"悲愤的记忆"植入更多的灵魂。于是，他又出发了，同臧克家一起，开始了文协宜昌襄樊分会的第二次笔征。一人一顶破斗笠，一人一双破草鞋，一人一根竹手杖。宽沿草帽下两个影子在大地上一晃一晃，高兴了挥舞起手杖在空中画龙。他们晓行夜宿，风雨兼程，跋山涉水三千里，靠两只脚穿越了三个省。出来的时节，太阳像火；送他们归去的，是如剪的秋风。

远征途中，他们拜访了在战场上英勇杀敌的将士；看望了被侵略者逼得拿起枪杆的农民；蒙城血战中的三千八百殉国英烈让他们啼血泣泪，大发国难财的奸商们囤积成山的仇货让他们触目惊心……臧克家一路感慨一路诗，结集出版时题名《淮上吟》；姚雪垠的收获更是不菲，一系列淌溢着血与火的报告文学应运而生。

《界首集》揭露了"私货和仇货猖獗的全部秘密"，用事实告诉人们，"国外的侵略者和国内的封建势力紧密地结合着，阻碍着咱们大家向解放自由的路上走！"《血的蒙城》是又一首英雄赞歌，周光副师长为首的蒙城守卫者以"三四天不曾睡觉""也没有好好吃过东西"的血肉之躯，拼死抵抗着敌寇的三个机械化部队，最后全部默默地倒在了夕阳荒草中。《随县前方的农民运动》总结了"第×××军政治部的同志们""向农民进行工作"，组织成立"农民抗日会"的工作经验，称赞他们"从改善农民生活""联系到抗战建国"的"基本方针""很可做全国各战区的一个参考"。《鄂北战场的神秘武装》的主人公是"一位神秘的老头子"王川及其"黄学会"，他们的组织形式是那样的愚昧落后，他们的抗日活动又是那样的英勇顽强……

就这样，从南阳到阜阳，从阜阳抵涡阳，一路上的所见所闻激荡着姚雪垠的心海浪潮，让他无法停下前进的步伐也无法停下手中的笔。他用他独到的目光捕捉着豫南皖西一带的社会生活，用他特有的语言抒发着他对祖国山河的热爱、对大别山抗日军民的敬仰，发泄着他对侵略者和卖国贼以及大发国难财的奸商们的刻骨仇恨。除创作方面的收获外，"笔部队"的远征，还承担着宣传队与播种机的责任。诚如姚雪垠在《大别山中的文艺孤军》中所记："我们的访问把他们的工作兴奋起来了，准备集中力量办一个较大的文艺刊物。后来这计划虽然没有实现，但皖北各地青年对我们这次访问却受到不少影响，像《淮流》等侧重文艺的综合性刊物，都是在这时期酝酿成的。而全国和第五战区文艺运动的大体情况，也是在这时候传播到皖北各地去的。"

桂林前线出版社关注着姚雪垠们的"笔征"，也关注着姚雪垠们"笔征"的收获。1939 年 10 月，他们将姚雪垠的战地通讯结集出版，题名为《四月交响曲》，集中收入《四月交响曲》《界首集》《血的蒙城》《鄂北战场的神秘武装》《随县前方的农民运动》等篇章，从而留下了一个特定时空中的一批真实而生动的故事。虽然这些故事在一个相当长的时期内很少再被提及，但是故事的主人公们却永远活在姚雪垠的笔下，永远活在每一个炎黄子孙的心里。

## 第三节  "旅行中怀孕的孪生子"——《牛全德与红萝卜》

1939 年秋天，姚雪垠结束第二次"笔征"回到老河口，适值胡绳来信，告知其即将为生活书店主编《读书月报》，希望姚雪垠尽快把"太阳月亮星星"写出来，争取从《读书月报》第一期开始连载。

所谓"太阳月亮星星"，是姚雪垠从年初就开始酝酿的一部小说的人物。那时他刚从均县回到樊城，住在一座小楼底层的一个房间里。文工会已经结束，大家都无所事事，便聚在一起闲聊，姚雪垠房中几乎天天高朋满座。一

63

张小桌，一碟咸牛肉，一包花生米，大半碗烧酒，朋友一两个或三四个，上天入地，古往今来，哲学、历史、文学，想到什么谈什么，无拘无束。

文工会里有两个十七八岁的女孩子，与姚雪垠和胡绳都很熟悉。如果聊天时只胡绳在，分析两个女孩子的性格特点便成了姚雪垠最感兴趣的话题。他先从她们日常的语言、动作、表情来分析她们的心理，再设想这样两个性格迥异的女孩子在各种场合中会有什么不同反应或不同态度。一边分析，一边往她们身上移植着其他女孩子的故事。同时，姚雪垠还在酝酿着另一种少女形象——出身于封建地主家庭，向往进步，同情革命，但灵魂中因袭的包袱很重，最突出的表现是孤高和忧郁。三种少女形象，被姚雪垠分别以"太阳""月亮""星星"相称。

胡绳的好意促成了姚雪垠的决心，他动笔了。他一向认为，对1927年大革命失败之后的中国社会来说，一二九运动是一声春雷，七七事变就进入了春暖花开季节。疾风骤雨虽不可避免，但丽日蓝天才是大势所趋。一代青年必将更坚强更勇敢地投身民族革命，在大浪淘沙的滚滚洪流中迅速成长。因此，姚雪垠把他的小说定名为《春暖花开的时候》。缺乏写长篇的经验，动荡的生活又不允许从容思考，姚雪垠感觉最大的困难是小说结构。没有一个宏观上的总体把握，故事情节只能跟着主要人物的性格发展走，写到哪里算哪里。而且匆匆开笔又匆匆停下，因为第三次"笔征"开始了，他又要动身奔赴前线。

严冬已经降临，白雪覆盖着原野。姚雪垠骑在马上，眼前广袤的洁白又引发了他的无限遐思。他是北方人，他喜爱北方人的豪放性格：粗犷而率真，随性而刚强；可以见义舍身，不会落井下石。这种人，姚雪垠见过很多，他一直想把他们写出来。孤独的旅途最适于想象，一个正在前行的旧军人形象顿时在他心中活跃起来。再搭配上一个参照人物，一篇小说的艺术构思便基本完成。姚雪垠很满意马背上的收获，他戏称两个人物是他"在这次旅行中怀孕的孪生子"，他为主角命名"牛全德"，把配角称为"红萝卜"。

1940年2月初，第三次"笔征"结束，姚雪垠回到老河口。本想立刻把路途中的构思付诸笔下，却无奈《春暖花开的时候》故事已开始在《读书月报》连载，写一期登一期，把姚雪垠追赶得精疲力竭。一边是"太阳""月亮""星星"，一边是"牛全德"和"红萝卜"，个个都在姚雪垠心里活蹦乱跳，姚雪垠一个也不肯割舍。怎么办？只好统筹兼顾——用大块时间写《春暖花开的时候》，两期《春暖花开的时候》间的小小空档属于《牛全德与红萝卜》。

1940 年 5 月，第二次随枣战役开始，日寇逼近襄樊，威胁老河口。战区长官部渡过汉水，北走郧阳、均县。姚雪垠拖家带口，在碧野的帮助下登上一只小船，逆水行舟，双桨划进，太阳西下时赶到青山港。狼狈奔逃，姚雪垠带着他的《牛全德与红萝卜》，差一点儿同归于大江中……环境太恶劣了，写作无法进行，不得不在一个大的段落处停下来，再动笔续写时已是严冬。为节约笔墨，姚雪垠省略了大量内容，匆匆忙忙为书稿画上了最后一个句号。

由于过度劳累，姚雪垠病倒了：高烧，头痛，呕吐，满身红疙瘩。病初起时老河口正遭敌机轰炸，无处求治。后来找到当地一位老中医，一番望闻问切之后断定是胃病。至于身上的红疙瘩，则一口咬死是风湿疹子。老医生开的中药，越吃病情越重。多亏在救亡宣传队演剧队的妻妹王西玲帮忙，想办法把姚雪垠送进了战区医院。医院院长孙医官确诊为"天花"，果断地把他安排进停尸间"隔离"。王西玲守在他身旁，用纱布包了橘子瓣，把汁水一滴滴挤进他嘴里……几天后，昏睡的姚雪垠居然睁开了眼。望见窗玻璃上的阳光，他的唯一念头是自己将要永远地离它而去了。却不料大病竟见回头，体温慢慢回落，继"不治之症"肺结核的不治自愈后，姚雪垠又一次匪夷所思地从死神手中胜利大逃亡。

究竟是病前还是病后完成了《牛全德与红萝卜》，岁月消磨已无从追忆，姚雪垠只记得小说中的那些缺失那些遗憾，"如写'坏女人'的转变遗漏了一个'过程'；写红萝卜的心理忽略了'矛盾发展'；写牛全德本来有一只手枪，而后来隔几章就把这手枪忘了"。想到这些，姚雪垠不禁仰天长叹："风雨是那么逼人，气压是那么低沉，冬季是那么严寒，大地是那么动荡，叫我如何能细琢细磨的写作啊!"①

姚雪垠的遗憾是真诚的,那是一种母亲对孩子"恨铁不成钢"的感情。而《牛全德与红萝卜》的成功则是一种客观存在,是任何力量都无法抹杀的事实。无论是题材的开掘还是人物性格的塑造,这篇小说都达到了当时并非什么作家都能企及的高度。特别是那种一张嘴就能让人物形象跃然纸上的口语对白,在当时更是凤毛麟角,十分珍贵。请看小说开头:

> "是你吗,牛全德?"
>
> "报告队长,什么事情?"
>
> "是你偷吃了老百姓的鸡子不是?"
>
> "报告队长,不是我。"牛全德把脸孔绷得挺紧的否认说,但心中却在暗笑。
>
> "你知道我们是抗日的游击队",分队长皱着眉头说,"我们必须依靠老百姓,就好比鱼依靠水一样。你明白吗?"
>
> "报告队长,我明白。"牛全德的心中有点厌恶,想着:"又是这一套!老子混军队混了十几年,靠的是朋友跟枪杆儿,从来没靠过老百姓!"

如此简单的几句人物对话和如此简单的一点心理描写,就把小说主人公的身份、经历、性格、思想意识、不良习气以及他所生存的环境和他所要面对的问题,甚至连新旧军队的性质区别都交代得清清楚楚。读着这样的文字,谁人能不为姚雪垠惜墨如金、以一当十的语言功力所叹服?

姚雪垠却并不满足于此。自然流畅的口语运用在《差半车麦秸》中已经实现,《牛全德与红萝卜》应该有更高的艺术追求。具体说来,他要通过这

---

① 《〈牛全德与红萝卜〉的写作过程及其他》,载《姚雪垠书系》第12卷《长夜》,中国青年出版社2000年版,第160页。

部小说的创作，探索一种与自然流畅的口语相谐和的朴素清新的作品风格，他要尝试着把《牛全德与红萝卜》写成一篇优美的散文诗。

为了这个目的，姚雪垠把《诗经》中常见的复沓章法引进了他的小说，使小说的语言充满了诗的韵律和诗的节奏："红萝卜忧郁地想着，想着生活，想着生活也就是想着自己的田园。是的，蒜苗该到锄的时候了，可是自己的地却在荒着。红薯秧该到栽下的时候了，可是自己的地却在荒着。油菜该到开花的时候了，可是自己的地却在荒着。"

为了同样的目的，他又把铺陈、映衬、对比等多种艺术手法糅合在一起使用，使小说的文字如行云流水，起伏跌宕；声醇色美，摇曳生姿："他面前不远的地方是一条小河。河岸上长着一排浓密的垂杨柳，像一堆堆的绿烟在浮动。河那边，几株桃花还没有开败，阳光里闪耀着新绿和艳红。空气呢，空气里荡漾着花和草的清幽芳香。但牛全德的心上没有春；女人对他也变成一种讨厌的东西了。""蝴蝶成对地忽上忽下地飞舞着。蜜蜂在他的耳边嗡嗡着。而且风，像一个活泼的大姑娘，用温暖的嘴唇凑近他的耳朵快活地絮语着。但牛全德默默地向河边走去，脚步落在地上比平常加倍地沉重了。"

吟诵着这些画中有诗、诗中有画的文字，任何评说都是多余；只有默默地欣赏默默地体味，然后默默地由衷承认：在对小说语言的追求上，《牛全德与红萝卜》丝毫不逊于《差半车麦秸》；而在对小说风格的探索方面，前者则实现了对后者的超越。

1941年春天，姚雪垠把书稿投寄到重庆，交给《抗战文艺》主编姚蓬子。不料印刷所遭日寇轰炸，书稿蒙难。起初以为全炸毁了，后来姚蓬子从灰堆中扒出其幸存者，加一段说明以残稿刊出。虽然肢体不全，却仍然获得了众多读者。一段时间内，大后方几乎到处都在谈论着《牛全德与红萝卜》。"在恩施，报纸上曾有论战，有人说它是怎样了不起的作品，有人说它是模仿苏联的名著《毁灭》，于是后一派就遭受前一派的批评谩骂。在河南，一个流亡的省立师范因为不容易获得后方的铅印本，就由同学们集资用石印把它翻版，让他在接近战地的山中流传。在重庆，有两个大学里的文艺团体曾开会讨论它；有一个山东青年连着在《蜀道》和《青光》上发表过两篇或三篇批评，因为他读过好些遍，批评过不止一次，所以那热情就特别感人。"①

面对着又一次成功，姚雪垠的头脑是冷静的，他自谓从《差半车麦秸》到《牛全德与红萝卜》，重要的是语言的学习。他说："通过这一学习，一方面使我更进一步重视运用大众口语的好处，在后来的创作中有所发扬，另一方面也使我更进一步在作品中摆脱欧化的语法，使我的语言走向中国气派和朴素自然。虽然我没有达到成熟，但这是我大半生的学习和追求目标。"

## 第四节 《中原文化》——大别山中的文艺孤军

1941 年 1 月，皖南事变发生。江南一叶，千古奇冤。蒋介石同室操戈，致国共两党再行反目。留在第五战区的进步文化工作者，随时随地都面临生命危险。姚雪垠大病初愈，一时不知所之。重庆军事委员会政治部发来密电，指认他是中共党员，要求予以逮捕。幸而李宗仁将军有意相救，特派人给他送来一道"手谕"："查该员身体多病，不堪任使，着即免职，此令。"

凭着这份手谕，姚雪垠领了一张路条，通过层层盘查，回到邓县家中。不久，李宗仁往洛阳开会途经邓县，与接待他的绅士们谈起姚雪垠，公开了姚已离开五战区的消息。当地反动势力因之而有恃无恐，立刻开始筹划新的暗杀活动。家乡无法再住下去，姚雪垠于三月初找到《阵中日报》社社长，要了一份"姚冬白"的记者证，又得了一个证章挂在衣襟上，以到大别山采访之名，穿过汤恩伯的防地，经老河口到金寨县往投韦永成。

金寨此时已更名"立煌"，为安徽省省会临时驻地。韦永成以第五战区政治部主任身份，兼任安徽省民政厅厅长、鄂豫皖党政委员会执行委员，有

---

① 《〈牛全德与红萝卜〉的写作过程及其他》，载《姚雪垠书系》第 12 卷《长夜》，中国青年出版社 2000 年版，第 162 页。

枪有权，声势显赫。姚抵达时，韦正在"出巡"，得到消息后即打电话给鄂豫皖党政委员会秘书长，告知"姚雪垠是我拍电报请来的"。既是"永公"的贵客，自然被奉为上宾。于是由安徽省文化运动委员会牵头，为姚雪垠举行了一次相当盛大的欢迎宴会。

据姚雪垠分析，大别山的文化工作者欢迎他，是相信他的政治态度，认为可以通过他来争取韦永成对文化工作的帮助；韦永成支持他，是想以他为媒加紧联系文化工作者，以助其在争取安徽文化工作领导权的斗争中获胜。当其时也，皖南事变虽已发生，统一战线却未完全破裂，姚雪垠因之有理由坚守着曾经的原则：只要有可能，就要努力在反动势力统治的地方存活下去、工作下去。

立煌有一个中原出版社，系廖磊时代大别山进步文化人的工作据点。韦永成予以改组后自任理事长，除继续出版综合性月刊《中原》外，又另外增出一份副刊，韦永成自任编辑。姚雪垠到后，韦永成安排他住进出版社，让他接替自己负责《中原副刊》的编辑工作。为了让姚雪垠名正言顺地在立煌站住脚，韦永成还不惜拉下脸皮，几次登门拜访原本矛盾很深的安徽省政府主席李品仙，只为给姚雪垠谋求一个"省政府参议"的名号。

得到"参议"名号后，韦永成便嘱咐姚雪垠，要他务必逐一拜访李品仙及其他省府"要人"一趟，并且事先替他向各厅厅长作了举荐。姚雪垠却置若罔闻，坚决不肯"摧眉折腰"。一直到离开立煌为止，他始终没有去过省政府，始终没有走进过任何"厅"之大门；除韦永成处，其他任何"山中要人"的公馆，他一概不知其大门朝哪里开。他对韦永成的答复是："你能留我，我就留下；不能留我，就烦请想办法送我过江。"

1941 年 6 月，姚雪垠正式接手《中原副刊》。是月出版的该刊第 1 卷第 3 期上，翻开"编辑室播音"页面，一则消息赫然在目："为着更适合读者的要求起见，从本期起，（本刊）在内容和形式上有个大的改革。"《中原副刊》本是韦永成用以自我消遣和联络官场网罗"朋友"的一件工具，其大部分稿件皆来自立煌的各路"要人"。姚雪垠上任伊始，便将所有积存稿件一概退还，将正在连载的两部稿子——其作者一为安徽省银行行长，一为安徽省监察署秘书长——一律腰斩。韦永成闻之大惊，一面亲自出马"商请"姚雪垠不能这样"得罪朋友"，一面又派其亲信马一民劝说姚雪垠手下留情。姚雪垠却铁面无私油盐不进，一张嘴就把对方顶上了南墙："既然请我负责，就该让我全权处理。否则我就不管了，免得刊物办砸我陪着丢人！"

姚雪垠不肯俯仰随人的倔强个性，在第五战区时韦永成就已多次领教，而这也正是他格外尊重他的根本原因。只是这一次，姚雪垠的一再拂逆，未免有些太不识抬举。姚雪垠也自知过于任性了，多少年后曾作自我检讨说："我这种'不避权贵'，敢作敢骂的特点，并非革命气质，而只是传统的'书生本色'加上北方人的气质。我所以喜欢'牛全德'那一种典型，应该从我的这种性格上去找根源。"

《中原副刊》改革引发的震荡尚未平复，一个更大的震荡又接踵而至：1941年6月下旬，苏德战争爆发。希特勒的闪电战横扫北欧和西欧，直陷苏军于极大被动。早在皖南事变之前，国民党的反苏宣传就已公开发动，此时便趁机煽动得如火如荼。大别山腹地的立煌县城里，一个反苏者幸灾乐祸、亲德者得意忘形的局面便迅速形成，不仅苏联的同情者开始动摇，连英美的崇拜者也多有转身去崇拜德意志者。

就在反动分子们的嚣张气焰爆燃之时，《中原副刊》第1卷第4期出版，一篇振聋发聩的时事论文刊载其上。在《希特勒的最后一张牌》标题之下，文章从四个方面展开论述：（一）命运是注定的：希特勒和斯大林的拔刀相向是不可避免的，在欧洲大地上，命运注定了他们是一对冤家。（二）危机的连环性：万一希特勒打败了苏联，那他不仅要回头来收拾英国，而且要征服美国，征服世界。这一点，丘吉尔看得明白：德国"侵略苏联为征服世界之基础"，所以"苏联之危机，即属吾人之危机，同时亦为美国之危机"。（三）希特勒的归宿：如果纳粹的侵略军队进入莫斯科，第一会使战争变成长期性，第二会使英美更积极的援助苏联，第三会使希特勒陷入泥淖……这样演变的结果，是希特勒变成第二个拿破仑，演完他的伟大悲剧后下台。（四）

但不要大意：最要紧的是全世界爱好和平的国家要迅速地建立起反侵略阵线，打击轴心强盗，援助苏联，援助中国，援助一切小国的独立运动，不使战争的性质转变。而且也不能观望迟疑，勿使希特勒的军队纵横奔突，各个击破。

　　法国大文豪巴比塞在一本名人传记中不只一次的骂希特勒为疯子、醉汉和流氓。在英国的绅士们看来，希特勒的那一撮小胡子和一绺头发也许是相当讨厌的。不过在过去许多年中，唐宁街的要人们一直在支持着他的行动，把他当做一个天真而调皮的、可怕而又可爱的孩子看待，鼓励并帮助他从困苦中成长起来……希特勒向华沙进军以后，张伯伦和他的同志们一方面大呼上当，一方面大骂希特勒这小子忘恩负义，狼心狗肺。但后悔已经太晚了，张伯伦以他的昏老的泪眼看着希特勒给他的一切回报，甚至看见法国溃灭后德国的大炮弹隔着英吉利海峡射过来。

　　这是《希特勒的最后一张牌》之开头一段。作者用犀利而幽默的笔调，先批判"张伯伦、达拉第及其僚友们"的"昏头晕脑"——欧战前既不肯接受苏联关于建立和平阵线共同对付侵略强盗的建议，法国失败后英帝国当局仍没有改变传统的外交政策，而"直到目前"大部分西方绅士和美国华尔街的大亨们仍没摆脱坐观成败的愚蠢心理；再指出"两年来所谓民主国方面的最大弱点，就是矛盾太多，步调不能一致，替自己造成许多失败的机会"；进而挖苦他们是"从钱眼儿里看世界，所见的不够远大"，斥责他们失败全是活该的。

　　《希特勒的最后一张牌》俨然如一枚炸弹，以其高远的目光、渊博的学识、缜密的推理、严谨的论证以及"苏联必胜，希特勒必亡"的结论，在大别山腹地的立煌城爆响，一时反应激烈。不论"在朝""在野"，几乎人人都在谈论此文的观点；联系此前 1949 年 1 月发在《中原》上的一篇同样署名"冰天"的《日本行动方向之谜》，又似乎人人都对"'冰天'是谁"的问题发生了兴趣。

　　"冰天"出师旗开得胜，《中原副刊》随之水涨船高。一本无聊的以"黄色"为主调的软性刊物，突然间跻身主流而身价百倍，不期然而然地宣告了对它"改革"的成功。半年之后的1941年9月，"从第三期革新以来从没有脱过一天期"的《中原副刊》，在其第1卷第6期的《编后记》中郑重宣布："从十月号起，本刊将改名《中原文化》，以求'名符（副）其实'。"

　　1941年10月，《中原文化》第1卷第1期面世。主编韦永成亲作《卷首闲话》，明确宣告办刊宗旨："以三民主义和抗战建国纲领为文化工作的基本立场，在目前大别山的人力物力条件下，从事于多方面的研究和介绍工作。只要能在茫茫中原播下一点种子，发生一点作用，稍有裨益于民族国家，我们的工作即不算白费。"

　　《中原文化》仍系一偏重文艺的综合性刊物，不过在态度上较为严肃。其第1卷（1—6期）与《中原副刊》在内容方面大致相同，区别只在于"更其侧重于学术性的研究，例如历史与文学的理论上的探讨和介绍等等"；"也同样注意文艺创作"，但"务必求其切实，有斤两"；如果找不出较为满意的创作稿件，"便把抗战中成功的文艺作品推荐给读者，决不滥竽充数，以求无负于读者的期望"，同时也实现"把应该介绍传播的予以介绍和传播"之目的。

　　1942年4月，《中原文化》第2卷第1期面世。为避免与《中原月刊》内容雷同，从这时开始，此刊始改为纯文艺性质。其重要特点之一，是"地盘绝对公开，每期发表的创作中总有一半以上是出自无名青年之手"。《中原文化》就像一方肥沃的苗圃，滋养着一大批文学青年迅速成长，比如黎嘉、白萍、山莓、丁凡、南宫僕、李育仁等，便都是铁面无私的编者在近乎严苛的选稿过程中，"像淘沙拣金般发现的有成就的作者"。因为他们年轻，所以更有前途和希望。

　　为了培养更多的青年作者，从第2卷第3期开始，《中原文化》特意开设了"文艺信箱"栏目，由姚雪垠亲自主持，专门"替读者解答关于写作上的种种问题"，例如《关于古典主义》《日记与小说》《典型环境中的典型人物》

《什么是诗的自然美》《怎样写童话》《谈主题》《语言的采集与使用》《写人物不拘于真实》《写短篇小说的准备》等。不论什么问题，姚雪垠的回答都力求简单、实在、准确、畅达，全力打造着一种"深入浅出，轻松活泼"的语言特色。

《中原文化》在健康蓬勃地发展成长着。姚雪垠投入大量的精力去解读那些不知名作者的习作，再花费大量的时间为那些习作写出热情洋溢的批评，鼓励那些来自四面八方的文学青年趁着山居生活的安定，把他们的经验、感想、悲喜和愤怒，用艺术的语言表现出来。他还花去两个月工夫，为山中的孩子们写了《孩子的故事》……

作为刊物的执行主编，姚雪垠的确很忙，很累；但他的确又很充实，很愉快。因为《中原文化》完全由他一手经营，他按照自己的心愿把它办成了茫茫中原、茫茫战地、茫茫江淮之间唯一的一份纯文艺刊物，唯一的一份不含毒汁的菌蕈！唯其如此，他才在《大别山中的文艺孤军》一文中不无骄傲地写道："在大别山中，真正能负责的文艺工作者并没有多少人，实际是一支孤军。最值得夸耀的，也最值得我永远不忘的，是这一群形形色色的文化工作者都能够坦白合作，融洽无间，共同为开展工作而努力。由于大家在工作上能坦白合作，许多困难的工作到我们手里都迎刃而解了。第二届诗人节在大别山的盛况也是茫茫中原所没有的。"

的确，《中原文化》是姚雪垠的一份骄傲。据姚雪垠回忆："这个刊物曾发行到四千份，散布在皖北、皖西、鄂北和豫南一带。江南和四川也有销路，但为数不多，如重庆的读书生活出版社和新知书店等，都代售过这个刊物。豫中一带本来也有相当好的销路，但后来被汤恩伯禁止了。"在姚雪垠的人事档案中，还保存着一段相关的个人检讨，语气虽谦恭，精神却昂扬。"这个刊物因限于我的能力和当时的客观条件，当然不会有十分好的成绩，但到现在问心无愧的是：我确实是在沉重的政治迫害下硬起脊骨来严肃工作，已尽了我的最大努力。有许多那时期在上述一带地方工作或求学的人，今天看见我时还不免谈一谈《中原文化》，正因为它曾经多少起了点进步作用。"

## 第五节 "半幽轩"里日月长

从 1941 年 4 月到 1942 年 10 月，姚雪垠住在大别山中，过着一种颇具浪漫色彩的日子：一个坐西朝东的小院，两间破旧低矮的草屋。院里遍是荒草和野花，屋脊上爬满了南瓜和牵牛。窗子本来就又低又小，又被从屋顶垂下的藤蔓遮挡住半截。屋里光线幽暗，很适合静坐深思。三青团的宣传科长、军统特务包遵彭随时随地都会找来，无话找话聊一阵子。此人公开对人讲过，他的任务就是"监视姚雪垠"。不啻如此，小院四周还时时会有 CC 派的眼睛在窥探着，这情景也是公开的秘密。进山第二年，姚雪垠为其小屋题名"半幽轩"，既是写实，也是暗喻——他在诉说自己的生活只有一半自由。

然而，这里毕竟没有敌人的进攻，也没有飞机的威胁，物价又比后方便宜。差不多五年来，姚雪垠不是在前线上就是在征途中或者轰炸下，他实在需要一段时间安定下来，读读书，写写文章。在不得已的情况下，大别山中暂时也算适合他的要求。所以虽然背负着难言的痛苦，但他还是住下来，在幽窗下开始了他的工作。

从 1941 年 4 月起，他写了《五四新文艺运动与民族形式》《五四与中国新文艺》《文艺与宣传》《抗战文学的语言问题》；写了《文艺反映论》《怎样写人物个性》《我怎样学习文学语言》《论写作的学习过程》《关于写小说》《创作漫谈》；写了《屈原诗的产生问题》《研究屈原诗方法问题》《屈原的文学遗产》……凭借通今博古的知识和汪洋恣肆的论证，他把一个个老生常谈的命题讲述得"新"意盎然、深入浅出。

从 1941 年 6 月起，他写了《日本行动方向之谜》《希特勒的最后一张牌》《欧战现势与远东》《德苏开战后的世界新局势》《急风暴雨的太平洋》《1942年国际局势展望》《扩大的世界战争》《反侵略统一作战的明确化》《太平洋战局》《新加坡沦陷后的远东情势》《长沙三捷》《印度问题》《土耳其的危机》……他用一种宛转的笔调解说着军国大事，把"时事述评"写得如同幽默小品一样嬉笑怒骂庄谐通吃。

从 1941 年 8 月起，他翻译了《苏联前线三元帅》《封存日本资金与上海贸易》《罗斯福是否会牺牲中国》《中国不会败》等一系列随笔类短文，把刊登在英文《米勒氏评论报》上的文字顺手"拿来"为我所用。

相比之下，姚雪垠的更重要收获该是其小说《戎马恋》。这部写于 1941 年暮春时节的中篇，由《中原副刊》连载于当年 6—9 月的第 1 卷第 3—6 期上。

小说主人公金千里，是襄阳驻军长官司令部秘书。一个偶然机会，他认识了教会医院护士张蕙凤并很快发展为狂热的单恋情。他写信表达对她的爱慕，同时鼓励她去从事更有意义的抗日救亡工作。他的爱情攻势屡战屡败但他屡败屡战，直到张蕙凤终于接受了他的爱情也接受了他的革命教化为止。两个人订婚后，金千里奉命去重庆从事文化工作。"战时首都"的生活改变了他，让他开始贪图舒适，害怕艰苦，不想再去前线，认为那将"收获的远没有损失的多"。而张蕙凤却在积极向上的工作环境中迅速成长着，提高着。当金千里西装笔挺地再到襄阳，准备接未婚妻去重庆结婚的时候，张蕙凤已经决定随她的同志们一道，奔赴敌后抗日根据地了。

关于这部作品，姚雪垠曾撰文解说："1939 年冬天，我到鄂北前线去搜集材料，总司令派他的秘书钟君陪我到各师防地，负责招待和协助工作。钟君告诉我他的恋爱故事，并把故事轮廓简单的写给我做小说材料。这故事在我的心中整整的存蓄了一年，到去年冬天才决定写成中篇……原来的故事被我改变了，主题改变了，人物也决不是钟君和他的爱人的本来面目了。这里边男主角和女主角都带有我自己的影子，特别是后半部更含着我自己的悲喜苦乐。在第二章中我写了'月夜江边'一景，回想起来梦一般的过去，我的心头又不免浮起来一片凄然的苦味。"[1]

---

[1]　《关于〈戎马恋〉》，载《姚雪垠书系》第 17 卷《小说是怎样写成的》，中国青年出版社 2000 年版，第 143 页。

于是恍然明白：借他人杯酒浇胸中块垒，是这小说的创作原动力。恋爱故事只是一件道具，姚雪垠要用它演绎的是抗战初期他本人的一段生活。曾经的理想、追求、苦闷、动摇、彷徨、失落……一切的一切，都被他移植给了小说人物金千里。岁月滔滔东逝，而艺术真实历久弥新。无论何时何地，只要翻开《戎马恋》，展现给读者的，将永远是姚雪垠记忆中的那段青春岁月：

"正是重庆文化运动的黄金时代"，"金千里来到重庆"，"加入所谓文化人之林"。"他不仅有语言学天才，不仅懂得的方面很多，也富于活动能力，到任何地方都可以很快的变作中心人物，活跃起来。"他"觉得他最适合文化工作，用笔和嘴推动抗战"。他"发现了真正的革命岗位"，认定自己"是献身于革命的文化人"，从而"充满着骄傲和自信"。然而，就在他"心醉"于"将来的成功和荣誉"时，"政治暗影愈来愈浓，救亡团体开始不断的遭受打击"。于是，他开始"憎恨这儿的一切"，认为"这儿就好像一座污池"，让人"几乎不能呼吸，更谈不到思想自由，言论自由，工作自由"。不久，抗日统一战线破裂了，朋友们各奔前程如劳燕分飞。远去的身影牵动着金千里"很久就有的梦想"，让他也决意到理想中的"耶路撒冷"去。这计划是夜间躺在床上拟定的，当白天坐进饭馆吃酒时，金千里的心思又立刻发生了变化："首先他觉得自己不适宜过太艰苦的生活，也不能太使生活纪律化。"况且他认为自己只算是革命的同路人，如果勉强改变目前的生活，或勉强把自己投进人民群众中，一定会有新的精神矛盾，新的苦闷。"于是，金千里又决定留下来了，而且理由很现成："我有我自己的岗位"，他心里说，"应该在不好的环境中坚持工作，在逆流中站得稳稳的，去西北等于进革命的客厅里躲避风雨"！"我虽然离开了，却并没有放弃我应做的工作，我利用我目前的地位影响别人，教育别人。一言以蔽之，继续做一个革命的播种者。反正革命是多方面的，各人站在自己的岗位上，问心无愧得了。"最后，张蕙凤登舟远行，金千里伫立岸边，"看着一片白帆映着对岸青山，在阳光里闪动着，慢慢的向那十分辽远的，蓝天的边际处淡没下去"。良久地伫立凝望中，孤独和寂寞慢慢包围过来，让金千里"觉得多年来怀抱的理想已经动摇，眼前是一团空虚"——"爱情空虚了，革命空虚了，种种的希望空虚了"，"空虚中飘浮着灰色的烟雾"。"抗战虽然还只有三个年头，但初期时候的种种情形，特别是那种充满在他自己身上的紧张和热情，如今回忆起来，就像是回忆着一个相隔遥远的梦，遥远得令他自己也感到奇怪。""他曾经革命过，曾经散布过不能计数的革命种子，然而有什么意义呢？他已经看见种子的成长，但是人们将会慢慢的把他忘掉，像忘掉古城上的抗战标语一样。"

面对理想与现实的巨大落差，面对"出世"与"入世"的传统困惑，两重人格的两难选择既折磨着小说中的金千里，更折磨着现实中的姚雪垠。掩卷深思，不能不佩服茅盾先生的感慨深刻："革命未到的时候，是多少渴望，将到的时候是如何的兴奋，仿佛明天就是黄金世界，可是明天来了，并且过去了，后天也过去了……一切理想中的幸福都成了废票，而新的痛苦却一点一点加上来了。"

《戎马恋》刊出后，重庆有人来信索稿，说要办一个文林出版社，姚雪垠就将书稿寄过去。不料出版社流产，稿子却再难追回。"拿着稿子的人看见这是一部可以有较好销路的小说，死皮赖脸，不肯退还。我既不能打架，也没有力量起诉，简直气破肚皮。"这是姚雪垠的原话。"后来，这位仁兄进大东书局工作，就将我的稿子作为进身礼物交给大东书局出版。大东书局共印了几次，我不清楚。上海解放时大东书局迁往台湾，我将这部小说交给东方书社印了一版，书名改为《金千里》。"①

从《戎马恋》到《金千里》，"修改的字数占全书之半"，"大删大添的地方很多"，几近"改作"。但姚雪垠仍不以为是定稿，定稿是直到 1985 年——《戎马恋》在大陆绝版三十多年之后——才最后完成的。所幸"金千里"的

---

① 《〈戎马恋〉重新发表弁言》，载《姚雪垠书系》第 12 卷《长夜》，中国青年出版社 2000 年版，第 1 页。

痛苦并不属于哪个人而属于那个"激变的时代",而任何激变的时代都会产生"金千里"——一个有革命思想而没有革命行动,被艰巨的工作吓倒终被时代所遗弃的悲剧人物。"而中国在她走向复兴的途中还会经历若干次激变"——大东书局当年介绍新书《戎马恋》时说过的这句话,或许正是"金千里"这个典型人物将会长期"活"下去的理由。

除上述种种外,还有一篇《〈创作论初集〉后记》必须着重一提。1942年下半年,因大后方出版界的朋友们邀约文稿之盛情难却,姚雪垠拟将其写于大别山中的《文艺反映论》等结集出版。在编辑过程中,姚雪垠发现"自己的理论已经差不多有一个体系",不禁欣喜地为之命名《创作论初集》,又特意写《后记》一篇来阐述他研究文艺理论的动机。

《后记》中,姚雪垠把那些出自"理论家"之手的"句子艰深得别扭得很"因而"叫人读起来头疼"的理论文章和书籍称为"天书",说"'天书'迟早是要被淘汰完的"。他是因为"从前吃了'天书'的亏,所以就立志为不能够读懂'天书'的读者写一些通俗的理论文章"。他说自己的文章除一二个别者外,"都写得很通俗",自信"能叫读者看得懂,听得懂,不枯燥,也不艰深",因为他在写作中一直"死守着下面的三个原则":

> 第一,我决不冒充渊博,在文章中满写着连我自己也不很熟悉的外国人名字和专门术语,"来吓昏读者"……第二,我决不抓住一个题目就东偷西抄,板着面孔说一篇原则性的大道理,乍看起来句句合理,细看起来空空洞洞,解决不了读者的实际问题……第三,倘若我能够用通俗的文字表现出我的意见,我决不故意用深奥难解和枯燥无味的文字去表现,致使我的文章只有那些比我修养高的、不需要读我的文章的朋友们才能懂得,而把无数的青年读者关在我的大门之外。

姚雪垠这是实话实说。但他的实话却让某些擅长制造"天书"的"理论家"听着不舒服:譬如他说他们"唬人""骗人""形式主义";"只管闭着眼瞎瞎吹瞎搐"而"不管在实践上是否行得通";他说"有些理论家好像只背熟一肚子化学公式而从来没有到过实验室摸一摸仪器似的","总是叫人始而佩服继而失望"。他还说他很奇怪:"我们的理论家们都负着启蒙运动的伟大任务,都是拥护'大众化'的人,为什么还要把'天书'送给青年呢?"尽管这些有感而发都是对事不对人,却挡不住"言者无意听者有心",事后将会招来多大麻烦,姚雪垠竟是一点儿也不曾顾及。

当是时,受太平洋战争影响,大别山中的局势发生了重大变化:重庆政府正在把大批国民党特务派进山中,以打破桂系军方的"一统天下";蒋经国把一个堂妹嫁给了韦永成,蒋、韦关系因之而被显著拉近。政治环境的险恶正日甚一日,逼迫着姚雪垠不得去向韦永成辞行了。韦虽然惋惜却并不挽留,而是拍出二千元大洋做姚的"川资",又为姚能安全通过汤恩伯防区而请重庆要人写了介绍信,还给"五路军"的相关部门发出指令要求对姚一路关照。姚雪垠为之既感动复感激,而更让他感动复感激的是他直到此时才知道:自从他成为"'永公'的客人",大别山中的 CC 派特务就不断向重庆有关部门打黑报告,状告韦永成"包庇共产党"。蒋介石曾为之打电话给白崇禧,白崇禧再打电话给李宗仁。李宗仁不想招惹是非,便指示韦永成"尽快把姚雪垠送走"。无奈山高皇帝远,这个"尽快"竟被韦永成一直拖到了姚雪垠主动辞别的时候。姚因之而不胜感慨,直到晚年仍念念不忘:"没有韦永成的保护,我在大别山根本无法立足。国民党上峰要求处置我,韦永成一直硬抗着,而且从来对我只字不提,我是在出山之前才听他身边一位姓马的官员说起的。"又谈到出山时"五路军"对他的隆重接待,说是所到之处都要留下"墨宝"才肯放行。"那时候写的字难看极了,拿出去真丢人。"姚雪垠边说边笑,"但是你吃了人家的肉喝了人家的酒,人家非让你写,也就只好献丑了"。

# 第四章　1943—1946 年

## 第一节　鲜花笑脸雾重庆

离开立煌，姚雪垠回到家乡小住一时，然后经湖北入川，走水路前往重庆。为躲避敌机轰炸，轮船每日上午 9 时以后停靠江边，下午很晚才开船。中午前后好几个钟头，旅客可以自由行动。姚雪垠几次弃舟登岸，沿着纤夫们踏出的崎岖山路逆流而行。上有高山，下临江流，其难其险，叹为观止。特别是登白帝城远眺，将夔门雄奇尽收眼底，更是让他豪情满怀，思绪万千。

1943 年 2 月初，姚雪垠抵达重庆，住进上清寺附近枣子岚垭下边的张家花园 36 号。这是"中华全国文艺界抗敌协会"的办公地点，名曰花园未有花。一栋小楼，成天人来人往，前前后后说不清有多少进步文化人于此长居短住过。姚雪垠在楼下堂屋的左侧房间里搭起一张床，与臧克家同室而卧。臧克家先来姚雪垠后到，老友久别重逢，其乐何如？臧克家诗兴正浓，佳作迭出。姚雪垠说："往往他写出得意诗句，不管我是否正在忙着，总要走到我桌边，读给我听，不听是不行的。他读完以后，激动地拍着桌子说道：'你看，这样的好诗句，李白、杜甫也不过如此！也不过如此！'我报以微笑……我欣赏他的这一诗人性格，这里包含着纯真的感情和对诗歌艺术的陶醉。那时他正在创作《泥土的歌》，而其中确实有不少情真味醇的佳句。"[①]

---

① 《璇宫感旧诗》，载《姚雪垠书系》第 15 卷《无止境斋诗抄》，中国青年出版社 2000 年版，第 19 页。

姚雪垠的情绪也正处于热烈而昂扬中。初到重庆，国共两党和进步文艺界都笑脸相迎，不仅对他的精神产品给予了一致的认同与欣赏，而且奉上了"中华全国文艺界抗敌协会理事兼创作研究部副部长"的桂冠。长期孤军奋战中的梦寐所求突然间都得到了，姚雪垠踌躇满志，英姿勃发。内在的激情找到了释放机会，他的思绪纵横驰骋，他的笔端汪洋恣肆，各种各样的文章源源不断写出来，而各种各样的报纸刊物则争先恐后为他提供着亮相出彩的机会：

1942年1月，《文艺杂志》刊发《创作漫谈》；2月，《新华日报》副刊刊发《需要批评》，《文艺先锋》开始分三期连载中篇小说《重逢》；3月，《抗战文艺》纪念文协成立五周年特刊发《大别山中的文艺孤军》；4月，《文艺先锋》刊发《出山》；5月，重庆《大公报》副刊《战线》刊发《略论士大夫的文学趣味》，《抗战文艺》刊发《风雨时代的插曲》；6月，商务印书馆出版《小说是怎样写成的》文艺论文集，《国民公报》刊发《我的学校（一）初学记》；8月，《新华日报》刊发《论深刻》……

《文艺杂志》所发《创作漫谈》，初刊于《中原文化》1942年第2卷第1期。作者以自己创作《戎马恋》的经验现身说法，谈到了生活现实与艺术真实、题材与主题、主观与客观等关系；谈到了"伟大作家也常常是伟大的人道主义者"，谈到了"灵感"的并不神秘……娓娓道来，深入浅出，显然是为初学写作者所准备。

《需要批评》写得真诚而坦率。作者有感于"目前文坛上只见创作，不见批评，不管作品好也好，歹也好，大家默然"的现状，急切地呼唤批评家负起责任来，给那些"在主观上想写出好作品"的作者"一点切实的帮助"，不要让他"盲人骑瞎马"，"在学习过程上浪费去许多时间和精力"，以免那些"有前程的作者在悠长而艰辛的旅途上感到寂寞"，"感到疲倦"。呼唤作家和批评家"握起手来"，摒弃"门户之见，主观主义，和残留的旧文人的孤傲习性"，"共同去提高我们的文学水准"。姚雪垠说：

一部作品，当没有发表的时候，它属于作者所有，和社会不发生关系；但发表之后，它便不属于作者，而属于社会，起码是和社会发生密切关系。因此，作品初版之后，作者应虚心的听一听社会上舆论如何，正确的批评如何，不要过于自私，也不要过于自恃。倘若批评家指出来真正毛病，作家应该毫无吝惜的将原作加以修改，好让这作品对社会发生更好的影响。要知道孩子长大是社会的，做母亲的应该贤明，不要溺爱，不要固执。但作家除了虚心之外，也需要自信。有自信方能对批评有所选择。至于这种自信，应该是从生活经验、创作实践和科学的理论修养中产生出来的……

《论深刻》主要谈作家的世界观、生活与作品之关系。姚雪垠认为，正确的世界观只是理解现实和生活的钥匙，而不能代替现实和生活。如果单只有正确的世界观，没有深入现实的生活，那你可以写口号文学、宣传文学、公式主义文学，却写不出真正的艺术作品来。他认为，一个人若想成为作家，一个作家若想长久保持自己的创作生命，就应该七分依靠生活，三分依靠世界观；要为生活和深入现实来学习理论，不必为作品的倾向、主题而学习理论；要把广大的现实世界看作是创作知识的中心源泉，不要把空洞的理论和世界观当作靠山。文章将近结束时，姚雪垠写道：

一切伟大的作家都是伟大的人道主义者，都具有悲天悯人的胸怀，都富于人类的正义感和同情心，这没有别的原因，唯一的原因是他们能忠实于现实，深入于现实。忠实于现实，故忠实于真理；深入于现实，故不能不有真恨、真爱、真的感情，不能不有所拥护，有所抗议，拥护那合乎真理的，而抗议那违反真理的。这真恨真爱，真感情，以及这拥护，这抗议，就是人类的正义感，人道主义的基本精神。有了这，你的作品就充实；没有这，你的作品就空虚。有了这，你的作品就深刻；没有这，你的作品就肤浅。有了这，你的作品就崇高；没有这，你的作品就庸俗。有了这，你的作品就富于人间性；没有这，你的作品就是鬼画符。

《重逢》是匆匆写成的一个恋爱小故事。因为匆匆，所以"没有把握到抗战现实中的严重问题，没有一个深刻的思想问题表现在里面"。姚雪垠为此很不满意。他本没打算写，而编辑朋友们的盛情却让他不得不写。写作期间曾几次打算搁笔，却因为已经在刊物上陆续登载而欲罢不能。即使如此，小说仍然受到了广大读者的欢迎，在刊物上发表之后，东方书社很快便出版了单行本，而且在书业萧条的情形下居然十分畅销。按照姚雪垠的意思，该书印过一次之后就应该绝版，但为着书社的营业着想，也只好让它继续印下去，同时自己也只好日甚一日地遗憾着惭愧着。

从春到夏，姚雪垠一直忙碌且兴奋。其间，臧克家出任救济总会专员，从市内搬到近郊，住进了歌乐山大天池六号"赈济委员会"。四面青山环抱着一个小院落，屋后杜鹃花红，窗前绿竹滴翠。远处山顶上有个大天池，云光日影终日悠悠。臧克家把紧贴山脚的东屋三间辟为客房，姚雪垠应邀前去小住。挥毫疾书之余，或山间漫步，或依竹闲眺，或高谈阔论，或相对默然，人间情味之美，莫过于此。

离开歌乐山回到上清寺，陶行知先生开办的育才学校便相邀讲学。姚雪垠久仰陶先生风范，自然欣然前往。育才学校设在重庆北碚草街子的山岗上，物质条件很苦，师生们学习热情很高，校园里歌声笑声，一片生机。姚雪垠被深深地感动着。而最让他感动莫名的是，有几天陶先生从市内回到草街子，竟然同师生们一道，恭恭敬敬地坐进教室听讲，并且认认真真地写着笔记。那种蔼然长者却又俨然小学生一般的谦逊自然，让姚雪垠如沐春风，如饮醇醪。40年后，当他受托为金燕玉所编《陶行知儿童诗选》作序并题签时，忍不住挥笔写下了这样的文字："陶行知先生是我国现代的一位伟大教育家……是一个关心人民大众的，充满爱国主义精神的，有强烈正义感的，希望教育儿童在革命道路上成长起来的教育家和战士……谨借此机会，表示我对陶行知先生的尊敬以及我对育才学校的深切怀念。"

1942年9月，住在重庆郊区的冯玉祥将军，特意通过陶行知找到姚雪垠，协商延至府上为其讲授《小说原理》之事。关于这位国民政府军事委员会的副委员长，姚雪垠对其当年的联蒋反共行为一直白眼视之，以至于40年后在《略论于右任的诗歌成就》的初稿上还不忘声情并茂地记上一笔：

> 1927年5月，于右任与冯玉祥随东征部队出潼关到了郑州。宁汉已经分裂，于与冯玉祥属于武汉政府。于右任主张讨伐蒋介石，冯不同意。6月上旬，武汉政府代表团与冯玉祥、于右任举行郑州会议，因冯的态度模棱，没有结果。郑州会议结束，6月11日夜，当武汉的中央政府代表团乘坐的火车开动时，于右任冷不防跳上火车。冯玉祥很恣怒，在月台上大声叫道："不要去！你快下来！"于右任没有理会，只有汪精卫隔着车窗说："于先生准回来，我作保。"火车开出站了。随后冯玉祥与蒋介石举行了反共的徐州会议，改变了政治态度，受南京政府领导。

然而，非则非矣，是则是之，这是姚雪垠对人对事的一贯态度。唯其如此，他对不怕牺牲投身抗战的冯将军又由衷地敬重——敬重他的爱国情操，敬重他的一腔热血，敬重他"头顶上的高粱花子"，敬重他"高粱花子"式的朴素与诚恳。他高兴走近他，所以他接受了他的邀请。从9月16日开始，隔一天一次，早8至9时光景，冯府派来迎接的汽车便会准时停在中华文协的小楼下。

半个月过去，《小说原理》讲授完成，其他学校和文化团体的延请早在恭候中。只要时间排得开，姚雪垠有邀必至。他从不备讲稿，只有一袭长衫一张嘴，若带一片写着三两行提纲的字纸，已经是大为奢侈。浩浩人海中，众目睽睽下，他旁征博引口若悬河，才华横溢风度翩翩。他还没过33岁生日，正处在好冲动、好张扬、好自我发酵的血气方刚之年，更何况他又有着与生俱来的一腔丰富情感。被热烈的掌声所鼓动，他的思绪如野马脱缰在所难免，口无遮拦多有所失也颇可逆料。正因为如此，关于他的演讲他的发言，便有这样一片情景留在了台湾作家陈纪滢的记忆中：

> 雪垠有才则唯恐人不知，如后来回到重庆（约三十年底），每逢大小会议，他必发言，发言往往不中肯綮，只卖弄他的能言善道。有一阵子，他往往以《易经》上的几句话开讲。"易有太极，是生两仪，两仪生四象，四象生八卦，八卦定吉凶，吉凶生大业。"然后再讲到写作的技巧等。我不只一次听他这样"白话"，至少有五六次之多。听众固然有不少读过易经的，但多数人则莫知所云。讲"写作技巧"又与《易经》何干？但雪垠往往就这样云山雾罩，几乎要从开天辟地、钻木取火、茹毛饮血讲起，你说他不是发疯吗？①

毋庸讳言，由于政见不同导致朋友间的分道扬镳，使陈纪滢的这段文字中不乏戏谑与夸张，然而也唯其如此，才把一个真性真情的姚雪垠活生生推到了读者面前。姚雪垠没有发疯，他只是被社会的巨大热情捧得有些昏昏然飘飘然，而他又不屑于把自己装进套子"玩儿深沉"而已。他沉湎于他的成功里，恍若生活在云端上，忘乎所以地享受着他作为知识分子的精神自由，毫无顾忌地释放着他的单纯与潇洒。于是他自怜，他自负，他恃才傲物，他孤芳自赏，他把他作为一个"人"的自然本性挥洒得淋漓尽致，丝毫也不顾忌旁人投来的是青眼还是白眼。

水满则溢，月盈则亏。占尽大后方一时风光的姚雪垠，接下来的日子还会这样如火如荼，这样春风得意吗？

---

① 陈纪滢：《记姚雪垠——三十年代作家直接印象记之十》，台湾《传记文学》第40卷第2期。

## 第二节　电报挟厄运突如其来

姚雪垠孤身在外，一应家庭琐事都可以眼不见心不烦，正好倾全力奔事业。虽然物质生活同样困苦，但是远离了柴米油盐的同时也就远离了尘俗，所以比起许多拖家带口的同行来，姚雪垠显然是更多地沉湎于高踞现实生活之上的精神幻觉里，从而对最起码的人情往还也每每失之缺漏。他从不屑于谈论家长里短，许多可以拉进朋友距离的交流机会便遭遇拒绝。而过多的鲜花与掌声，则毫无疑问会徒惹起许多"羡慕嫉妒恨"……总之是"人无千日好，花无百日红"，伴随着夏去秋来，重庆文化界的"姚雪垠热"也骤然降温。

这种世态炎凉的变化，最早来自中共南方局领导下的生活、新知和读书生活三家出版社。1943年上半年，姚雪垠每有新作印成，不论合作者是谁，它们都会大作宣传，特意写块大黑板摆在自家门口。到了下半年，姚雪垠在两个月中有旧作两本结集问世，三家出版社却全都三缄其口，置若罔闻。《新华日报》则紧随其后，在刊登一家出版社的新书广告时，竟然删去了该书著作人姚雪垠的名字。

姚雪垠十分气愤，找到具体负责人叶以群理论。叶把问题推给了徐冰，徐冰在读书生活出版社楼上接待了姚雪垠，对姚说了大意如下的话：延安来了一封电报，在谈别人的问题时提到了你，说你与国民党特务有联系。对此我们不能不重视。问题搞明白之前，我们对你的态度必须慎重，希望你能理解。又说，这个问题周恩来应该清楚，等他从延安回来后就可以解决了。

此后不久，听说董必武从延安回渝了，姚雪垠便又找徐冰催问。徐冰说已问过董老，董老不知此事。既然如此，着急也没有用，徐冰劝姚雪垠"再耐心等一等"。

姚雪垠无可奈何。不管有没有耐心，他都只能等下去。但那些没有耐心只有热心的好事者却不肯等了。他们发现自从8月2日的《论深刻》之后，《新华日报》上便再未看到过"姚雪垠"。凡事必有其因，此事之因何在？当事者双方的沉默为无限的遐想创造了无限的空间，许多不负责任或者别有用心的答案便在这无限的遐想空间中生出来。于是到重庆才不过半年，姚雪垠便不仅开始被冷落，而且开始被诟病了。就连他在中华文协研究工作时发表的一点儿个人意见，竟也在口耳相传中变得意味深长、面目可憎。

据台湾作家孙陵所撰《我熟识的三十年代作家》一文记载，大约在1943 年秋后，中华文协发动过一场要求提高作家稿酬的斗争。事前讨论时，姚雪垠对"千字斗米"的斗争目标提出异议，认为不同质量的文字提高的幅度应有区别。应该承认，这种主张虽说在正常情况下无可厚非，但当其作为一种斗争目标的负面力量出现时，其作用便有导致目标漂移之嫌，从而触犯众怒了。不啻如此，更为严重的问题在于这主张来自姚雪垠，而姚雪垠"人缘"一向不火而作品一直走俏，他的所有创作差不多都能一印再印畅销无阻。如此之人在如此之时而要求待遇之"不同"，其目的除了突出个人抬高自己之外，岂有他哉？于是乎，主张者的人格因之而卑劣，主张中的公道因之而消解，讨论中的各抒己见、本不该外传因之而外传，外传中的"联想"与"创作"因之而大行其道……姚雪垠与广大同仁本来就并不切近的距离，便通过这样的解读在这一系列的"因之"中走向了进一步的疏远。

自姚雪垠当选为中华文协创作研究部副部长之后，一直没有什么"政绩"。正如他后来所说，因为总被胡风批判，所以无法开展工作，当然也就没做什么工作。偶然一次见于经传的职务行为，是被指定在中华文协总会与中国文艺社联手组织的重庆文艺界 1943 年辞年恳谈会上进行报告，针对小说创作发表他"对于一年来文艺工作的观感"。应该说，这是一次机会，一次难得的改善个人形象的机会。紧紧抓住它，把同行们的成绩与贡献说足说透。对人满腔热情，于己谦虚谨慎，则不说肯定能够促生和谐与温馨，也起码能够让一些尚未形成的偏见不再形成。

然而，姚雪垠失去了这次机会。他报告的题目是《论目前小说底创作》，但他的论说却始于"抗战以来"。他的报告很空灵，因为自始至终没有提到任何一部（或一篇）作品；他的报告又很实在，因为谈到了语言、人物刻画和描写手法等一系列具体问题。他的目光从所有同行的头顶上掠过；而他对每一个问题的分析与结论，却分明都有他个人的创作实践隐现其中。从理论上讲，这种"现身说法"无可置疑，然而事实上，一个隐隐约约总在围着自己转圈子的话题，除了让人产生"王婆卖瓜"一类联想，进而引发心理上的本能排斥之外，是不会产生其他正面效应的。姚雪垠忽略了这一点，或者说他压根就不会想到还有这样的问题存在。

他不会想到，当他总结"战争……打破了作家们生活活动的狭隘天地，把他们送到前线，后方，新生的地带和落后的穷乡僻壤"时，有人会联想到他姚雪垠恰好有着如此这般的经历，他是"农民作家"，而且头上还罩着"战区来的杰出作家"的光环。

他不会想到，当他总结"语言的进步"，提出"没有活生生的，有血有肉的大众语言，就不可能描写出活生生的、有血有肉的民众典型，不可能完成现实主义的创作任务，更谈不到深入、普及和提高"时，有人会联想到他的《差半车麦秸》和《牛全德与红萝卜》，联想到文学评论家郑林曦刊登于《新华日报》的《姚雪垠的语言文学观》，那篇文章曾把"最肯花费匠心来使用中国大众语言的作家"之桂冠送给他，以表彰他"在文学语言创造上"的"灿烂的新成就"。

他不会想到，当他总结"真正的小说出现，人物刻画被作者和读者普遍重视"，"小说界同人……竞向性格的深处发掘"时，有人会联想到一年前克伦斯在《文学评论》上对《牛全德与红萝卜》一书中人物刻画工夫的褒扬："首先要指出这部作品的优点：是人物性格活的雕塑，语言的活的运用。尤其是对牛全德这条汉子，最生动、最鲜明、最突出地映现在我们的眼前，我们的脑里，我们的心里。"

他不会想到，当他总结"三四年来小说家逐渐向细密发展"，"着重人物描写，文笔由粗转细"时，有人会想到他的《春暖花开的时候》，想到《当代文艺》为该书做的广告："本书……写活跃在大别山中的一群青年男女，尤以对于三种不同典型的女性，刻画入微：有的粗犷豪爽，有的热情奔放，有的温文尔雅。一颦一笑，一举一动，均活跃纸上。"

他不会想到，当他以战前与当前一本小说的销量对比为例，总结"进步的战争改变了国民生活也提高了国民文化"时，有人会想到他的《春暖花开的时候》《重逢》《戎马恋》都在畅销，想到他的几乎全部著作都"变成了大众喜爱的精神食粮"。

他不会想到，当他热情呼唤"今日要期望早一点有天才出现，就必须给天才以成长条件；要期望早一天有伟大作品，就必须给伟大作品的出现以便利"时，有人会想到他在以"天才"自期，以"天才"自诩。据台湾作家陈纪滢说，早在五战区时，姚雪垠就得了"天才"的绰号，根源是他"说话不让人，做事好逞能，到处出风头，包括写文章也表现了全能，这些都是招人嫉妒的地方"。"天才而外露，往往还逞能，这是中国人的大忌。可是他又憋不住，所以在任何场合，都会发觉有他在，有姚雪垠在场！他永远控制着会场、桌面及三个人以上的群体。不但在创作上争强赌胜，在为人处世中，也往往不让人毫分。他这种尖锐的性格，也构成他孤独的生活。"

客观现实让陈纪滢不幸言中。姚雪垠后来的遭遇，充分证明了陈纪滢对他的剖析，既是知人之言又是知世之语。呜呼，人之性情如此，世之风气如此，谁也无奈他何。好在姚雪垠对此既不上心也不在意，他依然我行我素依然特立独行，依然以其自我自在的真实人生，继续对"性格就是命运"的格言进行着最生动形象、最具说服力的佐证。

## 第三节  《微波》与"特务"

1944 年春天，何其芳、刘白羽等陆续抵达重庆，大后方进步文艺界的整风运动开始了。南方局负责人和另外一些文艺界重要人士先在曾家岩 50 号周公馆集中，系统学习《在延安文艺座谈会上的讲话》和其他整风文件。讨论下一步的安排时，有人建议把所有在重庆从事文化工作的同志全部集中到化龙桥新华日报社，但被周恩来否定了，因为担心暴露各自的政治面目，对工作不利。最后决定分散行动，以小组形式组织不定期的学习。

姚雪垠被吸收参加了一个学习小组，他为此颇感欣慰。此前不久，徐冰曾把他请到八路军办事处，告诉他"特务"问题已经澄清，是因为延安整风运动期间有人"乱咬"所致。延安已为此事发来电报，大意是"不能以整风期间的言谈为准，应该就地查实解决"。他问姚雪垠对这件事情的处理有什么要求，对那个乱"咬人"的人想不想说点儿什么。姚雪垠回答："何必呢！已经过去的事情就让它过去吧。"他的宽容与豁达让徐冰很感动，他留他吃了午餐，还喝了一点儿酒。席间新华日报社社长潘梓年也在座，他十分诚恳地检讨说是他们"处理问题太简单化了"，希望姚雪垠原谅。

自从《论深刻》之后，姚雪垠与《新华日报》已久无过从。后来他再有作品发表，都投寄了国民党文运会的机关刊物《文艺先锋》和姚蓬子主编的《抗战文艺》，以及那些不常在不爱在政治潮头冲浪的杂志和报刊。这样的关系格局，曾让姚雪垠深为苦恼；而被吸收参加学习小组则似乎预示着一种转机，让他觉得"在政治方面党对我还是相信的"。而周恩来对他的态度，更让他对此深信不疑。

姚雪垠不会忘记，周恩来从延安回到重庆后，有一天同在郭沫若家用餐，饭桌上谈了陕北的一些情况，也谈到了重庆文艺界即将开始的整风。周恩来忽然对他说："雪垠兄，你的《需要批评》写得很好，我已经告诉有关人员，要把它作为整风文件去读。"这种信任，使姚雪垠深受鼓舞，所以他在感情上特别投入，以至于数十年后还清楚地记着："由叶以群安排，开过两三次小型学习会，请茅盾参加。第一次参加人有冯乃超、叶以群、臧克家和我，还有什么人我记不得了。第二次是专为座谈我的一本新出版的中篇小说《牛全德与红萝卜》而开的。"就在这次会上，"《牛全德与红萝卜》遇到了一次最深刻、最公正、最严肃"、最使姚雪垠"感激难忘的批评"：

参加这次讨论会的有茅盾先生，冯乃超先生，以群兄、克家兄、S

Y兄。克家兄和SY兄因为没有来得及细读，为慎重起见很少发言。以群兄，乃超先生，茅盾先生，都发表了许多极其令我心服的宝贵意见。他们说出了这部小说的成功之处，也详细地指出了它的缺点。特别使我感激的是茅盾先生。他的眼力是那么不好，这部小说初版本印刷得是那么一塌糊涂，为了批评这部书他竟耐心的细读两遍，请想一想这态度是多么认真，对一个后进是多么诚恳！①

……

初版本红萝卜的失败处不在他不停的吸着烟袋，而在他的心理和性格中缺少矛盾，缺少矛盾也就缺少了变化。1944年的春天，朋友们用小规模讨论会的形式批评这部作品的时候，茅盾先生，乃超先生，以群兄，都有这同样看法，我当时好像是茅塞顿开，五体投地的佩服。②

其实，让姚雪垠"五体投地"佩服的，不只是茅盾等人对这篇小说慧眼独具的批评，更是他们进行批评时所表现出的那一种客观公正，那一种磊落真诚。这是姚雪垠多年来所梦寐以求的！他多么希望这样的批评能够蔚然成风，能够迅速取代一直横行文坛的唯我独尊、党同伐异之风！

令人遗憾的是，此时桂林失守，黔桂边境战事日趋紧张，国民党统治下的西南半壁江山形势险恶。大后方人心动摇，文艺界也不例外。加之从桂林流亡到重庆的大批文化人需要安排，还有些虽已逃出桂林，但因穷困又拖儿带女以致留滞途中的文化人需要接济，重庆进步文化界的工作忙乱而纷繁，于是刚刚开始的整风运动不得不匆匆结束。

姚雪垠怅然若失。为着纪念，为着凭吊，更为着表示自己对这次公正批评的心悦诚服，他把记录批评要点的几张纸片"珍贵地保存"起来。同时，

① 《〈牛全德与红萝卜〉的写作过程及其他》，载《姚雪垠书系》第12卷《长夜》，中国青年出版社2000年版，第162页。

② 《〈牛全德与红萝卜〉的写作过程及其他》，载《姚雪垠书系》第12卷《长夜》，中国青年出版社2000年版，第167页。

他决定让初版《牛全德与红萝卜》一卖完便"绝版",立刻按照批评意见重新塑造"红萝卜"!

1944 年夏天,在《春暖花开的时候》第一部书稿交付出版社后,修改《牛全德与红萝卜》的工作开始了。在紧张的笔耕中,姚雪垠有时也到文人聚集的茶馆去坐坐。《大公报》副刊主编陈纪滢借此时机找到姚雪垠,提议与田仲济三人合作,利用《战线》的大量余稿,编辑一份文学期刊。稿源既不用发愁,资金问题又有陈纪滢大包大揽,姚雪垠何乐而不为呢?他没有钱,但他可以出力,于是欣然同意把看稿改稿发稿的工作承担起来。不久,《微波》面世。创刊号的《目录》中,一排作者姓名,几乎全是重庆文学艺术界的"大腕"。"姚雪垠"三个字也两次出现其中,他的短篇小说《伴侣》和中篇小说《三年间》同时刊登其上。

《伴侣》的主人公郑天修原是皖北文化界的重要人物,他热情,天真,因而可爱。他曾经"领导着一个艺术团体,经常演戏,还出有一个文字刊物和一个画报"。但是到了"文化工作变成装饰品,思想限制,言论限制,一切救亡活动全停止,只有腐化堕落不犯法"的时候,他的思想行为也不可避免地发生了逆转。他"发愤为雌",他唯钱是举。他说:"没有钱写信有什么用? 有钱时,乒,打个电报:'款汇上。'再不然,你自己把款子带回来,她要是发脾气你就用钞票揍她!"他说:"这有什么关系?兴别人几百万几百万的贪污,走私,囤积居奇,不兴我做一点小买卖么? 喝! 要闹起来时大家对着闹,我郑天修不在乎!"

《三年间》的主人公任宗文也是从事抗战文化的知识分子。他洁身自好,不肯发国难财,却把一家人的生活重担都压在了妻子身上。妻子素爱干净,却不得不养起猪来,因为"一只老母猪挣的钱"比她教小学"挣的还多"!她原本喜欢养花,但院中却没有了往日的芬芳,连栽在花台里的几棵白牡丹也不知去向。她对为此而不满的丈夫解释说:"现在吃挑水等于往年吃挑油,你以为浇花子多么容易!"任宗文离家三年,只在回家后的一天一夜里,就发现从前"爱读书,有崇高理想"的妻子变得"和一般最庸俗的女子没有区别"，这让他"一方面固然又尝到了家庭的温暖，一方面又觉得心头上平添了新的空虚"。他责备妻子"同从前大不同"，妻子难过地对别人说："我不同他顶嘴，我现在什么都不希望，只希望他在家住上半年，瞧瞧这个家是怎么过的。"

由于《伴侣》和《三年间》都以姚雪垠所熟悉的抗战知识分子的家庭生活为题材，使用的又是他所驾轻就熟的知识分子口语，所以两者都写得生动形象，充满了时代气息。而两篇小说主人公的不同性格不同遭遇，又正好从不同侧面"殊途同归"地揭露了抗战后期"国统区"黑暗腐朽的社会现实。只可惜因为《微波》才创刊便终刊，《三间年》的后半部分尚未及发表，所以两篇小说屐履匆匆，没有引起读者诸君的注意。

1944年的重庆，文化艺术界的抗日民族统一战线已经名存实亡。张治中特意"为左派文化人建立的租界"——国民党军事委员会政治部属下的文化工作委员会遭遇撤销，潘公展、张道藩等炮制了用以取代"文抗总会"的所谓"著作人协会"。虽然这个"协会"胎死腹中，但其"成立大会"上一大批进步文化人的不辞而别，已经使"左""中""右"派之间的斗争趋于公开化。唯其如此，谁的文章上了谁家版面、谁与谁走动、谁与谁接近之类的问题，便都具有了政治晴雨表的功用。寒暑易节之时，姚雪垠却与陈纪滢联手，这自然不能不在引起进步文化界注意的同时，也又一次为某些联想与想象提供了契机。

陈纪滢比姚雪垠大两岁，北平民国大学毕业。1924年开始在北平《晨报》崭露头角。曾发起成立"蓓蕾文艺社"，为形成东北作家群发挥了重要作用。曾为"中华文协"第一届理事，后因文化艺术界抗日民族统一战线的解体，各派之间以邻为壑，陈纪滢被疑为"国民党的文化特务"。按照"近朱者赤近墨者黑"的逻辑推理，早有"前科"的姚雪垠又有了"现行"，本已澄清的"特务"之说，便于无声处死灰复燃。

关于这件事，晚年的姚雪垠曾回忆说："《微波》创刊以后，以群找我谈话，让我不要再跟陈纪滢来往。我听了他的劝告，就不干了。后来陈纪滢由人陪着找过我一次，我很冷淡，快中午了，也没有留饭，这关系就又远了一步。"而田仲济则于 1982 年在《抗战文艺研究》上发表文章说："据我的记忆，第一期编后的存稿是积在姚雪垠处，他既未声称不继续编辑下去，也拖在那里一直不动手，最后由陈纪滢跑到文协将余稿拿了去，出版了第二期。"

时光荏苒，遥想当年，记忆有否失真之处，谁也不敢板上钉钉。所幸两位当事人的叙述有一处完全重合，即《微波》的不了了之，是因为姚雪垠的"不作为"而致。之所以如此，又确与陈纪滢的政治"头衔"密切相关。事情似乎正如古语所说：成也萧何，败也萧何——《微波》由陈纪滢而生，又由陈纪滢而殁。

姚雪垠疏远了陈纪滢，却未能走出"特务"传言的阴影。加之独山失守，重庆的文化人又紧张起来。南方局指派沙汀布置几条沿途各地有可靠人士照料的交通线，以便必要时把外省文化人疏散到川西北山区去。局势险恶，而国民党特务却趁机大行其道为所欲为，搞得草木皆兵、风声鹤唳，到处是猜忌的眼睛，到处有骇人的传言。姚雪垠本来就是一个新闻热点人物，于是由《微波》生波，再加上另外一些什么丫丫叉叉的原因，"姚雪垠是特务"的传闻，便随着文化人的四下疏散不胫而走。

半个多世纪之后的 1996 年秋天，姚雪垠在他的书房中遥忆当年时又与人谈论起这件事，他说："陈纪滢拉我办刊物，他有没有政治目的我不知道。但国民党的嗅觉是很灵敏的，对付文化人的手段也花样繁多，有明有暗，又拉又打。说我是'特务'，让我挨了不少骂，把我在进步文化界搞臭，说不清正是他们使的离间计呢——管他呢，一切自有历史评判，孰是孰非，让后人去说吧。"

## 第四节 《春暖花开的时候》与"色情"

1944 年的 4—9 月，重庆现代出版社以三册形式出版了《春暖花开的时候》第一部。这是姚雪垠青年时期的代表作，诞生于 1939—1940 年的湖北老河口。1940 年是日寇空军活动最凶的一年。随时随地，防空警报都会突然间响起来。姚雪垠躲到郊外，在借来的一把小椅上摊开稿纸。警报拉响时，便迅速趴在小麦或者胡豆地里，然后眼看着炸弹闪着白光落下来，耳听着破碎的弹片尖锐地呼啸着从身边掠过。飞机离去，立刻翻身爬起，重新进入工作。《春暖花开的时候》最初的六万多字，就是这样一边断断续续地生产出来，一边陆陆续续地寄往重庆，连载于胡绳主编的《读书月报》，直到皖南事变发生，《读书月报》停刊为止。

事隔两年，应重庆现代出版社之邀，姚雪垠在连载的基础上，对书稿进行了一次大规模修订与补充。因为同样是边写边出版，所以一些新的错误与疏漏同样来不及订正，姚雪垠为之深感愧疚，便于第三分册出版时，在扉页前附一短简请求宽宥。他说："且写且排，病在急就；每出一书，愧悔随之。为补救计，惟有接受批评，坦白认错，切实自责。本书既承爱护，至盼不吝指教，助我修正。或直接写信给我，或将发表之批评文章剪寄给我，我都非常感激。"

可是，偏安一隅的大后方读者却很"吝指教"而只顾先睹为快。当是时，"国统区"面积已经大幅度缩小，被称为抗日大后方的二三十万人口的大城市只剩了重庆、成都、昆明、桂林和西安，而且各大小城市之间的交通十分不便。在这样的发行条件下，新小说一般只印二千册，《春暖花开的时候》却开机就印了一万，并在两星期内销售一空。再印，再卖，再告罄，前后共印刷 4 次。其状之盛，数十年后仍让其读者感慨不已。1979 年 12 月 6 日，新加坡籍华文作家严晖在《星洲日报》撰文回忆：

> 《春暖花开的时候》就是写大别山这一群青年男女的抗战工作和生活态，其中有几个人物，我总有似曾相识的感觉。这部小说当时相当轰动，大后方的青年读者很羡慕那种生活，觉得既新奇又很有意义。曾有过那种生活的读者，好像重温旧梦，又思念起那一段活泼生动的日

子，即便抗战结束多年，仍有一种亲切的感觉。

诚哉斯言。《春暖花开的时候》之所以受读者欢迎，第一个原因就在于它不是从抽象的概念出发宣传抗日，也不是着眼于"机关枪哒哒哒"，而是以现实主义与浪漫主义相结合的方法来写生活、写环境、写细节、写人物性格。抗战初起时，在河南大学教授嵇文甫、范文澜等的支持下，中共河南省委举办了一个"抗日游击战争讲习班"，刘子厚化名马致远，在讲习班中主讲"游击战"课程。随后又从这个讲习班中抽调一部分学生组成"河南战时教育工作团"（简称战教团），由范文澜任团长，同马致远一起带队开赴豫南，到乡村和小城市做宣传教育工作，为日后开展武装斗争播下火种。姚雪垠对战教团的主要人员和工作情况都十分熟悉，再加之主持均县抗日文化工作讲习班的亲身经历与感受，于是《春暖花开的时候》的"源于生活"而高于生活，便有了"得天独厚"之基础与条件。

关于如何表现抗战生活，不同的作家有不同的写法。《春暖花开的时候》的特点是通过"主战"与"阻战"、进步与顽固、封建与反封建等几种力量的斗争，表现了中国人民所担负的反帝反封建双重历史任务之艰巨性。陈纪滢一眼就看穿了作者的这种"企图"，他在《记姚雪垠》一文中对《春暖花开的时候》的评价是："描写是成功的，但在理论上是失败的。何以呢？因为共产党有一套一成不变的道理：人类是阶级的动物，有阶级就有对抗……姚雪垠这部名著，就是中共作家写中国社会变迁的一个模型。"

陈纪滢的难能可贵之处在于他并不因此就一棍子把《春暖花开的时候》"打死"，而是出于一个文学评论家的良心，对小说的艺术给予了充分肯定。

的确，《春暖花开的时候》的"描写是成功的"，这成功主要表现在语言上。《春暖花开的时候》写的是城市生活，其人物是"洋学堂"出身的新知识分子。曾经成功地塑造了"牛全德"们的中原口语，显然不适合这个人群，姚雪垠只能另辟蹊径。凭借个人的文学修养，他灵活运用明清以降至五四白话文学的传统语言，剔除其中那些生吞活剥的"欧化词儿"和生涩拗口的"文言词儿"以及新生的却并不恰当的"自造词儿",从而形成了属于他个人专有的另一种语言风格———一种如行云流水般自然、如诗如乐般铿锵的"白话文口语"。至此,姚雪垠对个人语言风格的追求基本完成,此后,他把主要精力转移到长篇小说结构民族化道路的探索上。

然而,仁者见仁,智者见智。与姚雪垠同掌一个"创作理论研究部"的胡风,在《春暖花开的时候》出版后的第二年里,慧眼独具地看出了其中的"色情"。于是,一场尖锐的批判从其主编的《希望》发端,"色情""娼妓"等惊俗动众的帽子扣向姚雪垠,大有必欲除之方后快之势。只是由于批判缺乏理论分析,以其昏昏无法使人昭昭,结果只能把读者推入五里雾中。当时在重庆育才中学高中部读书的田苗,多年后在《深深怀念茅盾先生》一文中写的就是当时的这样一种感觉:

> 《春暖花开的时候》某些部分情调不很健康,给以批评帮助是正常的,但却陡然间波浪大作,仇敌似的有人主张开除出"文协",有人主张通知各进步书店不再出版他的作品,状若解放后的运动,声势煊赫,定下了黄色罪名。我们在百里之外的育才也听说了,找书来查阅哪些地方黄色,是不是村姑在水边露出了大腿?那些青春词句,何以问题如此严重?……以后问及先生,他只说你们自己可以分析,问题恐怕没有那么厉害。再以后我去"文协"听王觉说,开会时茅盾先生住了几天,和好些人一一分析说服才止住风波的。

遗憾的是"风波"可以"止住",但"色情"之说却早已"三人成虎"。连一个完整的恋爱故事都不曾写到的《春暖花开的时候》,从此后冤乎枉哉地被"逐"出了中国大陆。好在它同它的创作者一样坚韧而顽强,很快便自力更生"打"出了一片崭新的天地,仅在香港就出现了三种翻印本,而且近四十年中在东南亚盛传不衰。1985年姚雪垠出访新加坡,一下飞机就有女记者追着问他:"太阳月亮和星星三种性格,你喜欢哪一种?"归途中路经香港，《亚细亚周刊》的女记者又提出了同样的问题，由此可见《春暖花开的时候》影响之大。在港做短暂停留时，当地作家徐速的夫人找到姚雪垠，满含歉意地告诉他："我们高原出版社翻印了《春暖花开的时候》，但我的丈夫已经不在了，我付不起你版税。现在还有一些书在我家中，我把它们交给'三联'，请他们售出后把钱给你。"——此是后话。

想当年，遭遇胡风"主观战斗精神"杀戮的绝不止姚雪垠一个，郭沫若、茅盾、巴金、曹禺、臧克家、碧野、严文井等都曾受到攻讦，只是因为姚雪垠系一"独立大队"，所以被圈定成了主攻目标。沙汀因为不能接受"客观主义代表作家"的帽子而申言将一一反击，后从吴玉章处得到了周恩来关于"要以团结为重，不能在一些具体问题上开展论争，以致互相抵消力量"的指示而作罢。姚雪垠是否也得到了同样指示不得而知，但他确实是以具体行动实践了"以团结为重"的原则。

几十年后回忆起这段历史，姚雪垠从《春暖花开的时候》的被批判中发现了新文艺运动史上三种互相联系的现象：其一是"某些批判文章如果代表'左'的思潮，必然背离实事求是的态度和文风，而任意发挥某种'主观战斗精神'"。其二是发生在文艺战线上的极左批判，不管打什么旗号，从来都是"为某些人结成的小圈子服务，常带有浓厚的宗派色彩"。其三是"由于几十年来我国社会的特殊条件，在不实事求是的批判活动中，调子愈左愈能迷惑群众，愈会有人跟着起哄"[①]。

姚雪垠是"主观战斗精神"的受害者，但晚年的他却豁达地挥挥手说，把这沉重的一页轻轻翻了过去。他的儿媳清楚地记着："有一次陪爸爸出去，在 24 与 22 号楼中间的通道中与胡风相遇，两个人互相点点头又浅浅一笑，什么话也没有说。"

---

① 《前言》，载《姚雪垠书系》第 11 卷《春暖花开的时候》，中国青年出版社 2000 年版，第 3 页。

## 第五节 在东北大学和东方书社

1944 年年底，中共南方局对滞留重庆的文化人实施疏散，能走的都走了。

姚雪垠无他处可去，便由重庆移居北碚，继续整理他的《牛全德与红萝卜》。生活不安定，心情又不佳，工作进行得很慢。实在写不下去时，他就回到故纸堆中同古人对话。在最痛苦的日子里，他研究了明季四川的少数民族问题和内政问题，写出来并发表了《读史随笔》，为"正史中没有记载，明朝皇帝也都不晓得"的"打衙蠹"等民变事件理清了来龙去脉，指出其根本原因是"官逼民反"，是"二百多年封建官僚统治""斫丧了民众的救国热情"。

《读史随笔》之后，姚雪垠又写了小品文《历史的悲哀》。这是匕首，是投枪，直刺的是那些"'曲解历史'和在历史里寻找'趣味'"，"继承着宋朝以来说书人的传统方法，而带了学术的时装"进行"学术演讲"的"历史学者"们。他愤懑于他们用"围攻南京是曾国藩的杰作"一类"观点"骗人骗钱，痛心于他们"像魔术师似的在制造雾，用雾罩起来历史，罩起来真理"。他认定他们"简直是毫无'史识'，尤无'史德'"，他理直气壮地质问他们："真正对现实最有意义的历史却没有人讲，什么道理呢？""为什么不讲一讲宋朝是怎样亡国的？为什么不讲一讲明末的历史大悲剧？为什么不讲一讲与今天宪政运动有关的戊戌政变一类的历史？"

一谈起历史就英姿勃发的姚雪垠，在现实中却正遭受着沉重的打击。断章取义甚至空穴来风式的"批评"依然甚嚣尘上，姚雪垠以异常的平和与宽厚接受了这种现实。他躲进书斋，他开始自省，他从"帮助自己的改变和发展"角度，强迫自己对"棍子式"的批评做出善意的理解。他知道"一切论争的最后目的都是为着实践"，所以他渴盼着能拿出更多更好的作品来。然而，他却不知道写什么不知道该怎样写——这才是生命不能承受之痛，他因此而情不自禁地发出了这样的呻吟：

> 二十八年以后，武汉时期的高潮已渐退去。过去的青年，过去的歌声，过去的一切都变成令人向往，令人怅惘的梦，而呈现在我周围的是种种的罪恶事实。我确知光明的存在和发展，但光明却不在我的周围。倘若允许我自由的描写，自由的出版，我可以写出很深刻的东西来。但今天我感到极大的痛苦，既没有光明的生活可写，也没有黑暗的现实允许我写。如今，我的写作范围几乎缩小到只有抗战初期那一段生活！①

好在天不灭"姚"。流亡于四川三台的东北大学向他发出了邀请，请他去中文系担任副教授，讲授"小说原理"和"中国现代文艺思潮"。捧着如同雪中之炭的聘书，姚雪垠感受到了久违的融融暖意。刚写成的《自省小记》已顾不上投寄发表，他把它打进行囊，带着几分忧伤、几分欣幸、几分留恋、几分决绝，一个人踏上了新的征程。临行前，还没有忘记在由郭沫若领衔、有三百多人签名的《文化界对时局进言》上郑重地写下了自己的名字。

姚雪垠走进了东北大学的校门，走进了一片崭新的天地。在这里，汇聚着一群德才兼备的民族文化精英：校长金毓黻、国文系主任陆侃如、教授冯沅君、董每戡、赵纪彬等。能被这个群体接纳，本身就是一种肯定一种鼓舞。姚雪垠将在这里开始一项新的事业，结交一群新的朋友。当然，他首先要面对的是他的"顶头上司"陆侃如。

陆侃如是江苏海门人。1922 年考入北京大学，1927 年毕业于清华大学研究院，20 岁即出版《屈原》一书。到东北大学以前，曾先后担任上海中国公学大学部中文系主任、燕京大学中文系主任、中山大学师范学院中文系主任。1929 年他与冯沅君在上海结为伉俪，1935 年夫妻双双获得巴黎大学

---

① 《自省小记》，《姚雪垠书系》第 14 卷《惠泉吃茶记》，中国青年出版社 2000 年版，第 288 页。

文学博士学位。后来二人合作推出的《中国诗史》，为中国诗歌史研究的开山之作。

尤记数年前大别山的第二届诗人节，姚雪垠作《屈原的文学遗产》报告时，曾向陆侃如的《九歌》研究问难。姚雪垠批评陆侃如否认屈原修改过《九歌》，批评他为此观点所列举的三大理由，又由观点与理由而"连坐"其治学方法。尽管批评是纯学术性的，绝没有任何个人攻击在里头，但由于姚雪垠一向笔锋凌厉，所以难免说出一些很不客气的话来。然而陆侃如显然并未"记仇"，他对姚雪垠的加盟东北大学表现出十二分的满意，并且把这份满意变成了《理想的中文系》一文，发表在校庆纪念刊上。

与这样"一个很好的学者"共事，姚雪垠的心情又舒畅了，勃勃野心也随之抬头。他对他的学生们说："我们现在研究李白、杜甫、莎士比亚，为什么自己将来不可以当个大作家，让后人去研究我们呢？"他还说："青年人一定要有攀登高峰的野心。我不反对在作学问上有狂妄思想，但我反对买空卖空，只说不干。"

第一个学期结束后，姚雪垠由三台赴成都度假。成都，位于水网纵横沃野千里的川西坝，古称芙蓉城，时称"小北平"。这里，人杰地灵，精英荟萃，郭沫若、巴金、沙汀、艾芜等文坛巨星，都与其有着无法割舍的血缘联系。这里，物华天宝，胜景如云——城北的司马相如桥，城西的杜甫草堂，城南的诸葛丞相祠和城东的望江楼，都使人流连忘返。还有雪涛赋诗的锦江，花蕊夫人吟咏的青城，也早为姚雪垠心向往之。姚雪垠崇拜杜甫，这位同乡先贤曾经寄居的草堂对他充满了诱惑。姚雪垠还有一个爱去的地方是祠堂街，因为那里书店如林，刊行《笔阵》文艺月刊的"莽原书店"也在其中。《笔阵》是成都文协分会的会刊，主编叶圣陶。姚雪垠早就读过叶圣陶的《隔膜》，心中一直对叶圣陶执弟子礼。

东方书社经理王嘥芎得到姚雪垠到成都的消息，抢先一步发出邀请，欢迎姚雪垠到他的书社去做客。王嘥芎原名王培兰，山东人，曾参加过孙中山领导的"中国革命同盟会"，1922 年与友人集股创办济南东方书社，自任经理。1937 年抗战爆发后，他带领书社十几名店员和绝大部分资金、图书，转移到抗战大后方，先后在成都和重庆分别树起"东方书社"的标牌，利用四川土纸，继续按照书社的既定宗旨编辑出版进步图书。姚氏之《重逢》，即由东方书社初版。

姚雪垠欣然往谒王畹菁经理，在书社幸遇仰慕已久的叶圣陶，由叶圣陶安排，他参加了成都文协为成都齐鲁大学、金陵女子文学院等大中学生及社会青年举办的文艺讲座活动，与叶圣陶、吴作人、朱自清、陈白尘、叶丁易、黄药眠等一起担任了主讲者。

1945 年 8 月 5 日，文艺讲座结束。王畹菁经理正要再印《重逢》，遂请作者顺便说几句什么，姚雪垠即作《四版小记》一文。他对"艰涩文体"一向深恶痛疾，便又借机提出批评。他说："我写文章，不管是用口语写，用所谓'知识分子的白话'写，总力求其通顺流畅……当今天我们的大理论家们正竭力提倡不通和艰涩的文体的时候，对于那些有意把文章写得通顺流畅的青年，读一读这本小书，也许会得到一点帮助。"

当是时，日本帝国主义投降在即，而一场内战却如黑云压城。眼看苦挣苦熬了八年之久的广大民众又要重陷于水火，姚雪垠不禁大失所望。回想抗战开始时的情景，恍若隔世。心意沉沉中，他登门叶家向老大哥一诉衷肠。8 月 14 日，叶圣陶在日记中写道："姚雪垠来访，渠言'今届胜利之日，投机者有失望之感，丧利者有痛惜之感，而有心人则有沉重之感。以前种种偷惰，皆可诿之抗战时期，今战事结束，更何以推托。'其言甚当。"[①]

1945 年 8 月 28 日，毛泽东从延安飞抵重庆，参加国共谈判。山城万人空巷，感动于中国共产党的诚意，希望于和平民主的未来。仿佛透过云雾看到了红日，姚雪垠的心情又明朗起来。他接受叶圣陶等人的建议，逗留成都创作《长夜》。其间，文化界集会要求民主统一，要求和平建国，会上发表

---

① 叶圣陶：《西行日记（下）》，载《叶圣陶集》第 20 卷，江苏教育出版社 1994 年版，第 440 页。

了《成都文化界对时局的呼吁》，呼吁书上有李劼人、陈白尘、叶圣陶、张天翼等248位文化名人的亲笔签名，"姚雪垠"三个字也在其中。10月中旬，东北大学开学，敦促姚雪垠返校执教，姚雪垠却对成都恋恋不舍。他说："在成都三个半月，同东方书社的朋友们相处得像家人一样，没有一点使我感觉到不便的地方。"

回到四川三台后，姚雪垠得到了母亲病故的消息。本想立刻就回河南，却又必须等待东北大学的课程结束。其间，成都《新民报》副刊《雄辩》的编者向他约稿，要他写一个可以连载的东西，姚雪垠答应了。起初他打算写"童年杂忆"，将童年的片段生活纪录出来作为小说素材，以便将来应用。后来又觉不妥，犹豫了两天，决定改写"人物记"——他要在"人物记"中为他所熟悉的人物各画一张速写像，既是纪实，也算创作，于是便有了《大嫂》《我的老祖母》《外祖母的命运》等一系列脍炙人口的散文问世。

1946年2月10日，重庆各界为政治协商会议的成功召开举行庆祝大会，国民党当局指使一大群暴徒扰乱会场，殴打大会主席团郭沫若、李公朴、施复亮诸人，并殴伤了两位记者和许多育才学校的学生。姚雪垠怒不可遏，拍案而起，奋笔疾书讨伐檄文《我抗议》，刊登在2月14日的《华西晚报》上。

# 第五章 1946—1951年

## 第一节 游子回乡献厚礼

1946年春假，姚雪垠辞去东北大学教职，从三台到成都，准备出川返乡。

一说返乡，思乡之情便如潮奔涌不可遏止。多少往事，犹如昨天；多少亲人，就在眼前。情动于衷而诉诸笔下，便有《我的老祖母》《外祖母的命运》《大嫂》三篇散文喷薄而出，相继于1月、2月、4月发表在《华西晚报》上。

4月，姚雪垠带着尚未完成的《长夜》文稿，背着"色情作家"的污浊骂名，告别三台，告别成都，一个人从剑阁出川，绕道上海经由南京，于5月里回到家乡河南。家乡毕竟是家乡。不管外界对姚雪垠的"清算"如何甚嚣尘上，家乡依然敞开胸怀接纳了远道归来的游子，并且用请他讲学、作报告的方式，表达了对他的欢迎与肯定。事隔多年，已经成为资深编辑的赵辉林，在《遍借金针绣凤凰》一文中叙述了姚雪垠在南阳的一次讲学：

> 我记得很清楚，那是在学校的小礼堂里，一下子坐满了热心的听众。姚雪垠穿着长衫，神采奕奕，谈笑风生。他讲的题目是"文艺十八扯"，通过自己的亲身经历，谈青年作者应如何练好基本功，如何深入生活，如何搞好创作，等等。他在讲话中不断插入一些形象的比喻和有

趣的故事，深入浅出，生动活泼，引人入胜。这次讲话，对我可以说是一次文学修养的启蒙课……临别时，他还亲笔给我题词："风雨如晦，鸡鸣不已。此其时也，束紧腰带，打起背包，该动身了"。

父老乡亲的热情，让姚雪垠感受到巨大的鼓舞与鞭策。他说："多年在外边奔跑或短时定居，对我的文学事业的帮助都极小。在外边，我是漂浮在社会之上，永远不像故乡对我的熟悉和亲切。在外边，我看见一百样现象会忘掉九十样；在故乡，我会见一而知十。"① 为回报乡梓深情，他拟定了一个详尽的《三年写作计划》，信心十足地向江东父老承诺："我将使故乡的生活习惯，人物性格，人民的灾难，以及许多古老而生动的土语，借我今后的一些作品，使全国的读者都熟悉起来……今天我已经有这一点将故乡的人民生活介绍给全国的力量，我也愿意珍重的运用这一点力量。"

宏大的《三年写作计划》包括两大系列五部作品，其一为"三部曲"——《黄昏》《长夜》和《残星》（后改称《黎明》）；其二为姊妹篇——《烟草》和《烟卷》。姚雪垠要通过这些作品写出民国初年到抗战期间的中国农村，通过自己家乡的历史变迁写出中国农民的一般命运。在他的创作蓝图中，这些作品既要有社会信史之实，又要有田园诗歌之美。这些作品，有的还只是想象中的一个模糊轮廓，如《烟草》；有的早在心里蕴蓄了好几年，人物形象呼之欲出，如《残星》；有的在一年前就已经动笔，如《长夜》。之所以先写《长夜》，是因为其故事较为简单，其题材类似插曲，不像计划中的《黄昏》那样沉重。

在开封住过一个暑假，《长夜》接近完成。"以二十年代军阀混战时豫西山区农村为背景，描写了李水沫这支土匪队伍的传奇式生活，塑造了一批有血有肉的'强人'形象，真实有力地揭示出许多农民在破产和饥饿的困境中

---

① 《三年写作计划》，载《姚雪垠书系》第17卷《小说是怎样写成的》，中国青年出版社2000年版，第371页。

沦为盗贼的社会根源，同时也表现了他们身上蕴藏着反抗恶势力的巨大潜在力量。像《长夜》这样以写实主义笔法真实描写绿林人物和绿林生活的长篇小说，是五四以后的新文学中绝无仅有的……把一批'强人'形象送进新文学的画廊，发掘和表现强悍的美，是姚雪垠对中国现代文学作出的一个独特贡献。"①

1946 年 7 月，《三年写作计划》刊于《河南民报》副刊。与此同时，《长夜》也开始在《河南民报》副刊《民众乐园》和陈翰伯主编的上海《联合晚报》上同时连载。这是一部具有自传性质的小说，姚雪垠在小说中安安分分地述说着他所了解的历史现实，用他所惯用的笔法和喜爱的色彩，描绘出 20 世纪 20 年代中原大地的风景与氛围，勾画出广大破产农民的悲惨生活之本来面貌。

《长夜》这部小说，于 1945 年 8 月中旬开笔于成都，而后上青城，赴三台，奔上海，过南京，陪伴作者辛苦辗转，见证了作者受打击、遭谩骂、孤独落寞、无助、无奈的一段人生岁月。其情其景，于下列文字中可见一鳞半爪：

我一个人孤寂地留在山上。虽然雨已经不下了，但云雾还是很浓，在白天不见太阳，在晚上望不见一颗星星。有时我寂寞得坐不下去，便站立在山门外，或爬上最高的第一峰，放眼向东方凝望，但是除漠漠的一片云雾，什么也不能望见。每逢黎明或黄昏，从大殿里传过来清远的钟磬声，悠扬的诵经声，使我特别的感觉到这环境和我的心情不谐调。生活过于乱固然不能够写出作品，过于静也同样不会有作品产生，因为人必须在人间生活。

收拾起《长夜》书稿，姚雪垠回到邓县，埋葬了父母之后，便立刻启动

---

① 严家炎撰"姚雪垠"词条，《中国大百科全书·中国文学卷》，中国大百科全书出版社 1986 年版，第 1154 页。

了另一项工程——长篇传记文学《记卢镕轩》的写作。姚雪垠同卢镕轩相识已经多年。每次回到故乡，哪怕只有匆匆忙忙的几天时间，他也必定要想方设法同卢镕轩见见面。每次离开故乡，不管离开多么久，多么远，只要脑海里偶然飘起来一缕乡情，他也常会想到卢镕轩。1945 年春天，他在成都收到过一位朋友的一篇小说稿，表现一个科学工作者百折不挠的光辉人格和孤独而贫困的生活。小说主人公原型就是卢镕轩。为使小说动人起见，作者让主人公在贫困中饥饿而死。姚雪垠为此非常难过，直到翌年春天返乡途中在南京遇到了写小说的朋友，知道卢镕轩依然健在，他的心情才轻松起来。

此次回到县城里，姚雪垠有了更多的机会同卢镕轩见面，他甚至还到乡下去参观过他的农场，在他的家里不知第几次看他的独轨火车和黄河连环堤的模型。53 岁的卢镕轩兴致勃勃地讲着他的独轨车和他的水利计划，热情奔放得就像一个天真可爱的年轻人，一个比许多年轻人还要年轻的年轻人。这情景让姚雪垠越发明白："真正的英雄是不会老的，世界正因为有这样的英雄才永远青春。"他说："我自己不懂科学，但我却崇拜科学；尤其在以杀戮为耕耘，以贪污剥削为能事的社会里，我对于一切清白自守，死不移志的科学人才，都发生无限的敬爱和同情。"[1]

唯其如此，姚雪垠才下定决心，要用文学手法为卢镕轩先生写出一部传记来。他甚至为此而不惜中断"三部曲"写作的连续性，在《长夜》与《残星》之间横插进了《记卢镕轩》。1946 年冬天——这个原本属于《残星》的时段，都被姚雪垠挪用了——用来听卢镕轩先生的口头报告，每次一连几天，每天报告几个钟头；用来整理记录，在整理中发现重点或疑点，反馈于讲述人，征求解释与答案；用来写作，写好之后，拿给卢镕轩先生与其父亲以及其他朋友去看，以期得到修正与补充。遗憾的是，由于姚雪垠在家乡素有"文学家"之名，朴实的乡亲们从来没想过自己还能对他的文稿提出什么意见来。

---

① 《记卢镕轩》，载《姚雪垠书系》第 14 卷《惠泉吃茶记》，中国青年出版社 2000 年版，第 478 页。

本是出于满怀尊重的好意，却使传记的写作受到了很大妨碍。

1946 年年底，《记卢镕轩》写完了前八章。姚雪垠停下工作，带着未完的书稿离开故乡去了上海，又经数月才画上了最后一个句号。全书十多万字，尚未写完就开始在《人物》杂志上连载；未完，就由怀正文化社出版了单行本。书中主人公卢镕轩是一个发明家，一个农村改良运动者。他把全部身心都投入到独轨火车和农业水利方面的发明创造和实验工作中，从来都不顾个人和家庭的困难。但他却处处碰壁，偶然技术上获得一些成功，结果却也事与愿违。姚雪垠说："我的这本小书的写作目的，不在表扬主人公的科学成就，而在表现他的可敬的精神和可悲的命运。这是我的控诉。要叫大家都晓得在我们的国度里，在旧社会打倒之前，天才是怎样被压杀的；而卢镕轩先生不过是无数牺牲者之中的一个例子罢了。"①

后来，当《记卢镕轩》以单行本在上海出版时，姚雪垠专门写了数千字的《后记》，除了记载这部报告文学的写作过程之外，还从思想与艺术两方面阐述了传记文学的特点，阐述了我国传记文学的历史与现状。他不无遗憾地写道：

> 中国的传记文学之父是司马迁……后来的历代正史，全失去了《史记》的优点，不仅没有个性表现，也没有作者感情成分，使我们只看见干枯无味、支离破碎的史料，而看不见生动活泼的传记文学。这原因有两点：第一是后来的正史出于封建社会停滞或没落期的史官之手，他们只看见卫护封建社会的伦理道德、功勋罪恶，而看不见有独立个性的"人"；第二是历代正史多成于少数的史官之手，同时大家把修史当作钦命的职务，不当作个人的创作，所以史书中就缺少了作者感情。司马迁所开创的光辉道路没有人继续发扬，这真是中国文化史上的一大损失。

---

① 《〈记卢镕轩〉后记》，载《姚雪垠书系》第 14 卷《惠泉吃茶记》，中国青年出版社 2000 年版，第 549 页。

正是为着发扬这"道路"，为着弥补这"损失"，"为着新的传记文学在中国还正在提倡阶段"，为着"它的前途正等待我们大家努力"，姚雪垠所创作的《记卢镕轩》，自觉地站在了司马迁树起的传记文学旗帜下，自愿地又捐起了一份继往开来的历史责任。

## 第二节 "怀正文化社"与《雪垠创作集》

1947年1月26日半夜，姚雪垠抵达上海。生脚踏生地，最大的困难是吃和住。动身之前，他先给在上海的老朋友臧克家写了信，但他没有得到回音，他的宽厚质朴的诗人老哥第一次收敛起了他的热情洋溢。依仗着曾经同生共死的信任与了解，姚雪垠立刻意识到了什么。他不想让朋友为难，抵沪后就没有去找臧克家。幸亏厚道的老友田仲济出手相助，在自家的楼梯下边替他安置了一张小床。至于臧克家"来而不往"的原因，几十年后才由孙陵在《记姚雪垠》一文中透露出来：

> 胜利之后，我由重庆回到南京，又去上海，和克家在一家报馆同事。有一次克家突然精神紧张地和我说："雪垠来信了！"雪垠这时住在他的故乡河南邓县。"说些什么？"我问道。"他说要来上海，住在河南太苦闷了！""你回信没有？"我这一问，他越发紧张了，绷紧了面孔，恐怕别人听到一样低声说："雪垠的信可不能回呀，你在桂林不知道，人家说他是特务哩！"

在田仲济的帮助下，姚雪垠很快与上海的朋友们建立了联系。先期见到的是孙陵和陈翰伯。陈翰伯告诉姚雪垠：在《联合晚报》连载的《长夜》，郑振铎看了，胡风也看了。郑振铎很满意，胡风不满意。姚雪垠回答："我自己是既满意又不满意。满意是因为它比《春暖》的风格要质朴，要深沉，洗去了铅华。不满意是因为没有把小军阀和绅士生活写进去，生活面太窄了。但这不是因为没有能力，而是没有时间。"与孙陵见面则肯定要说到臧克家，说到"特务"，说到被打击遭诬陷的满腹委屈。一向坚如铁硬如钢的豫西汉子姚雪垠，到底在酒后吐出了他的哀伤："年未四十，而发苍苍，而视茫茫。"

田仲济的住所并不宽绰：一座半开间二层小楼，兄弟两家人伙住。刚接纳了姚雪垠，田家二姐又带着一大家人一大堆行李从枣庄煤矿逃来，都挤在楼底那一间幽暗的、作为餐厅和客室的斗室里。楼梯下本就不宜久居，而突发的困难又如雪上加霜，让姚雪垠必须立刻去寻找新的落脚点。可是多年以来，都是报纸、杂志、书店向姚雪垠索稿，姚雪垠却从来没有向别人要求过什么。这种习惯使得他"眼睛长在眉毛上"，不好意思奔走托情。燃眉之急，还得田仲济出面帮他解决。

几天后，田仲济找到了徐昌霖，徐昌霖引荐了刘以鬯。刘以鬯原名刘同绎，字昌年。浙江镇海人。上海圣约翰大学毕业。其父曾在民国时期的海关担负重要职务，薪俸很高，在寸土寸金的大上海置有两处房产，去世后留给了刘以鬯兄弟。抗战期间刘氏兄弟都离开了上海，其一处房产随即被国民党军统特务的一个分支机构所占用。刘以鬯抵渝后，相继在《国民公报》和《扫荡报》供职，同期开始文学创作。抗战胜利后回到上海，以继承的房产为根基，创办了"怀正文化社"。其时，刘以鬯年未过"而立"，血气方刚，雄心勃勃。他说："上海是全国出版中心，书店林立，像'怀正'这样的出版社，想出好书，并不容易。不过，我很固执，除非不办出版社，否则，非出好书不可。"

一个雪天的下午，田、徐、姚三人与刘以鬯在国际饭店五层见了面，吃了饭，谈妥了一个约定：姚雪垠的著作交怀正社出版，怀正社为姚雪垠提供住处。怀正文化社坐落于沪西定盘路，是一座西洋式三层小楼。二层两大一小三个房间，两大间一是书库，一是纸型库。2月8日，姚雪垠搬到怀正社，在纸型库的两个柜子之间搭起一块床板，摊开铺盖，便在寸土寸金的大上海

"定居"了。一日三餐，也同怀正的伙计们一道吃。姚问伙食如何算，刘以鬯回答："不用算。伙食是怀正的招待，你多帮点忙就都有了。"

说来也是缘份——刘以鬯对姚雪垠及其作品心仪已久。在他看来，姚雪垠的作品已经"达到炉火纯青之境"，其艺术魅力能让人"拍案愤慨"，也能让人"感动流泪"或"惘然微笑"。在刘以鬯的心目中，"《差半车麦秸》及《红灯笼故事》两篇，不仅在国内被认为伟大时代的代表作品"，"且均早译成数种文字，传诵国际，被列入世界名作之林"；《长夜》"是最有分量的、最深刻的反映北方农村的作品"；《牛全德与红萝卜》"不仅是一部小说，也是一首朴素的田园诗"，"是继《差半车麦秸》后中国新文艺之光辉收获"，"一直到现在，我们所有描写北方农民性格的作品，还没有一部能超过《牛全德与红萝卜》的。"不啻如此，他还亲自为《雪垠创作集》写了如下介绍：

> 抗战以来，姚氏在文坛上好像是一颗彗星，给读者的印象实在太深。他的作品既不像客观主义者的干枯乏味，又不像某些浪漫主义者的空泛浅薄，而是将积极的浪漫精神溶进严肃的写实手法。他不仅善于创造典型，运用口语，而且常常将最美的诗的情趣容纳在小说里边。因此，凡读过姚氏作品的人，都为他在作品中所表露的才华吃惊。

诚挚的肯定，热情的褒扬！被深深感动的姚雪垠无以回报，他所能做的，只有将他"认为比较满意的作品"全部交给刘以鬯。当时约定由怀正出版的作品是：《差半车麦秸》《牛全德与红萝卜》《长夜》《杜甫传》《小独裁者》。后来《杜甫传》换成了《记卢镕轩》；《小独裁者》原拟以袁世凯与蒋介石合成一个典型角色构思一部长篇，后因知道无法出版而未实施。几部书中，《长夜》本是答应给东方书社的，却为了住所问题不得不忍痛求东方原谅；而现代出版社则通过田仲济先已表达了重印《牛全德与红萝卜》的意愿，姚雪垠答应了却又反悔，为此不得不接受田仲济的愤怒与责备。

1947 年春天，《雪垠创作集》即将付梓。像母亲送宝贝的女儿出嫁，像元帅送心爱的将士出征，想起数年来它们随同自己走过的坎坷道路，姚雪垠忽然感到有一肚子的话要说。于是，他先为《差半车麦秸》作《跋》，再写《〈长夜〉后记》，随之又写了《〈牛全德与红萝卜〉的写作过程及其他》。这些文章把他的思绪牵向远方和过去，让他怀念着那些曾给予他支持、鼓励、信任与期待的朋友，也让他联想到那些一直希望将他"永远的放逐或轻轻的判处死刑"的"论敌"。迥然不同的情感通过迥然不同的表达方式，不遮不掩地流注于几篇小文。

《〈差半车麦秸〉跋》写得词锋强劲，语调铿锵。在提起"论敌"关于他"不能够再创造出新的人物"的诅咒时，姚雪垠回答："幸而我是从风雨中，从原野上，从荆棘与野兽的包围中成长起来的，曾遇过无数打击，尝惯了迫害和暗算。过去既然我不曾见利失节，畏威移志，今后当然也不会对任何强者低头。我是从窒息的环境中，从刀剑的威胁下，倔强的生活过来的，今后我还要倔强的生活下去。生活是战斗，我的武器就是笔。除非我真正死掉，我相信没有人能使我缴械。"

《〈长夜〉后记》是絮絮说起、娓娓道来，字里行间淌溢着从容与温馨。追怀小说创作缘起时，遥远的思念催生的是如下文字："虽然这部小说的故事在我肚里藏了二十年，却一直没有决心把它写出来……前年暑假，我到成都，留住在东方书社。一天晚上，东方请客。席散后，叶圣陶先生、董每戡兄，东方的王畹莽经理，和我在院中吃茶，随便聊天。不知怎样引起的，我把这故事又从头到尾地讲了一遍。当时叶圣陶先生曾劝我把它写出，王经理也很打气。从这天晚上起，我才有写的决心。若没有这次闲谈，也许这故事会永远放在心里，等将来埋在土里，永远也写不出来。"

《〈牛全德与红萝卜〉的写作过程及其他》则有一个很客气的整体氛围，却提出了一个很不客气的政治概念——"胡风派"。姚雪垠写道："关于'胡风派'这个名词，有朋友劝我不用，为的是免得别人说文坛上真有派别。其实胡风派的存在尽人皆知，用不着掩耳盗铃。我们希望胡风派能放弃过去的狭隘作风，为整个的联合战线而努力。我提出'胡风派'这名词，毫无恶意，我认为宗派主义是巩固联合战线的一大障碍，不如揭破了的好。两年来，文坛上稍有成就的作家如沙汀、艾芜、臧克家、SY 等，没有不被胡风派加以诋毁的，全不顾现实条件，全不顾政治影响。青年本是热情的，经胡风先生一鼓励，一影响，就常常抛开原则，不顾事实，任意诬蔑，以攻击成名作家为快意。一般纯洁的读者见胡风派火气很大，口吻很左，就误认胡风派是左派的代表，于是风行草偃，一唱百和，形成了很坏的风气。"

回忆使人快乐，也使人痛苦。从 1945 年夏到 1947 年春，《长夜》的创作历程恰与其作者的受诬陷遭打击庶几同步，所以姚雪垠说假若他"将来为自己写一部传记的话，这一年半的生活特别重要，大概可以单独地写成一卷"。然而，也许是已经隐忍了太久后的确需要一点小小的发泄吧，姚雪垠把准备"将来"写进传记中的内容，撮其要点缩微进了"现实"的三篇文章中。

三篇文章中，姚雪垠真诚地诉说着，在剖解自己的同时也剖解着对方。他知无不言言无不尽，因为他想胡风们"应该接受""这种善意的批评"，"应该"把他"当作一位尚有可取的诤友"。他妄自陶然地相信自己对什么都已经明其究竟，毫无顾忌地按照自己的意愿陈述着自己的思想。他以己度人，以为"诤言"此物真是走到哪里都会被"喜闻乐见"，于是诸如"理论上的法西斯毒素和机械论色彩""对中国民族文化的毫无所知""狭隘的宗派主义和刚愎的英雄主义"之类尖锐的词句，都赤条条地摆在了端给胡风的"菜碟"上。

1947 年 5 月，《雪垠创作集》前三种——《差半车麦秸》《长夜》《牛全德与红萝卜》相继问世，8 月又出版了第四种——传记文学《记卢镕轩》。四本书整整齐齐排在一起，无论是内容还是品相，都足以引发作者与编者的欣喜的微笑。只可惜国家内战正炽，发行工作受到严重阻碍。当生存已成为全社会必须一致面对的问题时，是没有谁再顾得上去购买精神食粮的。从这个意义上说，《雪垠创作集》可谓生不逢时，出师不利，就连第一次以单行本发行的《长夜》，也只在初版印刷几千册之后而隐迹遁形，未能在读者中留下鲜明印象。

人心惶惶的上海滩上，通货膨胀，百业萧条，出版界整体疲软，"怀正文化社"面临困境。刘以鬯无论怎样推崇姚雪垠的作品，也不可能闭起眼睛做亏本买卖。于是本想源源不断生产下去的《雪垠创作集》，却不得不就此匆匆打住。意犹未尽处，姚雪垠不胜感慨，其情其景，正如他在《〈长夜〉后记》中所说：

> 将这部小说题名叫《长夜》，是因为在我的计划中还有《黄昏》和《黎明》。在《黄昏》中要写静静的旧农村是怎样开始崩溃，怎样地沦落为半殖民地的悲惨形态。在《黎明》中要写农村在崩溃后由混乱走到觉醒，虽然是"风雨如晦"，但已经"鸡鸣不已"。也许是不自量力，我企图用这三个姊妹篇去表现中国近代农村的三个阶段。《长夜》所写的时代背景是北伐的前夜，但是谁想到二十年后的今天，内战竟然比从前更加惨烈，人民的痛苦比从前更大更深？唉，中国的夜真是长啊！

## 第三节 "后记""跋语"惹祸端

1947年下半年，国共两党早已决裂，中共驻南京、上海、重庆三地的人员被南京政府勒令撤出。蒋介石宣称要作战到底，其参谋长陈诚则扬言"如果真正作战，只需三个月即可击败共军主力"。在如此甚嚣尘上的反共声浪中，国民党特务组织的活动空前猖獗，单凭一张戒严令就可以玩弄许多花招，陷害、暗杀、密捕进步人士之事时有发生。

黑暗的特务政治强烈地刺激着姚雪垠，让他联想到当年参加国民党第五战区"笔征"时，在老西北军中耳闻目睹的带兵军官同军统政工人员之间的尖锐矛盾。心到笔随，他很快以此为题材，创作了小说《人性的恢复》。他用他所特有的细腻笔法，描绘了军统特务内心的痛苦，叙述了特务在"我"的感召下悔过自新的过程。小说刚刚完成，便被一位进步文学青年张白怀索去。张白怀本想创办一份期刊，但拿不到许可证，只好改出丛刊。他偏爱《人性的恢复》，便将其置于丛刊的第一期首位，并以小说名做了该期丛刊的总名。丛刊由此罹祸，出版后遭遇查禁，创刊之日便是终刊之时。张白怀为躲避追捕，不得不踏上逃亡之路，从此天各一方，失去联系。

国民党"戡乱"令正式颁布不久，一篇《从"飞碟"说到姚雪垠底歇斯底里》的长文，以"阿垅"之名刊登在楼适夷主持的《时代日报》上。文章除了对姚雪垠的《牛全德与红萝卜》及其序言"极尽轻薄之能事"外，还说他是"一条毒蛇，一只骚狐，加一只癞皮狗"。这种妇姑骂街式的人身攻击并不可怕，可怕的是下面这段文字：

> 假使我们不要健忘，那么，我们应该记得在重庆的年月，也应该记得当风声鹤唳的瞬息，姚雪垠是如何的在报端发表了他的自白，那是怎样一片悔罪的心，"不要革命"了的。而现在，姚雪垠的杰作又是在什么出版机关出版了呢？又住着什么人的屋子呢？

这段文字有两层意思。其一是说姚雪垠在重庆时代曾经发表过一篇政治性的自白，声明从今往后不再作任何革命活动。其二是说为姚雪垠借住、出书的怀正文化社有政治问题。至于具体是什么问题，却引而不发，任凭读者去推测、去联想、去想象好了。

读上述引文，看不出第一层意思有什么"意思"：姚雪垠在重庆从来不曾被捕，何来"自白"和"悔罪"？唯一能与"自白"沾边的是那篇《自省小记》，但"自省"是自我批评，与"悔罪"无关！第二层意思其实也没什么"意思"：姚雪垠住的是怀正文化社的房子，他的《雪垠创作集》也由该社出版。该社老板刘以鬯说过："先严名浩，字养如，家中堂名为怀正堂，均从'浩然正气'取义。我为着纪念先严，所以将我办的出版社定名为'怀正文化社'。"如此而已！

其实，阿垅心里非常明白："自省"与"悔罪"不同，"怀正"也与"怀念蒋介石"无关。然而，他的话不是设问而是反问，是故意用含含糊糊隐隐约约的文字打造出一种藏匿着天大秘密的假象，诱导广大读者去挖掘去联想去编织去演义，从而把姚雪垠淹没在"人民战争"的汪洋大海之中。而事实也果然不幸如此，社会上很快就有了"怀正文化社是国民党特务机关"的说法。一时间沸沸扬扬，众口铄金。其情其景，恰如姚雪垠在小说《生死路》中的生动描写：

> 推测越扯越离奇，像一棵蔓草茫无计划的四下爬，随地长出新的根和杈。最后，青年们简直是拿推测来对县长嘲笑、毁谤和谩骂，一直到把乡下人嘴里所有的泼辣的、粗野的字眼儿，和荒唐的、非非的想头都倒出来，这才以胜利的、满足的、欢畅的大笑作结束。

胡风自然知道阿垅这个招数的厉害，所以"飞碟"一经发表，他就信告阿垅："这个公案算是告一段落，由他着慌去。"但姚雪垠没有"着慌"，他只是愤怒！早在1940年8月，他就写过一篇杂文《谈论争》，那时他尚未与人"论争"过，却以旁观者之"清"，把论争者常用的"战术"总结得头头是道。但他仍似意犹未尽，之后又作《战术补例》一篇，其中写道：

> 第二个要补写的例子是在论争中含沙射影，借端栽诬。这是无耻的论客们常常使用的最无耻的战术之一，因为这样一来，就可能使论争离开问题的本质，而从另一方面加对方以可怕的罪名。从前有些人不能在理论上战胜鲁迅，就只好诬鲁迅如何如何。这样的论客们最喜爱从一两个字里面深文周纳，任意引申，最后把敌人加上一个大逆不道罪名。

可以断定，姚雪垠作《战术补例》时，绝对不会想到七年之后，他的"论敌"会用他已经看穿的这些老招数来对付他。好在破解之法是早就备好而且同时写进《战术补例》中的："对付上边这两种战术，我只有一种战术：第一步要用理论征服它，如果不可能，我就默杀它。"

　　然而，说是说，做是做。姚雪垠侃侃而谈的"默杀"战术，在他真气得失却理智的时候就被扔到了脑后。阿垅的文章刚一发表，他就跑去问叶以群，此事是不是与重庆时代的政治风波有关？因为阿垅的文章态度太坏，又请叶以群去找楼适夷想一个办法补救。后来楼适夷只登与阿垅观点一致的文章而不登相反的，他又直接找到《时代日报》两三次，还与楼适夷大吵一架……更详细的记载，请看姚雪垠的日记：

　　　　午饭后……跑到时代日报社，楼适夷劈面就骂我，非常没有理性，非常失态，也是我一生来第一次受的大侮辱。但我没有同他一样咆哮，为的是怕打起架来惹社会笑话……走出时代日报社，不是生气，而是伤心：整顿三风之后的中共党人尚是如此，真想不到！假若他不是中共方面的人，假若不是为着大的联合，我为什么要忍耐这一口气？我去找以群，以群不在家。我心中难过，分析这事情的根源。但不管怎样，他的失礼是不可恕的！但我没想到报复。假若他是一个普通人就好办，请一个律师就解决了。如今我只好暂时忍耐，等待他自己后悔，给他道义惩罚。(九月十八日)
　　　　……
　　　　我希望将此事经过，同几位从事文艺运动的朋友谈一谈。如大家不能在道义上给适夷一点劝告，适夷也不后悔他态度失礼，处置失当，我打算不得已法律起诉。我知道法律起诉，将事情闹大，惹国民党看笑话，在文艺运动上是不可原谅的错误。但除此外如无解决办法，只好采取这下策了。我承认，起诉事在我的心中很矛盾，也是我走投无路，气得失去理性，才想出这么办。
　　　　今日黎明醒来，又想一想，觉得起诉事确应准备，以为不得已时的自卫方法，而且昨日给以群信已言明，适夷既不把我当作文化友人，大加侮辱，他已失去他的立场。只要我今后的作品对得起人民，对付楼适夷不等于背叛人民。他的这种作风连官僚还不如，他该"整"了。所以我对这不得已的起诉，问心无愧。不如此，则人格、名誉、全无保障，将有不易挽救的损失，此心已决，反感轻快不少。（九月二十二日）

……

四年前在重庆蒙诬，斗争的目的在求水落石出，保障人格。虽结果很好，但态度和方法亦至幼稚。那时我沉不住气，且易动感情。因动感情，常同徐冰吵架，且有时说些不妥当的愤激话。这其实不仅是感情问题，而是那隐藏在自己血肉中的自由主义精神作祟！此番斗争，态度已较冷静，但开始时仍不免操之过急。这次最大的好处是决不说一句失去立场的感情话，处处为中共着想。也正因此，所以很敬重适夷。至于适夷蛮横无礼，那是万万想不到的。即使如此，在将来起诉时也要竭力顾全适夷。对他，道义的责备不妨苛，法律的制裁不可要。这不是为适夷，乃是为中共！（九月二十三日）

……

早晨去找以群，起诉事被他劝阻了。本来起诉我也知系下策，小题大做，而且又牵涉着政治问题。据以群云，阿垅已有回信，态度很坏。（九月二十四日）

上引日记片段，摘自姚雪垠人事档案中的自传性材料《我这一段生活》，应该说是能比较真实地反映出姚雪垠的人格和思想的。从四则日记中，起码可以看出以下几个问题：第一，姚雪垠在无路可走的情况下，曾反复考虑过起诉问题。第二，因为楼适夷是共产党员，所以姚雪垠认为楼的态度代表共产党的态度。第三，姚雪垠不管如何生气，考虑问题时却始终坚守原则，没有丝毫损害共产党声誉的言行。第四，姚雪垠与叶以群的关系不是一般朋友关系，他始终把叶以群当作他与共产党组织之间的一个桥梁，所以一切重要的问题都依靠叶以群，听从叶以群的意见。

古人云"刀笔杀人"。阿垅一篇文章，对姚雪垠起码造成了两大直接伤害：

第一，使他的政治名誉受到了不可弥补的损失。事发之后，只有少数朋友以及部分明白文坛内幕的人才敢对他继续信任。别忘了，姚雪垠是受过政治诬陷而伤口尚未复原的人，抵抗误解的能力比一般正常人要脆弱许多。例如，有位复旦大学毕业生到浦东农业职校教书，报到后听说姚雪垠也在该校，竟非常惊慌。后来日子久了，才确信他不是国民党特务；但一直到上海解放为止，大学生对姚雪垠始终是敬而远之。姚雪垠说："这不是一个轻松的小故事。这里面含有眼泪，含有浓厚的悲剧成分！"

第二，使他向党靠拢的热情和勇气骤减。自从被取消了预备党员资格，姚雪垠就陷入了精神痛苦中。但他对党的立场不变，感情不变，追求不变，要在党外为党的事业做贡献的信念不变。正因为如此，他才特别在意党组织对他的态度。偏偏他又把某些党员看作他与党之间的纽带，便难免有时候会把党员的某些个人行为认定是组织的决策安排，从而对党产生误解，并因此变得自卑而消极起来，从此不与朋友来往，不参加任何活动，几乎完全从文化界销声匿迹了。

## 第四节　"孤臣孽子"苦斗上海滩

阿垅的文章让刘以鬯也大吃一惊。差不多两个月后，遂对姚发出了逐客令。姚雪垠因之失去了居所也失去了饭碗，先胡乱找地方凑合了一个来月，终于在上海高行镇市立农业学校谋到了一个教员职位后，于1947年年底搬到了浦东乡下。

高行农校成立尚未满周年，仅有十多个教职员八十多个学生。校长周增英是一位倾向进步的青年人，因为读过《差半车麦秸》等小说而对姚雪垠十分仰慕，所以凡事都对姚言听计从。姚雪垠提议办一个农民夜校，周则立刻委托他荐举负责人选。姚雪垠写信请臧克家代劳，不久便有诗人柳倩的朋友柴文石前来报到。此人在把农民夜校办得有模有样之同时，还就手办起了一个儿童夜校。姚与周的"初心"不过是"在中国人民解放的伟大斗争洪流里出点汗"，岂料水涨船高，夜校工作的顺利竟让他们得寸进尺，居然萌生了"同中共地下党组织联系以获得正确领导"的念头。于是不久之后，经柴文石举荐，农校教师队伍中又多了一个石小平。

石小平沉稳瘦弱，文质彬彬，姚雪垠一见即生好感。第一次见面，石小平就压低声音告诉姚，说他是奉组织命令来与姚联系，让姚帮他在农校站住脚，然后发展地下党。姚雪垠闻之心头一颤，热泪随即涌出。"一颤"是因为吃惊，热泪是因为"组织"的信任。

去重庆以后，姚雪垠就一直在遭受着"组织"的误解。像石小平这样开诚布公的谈话，是他离开《风雨》之后的第一次！不能再迟疑了，再迟疑便是畏首畏尾，便对不起中国共产党的真诚相托、肝胆相照。自从被疑"特务"后即自嘲是"孤臣孽子"的姚雪垠，突然间找到了"在党"的感觉。他告诉石小平，他一定要请校长给他下聘书！他还拍着胸脯对石小平说："我在高行人缘很好。只要我自己不出意外，就一定能保证你的安全，请转告组织上放心。"

当是时，国统区的政治、经济、文化……一切都已显露出崩溃征象，眼看又成"孤岛"的上海，刚刚聚拢的文化人又都匆匆疏散——或组织安排，或自由行动。大变革带来了大分化大重组，每一个人都毫无例外地面临着何去何从。姚雪垠的选择很简单：他哪里都不去，他就在浦东，就在乡下，因为是"党"在领导着他，他在这里的生活"很有意义"。他要以笔作枪，为了祖国和人民的解放，在上海滩上战斗下去！

于是，在"零下三十五度的政治冬季里"，在"冰雪满地的岩田"中，他进芽扎根，开花结果——他写了小说《小独裁者》、剧本《万里哀鸿》、史论《明代的特务政治》、散文《杜甫与李白的友谊》，写了以古喻今、借古讽今的《明初的锦衣卫》和《崇祯皇帝传》……同时，他还主编了《现代史料丛刊》三种——第一种为张西曼著《历史回忆》；第二种为陈中凡著《五四人物记》；第三种为吴永著《庚子西狩丛谈》。其中《历史回忆》搜集"同盟会以来最忠实的革命史料"三十八篇，内容大都直接关系着国民党反动统治集团的内幕。

从 1948 年下半年开始，人民解放军节节胜利。蒋介石内外交困，不得不于 1949 年元旦发表下野文告。1 月 14 日，毛泽东主席代表中共中央在《关于时局的声明》中庄严宣布：虽然中国人民解放军具有充足的力量和充足的理由，确有把握在不很久的时间之内，全部消灭国民党反动政府的残余军事力量，但是，为了迅速结束战争，实现真正的和平，减少人民的痛苦，中国共产党愿意和南京国民党反动政府及其他任何国民党地方政府和军事集团进行和平谈判。

长夜即将过去，曙光就在面前！蜗居上海郊区的姚雪垠密切注视着这一切，他心情振奋，他热血沸腾，他千方百计寻找着尽心效力的机会，"坚决地站在岗位上，向人民宣扬新文化，予以新的政治认识和新的观念"，用自己的心智与汗水，为即将到来的崭新时代作出贡献。

1949 年 2 月 26 日，他撰政论《战争与和平》，旗帜鲜明地拥护毛泽东主席提出的八项条件，指斥蒋介石政府是"又要和平又要巩固其既得利益，不惜同人民作战的顽固集团"；敦促国民政府的各实力派"了解新民主主义为中国所必需"，从而"放弃原有的意识与作风"。他以"武力由反动的势力来使用，确乎解决不了问题，但若由进步的势力来使用，便绝对可以解决问题"的断言，支持中国共产党用革命的手段对付蒋介石反革命的两手。

3 月 5 日，他与朋友联手创办《报告》周刊。该刊"以站在人民的立场，忠实的批判现实，反映现实为宗旨"，"集合了一群进步文化工作人士的力量从事文化的宣传战，在国民党乞和阴谋发动的时期，撰文攻击国民党乞和的政策，直接担负起暴露伪国民党黑暗政治的工作，并且报道解放区各种真实的情形以引起国民党治下人民对于解放区的向往"。

4 月 17 日，去苏北汇报工作后返回高行的石小平传达指示：成立"京沪绝密工作站"，下设"上海中心组"，全力以赴，配合解放京沪展开工作。调姚雪垠进市区，充分发挥在文化界的关系，把报纸、传单、电影等都搞起来。一应经费由其"设法在上海朋友间借用，等上海解放后由组织归还"。姚雪垠"重任在肩"，长期压抑心底的英雄情结找到了释放机会。毛人凤的侄子毛森正在上海大肆屠杀共产党员，姚雪垠却毫不畏惧，觉得若能为革命牺牲，正是求仁得仁，"而今而后，庶几无愧"。自从与"党"接上关系，他就做好了被抓被杀的准备。他满心欣慰地对自己说："从前我的灵魂是发光的，中间有几年生了锈，如今又发光了。"

4月20日子夜，中国人民解放军百万雄师万舸齐发，一举横跨长江天堑。消息传到上海，姚雪垠激动不已。22日，在为《记卢镕轩》所作《再版后记》中，他一任情感的潮水放纵奔流：

> 初版时，内战正开始进行；再版时，内战已接近尾声。初版时，我的故乡正颤栗在最顽强的、野蛮的、半封建的反动势力的血腥的统治之下；再版时，那儿的一切反动政权和武装组织，早已被人民解放的洪流冲毁无余。初版时，我的心何其沉重；再版时，我站立在东海之滨，遥望中原，默默的为故乡祝福，我的心啊，何其兴奋而轻松！本书所写的是故乡人与故乡事。如今，故乡的人民正在翻身，不知又出现了多少可歌可泣的英雄故事。我将归去，同他们生活在一起，用火焰一般的句子，写出来他们的传记！

火热的诗句，火热的激情！姚雪垠满怀希望和憧憬，张开双臂扑向渴盼已久的新时代。他用激情去感染朋友，他极力阻挠朋友们随蒋南渡。姚雪垠不管别人怎么看怎么想，他只一门心思盼望着噩梦醒来是早晨，因为他在长夜中已经挣扎得太久、太久。

4月25日，姚雪垠丢下他的学生和书籍，背负着沉重的使命，毫不踌躇地离开了学校，离开了高行，回到上海市区，投入艰苦工作。短短几天里，他就组织领导或独立完成了多项任务：

（一）起草了《告上海市民书》《告上海工人书》《告伪军官兵书》《告伪警察书》《告伪警官书》。号召市民贮藏粮食，奋起自卫。号召工人组织起来保卫工厂，反对迁移，警惕反动派破坏。号召伪军官兵认清前途，放下武器。号召国民党警察在和平解放时维持秩序，保护公共财物。警告国民党警官立即停止镇压人民的罪恶行为，为自己留条后路。（二）组织拍摄"上海解放新闻纪录片"。上海几个电影制片厂的导演和主要负责人都是他的老朋友，都被他动员留下来。解放战斗刚在郊区打响，徐昌霖、周伯勋、徐树林即各自带领一辆摄影车，投入"上海解放新闻纪录片"的拍摄工作。（三）主持出版《群众报》，他亲自主笔报纸的"社论"。初为油印，后改铅印。

5月24日，上海解放。姚雪垠把在仓库中压了两个半月的《报告》创刊号无偿分发，并写"启事"一则，说明将这期刚印好即遭查禁的刊物当作一种"文献"送给光明的上海，好"让读者们知道在那样黑暗的时候，某些进步文化界人士，默默地冒着生命的危险在工作着"。同时，姚雪垠又满怀激情地宣布："这一本书只能视为一种特刊，本刊正向军管会申请复刊，一俟手续完毕，当以最新姿态和读者相见。"

在姚雪垠看来，《报告》复刊该是理所当然之事，孰料上海市军管会却偏偏否定了他的复刊申请。对于激情如火的姚雪垠来说，这突如其来的迎头一棒足够沉重，但比起接踵而至的更加沉重的打击来，却又不过是区区小事一桩，实在算不得什么了。

5月25日，石小平等"上海密工站中心组"成员同解放军取得联系，把"内线"送来的敌军吴淞要塞兵力部署图交给了23军政治部主任金某，金某又把他们带到了解放军第九兵团军法处。"中心组"献图有功，组长张松和被批准穿上军装；其他四名成员石小平等，则分配到了上海警备司令部军法处，不是搞"特情"就是搞"专案"。至于姚雪垠及其策反的伪警察伪公职等一干人马，则全部交由上海警备司令部军法处，"先审查后再安排工作"。

5月29日，姚雪垠找到上海警备司令部军法处，理直气壮地提出了如下要求：（一）解决他的党籍问题；（二）安排他参加工作；（三）给予由他发动参加工作的电影界人士以一定的政治地位与名义。军法处肯定了姚雪垠在上海解放前夕的工作成绩，说明当下正在审查由他主笔的《群众报》，承诺《群众报》审查工作结束之后，再研究解决他提出的要求。

负责对《群众报》进行审查的是上海市军管会新闻局的沈子复。沈子复刚着手工作，就听到"姚雪垠是特务"的反映，具体情况却又谁都说不清楚。越是说不清楚就越需要说清楚，越是一团迷雾就越不能不慎重对待。如此这般，对姚雪垠的政治历史进行全面审查是必须的，而一时又绝对抽不出人力物力来进行这种"必须的"的审查！真正的无可奈何，只能把问题先"挂起来"！

1943 年，在重庆，姚雪垠第一次被诬为"特务"，由此发展出了第二次被诬——1947 年。在上海，如今是第三次。古人说，如果三个人都说曾参杀了人，那么就连他的母亲也不能不信了。以姚雪垠骄人的成就和狂傲的性格混成的人缘，有些人没理由时还不忘对他说三道四，何况现在有了这么一个现成的理由呢！于是从上海到香港，从香港到北京，到处都在散播着对姚雪垠极其不利的传说。那些平常骂惯他的人甚至不惜落井下石，确凿有据地谈论着"姚雪垠领导着一个大规模的特务组织，借革命的姿态作为掩护"云云。

1949 年 6 月，上海市文化艺术界召开了规模庞大的座谈会。武定国文安邦，深谙此道的元帅诗人陈毅几乎是从进入上海的第一天起，就开始策划这一次盛况空前的"雅集"。为了避免"一人向隅则举座为之不欢"的情况出现，代表名单曾经多次讨论数次增添，直到文教卫生界的知名人士差不多都囊括于"代表"行列之中时才作罢。然而，没有姚雪垠！这位从 1938 年起就蜚声文坛的小说家没有接到与会邀请，他因为还被"挂"着而被关在了座谈会的大门之外！

1949 年 7 月，全国第一届文学艺术工作者大会在北平召开，来自四面八方的代表们济济一堂欢天喜地，比起上海的座谈会来，这一次人更多，势更大。但是，仍然没有姚雪垠——"当然代表"中没有他，"聘请代表"中也没有他！漫漫长夜中始终坚守在文艺阵地上的"杰出作家"，就这样在即将迈进新中国的门槛之时被推出了自己的营垒，孤零零地被遗忘在上海滩。

然而，事情远非到此为止。躬逢盛会却被拒之门外，这个遭遇就像一块再也无法愈合的疮疤，在深深嵌进姚雪垠心中的同时，也深深嵌在了他的政治履历中。失去的只能是永远失去了，更可怕的是对他被"删除"之原因的解读，则又会在无名作者们的推论和联想中生出多少演义来！

## 第五节 激情悲歌"归去来"

上海解放，万众欢腾，正当所有受国民党反动派压迫的人们都扬眉吐气之时，被"挂起来"的姚雪垠却又一次背上了沉重的政治包袱。面对严酷的误解与伤害，姚雪垠不曾作任何公开反击。他就像陷入了无物之阵，只闻四面楚歌，却看不见一个能让他抽刀挥剑痛痛快快去砍杀的敌人。他知道，解决这样的问题，凭一己之力是绝对办不到的。必须依靠组织，也只能依靠组织。

于是，他把个人的所谓"历史问题"写成报告交上去，也把石小平"冒充地下党"并宣布成立"上海密工站"的经过写成报告交上去。他希望当局尽快查明真相。在一个集会上，他还找到了上海军管会负责文化口工作的夏衍，请求他帮他把沉重的政治包袱卸下来。夏衍承诺一定帮他弄清楚。上海正进行接管，工作千头万绪，每一个领导干部都忙得头昏眼花，但夏衍说到做到，不过一个月，就把清白还给了姚雪垠。

1949年7月，经夏衍介绍，姚雪垠入职上海总工会。先到总工会开办的"工人干部学习班"学习一段时间，结业后被分配到沪西申新纺织厂，一边教夜校，一边协助做工会工作。8月，又由吴泽介绍，进入大夏大学兼职。在此期间，姚雪垠对上海产业工人的生活和思想状况有了初步了解，对处理劳资问题的一些基本政策也有了一定把握。于是他写了小说《因为我也是工人》，写了独幕剧《一封信》。但他都不满意，因为"语言的隔阂是一堵墙，许多细微的感情都被它隔断了。还有，江南的风俗人情我一概陌生，工人们的家庭生活，性格的根源，都不易了解深刻"。

1950年2月，经大夏大学要求、总工会及华东教育部同意，姚雪垠离开工厂，正式进入大夏大学任教授，负责讲述"中国现代文艺思潮""西洋文艺思潮"两门课程。曾在东北大学一起供职的董每戡以及作家许杰等，在此又成同事。学校此时有学生一千三百余人，专职教授每人每周开课12小时，且多为三门或四门不同课程，工作任务相当繁重。姚雪垠再腾不出时间来搞创作，苦闷和彷徨因此而潜滋暗长起来。

是年暑假，姚雪垠回豫探亲。在开封见到了老朋友李蕤和苏金伞。一番乡音乡韵的倾谈后，"归去来"的欲望得到了强大的支持，随之升华为决心而准备付诸行动了。

然而，当他从河南返回上海时，大夏大学却把他放在了代理文学院长的席位上。位子、票子、声望以及其他种种实实在在的名利，多少人苦苦追求而不得，他得到了，却由此而陷入了莫名的苦闷。因为这些东西就像无形的缧绁，把他牢牢捆绑在一个他并不喜欢的席位上，让他终日碌碌于一大堆他并不擅长的事务性工作中，眼看着自己的人生之梦越飞越远——那个梦，是他从青年时代就开始做起的。先是梦"史学家"，后来由卖文为生而一步步"爬"上文坛后，就又改梦"文学家"或"文学史家"，具体说来就是他要写一部书，一部史诗性小说作品，一部能与我们这个国家这个民族的宏阔伟大相般配的"百科全书"式的文学巨著——归根结底，他不能做历史的旁观者，不能白来世上走一遭；他要建功立业，要青史留名，要为祖国的崛起和民族的复兴，作出一份非他莫属的独特贡献来。

为了这一份情怀，骄纵、狂妄等指责他受了；"小人得志忘乎所以"类的评说他也听了。因为人生价值取向的不同导致了见仁见智，怎么看怎么说都有道理。但是有一条，只要还讲究一点实事求是的人就不得不承认，不得不佩服，那就是姚雪垠所具有的百折不挠、锲而不舍的精神。"无志之人常立志，有志之人立常志"，他的志向是一经确立便不再更改，几十年如一日初心昭昭。无论怎样艰难困苦，他都硬着头皮朝前走，富贵不能淫，贫贱不能移，威武不能屈。

正因为如此，能坐上"文学院代院长"的席位是校方对他的重视，但在姚雪垠看来却并非什么福音。虽然他也认为教书是关乎育人的神圣工作，然而，他就是丢不下自己的那个"梦"。自从探亲之后，他的脑海中就一直盘旋着一个哈姆雷特式的问题：是走，还是留？他反复地思考着、比较着，觉得要留在大学，一边教书一边搞研究，自己不会做得太差；发表学术论文、出版书籍也都不会有什么困难。但要做一个有创造性的学者，恐怕就不大容易了。毕竟，已年届不惑；毕竟，不是科班出身。要搞文学创作呢，虽然不敢说肯定会比专心教书和研究学问的成就高，但至少不会比之差——毕竟，他已经靠稿费生活了那么久；毕竟，他已经有了大大小小那么一堆深受读者欢迎的文学著作。

归根结底，姚雪垠是把学问和技艺作为了自己安身立命唯一支撑。他一门心思想具有出类拔萃的专业知识，一门心思要在自己涉足的领域中作出超乎常人的贡献。既然要当作家，其生命就因写作而存在，其人格和价值就要通过独立的创作来实现。在一个以"官"为本位的国度里，姚雪垠这种极强的人文精神，和在以人为本的前提下所体现出的求真务实的科学理性，实在不可多得，因而实在难能可贵。

1951 年 1 月，太平天国革命发生一百周年。姚雪垠以教授身份参加了纪念活动，而以一个作家的本能捕捉到了创作契机——"写一部历史小说"——他冲动地决定了，同时为自己的冲动而兴奋。想到就做，一是给小说起名字——《天京悲剧》就这么叫；二是构思小说体例，试验着用一个人写信给另一个讲故事的方式，娓娓道来；三是着手搜集史料，《太平天国文选》《太平天国史料辨伪集》《太平天国前后广西反清运动》《太平天国新军的运动战》《李秀成自传原稿笺证》《太平天国史记载订谬集》《金田游记》《镜湖自传年谱》等，一个寒假就收集起各类图书 32 种。

收获是丰硕的，但客观变化却难以逆料——1951 年 2 月 17 日，大夏大学"为本校吴泽教授辞卸教务长兼职"事，经呈报中央人民政府教育部批准，又把"大夏大学副教务长"的桂冠戴在了文学院代理院长姚雪垠的头上。

报批的公文尚在旅行之中，姚雪垠已经奉命进入"副教务长"角色。他以"副教务长"的身份主持了有校长欧元怀及各院院长吴泽、邵家麟、黄敬思、张伯箴、何仪朝等参加的"1950 年第二学期扩大教务会议"，又以"副教务长"的名义在大夏大学第 15 次教务会议上作了《关于教学计划的报告》。他的报告经过了认真准备，因而谈现存问题他能一语中的，谈改进措施他可以有的放矢。然而，有谁知道，正在作着工作报告的"姚副教务长"，此时早已经"身在曹营心在汉"。几天前，他写信告诉卢镕轩："弟于去年任文学院长，寒假以来又任副教务长，事忙，且与写作事业相违。打算作到暑假，再作请求，以冀埋首乡间，与农民一起生活，从事写作工作。"

或许是为了逃避副教务长的工作，或许是为了搜集创作素材，或许是给自己一个更从容的思考空间，作罢"教学计划报告"的姚雪垠，很快又主动申请参加了土改工作队，同邵家麟等九位教授一起，于 1951 年 4 月初到了乡下。此行结束之日，也正是困扰了姚雪垠许久的那个哈姆雷特式问题得以彻底解决之时。

一九五一年春天，我随着"上海大学教师土改队"去浙东一趟，到过宁波、余姚、慈溪，实际是"参观"土改。这一趟浙东之行，我最大的苦恼是听不懂当地话。不管是在各地群众斗争会上，或是在向我们介绍情况的座谈会上，我都得靠别人翻译。别人只能翻译群众发言的简略大意，而不能也不暇译出每个发言者运用当地语言的生动特色、神髓和激情。对于当地的风土人情，历史背景，种种生活情况，我更不能够充分了解。这次浙东之行，更坚定了我回河南故乡的决心。既然要专业写小说，就破釜沉舟地回到家乡去！①

值此之际，华东军政委员会教育部正在积极筹备把圣约翰、大夏、沪江、光华、震旦等私立大学合并为华东师范大学。要离开学校，必须抢在合并完成之前，否则新校一经成立，人事编制相对稳定了，再想变动就比较困难。于是，姚雪垠立刻给开封的两位老朋友——也是河南省文联（筹）的两位负责同志写信，正式表达了他欲调回故乡工作的愿望。得到热情的答复之后，姚雪垠终于把决心付诸了行动——归去来兮，"梦"中有约胡不归！

当然，这一份选择，绝不轻松！促成这一份选择的，除了信心，还有信任——对如日初升的人民政权的信任，对众望所归的人民领袖的信任，更有对那位已走上河南省文联领导岗位、代表父老乡亲一次次热情唤归的老朋友的信任。诚如姚雪垠后来所说："我当时也是毛泽东同志的崇拜者，对解放后几年全国朝气蓬勃的局面满怀赞颂。"

不久，姚雪垠正式递交了辞呈，全校为之大哗。校方和同事们都来挽留，其他方面的许多朋友也都由衷关心。有一次在华东高教部开会遇到章靳以，章非常诚恳地劝说道："想搞创作，何必回河南？留在上海不是一样？"但姚雪垠去意已决，任何婉劝和苦留都不能使他有丝毫动摇。在心里，他把这一次选择，看作是背水一战，是破釜沉舟。看他去意已决，大夏只好放手，于 1951 年 7 月 19 日向华东军政委员会教育部报告："本校文学系教授兼副教务长姚雪垠先生近因河南省文艺工作者联合会邀约，前往河南从事文艺工作，坚请辞卸在校所任职务，本校已予同意。敬以报请鉴核备查。"

临走的前一日，大夏的教职员工齐集院中，举杯为他饯行；要启程了，文学院的全体师生敲锣打鼓，欢送他。姚雪垠两眼泪水，一腔决绝——风萧萧兮易水寒，壮士一去兮不复还。

---

① 《学习追求五十年》，载《姚雪垠书系》第 16 卷《学习追求五十年》，中国青年出版社 2000 年版，第 97 页。

　　途经南京，事先得到消息的孔罗荪和方光焘早在夫子庙前秦淮河边的馆子里摆下一桌便宴。觥筹交错之中，时任南京大学中文系主任的方光焘提出要姚雪垠留在南大，承诺他可以半年教学，半年创作。遭遇姚雪垠的坚定谢绝之后，方光焘不肯放弃，饭后又将南大中文系的一些研究生叫来同姚雪垠见面，用意是要学生们帮忙挽留。然而，彼时彼地，姚雪垠的心早已飞回中原大地，飞回他的故乡。他熟悉故乡的山、故乡的水、故乡的人，也熟悉故乡那节奏分明、抑扬顿挫的河南腔。他思念故乡，向往故乡，相信解放了的故乡人民一定会张开双臂迎接他的归来。然后，在生他养他的那块土地上，一定是海阔凭鱼跃，天高任鸟翔。

# 第六章　1951—1957 年

## 第一节　"形同凿枘"的苦闷

1951 年 8 月，姚雪垠兴冲冲回到开封，成为河南省文联（筹）的一名专业创作员。适值"河南省首届二次各界人民代表会议"召开，他立刻以"文教卫生工作模范"的身份被邀请列席。对于故土乡亲的这一份厚爱，姚雪垠除了感动和感激之外，就是更加坚定地要尽快实现其人生之梦，用优异的创作成绩来报答桑梓深情。他的计划是：

> 利用我对河南风土人情的比较熟悉，对群众语言比较熟悉，以及我对中国现代史的知识较多，以河南农村作背景，以一家四代人的生活和命运为线索，写一部反映河南农村从民国初年到解放初，几十年间变化的大部头长篇小说……我的第二个打算是完成抗战期间计划写的"农村三部曲"，即《黄昏》、《长夜》、《黎明》。《长夜》已经在解放前出版过二千册，打算修改一次，扩大它的内容，再花两年的时间将《黄昏》和《黎明》写出。[①]

---

[①]《学习追求五十年》，载《姚雪垠书系》第 16 卷《学习追求五十年》，中国青年出版社 2000 年版，第 98 页。

此时的河南省文联（筹），主席由省委宣传部副部长岳明兼任，日常工作由两位副主席——作家李蕤和诗人苏金伞具体负责。队伍初创，亟待发展。所以对于姚雪垠的离沪返豫，李、苏二人都大力支持而且充满期待。姚雪垠一到，他们就把他的新作《突围记》纳入了河南省文联（筹）的"文艺丛书"付梓出版，同时给了他一个"创作研究部部长"头衔，和一项为《翻身文艺》"雪中送炭"的任务。

姚雪垠上任伊始，即十分认真地担负起了"研究"职责。从他"一九五一年十一月二日补抄"的一份文件看，他曾在"省、市文联内部文艺业务学习"时，组织过两次关于"创作上的公式化问题"研讨。第二次研讨后，他"抓住三个要点"作了结论：（一）公式化为什么不好；（二）公式化是怎样产生的；（三）如何克服公式主义。结论之后，又把"省文联编辑部从来稿中所见的几种公式"，分成"关于生产的""关于参军的""关于交公粮的""关于婚姻法的""关于歌颂毛主席的""关于斗争恶霸及封建把头的"等几个小标题，大"一二三"小"123"地罗列分明。①

组织创作研讨活动，是一个"创作研究部部长"的职责所在，姚雪垠做的正是他该做的；只是他不该厚此薄彼，把领导交予的另一项任务——为《翻身文艺》"雪中送炭"丢在了脑后。而他却并不以为这有什么不好，不仅毫不讳言他对此事的"并不积极热情"，并且还常以"说唱材料"指称《翻身文艺》。作为该刊创始人之一的李蕤为之很生气，多年后说起时尚犹有不平：

> 随着经济的翻身，农民们迫切要求文化翻身，解放区流行的《夫妻识字》、《兄妹开荒》、《宝山参军》……很快在广大农村上演了。"土地改革到了每个村，咱们穷人翻了身，唱起来歌儿大街走，从此当家做主

---

① 《创作上的公式化问题》，载《姚雪垠书系》第17卷《小说是怎样写成的》，中国青年出版社2000年版，第391页。

人……"的歌子，响彻千村万落。每个翻身农民分得土地以后，首先想到的是请一张毛主席像，买一支自来水钢笔，他们要求自己拿起笔来，喊出他们在旧社会的痛苦和翻身后的喜悦……《翻身文艺》就是在这种情况下应运而生的。刊物为了切实有效地为农民服务，便采取了"普及第一"的方针，发表的作品力求短小、具体、生动。为了便于传播，在文艺形式上也尽量采用了人民喜闻乐见的快板、河南坠子等通俗文学样式……不少农民为了买到这份刊物，不惜翻山越岭，跑几十里路。广大农村干部，把它揣在怀里，作为扎根串连，发动农民的教材……姚雪垠同志回河南后，从不曾给《翻身文艺》写稿，他看不起这些"下里巴人"的东西，这是他的自由，但他有什么权利把普及形式的作品一律斥为"演唱材料"而放逐到"文艺"领域之外呢？①

必须承认，《翻身文艺》是上关宏旨下接地气的一份刊物。对于河南省文联（筹）来说，它既是心血结晶又是工作重心，既是成绩也是责任。正因为如此，对《翻身文艺》的态度，实际上已成为文联（筹）领导对其属下进行综合评价的一条不在标准条例的标准；简而言之，姚雪垠对《翻身文艺》的冷漠，正在不知不觉中自行抹黑着他在文联（筹）领导心目中的形象。

回到家乡不过半年，姚雪垠从上海带回河南的沙发和他为防潮而满地铺垫的苇席，已开始遭遇诟病；他在各种学习讨论会议上的侃侃而谈和他在省市机关与大学课堂上的滔滔宏论，也再远不如当初那样被热烈追捧。而这种整个人文环境的"降温"变化，姚雪垠竟视而不见一般，该怎样仍怎样，根本想不到去问一个"为什么"。他的这种自矜与自信，在性格，也在他后来写进文章中的认识：

① 李蕤：《对姚雪垠同志〈学习追求五十年〉中的一章的声明》，《新文学史料》1984年第4期。

伟大的新中国建立起来了，对文艺的要求应与战争年代有所不同，与游击区、解放区有所不同。该继承的要继承，该改变的也得改变。作品的读者对象不能机械地强调工农兵，而实际上扩大了范围；不应该继续将普及和提高对立起来，而将普及工作强调到很不适当的地位，成为了提高文学艺术水平的障碍；不应该在十分狭隘的意义上理解"文艺为政治服务"，导致不断地"为中心工作服务"……限制了现实主义文艺题材的广阔性和复杂性；不应该只强调为工农兵"雪里送炭"，而忽略甚至反对创作较高水平的作品，争取较有文化修养的读者，争取我们的新文学作品在世界文学中占领阵地。①

当此之时，伟大的中华人民共和国如旭日初升，政通人和，百废俱兴，党和领袖的崇高威望，把一盘散沙拧成了一条钢绳，让几亿人口的国家真正实现了史无前例的"万众一心"。姚雪垠为自己是"万众"之一员而自豪而骄傲，他决意要用自己的心血和汗水，为祖国和民族作出一份独特的贡献来。他知道社会主义大家庭里只有"革命需要"，没有个人欲求，只有"我们的"事业，没有个人的"家私"；但他忽略了个性太过张扬与自我膨胀形无二致的事实，也无视于"非鸿篇巨制不作"的任性与"资产阶级名利思想"之间存在勾连的危险——说他"不想为劳动人民'雪中送炭'，只想个人'成名成家'"的批评，正来源于此，这是后话。

1951年11月，河南省文联（筹）响应党的号召，集体下乡搞土改复查。姚雪垠所在的工作组被分配到河南西部的渑池县翟院乡，参加土改复查的同时开展文艺整风和"三反"运动。下乡前先集中学习半个月，他的感觉是"把自己的思想和认识提高不少"。他把土改复查工作看作是当前首要完成的革命任务，决心"无条件的投身于这一次火热的斗争中"，通过锻炼和改造实

① 《学习追求五十年》，载《姚雪垠书系》第16卷《学习追求五十年》，中国青年出版社2000年版，第112页。

现"真正归队"——作为一个革命的知识分子向革命群众的归队；以为人民
服务的作品向革命的文学主流归队。他说："'归队'二字严格说来是不妥当
的，应该说是重新'入伍'吧。"

怀着"归队""入伍"的决心，担着一个工作小组的"组长"责任，下
乡后的姚雪垠住在"一头喂牲口，一头有炕"的农家小屋，白天听报告，学
文件，组织开会，"找贫农对象，帮助做活，谈闲话，拉感情"，"扎根子"；
晚上则写汇报，读报纸，开碰头会，分析斗争形势，讨论阶级划分……火热
的时代火热的斗争中，姚雪垠目睹了群众的爱国热情，深刻体察了群众的思
想变化。他把自己的所见所闻所感都写进了他的《土改复查日记》里。他为
新时代的日新月异而自豪，由此而生的赞叹发自肺腑："在封建社会'停滞'
时期，百年的变化也微乎其微。那些变化是人事代谢，治乱不同，而看不出
新的生活内容的发展。但在今天，一年半年的时间都是宝贵的，现实常常跑
在作家的前面。"所以，"永远警惕，不落在现实发展的后面！"

姚雪垠不仅有"思想改造"的决心，更有行动和成果——工作之余，他
已经在着手写作直接为阶级斗争和生产斗争服务的"说唱材料"了——他写
了"治虫快板，叫民校教员刘泽深做宣传员，随治虫队伍做宣传鼓动工作，
也起了一些作用"；他又写了《土改复查宣传快板》：

> 老大伯，老大娘，兄弟姐妹都别忙。土改复查已开始，听我把道理
> 说端详。复查先查哪一项？先查查敌人啥情况。查敌人有些啥活动，查
> 敌人有没有漏了网。不法的地主要惩办，漏网的地主要算账。外逃的匪
> 霸要捕回，血债还要血来偿。除草须把根除净，不能姑息养虎狼。

这段至今保存在《土改复查日记》中的快板，按计划该有"土改复查"
和"民主团结"两大内容，实际却只写出了第一部分计138行。即便如此，
也能说明姚雪垠关于"一面工作一面整风很有收获"的感觉并不虚妄，只可
惜一个意外，使这段快板成了永无后续的"烂尾工程"——1952年3月16日，

姚雪垠在日记中写道："今日下午和晚上，三个小组开会整我。经过及原因，以后抽时间补叙。"

一个"整"字，足见姚雪垠的愤激，也足见事态的严重。具体的"经过及原因"，却迄今未见过任何"补叙"说明。只在同时代的另一个笔记本上有几页文字，潦草而杂乱地记录着几个人的发言，诸如"《突围记》是逃跑记""整个气氛是落荒而逃""小资产阶级伤感情绪相当严重"之类，其首页页眉上标注的时间正与日记相合。除此之外，还有另外一位知情者的下面一段文字可供参考：

> 一九五一年冬，姚雪垠同志在豫西渑池县参加土改复查，曾写了一篇《突围记》，是写一个党员干部，在胡宗南摧毁豫西抗日民主根据地时突围的经过。这篇作品，把一个从白色恐怖中突围出来的党员干部描写成丧魂落魄，对革命前途毫无信心的逃跑主义者，把老区的人民群众描写成个个自私自利贪生怕死，为免受牵连，对突围的干部闭门不纳、见死不救的胆小鬼。这种描写，是对民主根据地广大党员干部和群众的歪曲，引起了广大读者的愤慨。青年作家何南丁同志从善意帮助作者的立场出发，当时便写了一篇严肃的批评文章，指出它不是《突围记》而是《逃跑记》。①

引文所记与日记所记大同小异："同"在对一个基本事实的相同指认因而相互佐证，即"土改复查"期间，姚雪垠及其《突围记》受到了严厉批评。有了这个"同"，究竟是个人撰文批评还是集体开会批评之"异"就不重要了，重要的是在"文艺整风"进入"批评与自我批评"阶段之时，特别是在《文艺报》载文指出"文艺界存在资产阶级创作"之后，因为《突围记》成了批判标靶，姚雪垠便站到了运动的风口浪尖上。他因之而愤愤不平，曾在一天

---

① 李蕤：《对姚雪垠同志〈学习追求五十年〉中的一章的声明》，《新文学史料》1984年第 4 期。

里几次去找上级领导要求"弄清是非",其无助无奈的境遇也就不难理解了。

仿佛一辆迅猛前行的车辆撞上了坚石危耸的山崖,其创伤是难以修复的。姚雪垠后悔了,后悔不该离开上海回河南。因为突如其来的挫折告诉他,他与邀请他回河南的朋友们之间缺乏真正的了解。他回河南是要写他的"农村三部曲",可是朋友们呢?"他们要我回河南,目的丝毫不是帮助我如何写出好作品,为河南的文学创作打开局面,而是为着他们急于要招兵买马,帮助他们办好《翻身文艺》。"①

如此这般,"形如凿枘",姚雪垠的"精神上大为苦痛"。②已然公开而未能及时疏导、解决的矛盾,积郁既久就变成了隔阂。姚雪垠又坚决不肯低头,便只能成"异己"入"另册",动辄受批评了。从思想到学问一无是处不说,最让其耿耿于怀的是被指责"只想打'翻身仗'"。什么叫"翻身仗"?为什么非是"'翻身'仗"?在姚雪垠看来,这种批评如同骂他是穷光蛋白手起家,从零开始从头起步。他前二三十年那么丰厚的创作实绩,居然就被轻飘飘几个字如此这般轻而易举地涂抹成了一片空白!

既然他什么成绩都没有,更多不公平不合理也就顺理成章地落在了他头上。1953年年初,为把供给制转成工资制,文艺界开始评级定薪。单位里其他人的级别都由组织说了算,唯独要把姚雪垠交给群众去讨论。而讨论会是"瞪眼会"——群众你看我我看你,谁都不说话。一个青年诗人熬不住,代表"群众"发了言:老姚写过一两篇好小说,后来又写了一大堆坏小说,好坏相抵,负大于正。他的级别,只能倒找。好了,问题解决,第二天便有了"决定":"经群众评定",姚雪垠为"文艺八级"!

曾经的知名作家、大学教授、大学副教务长又兼代理文学院长,一夜间竟降到了一个最基层的行政科员平台上。姚雪垠可以忍受清贫,却不能忍受

① 《"农村三部曲"——梦断开封》,载《姚雪垠书系》第16卷《学习追求五十年》,中国青年出版社2000年版,第351页。

② 《学习追求五十年》,载《姚雪垠书系》第16卷《学习追求五十年》,中国青年出版社2000年版,第82页。

这样的歧视和羞辱！他找到省文联（筹）负责人，告诉他们自己在东北大学和大夏大学任职时的月薪数额，提请他们去查查档案好有个"参考数据"再给他定级。姚雪垠当然知道找谁也没有用，他只是要借这种方式宣示一下自己的权利，多少找回一点自尊而已。

好在他还有朋友。新中国成立后就任南开大学中文系主任的李何林，写信向臧克家询问姚雪垠的联系方式，想拉姚雪垠进南开任教。臧克家依稀听说过姚雪垠回河南后的种种难堪，认定李何林提供的机会可以改变其处境。热情厚道的老诗人就先替朋友一口答应了，再通知姚雪垠尽快写信同李何林联系。姚雪垠感激朋友们的关心，却谢绝了朋友们的好意。因为倔强的脾气不允许他知难而退，他命令自己必须"在哪里摔倒从哪里爬起来"。

可是，谈何容易！即将到来的日子里，不仅所有作家作品都将以"政治第一"的标准被重新论衡，而且所有个人生活待遇都将被"论'级'排辈"。放弃了南开大学之邀的姚雪垠，很快就要因为"级别低"而遭遇住房分配的极大不公。他的"农村三部曲"成了南柯一梦，初回故乡时的雄心勃勃已然恍若隔世了。

## 第二节 "套中人"与《白杨树》

1953 年夏秋之交，中南作家协会在武汉成立，辖区包括河南、湖北、湖南、广东、广西五省和武汉、广州两大城市，通称"五省二市"。姚雪垠随着河南省文联调入武汉，身份由"创作员"变为"驻会作家"。作协领导看他的工资明显偏低，给他从"文艺八级"上调为"文艺六级"，职级与大学副教授持平。

"中国现代文学"学科已经在大学诞生，作家与作品能否走进文学教育系统，首先取决于"政治"的遴选。姚雪垠的著作历来与狭义的"政治"明显疏离，他的小说中除了《突围记》里有一个被"歪曲"了的中共区委书记之外，再也找不出第二个共产党人。抗战中那些"战壕真实"类作品，写的又都是国统区或国民党军队中的人与事。以"政治"为"关键词"进行检索，他的著作"数据库"只能显示零储存。

这一年，姚雪垠43岁。他一向认为，三十岁和四十岁是人生的两处关键。无论是搞理论研究还是搞文学创作，如果三十岁尚未崭露头角，那往后也就不会再有大发展。当然并非完全无望，中外历史上"大器晚成"者并不鲜见，但其先决条件是青年时期必须已经打好相当坚实的根基。一过四十岁，则人过中年天过午，事业能成则已成，未成也就别再指望什么了。如今他已年过不惑，却两手空空一无所有，其精神痛苦该是何等深重！

白天，姚雪垠依然独往独来我行我素。他照样爱逛旧书铺，照样爱读线装书，他把《经传释词》《经籍纂古》《四库简目》等工具书介绍给有志于理论研究的青年人，他告诫他们要多看文学名著，要从本民族的优秀文化中汲取营养。倔强的性格让他始终以微笑示人，只有到了晚上，他才关起门来悄悄舔舐着自己的伤口。有时，他像囚笼中的困兽一般在斗室中来回走动，口中反复吟诵着屈原的两句诗："老冉冉其将至兮，恐修名之不立！"有时，他会半夜突然惊醒，一身冷汗两行泪水，口中喃喃："我完了！我完了！我这一辈子算是完了！"

1953年9月，全国第二次文代会召开。会议承认"文学创作是一种个人的独立的精神劳动"，承认"各个作家在工作上有他自己独特的风格"。这使姚雪垠的处境较之在河南已大为自由，但他依然苦恼，因为他的"梦"依然与现实不和，他的乘奔御风的创作冲动依然被各种条条框框规范得无所适从。领导也依然大会小会批评他不愿意为工农兵"雪中送炭"，依然在大厅广众面前谆谆告诫他："无产阶级的革命文艺风格是粗犷的。你的毛病是文笔太细，不符合时代要求。不改变这种风格，你就很难反映我们这个时代的生活和人物的精神面貌。"

每闻此高论，姚雪垠总是微微一笑不置一词，心里却在针锋相对地进行批判，什么"无产阶级粗犷""资产阶级细腻"！毛主席的《在延安文艺座谈会上的讲话》可从来没有这样讲过！哪来的奇谈怪论？姚雪垠曾在大学课堂讲授文学专业课，他自信谈论文学话题远比某些领导具有发言权。他很想把有关理论讲给领导听，但革命队伍中的集体无意识状态却坚决阻止了他。他只能将自己的锋芒小心地隐藏起来，同时无奈地咀嚼着一个"异己者"的孤独与悲哀。新中国成立前的白色恐怖下他能够毫不畏惧，因为面对的是敌人；而新中国成立后在自己的政权、自己的集体中，他却不能不收敛起过去的猖狂，因为面对的是"同志"。于是他开始学习谦和，学习隐忍，学习温良，学习"恭顺"，以外圆内方的办法缓和矛盾与冲突，学习规范自己的思想与行动。

为了获取创作素材，也为了生活上的某些方便，他提出了以新乡通丰面粉厂为"生活基地"的申请。"承蒙慨允"后，他立刻打起背包就出发。远离了领导，走近了工人，姚雪垠的心灵得以舒展，创作激情开始复活，下厂不过半年，他便在《长江文艺》上发表了中篇小说《携手》：一个工厂里有师徒二人。师傅技术精湛，但思想保守。徒弟思想先进，但技术欠佳。保守与先进的思想矛盾影响了生产技术的改革。经过斗争，老工人觉悟了，站到了技术改革的队伍中。于是师徒携手，大功告成，生产由此向前迈进了一步。

显然，《携手》是流行题材，是结在"公式化"藤上的一个瓜。姚雪垠因之一直羞于提起，但当时却曾深得中南作协领导的重视。之所以如此，除了作品的"中规中矩"外，领导视之为姚雪垠转变立场、转变观点的一个信号，也是一个不应小觑的原因。自从回到河南就不见了"动静"的姚雪垠终于又拿起了笔，这事情本身就有着非同小可的意义——除了思想改造运动使之然，还有什么力量能促成这样的变化呢？

领导高兴了，他们期待着姚雪垠的更大成绩，于是建议他把中篇拉成长篇，题目也由《携手》改为《捕虎记》。小说主人公仍然是《携手》中那位技术好但思想保守的老工人，故事也仍然发生在技术改革过程中，只是因为多出了一只"虎"——暗藏的阶级敌人——从中作梗，师徒关系变得更糟。

后来通过党组织领导斗争，阶级敌人被发现，"老虎"被"捕获"，老工人幡然醒悟，与其徒弟团结起来，各种矛盾迎刃而解。

姚雪垠欣然领命，条件是他还要去通丰面粉厂"下生活"。在后来的一段时间里，他不仅在写长篇小说《捕虎记》，他还写了短篇小说《广播员》，写了《试论〈儒林外史〉的思想性》、《胡适与白话运动》和《读〈太阳出来的时候〉》；他甚至在1953年5月写了一篇《端午与屈原》，破天荒发表在《翻身文艺》上。领导欣喜地注视着姚雪垠的长足进步，谁也没想到在斐然的成绩掩盖下，一项真正让作者殚精竭虑的工作正在悄悄进行，这事情只有姚雪垠自己最明白：

> 我同时写两部长篇小说，一部的书名是《捕虎记》，另一部的书名是《白杨树》。前一部的写作计划是领导肯定的，已经由作家出版社决定出版，所以是我的"合法作品"。但是我的不公开的工作重点是写《白杨树》，而且是秘密进行。我相信利用我在通丰面粉厂所收集到的材料，加上我对河南社会生活的熟悉，又有中国现代史的丰富知识，这部《白杨树》有可能写得比较成功。[①]

通丰面粉厂建立在新乡的卫河之滨。高大挺拔的白杨树在河边排列成行，护送河水远去。沿河堤前行，不远处即是一片乱坟岗。那里埋葬着许多死于饥寒与疾病的老一代工人，也埋葬着许多倒在军阀、日寇和国民党反动派枪口下的工人的儿女。坟岗上白杨成林，荆棘丛生。姚雪垠在该厂"下生活"期间，经常来到这里，一边默默凭吊着长眠于地下者，一边在萧萧作响的白杨树下驰骋遐思。一部以通丰面粉厂的发展历史为题材的长篇小说，就在凭吊与遐思中绘制出了蓝图。姚雪垠为小说命名"白杨树"，意在逝者虽

---

① 《我的前半生》，载《姚雪垠书系》第16卷《学习追求五十年》，中国青年出版社2000年版，第335页。

长眠而未去，他们正像伟岸的白杨树一样，永远昂首挺胸，守护着自己的工厂、自己的家园。

《白杨树》故事，开始于20世纪初年，结束于40年代末期。其间将写到清末名臣孙家鼐及其同僚下属，写到三代工人，写到太行山上的中国共产党人。将展示从封建官僚地主到民族资本家的蜕变，展示从破产农民到产业工人的成长，展示内地民族轻工业从无到有、从小到大的过程。小说将写到第一次世界大战，写到资本主义经济大萧条，写到京汉铁路的"二七大罢工"，写到新乡车站上成千上万饥饿农民的抢粮风潮，写到美国面粉的倾销和日本帝国主义的侵略，写到在中国共产党领导下工人群众的英勇斗争……整部小说风云舒卷、波澜壮阔。

他要写出我们的民族工业和民族资产阶级的发展史，他要从一个点一条线上为我们的新民主主义革命记录下一个个生动的影像。"农村三部曲"夭折了，他要让他的父老乡亲们离开故土进入城市，在痛苦的煎熬中成长起来，以崭新的工人形象进入当代文学画廊。

随着小说内容越来越多地变成白纸黑字，姚雪垠的心情也越来越愉悦轻松。他是一个心里不藏沟壑的人，喜怒哀乐全写在脸上。也许正因为如此，他的秘密被中南作协派来调查他"深入生活"情况的干部发现了，"套子"被撕开，"地下"工作完全暴露，一场风波又平地而起，时在1955年的秋冬之交。事情经过，姚雪垠自述云：

> 大概写到将近二十万字时，被领导知道了。一天晚上，一位领导同志派人请我到他的房间里谈话。虽然是领导和被领导关系，但也是老朋友。他问我是不是在写一部长篇小说，题目叫做《白杨树》。我当然很高兴地告诉他说，我是在写，而且已经写了十多万字。我将故事梗概和主题思想都告诉了他。我原以为他听了会很高兴，给我打气，没料到适得其反，他反对我继续写下去，语气十分肯定。他的理由有两条，大意是：第一，你的长篇小说不写党的领导，这一点就不能通过。第二，你

的小说中虽然后面写到了党的领导……但是你不是地下党员，没有领导地下斗争的经验，如何能写得好？①

姚雪垠看在场的另一位领导兼朋友一直袖起手来作壁上观，便转头请他替自己"说句公道话"——姚雪垠认定他才是这场谈话的策划者。对方却置若罔闻，看都不看他一眼。求援不成，姚雪垠只好拼一己之力强行辩解。他说：

> 我认为1921年中国共产党成立以后，并不是每个地方、每个工厂中都有共产党存在。在工人群众存在的地方，就有工人的日常生活，有不断的自发斗争。不应该认为不管在什么条件下都存在共产党的领导。至于我，虽不是地下党员，没有领导地下斗争的生活经验，但这种斗争并不神秘，而且在《白杨树》中不需要写得很多很细，不存在我不能试一试的问题。②

真正的冥顽不灵！真正的死不悔改！于是谈话变成了争吵，变成了公开而激烈的对抗。领导终于恼羞成怒了，断然拒绝了他"先看看稿子再下结论"的请求。忍无可忍的姚雪垠拍案而起拂袖而去，回到家中点起一把火，多少个日日夜夜的辛苦劳作便化作一道青烟袅袅飞升。"农村三部曲"撕裂的伤口尚在滴血，《白杨树》又成了他心中永远的创痛。

---

① 《我的前半生》，载《姚雪垠书系》第16卷《学习追求五十年》，中国青年出版社2000年版，第336页。

② 《我的前半生》，载《姚雪垠书系》第16卷《学习追求五十年》，中国青年出版社2000年版，第336页。

## 第三节　五株"鸣放""毒草"

将《白杨树》半部书稿付之一炬后，姚雪垠的头晕病就犯了，感觉整天腾云驾雾，间或还会突然昏倒。为调养身体，于1956年初秋到无锡太湖小住。这时，"百花齐放，百家争鸣"方针已正式提出，文艺界上下欢呼雀跃。太湖之滨金风送爽，姚雪垠精神一振。新的形势引来许多新的稿约，撩拨着姚雪垠内心深处"物不得其平则鸣"的欲望。早就骨鲠在喉，何不一吐为快！姚雪垠心动笔动，《惠泉吃茶记》《谈打破清规与戒律》《创作问题杂谈》《登景山》《卢沟桥礼赞》《打开窗户说亮话》《广开言路》7篇文章随即应运而生，其中有5篇受到批判并成为姚雪垠"极右派"的"铁证"。

《惠泉吃茶记》是一篇两千多字的散文。文章开门见山写道：

> 惠山因泉而出名，泉因陆羽而出名。现在因慕名而来惠泉吃茶的人们，恐怕大部分不知道陆羽是谁。按理说，陆羽所尝的水远没有一位率领勘察队的水利专家或地质工程师所尝过的水多。陆羽没有充分的根据就把天下（全中国）泉水评定甲乙，实在有点狂妄。这道理很简单，但大家偏不去想。来欣赏惠泉茶的人们不但不需要知道别的，不需要动脑筋想一想，甚至连自己的视觉、嗅觉、味觉都不必用，不必分辨惠泉茶的色、香、味，吃过后跟着大家喝彩就得了，保险不会遭到讥笑和非难。

机缘巧合，书海掣鲸的毛泽东读到了这篇文章，并在一次同文艺界代表的谈话中专门谈到了它："《新观察》上有一篇《在惠泉吃茶记》的文章，你们看过没有？就在一月份第二期上，可以看看，作者叫姚雪垠。我对他描写喝茶的人有些兴趣，他的文章说在那里喝茶的群众不会喝茶，可是他们还喝得很有一股劲。他还批评这个茶馆合作社经营得不好，有缺点，这个批评是对的，有很多这样的事情，经过公私合营与合作化以后，把原来的许多优点都丢掉了，这以后应当整顿。但是他轻视那些喝茶的群众是不对的，这就是'君子'、'小人'的观点。'君子'在那里喝茶，'小人'也来了，文章就显得这个作家在群众中落落寡合的样子。……还是要帮助姚雪垠。无论资产阶级思想也好，小资产阶级思想也好，在知识分子中还是占大多数的，他们还没有跟群众打成一片。我看还是要跟工农兵打成一片才有出路，不能打成一片，你写什么呢？光写那五百万知识分子，还有身边琐事？不能永远只写这些人，这些人也会要变的。"①

毛泽东的这段评论，对姚雪垠及其《惠泉吃茶记》既有肯定又有批评：艺术上，对描写喝茶人的文字"有些兴趣"；政治上，肯定了文中对"茶馆合作社经营"状况的批评；思想上，否定了作者在文中所流露的"君子""小人"观点，批评姚雪垠"落落寡合"脱离群众。但无论是肯定还是批评，最终目的却只有一个，那就是"要帮助姚雪垠"以及"大多数"知识分子，让他们"跟群众打成一片"，唯有如此，才有出路。

据姚雪垠晚年回忆，当时正在北京开会的武汉作协主席于黑丁回到武汉后，把毛泽东对《惠泉吃茶记》的评论在全体干部会上作了传达。"过了几个月，原来没有注意这篇小文章的文化界知名人士因听说毛泽东同志谈论过这篇散文，赶快查阅旧的《新观察》，交相'称赏'"。②关于《惠泉吃茶记》的问题，姚雪垠还说："一九五六年秋天，我在《新观察》上发表了一篇大约两千字的散文《惠泉吃茶记》，主题思想是批判盲从，人云亦云，提倡实事求是地独立思考。这一主题思想十分明显，但在五七年反右派斗争中被指为反对合作化，其实是风马牛不相及。"③

① 毛泽东：《同文艺界代表的谈话》，载《毛泽东文集》第七卷，人民出版社1999年版，第255页。

② 《学习追求五十年》，载《姚雪垠书系》第16卷《学习追求五十年》，中国青年出版社2000年版，第78页。

③ 《要求重新审查一九五七年划为右派分子的申诉——致湖北省委宣传部》，载《姚雪垠书系》第21卷《绿窗书简（下）》，中国青年出版社2000年版，第295页。

还有《惠泉吃茶记》之外的另几篇文章。由于"梦断开封"，姚雪垠"对弥漫于文艺创作方面的教条主义、违反现实主义创作原则的各种清规戒律、简单化和粗暴的领导方式等等现象早已感到不满"①，一遇适宜的环境，当然要知无不言言无不尽。仿佛长期压抑郁积而成的胸中块垒终于找到了疏导释放的泄洪口，姚雪垠把几年来的所见所闻所感所思和盘托出。流注笔端的既是"痛苦感受牢骚满腹"，文章就"不免带着偏激情绪，从而看问题不全面，措辞中失之尖锐"。待"反右运动"一到，便被一些擅长深文周纳借题发挥的人看出来"问题"，当作"罪证"。具体招惹祸端的，是下列文字：

大家都知道，衡量文学作品有两个标准，即政治标准和艺术标准。但这只是一个最基本的总原则……总原则不仅是简单的，而且是死的，可是运用这个原则的是活生生的具体的人，所面对的文学现象往往是非常复杂的、曲折的，不像简单的数学公式或化学公式……②

毛主席《在延安文艺座谈会上的讲话》，是在一定的历史条件下产生的，其中的基本道理，如小资产阶级知识分子必须参加斗争，进行自我改造，文艺必须为工农兵服务等等，在今天仍然是我们的指导原则；但历史条件不断变化，许多真理也在跟着发展，今天提出的"百花齐放"也是发展的，必须从发展看问题，把指导原则看成是活的，不是死的，才不犯教条主义。③

由于我们认识上的片面性和局限性，由于我们喜欢引用名言，搬教条，套公式，而不喜欢或不善于分析不断发展着的、极其丰富多彩的社会现象，更由于历史的形势已经大踏步地前进了很远，而我们仍在原地

① 《学习追求五十年》，载《姚雪垠书系》第16卷《学习追求五十年》，中国青年出版社2000年版，第107页。
② 《打破清规与戒律》，载《姚雪垠书系》第17卷《小说是怎样写成的》，中国青年出版社2000年版，第461页。
③ 《要广开言路》，载《姚雪垠书系》第17卷《小说是怎样写成的》，中国青年出版社2000年版，第512页。

踏步走，背诵去年的皇历，于是原来在特定场合下曾经是正确的、起过积极作用的见解都变成了顽固落后的清规与戒律，阻碍着新生事物的出现和发展。①

古话说，"阅千剑而后识器"，对生活也是如此。我们必须看的人多，经的事多，才能对生活有比较深刻的理解。生活的广度与深度是相辅相成的。生活的天地过于狭隘，往往会使人变得孤陋寡闻，目光如豆。片面地强调深入一点，忽略了点与面相结合的辩证关系，这种指导思想是给作家"画地为牢"，也是主观主义在作祟。②

我们的文学战线上某些青年同志，其中有搞创作的，有搞编辑的，几年来常喜欢拿一些不恰当的帽子扣在别人头上，给创作事业带来了很坏的影响。例如，动不动拿"小资产阶级的思想感情"来批评作家，而这句话简直成了一句"金箍咒"，使不少作家下笔时如临深渊，如履薄冰。③

我在前边提到"小资产阶级的思想感情"那顶帽子时，已经说出来一些禁忌，而实际上曾流行的禁忌是多得多的……我希望在"百花齐放"的方针指导下，这种歪风能彻底肃清，让一切有革命良心的作家都感到百无禁忌才好。④

有些领导同志把号召大家下去生活看成唯一的重要工作，只要大家下去，他们的责任就算尽到了。至于作家以后在生活上遇到什么困难，在写作上遇到什么困难，很需要他们帮助，他们却忙得连写回信的时间

---

① 《打破清规与戒律》，载《姚雪垠书系》第17卷《小说是怎样写成的》，中国青年出版社2000年版，第461页。
② 《创作问题杂谈》，载《姚雪垠书系》第17卷《小说是怎样写成的》，中国青年出版社2000年版，第480页。
③ 《创作问题杂谈》，载《姚雪垠书系》第17卷《小说是怎样写成的》，中国青年出版社2000年版，第482页。
④ 《创作问题杂谈》，载《姚雪垠书系》第17卷《小说是怎样写成的》，中国青年出版社2000年版，第482页。

也没有……从前有些皇帝（明崇祯皇帝就是如此）住在深宫之内，遥遥指挥远在几千里外的军队作战，叫做"遥制"。上述领导方法，实际有点近似……教条主义和官僚主义是互相依托的，是一对难兄难弟……以上所谈的教条主义，其所以为祸甚烈，是由于教条主义总是披着马克思主义的外衣，扮演着马克思主义文学保卫者的姿态。而且它上有领导，下有群众，形成了一种社会力量……宗派主义的批评者自认为在为马克思主义而战斗，实际在拆共产党文化事业的墙根角；自认为自己的意见最代表真理，实际是红皮萝卜，外边很红，里边是白的。①

在许多文艺机关或团体里，长久以来缺乏民主生活，或民主空气过于稀薄……在运动来时，原来是正确的批评也会一变而为"反领导"的罪款。这好像封建时代，臣不能议其君，子不能议其父。在新社会，同领导同志作理论争鸣也会给戴一个"无组织、无纪律、对抗领导"的大帽子，怎么能使大家毫无疑讳，畅所欲言……在解放后，由于国家的文化事业发展太快，并不是每个领导同志都精通或懂得业务。不懂就应该虚心学习，不要打肿脸充胖子，误认为自己既是领导，就是真理化身，可以对一切问题乱下指示，代党立言……党和国家派你担任组织领导或行政领导，不等于党和国家认为你在文学业务上就是专家，可以不必再虚心学习。担任了领导工作就觉得自己一切都比被你领导的群众高明，正是从旧社会传下来的官僚主义思想在作祟。②

文艺界的主要矛盾表现在宗派主义与文艺界革命统一战线之间的矛盾，由于有严重的宗派主义存在，致使团结工作一直没做好。许多作家，特别是过去在国民党统治区域生活的老作家，有很多人感到情绪压抑……几年来他们的潜力也没有得到应有的发挥。他们过去也写过好作

---

① 《打开窗户说亮话》，载《姚雪垠书系》第17卷《小说是怎样写成的》，中国青年出版社2000年版，第499页。

② 《打开窗户说亮话》，载《姚雪垠书系》第17卷《小说是怎样写成的》，中国青年出版社2000年版，第492页。

品，但对这些好作品肯定的还很不够。文艺界的这道"墙"，必须推倒才好。①

　　以上诸文，都是姚雪垠 1956 年 7 月到 1957 年 7 月之间的作品。其中《创作问题杂谈》一篇，曾惊动当时初露锋芒后来则大名鼎鼎的姚文元，其立刻撰文《教条和原则》，名曰"争鸣"实为批判。姚雪垠读后很生气。可是当他得知姚文元乃姚蓬子之子后，心里竟涌起一阵友爱的暖流。当年他在日寇飞机狂轰滥炸下写出的小说《牛全德与红萝卜》，丢失的部分手稿还是姚蓬子从一片废墟中帮忙找到的。想到这些，姚雪垠不再生气，他把姚文元当成了一个未谙世事的晚辈——竖子，不足与语！

　　1957 年春天，姚雪垠应中国作家出版社邀请，进京修改他的长篇小说《捕虎记》。出发在即，突然接到了郑州大学校长嵇文甫先生的大函。嵇先生想让姚雪垠到郑州大学去担任中文系主任，希望姚雪垠"电告路过郑州的时间，以便派车到车站"接他"来校一谈"。自从 1951 年离开上海，几乎每年都有大学延请他重返杏坛，嵇先生之邀是最后一次。姚雪垠虽未直接跟着嵇先生读过书，但他对先生一向由衷敬重。然而，决心既已下定便不再更改，他硬起心肠违拗了师长的好意。

　　进京后的姚雪垠先住在北池子，后来又搬到西山八大处。《捕虎记》的书稿就在这搬来搬去中改来改去，却怎么也改不出"阶级斗争的尖锐性"来。出版社不满意，姚雪垠更着急。后来他接受《旅行家》杂志主编彭子冈的建议，为给头脑输氧而开始游山玩水：先登了景山，又去了卢沟桥；接下来还要去看官厅水库，去爬长城和游十三陵，却因为形势突变"反右"开始，计划无法实施，只能遗憾作罢。

　　七七事变爆发二十年了，卢沟桥的枪声音犹在耳，姚雪垠又忆起了那惨

---

　　① 《要广开言路》，载《姚雪垠书系》第 17 卷《小说是怎样写成的》，中国青年出版社 2000 年版，第 511 页。

痛的一刻。他特意给自己放了假，跑到琉璃厂的旧书铺子里消磨了一天。钻故纸堆是他的嗜好，他用"放纵"嗜好来表达他不会忘却这个日子。然后他写信告诉朋友："昨天我在中国书店专家服务部以十元高价买了一薄本旧书《偶然遂》，系一位明末襄城举人所写，叙述他被李自成队伍捕获及释放经过。"

不久，接连几封电报犹如几道"金牌"，催促姚雪垠速回武汉参加运动。怀着一份忐忑，他匆匆忙忙登上了南下的火车。

## 第四节　一朝定案"极右"

1957 年 8 月，对姚雪垠的全面批判开始了。

会场上人头攒动。姚雪垠坐在"被告席"上，开始时一面听着群众发言，一面做着记录。后来他停下笔不记了，表情既愤懑又惊愕。再后来他呼吸急促满脸通红，几次开口说话，都被强行截断……他回忆说："平生第一次挨斗，没有经验，对于发言中歪曲事实、无限上纲的话，十分痛心和恼火，大概有两次突然站起来，准备还击，但随即想到不应该对抗党所领导的政治运动，又坐了下去。"

批判者从姚雪垠的几篇"毒草"文章中归纳出了"六大罪状"：一是"仇视和攻击党的文艺方针，反对深入生活，抗拒思想改造，企图使资产阶级文艺路线复辟"；二是"反对党对文学事业的领导，攻击和否定党的文学艺术事业的成绩，要求实行资产阶级文艺自由"；三是"恶毒地诬蔑、丑化和打击党的各级领导干部，破坏团结"。姚雪垠据理力争，逐条批驳。当有人说他与李蕤等结成"反党联盟"时，姚雪垠反问发言者："我与李蕤成见很深。在武汉文化圈里，这是一个公开的秘密。说我们俩搞'联盟'，恐怕连你自己都不信吧？"

批判"右派"的大会，岂容"右派"分子理直气壮咄咄逼人？姚雪垠的自我辩驳，回回都要被拦截，次次都只能说几句话。即便如此，也已经足够——足够显示他作为一个人的性情和品格——坦诚、自信、实事求是、光明磊落。是自己说过做过的，天塌下来也顶着；无中生有的事，坚决驳回去！黑就是黑，白就是白，是对个人负责也是对组织负责，是对现实负责也是对历史负责。

"反党联盟"之说，果然连罗织者也不敢相信，于是商议把"联盟"改为"暗流"。但为了打击姚雪垠的"嚣张气焰"，他们在改判他的罪名之时也改变了对他的斗争策略——不再批判他的"文艺思想"，而是把十几年前的"老账"翻出来，拿到批判会上作文章。

无论怎样的捕风捉影，怎样的造谣诬陷，都不难找到"挺身而出"的"历史见证人"！他们指认姚雪垠专门写"色情小说"，用龌龊的文字、肮脏的思想腐蚀青年人的灵魂；揭发姚雪垠曾用稿费做生意，囤积居奇大发国难之财……"爆料"骇人听闻，群众义愤填膺，举拳头呼口号，勒令姚雪垠老实交代："贩过多少烟土、坑害过多少老百姓"，"卖过多少枪支"……

任凭批判者的斗争方式怎样花样迭出，姚雪垠却只抱定了"实事求是"态度以不变应万变：他既不承认什么"联盟""暗流"，更不承认什么"反对党的领导""抗拒思想改造"。至于"历史见证人"的"揭发"，他一提起来便暴跳如雷："我经过几次'审干'，组织上对我在40年代的经历作过结论。是黑是白都在档案里装着，为什么允许这样血口喷人！"他理直气壮，他顽固不化，他让批判者们大伤脑筋：这个蒸不熟煮不烂的死硬分子，他心里究竟在想什么呢？

疾风骤雨大轰大嗡的群众性大批判过去了，"反右"斗争进入了定案作结论的准备阶段。原本"又臭又硬"的姚雪垠忽然间变得圆融而谦和，关于他的问题，组织怎么说怎么写他都听之任之，不像其他落难者一样字斟句酌、讨价还价。为什么会这样？"上帝知道，但须要等待"——这个为托尔斯泰所专有的小说题目，在姚雪垠最困难的时候给了他一个最坚定的信念：等待！他相信事实终归是事实，相信所有问题迟早都会月白风清，相信时间终将证明一切。

1957年10月上旬的一个黄昏，武汉作协机关党支部书记韩柏村来找姚雪垠谈话了。两个人肩并肩坐在新修筑的防洪大堤上，仰看天边晚霞飞红，俯见脚下江水涌金，身边的韩书记慢声细语，用很有温度的语调征询起姚雪垠对前途的思考和打算。时间、地点、背景、氛围、话题——一切都是那么和谐温馨，都让姚雪垠好激动，好感动。他认定韩书记这是受党的委托，是代表组织来找他谈话的。该是自己的问题就要解决了吧？他想。那么，很快又可以工作了。

一想到工作，姚雪垠立刻亢奋起来。他说："老韩，我的情况你该是清楚的。我在历史上走过弯路，有过错误。但我的错误都在桌面上明摆着，组织上了解，朋友们也都知道。我不是白吃闲饭的人，下半辈子我还可以工作，为祖国和人民作出我的贡献。让我搞创作，我可以写出作品；让我搞研究，我可以负责几个专题；让我去大学教书，我也不会教得很差。总之请你相信：我是能够在专业方面做出成绩的人！"

被自己的陈述所鼓舞，姚雪垠已然沉浸在对工作的憧憬与向往中。然而，他又立刻意识到自己错了，因为他突然想起来，批斗大会上，曾有人带着一脸的鄙视嘲弄他："你不是很有学问吗？我提个问题你回答：'什么开花不结果？什么结果不开花？'"他又想起来，参加叠信封劳动时，曾有人专门把他叠得不够整齐的信封挑出来，连同着厉声呵斥一块儿摔给他："姚雪'狼'"——他们故意把"垠"念成"狼"——"这么简单的活儿你都干不好，你的学问在哪里？"他还想起来，作家协会的一位领导曾经声色俱厉地正告过他和他的同类："不要觉得你们有学问、有本领，打倒了你们，地球照转不误。"

1957年10月底的一次大会上，武汉作协的一位负责人郑重宣布："已经得到上级批准，将姚雪垠划为'极右'分子。敌我矛盾按人民内部处理，给他一碗饭吃，留下当反面教员；铲除他这棵毒草，化为肥料，壮大鲜花。今后，不许他再写作，写了也不许他发表。他只能老老实实低头认罪，接受劳动改造。广大群众要'给他孤立'！"

这才是突如其来的致命一击——"给他孤立"！就凭这四个字，姚雪垠便被剥夺了情感倾诉、思想交流、言语自由表达所需要的一切对象、一切手段、一切渠道、一切希望与可能。所有的同事都成了路人，对面擦肩而过时竟连点头都不肯。除了按规定每天下午要去参加糊信封劳动之外，七尺斗室便是一切。仿佛被抛置在一个巨大的角斗场中，耳边但闻杀声四起，眼前唯见桌椅门窗。姚雪垠痛苦至极，为自己，为同类，也为那曾被知识分子引以为荣而当今正日渐沦丧的读书人的"节操"和"风骨"！

四围高墙中，神经在饱受煎熬，泪河在日夜流淌。眼睛哭坏了，肿胀、刺疼、怕风、畏光。姚雪垠羞于见人，拖延着不肯就医，直到万不得已时，才压低帽檐捂严口罩像做贼似的偷偷摸摸进了医院。接诊的是一个中年医生带着三个实习学生。医生扒开他的眼皮只瞄一眼就下了诊断："青光眼。""怎么治？""治不了，等着瞎吧。"姚雪垠不想瞎，第二天再去看。这回遇上的是位"右派"老医生。老医生给他开了一支红霉素眼膏，又顺带赠送了几句安慰话："急性结膜炎。没大事。只要按时上药，很快就会好起来的。"

眼疾果然很快痊愈，姚雪垠因之心情大好。仿佛走出噩梦一觉醒来，眼前的一切都有了新的意义与价值：斗室七尺，可供精神腾跃；一人独处，正好遐思横飞；"孤立"背后，焉知不是一片无人可以擅入的世外桃源！新的精神触点激活了新的生机与力量，支持着姚雪垠重新振作起来。真正的作家是为写作而生的，姚雪垠重获生机与活力之后下定的第一个决心，就是要在他自己的世外桃源里，培养起属于他自己的一棵参天大树来！

不错，他已经被剥夺了写作权利，再写，就是抗争，就是犯上，就是死不改悔！然而，"极右派"的帽子已然戴在头上，无非连头一起掼出去，还能再怎么样呢？有了这种勇气这种精神，姚雪垠的心灵便从肉体的禁锢中霎然解脱，翩翩翻飞于哲学的深幽，翻飞于文学的淳美，翻飞于现实生活的丰富多彩，翻飞于理想境界的美轮美奂……七尺斗室中，思想已经冲破牢笼，在无边无垠的时空中亲证着自由与自在。

　　就在这时，妻子王梅彩从开封赶到武汉，一见到姚雪垠就痛哭不止。她说开封有不少"右派"自寻了短见，她怕他万一也想不开……妻子的一片真情感动了丈夫，他掏出手绢替她擦干眼泪，让她仰起头来看着自己的脸："你好好看看我，像个要自杀的样子吗？"他紧紧攥住她的手，一边等待她的心情慢慢平静，一边准备着开始一场严肃而悲怆的谈话。

　　他要告诉她：迄今为止，他没有"揭发"过任何人，也没有跟在别人后面丢过哪怕一块儿小石头。他固守住了与人为善的基点，从而固守住了自己的灵魂和心性。他不羡官不慕权不迷信也不迂腐，所以他的精神世界里没有相互踩蹋、攻讦的爱好与需求。当对历史和对个人负责的说法已成笑谈时候，他却始终倾听着自己内心的声音，任何时候都清醒地知道自己想要的究竟是什么。光明磊落堂堂正正，不做亏心事，不怕鬼敲门！

　　他要告诉她：是不是"右派"，对于他这种对官场无欲无求的散淡之人无关紧要——不戴帽子，我写我的书；戴上帽子，我仍然写我的书——让写，我明着写；不让写，我偷着写。只要手中还有一支笔，我就一定会活下去！ 他自信历史上是清白的，现实中虽说对一些具体问题有过怀疑，有过非议，但他的所有意见，既不是政治上的反党言论，更不是企图推翻党的领导或阴谋夺权——"我不犯死罪，死神奈我何！"

　　他告诉她：世间万事万物，都是一个过程。再大的困难，也终会过去。人类社会就是在不断变化中向前发展的，这变化就叫历史运动。运动是绝对的，绝不会静止不变。受内部的、外部的、物质的、精神的……各方面条件的制约，历史只能分阶段前进，否定之否定，螺旋形上升。往往一种倾向或思潮，今日为是，可能明日就为非；今日为主流，可能明日就为支流；今日盛极，可能明日就衰微……

　　他告诉她：这些天里他反复称量过，确信自己还算是有点真才实学。所以他下决心要写一部书，一部和民族和祖国相称的大书。这部书，要体现祖国优秀的文化传统，要融进自己的思想和感情，将其变成自己的血肉，他要以一个崭新的艺术天地承前启后，继往开来！"我要用它来证明我的能力、我的价值！我要让那些不学无术专靠整人吃饭的看看，究竟谁对人民更有用处！"

　　他告诉她：等他把书写好了，能出版当然好，不能出版呢，就把书稿交给她，由她负责藏起来、保管好。然后，他和她一起静静地等待，等待着能出版的那一天。"万一我等不到，死了，就由你出面把它交给国家；如果你也等不到，也死了，这事情就交由咱们的儿子、孙子去完成。"

　　他还告诉她：其实，他也曾想到过"死"——就在被群众批斗最厉害的那段时间里。为了抗拒侮辱，为了守住尊严，为了质本洁来还洁去，他想过以一"死"而百了。然而，他终于没有死。留住他的，除了她和孩子，更有他从青年时代起就一直自觉自愿扛在肩上的那个"责任"：他要做历史的参与者和推动者，他不能白来世上走一遭。简而言之，他还有一个人生大梦在日日夜夜萦心绕怀。为了美梦成真，他需要活下去，坚强地活下去！

　　与其说这是一场谈话，毋宁说是一篇宣言。真的，姚雪垠不能死、不会死，因为他"恨私心有所不尽，鄙陋没世，而文采不表于后"，所以他放弃了死而选择了生。外来的摧残促成了内在的升华，姚雪垠要超越自身的苦难，从此把生命寄托在私修历史小说上，决心"究天人之际，通古今之变，成一家之言"。这是一种"要之死日，然后是非乃定"的悲剧意识，这是一种抗争，一种背叛。凭着这种精神，姚雪垠从困厄中崛起，满怀信心地踏上了生命中最为辉煌的一段历程。

## 第五节　置之死地而后生

　　王梅彩在武汉住了两个星期，走了。斗室又成了姚雪垠的一统天下。为了重视即将开始的写作，他花8元钱买了一个牛皮面活页夹。工资已经停发，8元，是他半个多月的生活费。要动笔了，姚雪垠自问自答，再一次对有关问题进行了严肃的论证。

第一个问题：写什么？

作为一个对历史研究有着浓厚兴趣与造诣的作家，写历史小说该是其最具优势、最能发挥个人特长的最明智的选择。姚雪垠当然十分清楚这一点，他说："现实生活的题材，我不熟悉，没法写。依仗青年时代读的一些书，我在历史知识方面有一定积累，所以写历史题材相对要容易一些，可以走的路子要广一些。"

但姚雪垠很早"就在心里酝酿过三个历史题目：明末农民战争、太平天国和辛亥革命，而重点在前两者"。具体说来，自从1933年在河南省图书馆读了《守汴日志》和《大梁守城记》，李自成的影子便时时纠缠着姚雪垠；1951年在上海参加过太平天国纪念活动，为洪秀全"写本小说"的念头又在他心中生了根。两个选题在姚雪垠心中本无轻重，当必须有所取舍时，姚雪垠的决定是：先写明末农民战争，太平天国留待将来。

对此选择，姚雪垠解释："《李自成》的历史在前，而且主要活动在中原和北方，地理环境和风土人情我都比较熟悉。因此，比较来看，《李自成》容易写好。《天京悲剧》的主要活动地区是在南方，我很隔膜。"其实，另一个原因更重要：太平天国历史禁区太多，而姚雪垠的观点在当时的大环境中又颇为离经叛道：承认洪秀全有着领袖的光辉一面，又认定他对太平天国的失败难辞其咎；承认杨秀清有不朽功勋，又认定他是一个生活十分腐化的野心家；承认韦昌辉杀死了杨秀清，却质疑"若无天王密诏韦氏有无胆量擅自行动"？归根结底，姚雪垠不肯苟同把太平天国失败完全归咎于韦昌辉的流行观点。他说："我不能跟着一个时代的风向走。考虑再四，就决定不写《天京悲剧》，专心写《李自成》了。"

第二个问题：怎么写？

没有时间从容计议，姚雪垠只能给自己规定几条基本原则：第一，坚持用历史唯物主义思想方法分析历史，正确认识一切重要历史事件的本质和规律。得出自己的认识，不能跟着别人走。第二，以现实主义为主，适当融合浪漫主义创作方法。尽可能生动而忠实地再现历史生活，将读者带进特定的历史氛围中。决不违背历史条件去随意虚构。坚决抵制处理历史题材的主观随意性。第三，一定注意文笔的变化，既要有金戈铁马，也要有鸟语花香。要将不同的艺术趣味糅合在一起，而以"大江东去"为主调，以"杨柳岸晓风残月"作调和。第四，继续进行小说语言的探索。人物对话一定要有历史感，不允许从小说人物口中说出现代词汇。对话还应带有能反映人物身份和个性的语言特色。第五，摆脱以《三国演义》为典范的古典小说战争描写程式，写出具体历史条件下的明末战争面貌。第六，努力探索小说的民族特点，追求民族风格，但决不走回头路，不采用旧小说的回目形式。

第三个问题：艺术追求目标是什么？

这个问题，让姚雪垠忆起抗战中期在重庆的一个国画展上看到的一幅画：一幅出自辽代人之手的"大中堂"，几百种花卉齐集画面，每朵花每片叶，都是一笔一笔细细描绘而成，丝丝点点，纤毫毕现。"要想成名作，就必须一丝不苟"——这是姚雪垠从该画中得到的启示。后来，他又看了五代到北宋的许多山水画，认识又有进一步提高。比如《清明上河图》，那真是既宏大又细微，因而既雄壮又娟秀。从那时起，"博大精深"，就成为姚雪垠的小说创作所要追求的艺术高度。

"博"，是对小说视野的考量。要求小说要对生活进行全景式、立体式反映。要截取一个历史的横断面做舞台，让不同民族、不同阶级、不同阶层、不同地域的三教九流各色人等都到这个舞台上来表演一番。要通过他们之间的碰撞、磨合、消长、融通，写出社会内容的复杂宽广，写出生活色彩的丰富多样，写出一部明末历史的"百科全书"来。

"大"，是对小说体量的考量。要求小说人物众多，故事繁杂，场面宏阔，部头庞大。一卷不行，两卷不行，三卷也不行，一定要写五卷，写皇皇巨著，要让小说"大"过《红楼梦》，"大"过《战争与和平》，大过洋人和古人，大到能无愧于我们祖国和我们民族的悠久历史与灿烂文化。

"精"，是对小说艺术境界的考量。要求小说既壮美，又瑰丽；既阳刚，又阴柔；既有铁马金戈，又有杏花春雨；既有惊涛裂岸，又有晓风残月。"方看惊涛奔急峡，忽随流水绕芳坡"；"瑰丽何曾流纤弱，雄奇未必属粗犷"。

"深"，是对小说主题思想的考量。要求小说不能只反映农民如何被剥削受压迫，如何为争温饱求生存而扯旗造反揭竿而起。那样的主题太俗套太平庸。姚雪垠的小说志在超越一般走向高远，从而开掘出若干历史规律来。

第四个问题：自己志在必得的能力与优势何在？

姚雪垠一向不乏自信，此时此刻更是激情勃勃信心满满。他说：第一，我青年时代就接受了辩证唯物主义和历史唯物主义的哲学思想，学以致用，终身服膺。第二，我对中国史学研究有一定造诣，尤其熟悉明末历史。第三，我的古典文学基础深厚，且继承了五四新文学中的现实主义传统。第四，我有二十多年的创作经历，在文学语言的运用和人物性格的塑造两方面都有比较成功的实践经验。第五，我从抗日战争后期到解放之初，大约有四年时间在大学中讲授"小说原理"课程，在小说创作方法和长篇小说美学问题上进行了一定的研究并形成了独特见解。最后的结论是："我能行。我一定能行！"

以上论证，包含着史家的严谨、作家的热情；包含着诗人的浪漫、学者的执着。他的方向、目标、力量、信心——所有的一切都架构在小说艺术和历史科学的基础上，非政治非现实非"工具"因而非世俗，一切为了那个"梦"——路漫漫其修远兮，彼将上下而求索。不论未来的道路上还有怎样的艰难险阻，姚雪垠都决心一步一个脚印走下去！

姚雪垠知道，五四新文学运动以来，文学园地里百花盛开万紫千红，唯独缺少"长篇历史小说"这一枝。有人写过短篇，长篇也许有人正在写——但起码当下尚未发现。所以，他现在要做的，是一项本世纪还没有人去做的事情。如同在一片荒漠中种一株树——即使是种一根草吧，也是填补空白，是开拓，是创始。

他还知道，"长篇历史小说"的空白，只限于五四新文学园地。只要跨出这道门槛，把目光投射过去，不太遥远的地方就有《三国演义》在光彩夺目地矗立着。不仅如此，还有俄国的老托尔斯泰，他的《战争与和平》多么优秀！只可惜，这些不是属于前人，就是属于外人。可以借鉴，可以继承，但不可以模拟，不可以仿效。

他更知道，写历史小说，离不开历史资料。而他的创作权利已遭剥夺，当然也就失去了向图书馆借书的资格。他的手头只有吴伟业的《绥寇纪略》、谷应泰的《明史纪事本末》和《明季北略》三部书可供参考，其他相关书籍都在开封家中。远水难解近渴，只好拼记忆，拼积累，多年胸装腑藏的各种知识，这时候必须全都派上用场。

千里之行，始于足下。七尺斗室中，姚雪垠悄悄迈出了他的万里长征第一步。监管人员偶尔突然袭击式推开门探进头，总见他正襟危坐，手里一支笔一叠纸。"你在干什么？""写检查。"监管一走，工作继续。时间越久，收获越多，兴趣越浓，信心越大，直至完全沉浸于艺术创造的快乐中。

疲倦时，姚雪垠便在斗室中走来走去，心中默默背诵着："昔文王拘而演《周易》；仲尼厄而作《春秋》；屈原放逐，乃赋《离骚》；左丘失明，厥有《国语》；孙子膑脚，《兵法》修列；不韦迁蜀，世传《吕览》；韩非囚秦，《说难》《孤愤》；《诗》三百篇，大抵圣贤发愤之所为作也。"

伟大的司马迁笔下的先哲前贤们，都是"意有郁结，不得通其道，故述往事，思来者……退而论书策，以舒其愤，思垂空文以自现"。姚雪垠与他们同病相怜、同气相求，他对他们满怀理解与钦敬，他也一定要像他们一样做出一点儿什么来。当然，这种选择委实很累，因为它既意味着要严以律己，切忌苟且偷生；更意味着要冒风险，要忍受看不到后援的前驱悲凉。

不抱出版奢望，心态自然超脱。担当生前事，何惧身后评！1957年的姚雪垠，"置之死地而后生"真正挣脱了羁绊，真正冲破了牢笼。他要用他"敢为天下之先"的创作实践，对统治文坛的教条主义来一次勇敢地"反叛"。

1958年2月11日，"中共作协武汉分会党组"正式填报姚雪垠"定案报告书"。报告书为"中共武汉市委整风总办公室制作"的格式文件，内设"历史上个人重大问题的结论""本人表现""本人在鸣放中的态度和言论行动（要求：把当时主要的言论和行动——正确的和错误的，好的和坏的，公开的和背后的——以及思想活动情况按时间先后顺次写出来,将当时的情节交代清楚,并尽可能说明本人在鸣放过程中整个思想发展过程,由本人签字盖章)"本人在反右派斗争中的表现和对错误的认识过程""党内外群众的反映(要求:注明对鸣放的问题有哪些不同反映、大约人数)""综合分析(要求:全面分析'右派'思想是怎样形成的及产生的根源,讨论中有哪些分歧意见,并注明人数)"等六大类内容。

报告书在最后一项——"处理意见"中写道:"姚雪垠,极右。撤销中国作家协会武汉分会创作委员会付主任,作协武汉分会理事会理事,武汉市政协委员。保留作协武汉分会会籍,行政上撤职并由原文艺6级降为行政17级,监督劳动。"

撰写完毕的报告书,先呈送"中共武汉市委文化教育部",于1958年3月18日得到批复:"同意姚雪垠为极右分子,在处理上我们的意见:可撤销原有职务,另行分配待遇较低的工作。"再呈送"中共武汉市委员会整风领导小组",于1958年4月19日得到批复:"撤销原有职务,另行分配待遇较低的工作。"至此,姚雪垠的"极右分子"才算最终确定,可是事实上,他先行"享受""极右分子"的政治待遇,已达半年之久了。至于那个在大会上宣布的空口无凭的"山寨版""处理决定"究竟是何人所为,如今则难以查清了。

1958年夏天,"右派"们要去东西湖农场劳动改造了。"劳动"什么?如何改造?去了还能不能回来?诸如此类问题,姚雪垠一概不闻不问。对他来说,这些问题一点都不重要,重要的是他抢在下农场之前,完成了《李自成》第一卷的初稿,第二卷也写出了一小部分。文字虽然很粗糙,但毕竟是以一种物质形式存在了。他感觉自己就像一个刚把种子洒进泥土的老农,为了实现那个站在金黄色麦田旁微笑的理想自我,他正在把自己的生命转化为一种有序且有效的历程,在从无到有的创造中去体验"自由"的欢乐与幸福。

# 第七章  1957—1962 年

## 第一节  劳动改造进行时

1958 年 8 月，姚雪垠同本单位的十几名"右派"分子一起，下放到武汉郊区的东西湖农场劳动改造。

汉口"张公堤"外，沙色湖滩纵横。倒回清朝末年，这里还是一泓湖水。时任两湖总督的张之洞主持修建一道长堤，把湖泊一切两半。时光荏苒，堤内的水势一年衰似一年，而堤外则干脆成了泥塘，旱季沼泽一片，雨季汪洋一片。

对荒湖滩的大规模整治发端于 1955 年，1956 和 1957 两年形成高潮，1958 年接近尾声。十多万民工推车挑担、你追我赶、欢歌笑语、龙腾虎跃的"大会战"场面已然远去，代之而起的是一个个农场，按照主要出产内容分成粮棉、水产、蔬菜等一个个村落，像一颗颗绿色的宝石，稀稀疏疏点缀在荒湖滩上。

姚雪垠先去了以种棉花为主的荷包湖农场，同去的除了"右派"，还有一些"非右派"干部。"非右派"和"右派"同吃同住同劳动却分属不同"战壕"，彼此阵线分明，不容混淆：前者有自由，后者没有；前者有监督后者的责任和权利，后者对前者则只有老老实实服从的义务。

每日上下两半晌，"非右派"和"右派"都一起下大田干活。每到中午，收工哨子一响，前者把工具随手一扔，悠哉游哉扬长而去；后者则要把工具收拢一起，清点数目，一人几件，背回工棚。此时前者已吃完午饭，工棚里杯盘碗筷狼藉；后者赶紧把饭菜打出来，三口两口填进肚里，再把一片狼藉的碗筷拾掇到一起，端到厨棚里刷洗干净。待再回工棚时，前者照例早都躺在了各自的铺位上，开始了没完没了的东拉西扯。工棚里云弥雾漫，满地烟头。

终于，有人发指令了："把地上收拾干净！"

好了，"非右派"们该睡了，"右派"们该打扫工棚卫生了。

姚雪垠爬下床，抱起扫帚。宿舍狭窄的走道里摆满了臭鞋子，他扫一下，弯一回腰，挪动一双鞋；再扫一下，再弯一回腰……有时候，刚刚扫净的地上又丢上了烟头，随之而来的还有一道严厉的指令："姚雪垠，把烟头捡走！"

姚雪垠默默地服从着命令。烟头捡走了，尼采的话却在耳边挥之不去：谁懂得了为什么生活，谁就能承受任何一种生活。在芦席和竹竿搭起的工棚里，姚雪垠每天晚上都要写"日记"。他趴在铺位上，左手持手电，右手秉笔。光源不足，他坚持着；姿势难拿，他坚持着……

湖北天热，农场午休时间很长。如果每天都能在午间记日记该有多好！可是，姚雪垠不敢！因为他的"日记"除了日常生活和劳动记录外，更多的内容是关于《李自成》的构思。他已经被剥夺了写作权利，他不知道写"日记"算不算"贼心不死"？

尽管小心再小心，秘密终究还是被发现了。负责监督"右派"的"非右派"排长命令姚雪垠交出日记本，随便翻检一通，便当机立断组织了一场工棚批判会，排长为批判会定的调子是：姚雪垠这个顶着花岗岩脑袋的老"右派"，到现在了还念念不忘写他的书。是可忍，孰不可忍。

批判过后，"日记"自然不可能再写。更倒霉的是姚雪垠被调换了劳动岗位——先是挑砖，又去挑塘泥。都是"强劳力"才干的重体力劳动，却毫不客气地压在了他这个"弱劳力"肩上。不堪任使的超负荷运转，其惩罚性质不言而喻。

　　为在一片荒湖中修筑公路，需要先把湖中的烂泥挖出来挑走。装筐者每见姚雪垠来挑，总要在已装满的大筐上再多添几锹泥，以对"右派"的无情来表现自己的立场坚定。而挑筐者出于同样的考虑同样的目的，在窄窄的烂泥路上总要跟在姚雪垠后面狠劲追赶，一面大声吼叫着："姚雪垠快走！姚雪垠快走！"

　　将"知天命"的姚雪垠被夹在筐子扁担行列中，不堪重负的踉跄脚步，让肩上的担子歪来扭去如跳狐步舞。有一次，他被撵得实在跑不动了，便放下担子转过身去，对着追赶他的几名女干部大声说道："你们老这么撵我干什么？你们仗着年轻力壮就这么干，可别忘了谁都有老的时候！"

　　呵！这还了得！带队干部立即组织起现场批斗会。姚雪垠被推到一个土堆上，眼看着下面的人群又喊又叫："姚雪垠，你敢猖狂反扑！""姚雪垠，你必须低头认罪！"一阵大哄大嗡之后，姚雪垠重新挑起担子，艰难地一步一步往前走。扁担在他肩上"吱吱吱——吱吱吱——"地叫，他却全部听成了"要坚持——要坚持——"。

　　可是，他终于坚持不住，一头栽倒在路旁。带队干部看他两个膝盖肿得像两个大馒头，真是挑不成担子了，就让他坐在塘边修理工具，黄昏收工时由"右派"们把他搀回工棚。急性关节炎来势凶猛，姚雪垠一躺在地铺上就起不来了，连大小便都得李蕤等"难友"们照料。病痛残酷地折磨着他，同时却又让他因祸而得福——从这时起，姚雪垠可以名正言顺地休息了。

　　每当出工的人一走，姚雪垠就解放了。他静静地躺在地铺上，纵情驰骋起艺术思维的野马。开天辟地，古往今来，上下五千年，纵横九万里……许多关于长篇历史小说的理论问题，最初的根芽就萌生在他病中的地铺上，再随着写作实践而不断深化提高，最终形成了属于他自己的长篇历史小说美学体系。

　　躺了两个星期，姚雪垠可以一瘸一拐走动了。连队批准半月假，让他回市里治病。"右派""难友"们给他从吴家山医院借到两根拐杖，把他又推又拽地送上了汽车。回到单位，领导让一位姓张的老工人给他收拾出一间宿舍。他一进去便不再出来，除了去食堂打饭，其余时间全用来整理他的小说。

半个月的时光像水一样流走了，《李自成》的初稿却由几万字长成了二十多万字。多么了不起啊！这些字已经被赋予生命，成了名副其实的小说艺术！有了它们，姚雪垠该是何其自豪又何其欣幸啊——《李自成》诞生在这样的时间这样的空间里，即使不幸夭折于襁褓，它的生命力也足以震撼人心！

最让人匪夷所思而莫名惊诧的是：姚雪垠没去看过一次病，病魔却主动自行消遁——他的双腿不知在何时消了炎去了肿，奇迹般一点一点好了起来。姚雪垠怕被怀疑是"逃避劳动"，不敢等到完全康复，假期一到，便赶紧架着双拐回到了农场。

在荷包湖劳动了半年多，姚雪垠被调到以种植蔬菜为主的吴家山农场第六生产大队。下放地点变了，但生存环境和人文条件没有变，被歧视被虐待的事情依然是家常便饭。出工点名时，依然有下放干部故意把"姚雪垠"叫成"姚雪'狼'"；负责送水时，常会有人用他们的"卫生标准"对他辛辛苦苦挑到地头的凉茶挑三拣四……

姚雪垠已经"麻木"，他在有意识地修炼着"忍"的功夫。对于"姚雪'狼'"，他视之为恶作剧式的玩笑，一本正经地纠正着对方的"误读"；对于茶水的挑剔，他会立刻往返二三里地，回去另挑一担来……他对唯一敢吐露心迹的朋友周勃说："做到'猝然临之而不惊'不难，做到'无故加之而不怒'就不容易了。我修炼了这一年多，自我感觉大有长进。"

就在姚雪垠的自觉修炼中，三年自然灾害从天而降。下放干部们被饥饿搞得自顾不暇，监督任务悄悄转移到了"农工"的肩上。"农工"即农场职工，他们把"右派"等同于地主富农，将鄙视、歧视甚至侮辱当成监督方式。姚雪垠忍受了这侮辱，忽略了这歧视，用平和心态化解了许多麻烦，从而获得了不少自由。于是，别人聊天时，他在写小说；别人喝茶时，他在写小说；别人午休时，他在写小说；夜幕初合时，晨光曦微中，他都在写小说。

肚子本来就空着半截，还要没日没夜打疲劳战，而且经年累月，旷日持久。一天又一天，姚雪垠天天凌晨三点起床，不到五点就饿了，四肢发软，浑身冷汗，头晕，眼花，只好再躺下，感觉稍好一点再爬起来……"到死方休填大海，有情不忘攀高山"，他以超乎常人的毅力向着既定的目标前进，《李自成》伴随着他的劳动改造一起成长。

## 第二节 "眷顾多方来雨露"

1960年国庆节前夕，湖北省作家协会更名为湖北省文联，一度被取消的武汉市文联也将恢复建制。姚雪垠摘掉了"右派"帽子，两年多的劳动改造即将结束。中共武汉市委委派带队干部李德邻找他谈话，告诉他回城后仍搞创作，但编制要从湖北省作协转到武汉市文联，问他对此安排有无意见。姚雪垠表示安排到哪里都无所谓，只要能让他搞创作就行。原以为要讨价还价费时费力的一场谈话，居然如此轻而易举完成。李德邻很高兴，邀请姚雪垠一起到外面走一走。

秋高气爽，深蓝的天空中挂着一轮金黄的圆月。两个人信步走到吴家山后的小木桥上，凭栏凝思，默然无语，只闻四周虫鸣唧唧，桥下流水潺潺。伫立良久，李德邻忽然说道："雪垠同志，听说你写了一部小说，能不能让我先睹为快呢？"突如其来的话题让姚雪垠大吃一惊，他不知是福是祸，几乎是出于本能地推拒道："是有个初稿，但是很乱，还不到拿出来给领导看的时候。""不忙"，李德邻的态度和蔼可亲，"等你整理好以后再说"。

回到武汉，姚雪垠到市文联报到。先被派随豫剧团下乡体验生活，还没动身又改派京剧团。为庆祝中国共产党建党四十周年，武汉市京剧团选定《武昌战火》为献礼剧目。剧本初稿已由老编剧家王柯写成，文化局领导要求姚雪垠主持修改。姚雪垠在会上谈了三点意见：第一，他对戏剧编剧完全外行；第二，他只管把有关资料按话剧的架子编在一起，然后交京剧行家写剧本；第三，《武昌战火》选题不好，太平军攻占武昌后稍作停留就全军东下，这在战略上是错误的，所以很难写出好剧本。

姚雪垠还是姚雪垠，有意见就要说出来，既不衡量自己的地位，也不肯为贤者尊者讳。而且说了就做，怎么说的就怎么做。他很快把有关的历史资料编成故事梗概，再按照话剧程式分为若干幕，就急急忙忙交了差。腾出的时间，全部投注于《李自成》。

想到自己已"知天命"，姚雪垠的心情十分悲凉。他19岁初登文坛，28岁蜚声全国；第一部长篇在重庆刊物上连载时才29岁，那时候是多么年轻！虽然被"胡风派"骂得狗血喷头，但《戎马恋》《长夜》等一部部作品相继问世，却是任何骂声都无法掩盖的事实。没想到二十年后的今天，他却是两手空空一无所有。抚今追昔，思绪万端，借着对小说人物牛金星的心态描写，姚雪垠道出了他的由衷之言：

> 韩愈虽然因谏迎佛骨事被贬往潮州，但毕竟还是朝廷命官，后来又被皇帝召回，与他自己的遭遇完全不同。而且韩昌黎继道统，著文章，"文起八代之衰，道继天下之微"，生前名满天下，死后名垂千古，与他自己半生默默无闻，将与草木同朽，也完全不同。想到这里，他的心中笼罩着空虚与伤感情绪，很难排解。在北京过除夕的时候，他在百感交集中曾写了七律一首，此刻竟不自觉地轻轻唱叹一声，念出来其中一联："一事无成惊逝水，半生有梦化飞烟！"

多么哀伤的感喟！多么沉痛的嗟叹！姚雪垠的胸中块垒，除非有感同身受之经历，否则便不可能有真正的理解与共鸣！

从豫剧团到京剧团，这个变动纯属偶然，却给姚雪垠的命运带来了意外转机。促成转变者，是武汉市文联的党组成员李冰。

李冰，山西原平人。中共党员。1946年开始发表作品，1949年入延安鲁艺学习。曾任华北联合大学文艺学院戏剧研究室研究员，中原大学文艺学院创作研究室副主任。著有长诗《刘胡兰》《巫山神女》等，是一个很有艺术造诣的老诗人。为审查《武昌战火》剧本，李冰阅读了出自姚雪垠之手的故事梗概。他先对故事产生了兴趣，又为兴趣所驱使，突然登门造访姚雪垠。本为《武昌战火》而来，进门坐定第一句话却是："姚雪垠同志，你是正在写一部历史小说吗？"

仿佛又回到了吴家山后的小木桥上，姚雪垠又一次大吃一惊。但他从来不会撒谎也不敢撒谎，只好把婉拒李德邻的话搬出来重复一遍："只是写了个初稿，很乱，我正在整理。""乱点没关系，能先让我看看吗？"李冰极其诚恳的锲而不舍，让姚雪垠自觉却之不恭，只好怀着一份忐忑拿出书稿。只一天，稿子便送回来了。"挺好，挺好。你写吧，我支持你写。"李冰热情洋溢，"我还有个建议——你最好把这份稿子送给程云同志看看。"

程云，音乐家，安徽灵璧人。中共党员。曾任延安中国青艺剧院教员，枣园文工队队长，冀察热联大鲁艺音乐系主任。新中国成立后，历任中南人民艺术剧院副院长，中南音乐专科学校校长，武汉实验歌剧院及武汉人民艺术剧院院长，武汉市委宣传部副部长，湖北省文联副主席。1940 年开始创作，著有歌剧《向秀丽》《刘介梅》和汉剧《闯王旗》。他是历次政治运动的"老运动员"，不过运动过后总能复任，此时的职务是武汉市文化局党委书记兼市文联主席。

姚雪垠一向对领导敬而远之，跟程云自然也不会有什么个人交情，只是凭感觉认为这个人性格豁达，乐于助人，既没有狭隘的政治成见，也不相信教条主义。凭着这些好感，再有李冰诚心诚意的建议，《李自成》书稿很快便送到了程云手上——姚雪垠虽非自觉自愿，态度也还算积极诚恳。

几天之后，一个红霞满天的黄昏，姚雪垠下班回家，程云骑自行车追上了他："我天天忙着开会，你的稿子我只看了几章。感觉不错。我已经向市委领导汇报了，特别是向文教书记宋一平同志作了汇报。我对他们说：'这是一个重大的历史题材，很有价值。如果我们现在培养一个青年作者，等他能够掌握这么多的历史知识，达到这么高的文学修养，得等到他头发发白。

那可真不如今天我们支持姚雪垠，让他把这部书写出来。'"

听了这些话，姚雪垠该怎么回答呢？"谢谢！谢谢！"——不，他什么都没有说，他已经说不出话。那一份感激，那一份感动，大概只有《记卢镕轩》中的主人公能够体会得来：

镕轩先生是生活在渺小人群中的渺小人物，很小的鼓励和安慰都能使他满足，使他感激。土山渠的成功使他得到了省政府的一张奖状，建设厅长看见他时客气的和他握手，本县民团领袖丁叔恒在路上遇见他时带着很亲爱的态度给他一个梨。另外，南阳朱专员还给他写了一封信。凡这些，镕轩先生都看成是无上荣幸，写在他的日记上，还常常在谈话中同朋友提起。在工作上，任何人的一点帮助，哪怕是替他抄写过一次呈文，或只报告过一个消息，镕轩先生也永远感激不忘。真是，多么卑微而善良的人啊！

为卢镕轩作传是1946年前后的事情。当时的姚雪垠绝不会想到，如今的自己也沦落到了这种地步。听惯了呵斥，看惯了白眼，忽然间听到一句知心知肺的热乎话，怎能不如沐春风？怎能不感激涕零？更何况那不是对他"这个人"，而是对他的作品，对他倾注满腔心血浇灌的《李自成》！

姚雪垠很"性情"，受滴水之恩，常思涌泉相报。作为一个知识分子，他把自己的精神创造视如自己的生命，肯定了他的《李自成》，就是给了他未来，给了他希望，给了他新生！

更重要的是，程云们所给予姚雪垠的，绝不只是一种抽象的肯定，他们对他的帮助很细致很周到很实在很具体。为了让他能名正言顺地继续住在饭店，也为了让他能争分夺秒抢出更多业余时间，在《武昌战火》的修改任务完成后，他们又让他去修改汉剧《王昭君》——也是向中国共产党成立四十周年献礼的剧目。

这次的合作者，是有名的戏曲家龚啸岚。戏中什么地方该唱，什么地方该用韵白，人物应该在什么地方什么时候上场下场，这些问题全依龚啸岚安排。姚雪垠的工作是商量剧情，分析人物，润色唱词。龚啸岚每天都要从深夜工作到次日凌晨，直到将写好的初稿抄得整整齐齐，规规矩矩摆在桌上。为了不影响姚雪垠休息，龚啸岚总是用几层报纸把台灯遮起来，只给自己留下一片小小的淡淡的光亮。对于这一段生活，姚雪垠始终记忆犹新，他在回忆录中写道：

> 使我最佩服的是啸岚的谦逊美德，我一生都学习不到。他在戏曲界是名家，在湖北省和武汉市的戏曲界资深望高，无出其右。然而不管我如何修改他的唱词，甚至整段重写，他从来不生气，总是谦逊地表示同意。通过这次合作，我们加深了互相了解，成了很知心的朋友。①

《王昭君》初稿完成，征求意见后又做了一次修改，工作便告结束。但剧本并不成功，这本是姚雪垠意料之中的事。他认为元朝的马致远为寄托汉民族受异族侵凌之痛而写《汉宫秋》，是完全丢开史实另起炉灶，所以能够成功。写《王昭君》却不能不考虑基本史实。可是一顾史实就没有了戏剧冲突，伪造的矛盾想感动观众只能是奢谈。好在某些唱段文辞很美，获得大家好评，两个人总算没有白忙活。尤其是昭君在宫中弹琵琶的一出，由于充分吸收和发扬了我国古典文学的艺术特点而脍炙人口：

> 驾锦车边塞路长，扬丝鞭玉骢奔忙。但愿得胡汉永睦，又何惧卧雪眠霜？大漠莽莽，群山苍苍，喜见宝刀易牛羊，兵气消尽日月光。人登衽席，谷满廪仓，民也欢畅，国也富强。做一个远嫁和番的钦使红妆女，重青史，万古流芳。

---

① 《学习追求五十年》，载《姚雪垠书系》第 16 卷《学习追求五十年》，中国青年出版社 2000 年版，第 179 页。

一个多月里，名义上是两个人在合作剧本，实际上姚雪垠的大把时间都在修改《李自成》。他们先是住在航空路饭店，后来又在汉口的璇宫饭店包了一个房间。璇宫饭店是抗战以前资本家修建的老饭店，设施非常齐备，服务质量更居上乘。剧本完成后，龚啸岚回家了，姚雪垠则仍然住在饭店干他的事。这一待遇，完全得益于程云和市文化局分管戏曲工作的副局长于亚声的安排。

国家还处在三年困难时期，饥饿还是人人都要面对的敌人。机关干部中肝炎流行，脸肿腿也肿的大有人在。从饭店窗口向外看去，大街上的行人多是瘦骨嶙峋。想到自己这个"摘帽右派"竟能在这时候住进高级饭店修改作品，姚雪垠不禁思绪翻卷，心潮澎湃，对领导的关怀与朋友的帮助，充满无限的感激。一首情真意切的七言绝句，就在这种无法言表的情怀中酝酿而成："眷顾多方来雨露，惘然无语表微忱。五更枕上涔涔泪，谁会三春寸草心。"①

## 第三节 "中青"迎"闯王"

1961年夏秋之交，《李自成》第一卷改毕。事业初竟，宏图待展，姚雪垠不禁心潮澎湃，感慨万千，挥笔写下了组诗《题〈李自成〉第一卷原稿》。十三首七言绝句，有憧憬有期待，有向往有信心，还有对组织眷顾、支持、关心、爱护的无限感激之情。

很快，"姚雪垠写了本《李自成》"的消息不胫而走。消息传到北京，姚雪垠很快收到了中国作家协会的来信。信中一是询问书稿，二是送达关怀，说如有困难只管说，作协可以设法相助。感动复感激之余，姚雪垠立刻回

① 《题〈李自成〉第一卷原稿》，载《姚雪垠书系》第15卷《无止境斋诗抄》，中国青年出版社2000年版，第4页。

信，告知《李自成》第一卷已经脱稿，希望能请一两位研究明史的专家帮助看一看。作家协会表示同意，姚雪垠便用挂号信把书稿寄往作家协会办公室。

书稿刚交邮局，中国青年出版社科学读物编辑室编辑邵益文便登门造访。他到武汉约稿，听说"姚雪垠写了部历史书"，以为是他所需要的历史学术性通俗读物，面谈后才知是长篇历史小说。兴冲冲而来的邵益文不无失望，当即写信向其室主任成石中做了汇报。出于对祖国出版事业的忠诚和同人间的互相帮助，成石中马上把"长篇历史小说"的信息转告了江晓天，问他对此稿有无兴趣。

江晓天才结束下放劳动，从河北省唐县农村回城不久。1961 年 10 月 27 日下午下班前，他刚给一位小说作者写毕退稿信，本来很有些困乏；可是一听说有书稿，立刻又来了精气神。28 日早晨一上班，便把给姚雪垠写的信塞进了邮筒。信很短，只有短短两行字："姚雪垠同志：你好。听说你的长篇历史小说已全部脱稿，并已送交作协审阅。我们仍然希望你能将这部作品交我社出版，不知尊意如何？盼赐复。"落款处没有签名，只盖了一枚圆圆的印章——中国青年出版社文学编辑室。

11 月 2 日，姚雪垠回信，传达七条信息：（一）《李自成》计划写五卷，约一百五十万字。（二）几年前写了第一、二卷，约六十万字。寄到作协去的是第一卷，第二卷尚在整理中。（三）整部书稿距完成尚远。说已经脱稿，是传错了。（四）应该给"中青"一部稿子，以偿宿债。（五）拟于翌年春天给"中青"一部写太平天国的中篇小说。但现在还只有一个提纲，故不作肯定。（六）曾当面答应邵益文写一部《袁世凯传》，但邵一走即后悔，请求原谅。（七）有关"袁世凯"的题材，决定还是留待将来写成小说。

读这封信，真不能不为姚雪垠诚实坦荡磊落光明的品格所叹服！连收信人姓什名谁都不知道，只对着那一枚圆圆的印章，就敢把自己的所思所想所作所为都毫无顾忌地晾晒出来，倘若稍有一点儿"防人之心"，又岂能如此、岂敢如此！更让人叹服的是，初始计划中的《李自成》五卷只有一百五十万字，后来竟洋洋洒洒整整翻了一番还要多。

姚雪垠给江晓天的信从武汉抵北京，作协办公室给姚雪垠的信从北京去武汉。南来北往的两封信，于 11 月 7 日在京广铁路的北部端点擦肩而过。作家协会信中告知姚雪垠：《李自成》第一卷原稿已收到，正在接洽找人阅读，如有结果，当另函告。

11 月 8 日，江晓天致信姚雪垠，主题还是索稿。信中说："总之，我们希望你能答应将《李自成》交我社出版。以太平天国为题材的中篇小说，我们也是十分欢迎的。袁世凯传，你准备写成小说，我们没有什么意见。不过这是我社三编室约的，我们仅把你的意见转告他们。或许我们的要求太多了，好在并不要求你一下子写出来交稿，只希望你按自己的写作计划，先将《李自成》寄交我社，因此，想来你是不会拒绝的吧。请将你考虑的结果，尽早赐告。"

江晓天的真诚热情，让姚雪垠好生感动。老作家心头一热，便把"本来不打算谈得太早"的"有些话"，一下子和盘端了出来："《李自成》这部小说，对我来说，是下半生的一个重点工作，我自己把这件工作叫做战略性的进攻（对艺术事业）。过去若干年，写历史小说的计划是不大能得到同情和支持的，所以我就默默地工作。过去能够不声不响地写出来六十多万字的初稿，并写了几百页读书笔记，回头看来是不简单的。要不是对艺术事业有一股疯劲，这个二十年的愿望（开始动念写这部小说是在 1941 年），大概至今仍留在空想阶段。正因为我对这部小说投入了不少辛苦努力，也投入不少精神痛苦，所以不能够草率问世。什么时候不得到同志们承认算得一个艺术品，那就继续修改，暂缓出版。"[1]

这一回，该是江晓天被深深打动了。打动他的不只是来信中的满篇肺腑之言，更让他由衷感动又感慨的是：作家在看不到任何出版希望的情况下，

---

[1] 《致中国青年出版社文学编辑室（六）》，载《姚雪垠书系》第 20 卷《绿窗书简（上）》，中国青年出版社 2000 年版，第 11 页。

竟能顶风逆水笔耕不辍，艺术追求精益求精。漫长的编辑生涯中，江晓天自谓什么样的作者都见识过了，唯独姚雪垠这种脾气秉性还是头一回遇到。虽说不过两来两去鸿雁传书，但在潜意识中，他们早以"朋友"相认同了。爱屋及乌，江晓天对《李自成》情有独钟，迫切希望能为它的出版贡献一分力量。

受这份真诚的情感驱使，江晓天立刻拨通了作家协会的电话，表达了对《李自成》书稿先睹为快的愿望。虽说接电话者是熟人，但同样的敬业精神使他们在谈及有关书稿问题时，都铁面无私、当仁不让。因此，中国作家协会对江晓天的答复很委婉也很客观："作者有意在'中青'出书的事我们没有听说，所以书稿不能给你——起码现在不能。至于以后给不给，必须等我们向作者问清楚之后再定。"

挂断电话，中国作家协会和中国青年出版社都立刻致信姚雪垠。作家协会的信写于 11 月 15 日，内容很简单："中国青年出版社谈，您已有信给他们，说《李自成》将由该社出版。现他们急想看原稿，特此函询是否可将原稿转给青年出版社，望速见复。"

中青社的信晚写一天，但内容多了许多："读了你 11 月 13 日的来信，承蒙你将自己的写作情况和打算热情相告，并应允将几部作品交我社出版，十分感谢。对你在写作方面的刻苦精神，严肃认真的态度，我们极为赞同。""我们的知识、能力是很有限的，但是为了这部作品早日和读者见面，一定尽其所能，给予合作和支持。你觉得有些什么事需要我们做的，请随时函告。《李》稿第一卷，我们已和作协联系过了，他们还未看，何时交我社尚需和领导研究后才能决定。你可否写封信给作协的同志，请他们看过后将稿子转给我们，如他们目前抽不出人看，能先转给我们看更好。""为了便于我社较长期安排出版工作，希望能将《李自成》这部稿子签约。过去约的那部中篇，合同还放在你处，如果你将来创作计划有变动，也无关系，那时将合同寄还我们就行了。兹寄上约（稿）合同一式两份，务望尽快签约寄一份给我社，另一份留你处。"

　　相比之下，中国作家协会的信是一封名副其实的公函，客观公允言简意赅；中国青年出版社的信虽然也是公函，却写得宛如朋友间促膝交谈，谦虚热情、周到细致。对这两封信的回复，都在 1961 年 11 月 19 日。姚雪垠告诉中青社"文学编辑室"："为着避免万一产生误会，他们那里如已接洽好看稿的人，就让他们把稿子交看稿同志好啦，不要妨碍他们的工作安排。如他们那里尚未接洽好看稿人，你们就利用这个空儿（如果你们有时间的话）拿去看一下，了解一下面貌。等将来作协提过意见后，如果大体差不多够出版水平，再正式把稿子转给你们，请你们组织人力细细推敲，提出详细意见。然后，我综合各方面意见进行修改。"

　　看信中对"约稿合同"事一字未提，江晓天忍不住又写信催促："11 月 19 日来信收到。我们与作协联系了，他们说正在找人看，这样，就等他们看完后我们再拜读。随前信附上的约稿合同一式两份，希望你签字后尽快寄还一份给我们。"

　　因为"去武昌开了七八天会，回来后又病了两天"，姚雪垠的回信直拖到 12 月 9 日才动笔。他告诉中青社："这部稿子我既然答应交给你们，就决不会再有变更。一句诺言比合同草约可靠得多。但既然你们希望订个合同草约，我就照办。实际上，我很不重视这种形式。我准备在明年一月中旬或下旬到北京去……目的有三个：第一，听听大家对《李自成》第一卷的意见，以便再作一次修改。第二，第一卷和第二卷中有不少明代宫廷生活的描写，我怕出错误，得实地察看一下（我是根据往年对故宫的记忆和文献资料写的）。第三，有一些在武汉找不到的资料要在北京找一找……到北京修改稿子和搜集、借阅资料，须要住几个月。住处，作协自然会替我安排的……倘若作协在市内没有合适住处，就麻烦你们也替我想想办法。"

　　收到这封信，看到"约稿合同"上姚雪垠的亲笔签名，江晓天心中一块石头落了地。他立刻代表中青社回复姚雪垠，对其将来北京表示"很欢迎"，住宿问题当然也不是问题："如觉住西山或颐和园方便，全国作协在那里有房子。如觉得住城内方便，作协能解决更好，因为他们的条件好一些，若有困难，我们负责解决。总之，我们将尽力为你提供一些方便。如何安排合适，望能在你动身前的三五日内来函赐告。"

再往后，《李自成》书稿的交接工作进入了快车道：12 月 20 日，姚雪垠致信中国作家协会，一是询问找人阅稿事，二是报告将去北京的打算。12 月 25 日，作协回信，除告知"《李自成》原稿仍未找妥人看"之外，又提到"作家出版社听说这部稿子现存这里，很想要去看一下"，询问姚雪垠"您意如何"。至于进京一事，作协答复："您春节后想到北京来，我们很欢迎。住的问题，当可解决；吃的方面，也只能在当时北京副食供应允许的条件下，尽力予以安排。"12 月 29 日，姚雪垠致信"青年出版社文学编辑室"："今天接到作协来信，知道《李自成》尚未找好看的人，作家出版社想拿去看。既然这样，我想你们就可以取去了。"

1962 年 1 月 3 日，作家协会收到了青年出版社转致的姚雪垠来信，知道了姚雪垠的相关态度。1 月 4 日，作家协会致信姚雪垠，不无遗憾地写道："本来，经过几次联系约请，我们最后想把原稿送给楼适夷、韦君宜同志看的，因他们一是作协的理事，一是人民文学出版社的副社长。今天，又接到您同日给我们写来的信，我们决定尊重您的意见，已在今日将原稿（共五分册）送给该社，请他们先看了。特此奉告。"1 月 8 日，江晓天以中青社"文学编辑室"的名义通报姚雪垠："尊作《李自成》稿，上星期六才由作协取来，我们正在拜读。"

到此为止，《李自成》书稿由中国作家协会转到了中国青年出版社——确切说是落到了江晓天的手中。江晓天一卷在手，拿起来便再放不下。他在《〈李自成〉第一卷在逆境中问世》一文中写道："打开《李自成》第一卷稿子一看，迥然不同，真可谓'别开生面'。它那宏伟磅礴的气势，绚丽多彩的画面，浓郁的历史时代气氛，跃然纸上，栩栩如生的人物形象，引人入胜的生动情节，一下把我抓住了！当了十几年文学书稿编辑，我第一次尝到了艺术欣赏的愉悦，感到满足，不忍释手。六天之内，一口气把四十多万字的稿子读完。之后，回头来再作为编辑，进行思考、分析，做出取舍的判断。"

半年多的辛苦劳碌，换来了"李闯王"的"落户"中青社，江晓天如愿以偿，此后便把全部精力投入了《李自成》的编辑出版工作中。为了"千方百计地协助和支持作家把艺术精品献给人民，为祖国积累社会主义的文化财富"，他废寝忘食，呕心沥血。姚江二人通过长达十五年的倾情倾力合作，在新中国的文学出版史上，写下了一篇作家与编辑家的友谊佳话。

## 第四节　江城会知音

1962年1月中旬，江晓天向其所在编辑室的负责人阚道隆和中青社社长边春光报告："《李自成》一卷稿，从思想内容和艺术质量来说，都是难得的上乘佳作，应该选用出版，否则太可惜了！"

以上建议，是江晓天再三思量的结果。因为姚雪垠曾经是"极右派"，他则刚受到"留党查看两年、降级使用、下放劳动"的处分。作家编辑二人，政治上都有小辫子可抓，所以不能不小心翼翼。

唯其如此，江晓天又特意找了一本为李自成作传的《永昌演义》寄给了姚雪垠。陕西米脂人李宝忠写的这本小册子，延安时期曾由李鼎铭转请毛泽东看过。中华人民共和国成立后毛泽东将书稿交给共青团中央书记胡耀邦，胡耀邦又交给中青社社长朱语今，同时布置了"打印若干本"的任务。江晓天在信中特别说明："这是供内部参考用的，其中或许有些具体材料可资运用，所以给您送去。"同时寄去的，还有《红岩》等几本小说。

关于《永昌演义》，姚雪垠隐约知道那是经毛泽东看过的，因而也就隐约明白江晓天的用意。但他却并不因此就买这本小书的账。他在2月3日的回信中说："《永昌演义》这本书，我几个月前粗粗看过，只有米脂县一些地方传说和地方志书的材料是可取的，其他可取的材料极少。我们现在所掌握的文献资料，比该书的作者多得太多了。就是作者自己所列的参考书目，似乎他也没有细致地研究过。什么原因，我还不明白。"①

看不上《永昌演义》，却青睐另外几本书。特别是《红岩》，姚雪垠的评价极好，认为"不惟故事十分动人，而且人物性格突出，色彩丰富，时代的气氛也写得浓厚"②。为此他特向中青社"贺喜"。江晓天颇感欣慰，同时也格外清醒：作者与编辑的政治身份，是小说出版过程中一个无法绕开的问题——《红岩》就是一个典型实例。

《红岩》初稿名为《禁锢的世界》，作者是罗广斌、刘德彬、杨益言三个人联合署名。江晓天慧眼识珠，将其从一堆相关资料中"淘"出来列入出版计划。为对书稿做进一步修改，他替作者去请创作假。但相关领导部门却只准罗、杨休假搞创作，而不给刘德彬以同等待遇，因为他"有政治问题"。书稿的第二作者刘德彬就这样被淘汰出局，到《红岩》正式出版时便连个影子都找不到了。江晓天为之打抱不平却又徒唤奈何，直到晚年每提及此事仍不免情绪激动。

追昔抚今，江晓天倍感《李自成》前途难卜，关山重重。然而，编辑家的责任感和事业心驱动着他，让他终于下定决心，于1962年2月8日给姚雪垠写信，明确表示"很希望能在今年下半年出版《李自成》第一卷"，要求姚雪垠"集中精力将《李自成》第一卷修改定稿"。还说，"如您能很快来京，我们就在北京等您来详细谈谈；如果您一时来不了，我们争取派专人去武汉一趟，把修改意见告诉您。"

姚雪垠很快回信，通报了湖北省文联将要召开创作会议的消息，建议出版社尽快派人过江，"最好赶在会议期间到汉口"，不然会一开过，作家们"都将很快回生活基地"，再"分别去找就麻烦了"。怕来人万一不能及时赶到，又特意对自己的新址做了详细说明："省文联会结束后，市里开会前这

---

① 《致中国青年出版社文学编辑室"同志们"（十一）》，载《姚雪垠书系》第20卷《绿窗书简（上）》，中国青年出版社2000年版，第17页。

② 《致中国青年出版社文学编辑室"同志们"（十一）》，载《姚雪垠书系》第20卷《绿窗书简（上）》，中国青年出版社2000年版，第18页。

几天，我到武昌洪山去住，地址是洪山路 13 号。璇宫房价太贵，住了八个月让组织花了两千多元，我心中不忍，所以不再回璇宫了。月底或下月初我的家自开封搬来，我的固定住址是汉口花桥作协分会。"

中青社领导接受建议，即速派江晓天赶到武汉，长驱直入湖北文联会议驻地汉口饭店。正是晚饭时间，江晓天走进餐厅，一眼就看到了姚雪垠——虽已满头白发，却仍满面红光，器宇轩昂，神采奕奕，一边用餐，一边高谈阔论。江晓天想，"这个人精神没有被压垮，看来自信心很强，怪不得能在艰苦的逆境中奋斗出一部好作品来，真不简单"。

虽然只隔一张餐桌，但江晓天未同姚雪垠打招呼。而是在餐后先去看望了湖北省文联负责人骆文，得到"省委支持姚雪垠写历史小说"的明确答复后，轻轻松松一夜好睡之，第二天一大早便敲开了姚雪垠的门。而姚雪垠却是早有所待，见面第一句话就是："昨天就知道你来了。想着你得先和组织上谈过之后才会找我，所以没有去看你。"

江晓天与姚雪垠，原本只有几年前的一面之交，一部《李自成》，却让他们如多年故友他乡相遇，心情激动而愉悦。他们把自己关在房间里，整整谈了三个半天再加一个晚上。一个说安徽普通话，一个持正宗河南腔，汩汩滔滔，咯咯啰啰。其间有阐述，有倾听，有争论，有辩难，更有"英雄所见略同"时的开怀大笑。

他们谈到了《李自成》（第一卷）的创作成就与不足。江晓天一面盛赞《李自成》具有其他长篇小说所无法企及的四大特点：一是视野广阔，二是知识丰富，三是民族化的语言风格，四是反面人物塑造方式的非脸谱化和漫画化；一面也毫不客气地进行批评，指出了姚雪垠尚不自知的创作中的笔墨缺陷，比如写"七分天灾三分兵祸"较多，而对封藩制造成的土地空前集中阶级矛盾空前尖锐的问题则笔力不足等问题。

他们谈到了《李自成》的出版计划。因为自己的"摘帽右派"身份，姚雪垠不敢有奢望"不敢问疾徐"。但江晓天却比较乐观，他的理由，一是说《毛泽东选集》中不止一次提到李自成；二是毛泽东曾看过为李自成作传的

《永昌演义》。在江晓天看来，《永昌演义》"从思想到艺术"都与《李自成》"不能相比"。既然连《永昌演义》都能受到毛泽东的关注，那《李自成》的出版就该不成问题。

他们谈到了普及与提高的对立统一关系。姚雪垠是站在文学史角度对大量实例进行概括，江晓天则是从丰富的审稿经验中提炼认识，他们殊途同归，他们心有灵犀。姚雪垠说：真正的好作品，肯定既是提高的，也是普及的——江晓天举双手赞成；江晓天说，《李自成》就是这样的"好作品"，雅俗供赏，老少咸宜——姚雪垠报之以会心一笑。

有一个上午，是江晓天主讲，姚雪垠主听。所谈内容，后来都写进了《〈李自成〉第一卷在逆境中问世》一文中："从《李自成》第一卷稿子可以看出，作者具有很高的理论思想水平，广博的知识和丰富的生活阅历，不仅熟悉他所描写的历史，而且有相当深入的研究和自己的见解，小说艺术技巧方面造诣较深。作者能够写出这样的作品，没有过硬的功力是不可能的，而且尚有较大的潜力，可以设法调动、挖掘，会修改得更为精致充实。"

有一个下午，是姚雪垠主讲，江晓天主听。讲《李自成》的整体构思，讲一至五卷的故事梗概，讲必须要翻的几个历史公案，讲"遍借金针绣凤凰"的艺术追求，讲主题开掘，讲人物性格，讲语言锤炼，讲自从走上文学创作道路就梦寐以求的中国作风和中国气派。除此之外，姚雪垠还讲到了对江晓天所提意见的意见，其中有认同也有分歧，有接受也有拒绝，开诚布公，坦言相陈，知无不言，言无不尽。

有一个晚上，是他们共同商定今后的联系办法和工作方法：采取"流水作业"的方式——姚雪垠改出若干章，就寄给江晓天；江晓天看完就发排，再拿排印稿在北京征求有关方面的意见。每次所寄书稿的截取，不以章节多少论，而以故事情节相对完整为标准。江晓天说，"就像住楼房那样，分一个单元一个单元"。姚雪垠欣然同意江晓天的比喻，毫不犹豫把"单元"之说引入了《李自成》的结构划分中。

两天以后，江晓天凯旋。而在前方不远处等待他的，竟是一个让他倍感

"压力山大"的新情况：文艺界正对新编历史剧的历史真实与艺术虚构关系展开讨论，明史权威吴晗坚决主张"博考文献，言必有据"，坚决反对在剧作中对主要历史人物和事件进行虚构。当吴晗力排众议使其观点成为一种社会共识之后，新编历史剧要"无一言无根据，无一事无出处"的要求便成了不言而喻的"准则"。

作为新中国的泰斗级文学编辑，江晓天的学识和修养让他毫不犹豫地断言《李自成》在艺术上的巨大成功，断言《李自成》的思想内容也不存在原则性问题，只要在历史真实性方面不出纰漏，小说的出版就可谓胜券在握。然而，恰恰是在这个"只要"性的问题上，他则因为不具备系统的历史知识而没有发言权，只能老老实实向史学专家求教。他在历史编辑室主任成石中的帮助下找到了吴晗，又经吴晗提议，准备再请李文治、郑天挺、谢国桢三位"外审"，从历史角度为《李自成》保驾护航。

1962 年 4 月初至 6 月底，姚雪垠把《李自成》第一卷修改稿陆续寄给了江晓天。然后应程云之邀上了庐山，既为避暑，也为合作一部歌剧——把《李自成》第一卷改编成《闯王旗》，姚雪垠作词，程云作曲。工作之余，他们忙里偷闲游览了庐山铁船峰。站在那无限风光的高山之巅，姚雪垠宠辱偕忘，神思横飞。他把自己的小说美学研究成果寄寓山水之中，作散文《铁船峰游记》一篇，寄往上海《文汇报》以偿文债。

8 月下旬，《李自成》的征求意见稿印出来了，江晓天按照他与姚雪垠共同拟定的名单逐一奉寄，曾淳、宋一平等湖北、武汉的省、市委负责同志都有，郭沫若和茅盾处当然更不能漏掉。"全国作协、人民文学、上海文学、人民日报各送一份，一方面希望他们能提提意见，另一方面想争取他们能选若干章节发表"。史学家们呢，除吴晗以外，另送阿英、李文治、魏金枝各一份——原定的郑天挺、谢国桢两位"外审"，因正在外地疗养而不宜打扰。

很快，湖北省与武汉市的领导都阅罢了书稿。姚雪垠一一登门听取意见，得到的反馈都让他激动且振奋；历史界学者们也都用极高的速度审读完毕，并且都提出了很负责任的批评——李文治与魏金枝是书面意见，吴晗与阿英是口头表述——由江晓天记录并整理。四份材料一起交出版社领导审阅后，即收入了《李自成》的出版档案中。

在江晓天的记录中，吴晗对《李自成》的评价是："这是一部很好的书。写法完全符合历史实际。人物的塑造上有些虚构，如高夫人、喻上猷，但是处理得好，合理、真实。统治阶级方面，崇祯、芦象升、杨嗣昌，写得好。农民军方面，张献忠写得很好。高一功、刘宗敏、田见秀等大将，都有性格。语言很好，写景、抒情都很生动，读来引人入胜，放不下手。我是三天一气读完的。我看，质量不在《水浒》和《三国演义》之下，甚至可以说更高。"

阿英是在现代文学和史学研究及历史剧创作等诸方面都有很深造诣的专家，曾写过《李闯王》和《碧血花》等关于南明历史的剧本。关于李自成，其观点与《甲申三百年祭》一致，应该说与姚雪垠是"道不同"者。正因为如此，江晓天只准备接收他的"逆耳忠言"，没想到阿英给予《李自成》的却是肯定性评价："写得不错，整个布局结构很好，人物刻画得不错，各方面知识很丰富，应肯定，就目前这样子出也可以，但应严格要求作者，改得更好。"

李文治是我国现代史学界第一个关注农民战争史料发掘的人，他青年时代在中央研究院读书时，就对明末农民战争史作了很深入的研究，抗战初期即出版一本《晚明民变》——我国现代史学界第一本关于明末农民战争史的专著。李文治在写于 1962 年 4 月的书面意见中，也给予《李自成》以充分肯定："这部小说的结构取材，详略取舍，我感觉都很恰当。关于农民军和农民的关系，几位农民军将领如刘宗敏、李过、田见秀、高夫人等的个性特点，都能刻画入微。尤其对张献忠的描述，非常生动，给读者以极深刻的印象。在这些方面，基本反映了历史实际，所以使人感到特别亲切。就是虚构的部分，也能给人以真实之感，这不能不说是极大的成功。在重大问题上，都有史实根据，可见作者在参考旧文献方面下了很大功夫。"

外审专家的意见，让江晓天和姚雪垠都激动不已。而最让他们心动过速的是由外审专家们亲手写下的这样一些字样："基本反映了历史实际""就是虚构的部分也能给人以真实之感""在重大问题上都有史实根据"等。因为他们相信，只要对史实的把握不出现偏差，其他事情就都在艺术范畴之内，因而就都在小说家和编辑家的把握之中了。

1962 年的初秋，江晓天送给姚雪垠的都是好消息，他的另一封信也不例外："吴晗同志非常热情，他于九月三日至五日三天的时间就将全稿看完，而且看得很认真仔细，有些错字、漏排的字都改、补上了。六日上午约我们在他处面谈了一次，他给大作很充分的评价，也提了一些很好的意见（详待面告）。当时，我们进一步向他提出要求：作者还要写四卷，有些问题很想向你请教，他满口答应。不过，他十月间出国。你因剧本脱不开身，九月来不了，但是希望你来京日期，至迟不超过十月十日，晚了，吴一走，几个月后才回国。"

这封信带给姚雪垠，是无以言表的快乐和激动。他把信给程云看，程云也非常高兴，说这是大事，耽误不得。《闯王旗》的创作可以往后推，见吴晗的时间不能错过。他让姚雪垠立刻抓紧时间准备，保证 9 月底回武汉，10月初进北京。


## 第五节　文学家与史学家的心灵碰撞


1962 年国庆节，姚雪垠抵达北京，由江晓天陪同拜访吴晗。初逢乍见，姚雪垠忽然有些"英雄气短"——自己比对方只小 1 岁，而对方已是"中国科学院学部委员"，是"北京市历史学会会长"，是"北京市副市长"；自己却除了一顶"摘帽右派"的"帽子"之外，便是头上的白发多于黑发——命运啊命运，姚雪垠禁不住心潮涌动思绪万千！吴晗却只顾了高兴，他一把捉住姚雪垠的手使劲摇着，眼睛里洋溢着兴奋的光芒："了不起呀，姚雪垠同志，你的《李自成》非常成功，我认为它的成就超过了《三国演义》！"

姚雪垠的眼睛立刻湿润了。来此之前，他已经从江晓天口中听到过吴晗对《李自成》的评价，也翻阅了吴晗审过的书稿，上边有这位清华大学教授用红笔画的记号和在书页边角写下的批语。但他无论如何没有想到吴晗会当面这样说，说得这样直率、这样绝对，连一点退路都不留！而最让姚雪垠感动的是，吴晗读的不过是第一卷的未定稿，其中许多地方还明显地失之粗糙——而这，就竟然得到了如此高的评价！

四目相对，姚雪垠看到的是一双清澈明亮的眼睛——真纯友善，激情灼灼。在这样的目光注视下，刻意的谦逊就是虚伪、是欺骗！姚雪垠不屑于这样做，他怎么想的就怎么说："吴教授，谢谢你对我的鼓励。如果说我做出了一点成绩的话，那也正是我应该做的——《李自成》应该超过《三国演义》，这符合起码的进化论观点。因为我比罗贯中晚生了六百年，所以我能够利用历史唯物主义的思想方法对历史题材进行研究，罗贯中就没有这个思想武器；我有许多中、西方小说可以借鉴——包括向《三国演义》学习，而罗贯中也缺乏这样的条件。假如《三国演义》与《李自成》之间真的存在什么差距的话，那也决不是作者的差距，而是时代的差距。"

"讲得好！"吴晗拍案叫绝。

姚雪垠备受鼓舞。当吴晗又一次把《李自成》与《三国演义》相提并论进行比较时，他情不自禁地和盘托出了自己对批判继承罗贯中的全部思考与认识。

他说，《三国演义》的确是值得我们民族骄傲的文学瑰宝。书中几个主要人物的性格，都写得十分突出。特别是诸葛亮，有声有色，精妙至极。他之所以一出茅庐就能成为战争舞台上的中心英雄，虚构的新野之战起了关键作用。徐庶的"走马荐诸葛"极富于抒情味道而又文笔摇曳，一波三折，非大手笔实难驾驭。然而，作为一部长篇小说，其多线发展大开大阖的内容，必然要求有一个严谨的结构来匹配才行，其中最基本的问题是应该有一部分小说人物贯穿全书，小说中不同的矛盾线索交错交织，或虚或实，或隐或显，都要直接或间接地关联着这些人物的命运。归根结底，小说中一切复杂的事件和人物活动，都要为一个中心主题服务。拿这一个要求去检查《三国演义》，它在结构上的弱点是十分明显的——它虽然写了很多完整的故事，却缺乏艺术构思的宏观把握，致使总体结构比较松散。例如，诸葛亮出山之前和死后的两部分，就有些稀汤寡水。

他说，《三国演义》不会写生活，这个弱点，似乎比《水浒传》还要严重。小说中写到中原，写到东吴，写到西蜀，这三处地方从自然风貌到风俗人情各有什么特色，都没有写出来。人物的日常生活和生活环境，也没有写出来。读者只知道关羽有两个儿子，名字叫关平、关兴，张飞有个儿子叫张苞，可是却很难想象出这两家人是怎么生活的，这三个孩子是怎么长大的。日常生活没有写出来，对战争的描写也存在败笔。当然，《三国演义》里有很多战争故事，写得都很生动，可以增加我们的智慧。但是它只写战将，却把中下级军官和兵士写得一无所用，这是违背历史的。这种写法大概同我国古典小说起源于"说话"有关系。说话人对于千军万马的战争场面不好说，只好把注意力集中在几个将领身上。《三国演义》承袭了"说话"传统，走了捷径，所以说它不善于写战争。只是这种弱点往往被它斗智斗勇的情节所掩盖，不为读者注意罢了。

吴晗点头，"《李自成》把写古代战争的问题解决了。潼关南原大战写得有声有色，非常成功"。"我是有意向罗氏挑战。"姚雪垠忍不住说出了这句一直深藏于心底的话，"我细读过《练兵纪实》和《纪效新书》，研究了士兵在实战中的作用，才有胆量向古代战争的程式化描写宣战"。"但是潼关南原大战的记载并不可信。""是的，这是一个虚构的故事。开始并不知道，1960年秋天摘掉'帽子'回到武汉市内，着手整理《李自成》。这时可以向图书馆借书看了，才明白根本没有这么一回事情。但我决定还是要写。"之所以如此，姚雪垠谈了三点理由：第一，我必须在第一卷中提高李自成的地位，使之成为崇祯皇帝和明朝政府的主要对手。以后还要将他同崇祯塑造成两个有代表性的悲剧典型。尽管他们的阶级不同，环境不同，性格迥异，但在我的艺术设想中，这两个主要典型如双峰对峙，要达到各臻其妙。第二，李自成的起义集团包含着很多人物，有的在野史上有名字，但没有性格；有的既没名字，也没有性格，只是有一丝半点语焉不详的记载。我要通过虚构这一场战役，使这样的人物在复杂而激烈的战场上初步展现性格，为以后继续塑造人物形象打定基础。第三，我既然要采取现实主义的创作方法，就必须对《三国演义》传下来的作战程式进行革命，而且在细节问题上要经得起推敲。《三国演义》写东吴大将陆逊参观八阵图，飞沙走石，困在其中，幸得黄承彦为其指路才得出逃，这个故事一看就不可信，陆逊误入八阵图根本不可能。刘备战败之后驻在白帝城，八阵图在白帝城附近的长江边。吴兵到秭归为止，没有过巫峡，更没进夔门，陆逊如何能到白帝城附近观看八阵图？这么写不是很荒唐吗？像这一类错误，《李自成》中是不允许存在的。

由此又谈到《三国演义》中的许多细节，两个人的观点常常不谋而合。江晓天听得兴奋，感慨说没想到历史学家对《三国演义》竟如此熟悉。吴晗放声大笑："不只是《三国演义》呀，《七侠五义》《包公奇案》《野叟曝言》……我都熟悉。我在小学时就喜欢读小说，一目十行，不求甚解。13 岁考入金华第七中学，当时金华有世界书局、会文堂等几家旧书店，专卖廉价的石印小说，《红楼梦》《三国演义》《水浒传》《西游记》《封神演义》，都是在那时候一本接一本买，一本接一本看的。学校设置的正科，反倒置之度外，只凭着临时抱抱佛脚，勉强应付个'及格'罢了。""你太谦虚了！果真这样，如何进得了清华大门？""全凭适之先生举荐，翁文灏和蒋廷黻两位先生不弃。"吴晗并不避讳他与胡适的关系。"早就听说您有'神童'之誉。""那是家乡父老错爱——俱往矣，俱往矣。我们还是说《李自成》，说《李自成》。"

然而，谈话总是被打断。吴晗家中人来人往，电话铃声不绝。当又一次接过电话之后，吴晗对姚雪垠莞尔一笑："转移阵地，赶快出发。"11 点半，他们到了北京饭店。吴晗作东宴请姚雪垠，江晓天作陪。

觥筹交错中，话题转到了《李自成》的现存问题上。吴晗告诫姚雪垠：写明朝人物的对话时，可以有对满洲人的侮辱、蔑视的词语，但作家的叙述语言里，就绝对不能有这样的情况出现，甚至称"清朝"为"满清"都不行，要避免流露大汉族主义思想。

姚雪垠回答说，写作时也曾经这样考虑过，但是认识上不清楚，没有提到民族政策的高度认识。吴晗说那不行，"关于这个问题，中央曾经发过文件，马虎不得"。然后，他又提醒姚雪垠注意，"不能让古人说现代话，否则就是旧瓶装新酒，利用古人的姓名抒发现代人的感情，要不得"。

对吴晗的见解，姚雪垠早就深有同感，他因此马上想到了五四以来一些历史题材文学作品的语言问题，便随口答应"一定注意"，"决不让古人说现代话，尤其不能使前人说后人的名言，像东汉的蔡文姬，竟可以说出北宋范仲淹的'先天下之忧而忧，后天下之乐而乐'"。

吴晗抿嘴一乐，脱口而出："要说郭老是文学家，是'五四'时代的伟大诗人，我五体投地；说他是伟大的史学家，我不敢苟同！"

姚雪垠怔住了，一时不知该说什么好。幸而吴晗已经转移了话题。他说《李自成》写得与《红楼梦》《战争与和平》一样的部头就可以了，五卷太长，建议姚雪垠放弃这个计划。

姚雪垠不假思索地答道："不，我要写。我们这样一个伟大的国家，人口众多，历史悠久，口头文学不算，仅有文字记载的文学史就三千年以上。如果从《尚书》《盘庚》算起，更久。我们的文学历史没有断过。诗歌的历史，散文的历史，后来小说的历史，从来没有断过。我们这个民族得天独厚，祖先给我们创造的精神遗产和现实生活的丰富，没有别的民族可以比拟。我们的唐人传奇，六世纪滥觞，经过七、八世纪的成长，到十一世纪时候已经那么完整，那么成熟……我们的《红楼梦》那么有深度。我们还应该有那么一批作品，把我们国家的伟大和悠久体现出来。也许我做不到，但我愿意为后人铺路。"

被姚雪垠的情绪所感染，吴晗也很激动。他解释说，他之所以建议只写五卷，"只是担心写得过长会犯其他长篇的通病，越写越松。还没有哪一部长篇跨过去这道难关。《水浒传》的七十回本比一百二十回本好得多；《三国演义》中诸葛亮一死就立刻失去了光彩；《红楼梦》的续四十回，刚开始还可以，越往后就越差了；《儒林外史》不算长，可是精彩的章节都在前半部，后半部在笔力上已入颓势"。

姚雪垠显然仍处于亢奋之中。他说："一部小说写多长，应该由它的内容来决定。外国人没有达到的，不等于我们中国人达不到；古人没有做到的，不等于我们今天做不到。"然后，他侃侃而谈，把他的整体构思和盘托出。从第一卷到第五卷，每一卷的主要故事内容和主要人物，每一卷相对独立的主题思想，每一卷的结构变化，每一卷的不同艺术追求……

吴晗听得情绪激动，突然把餐桌一拍，大声叫道："好！你既然有如此周密的计划，我的担心就是多余了。"他站起来，端酒杯的手在微微发抖："请让我为你壮行——干杯！"

当是时，文艺战线上对古今作品的褒贬都需等待中央说话。何况"反右倾"斗争刚刚结束，姚雪垠又是一个颇有知名度的"极右派"分子。在中央没有表态的情况下率先肯定一个"右派"分子的作品，政治上是要担风险的，弄不好就得"吃不了兜着走"。但吴晗却全然没有考虑这些，他襟怀坦白，光明磊落，善良正直，知识分子的高风亮节，溢于言表。

"吴晗同志，还有一个问题要向你请教。"姚雪垠想了一下，"关于李信和红娘子，我虽然在小说中要写这两个人物，但并不想采纳郭老《甲申三百年祭》的观点"。

吴晗又一次脱口而出："郭老的确是才华横溢，但我只承认他是'五四'时代的杰出诗人，不承认他是杰出的历史学家！"

姚雪垠又一次为吴晗的直率感到吃惊，但这次他没有停顿，而是顺着自己的思路说下去。他说他认为历史上绝无红娘子其人，李岩只是传说中的人物，有没有这个人他暂时还不敢下定论。然后，他引经据典，详细谈了几点意见：一、李精白不是河南杞县人，而是安徽阜阳城内东门里人。二、他曾任山东巡抚，首先给魏忠贤建"生祠"，所以崇祯即位后将他作为"魏党"定罪。三、李精白没有挂过"兵部尚书"衔。四、李精白没有一个叫李信的儿子。五、清初纂修的《杞县志》和《开封府志》一致否认杞县有李信其人。六、《绥寇纪略》和《明史·流贼传》中关于李信和红娘子的记载全是捕风捉影之谈。后来郭老写了《甲申三百年祭》，一个本不为河南人所谈论的"李公子"才变成了家喻户晓的历史人物。

吴晗非常专注地听着。当姚雪垠以"班门弄斧，恭聆指谬"结束了他的滔滔宏论时，吴晗微微颔首，肯定了姚雪垠的分析，并且说了一句"看来呀——论明初你不如我，论晚明我不如你"。

姚雪垠大受鼓舞，又补充说："从历史科学的严肃性出发，我否定《绥寇纪略》等书之非；但在小说艺术上，我又充分利用这些谬说，充分发挥我的虚构能力。"

接下来，他们又谈了许多问题，姚雪垠曾在给茅盾的信中这样记载："我于九月底下庐山，十月上旬到京，同吴从上午谈到下午，谈了很多具体问题，例如对牛金星如何看法，对李岩的评价，李自成失败的原因，李岩被杀的问题等。"

历史问题解决了，剩下的便是现实问题。依当时之主流观点，革命阵营中是没有悲剧存在的，革命领袖人物更不会有悲剧。而姚雪垠却要把李自成写成一个巨大的悲剧典型，他认为洪秀全、石达开、李秀成都是悲剧，孙中山也带有悲剧意味。因为这种观点，他怕第一卷出版之后，以下各卷尚在襁褓中就遭到批判，将来的工作就不好进行了。姚雪垠对吴晗说："我担心史学界会对《李自成》的某些观点进行批评，那就会打乱我的写作计划。"

此时的吴晗已经带有三分酒意，他睁大双眼盯着姚雪垠："你只管专心写你的小说去。如果史学界真有人批评你的观点，你不要管，我吴晗站出来替你打笔墨官司！"

多么可爱的学者性格！姚雪垠情不自禁地高高举起酒杯："吴教授，认识你我真高兴！请允许我借花献佛，敬你一杯！"言毕，举头一饮而尽。

餐厅中的其他客人早已离开。不远处，几位服务员静静伫立，守望着他们这最后的一桌。吴晗抬腕看看表，两点半都过了。天下没有不散的宴席，该结束了。他叫司机备车，然后对姚雪垠说道："走，我送你。"

汽车上，两个人意犹未尽，一路说个不停。茅台酒喝得满脸通红的江晓天坐在驾驶副座上，听身后二人谈兴正浓，想到吴晗已为《李自成》颁发了出版"通行证"，他忍不住突然转回头去，高高扬起右手，大声叫道："全部绿灯！"

汽车开到中国青年出版社大门口，姚雪垠下车，与吴晗握别。吴晗再三嘱咐，等他从伊朗回国，一定要再找时间深谈。

姚雪垠答应了。然后便一头扎入对《李自成》的修改中。整整三个多月，直到春节临近才赶回武汉。这次修改，除对个别细节进行推敲之外，主要是按照吴晗的意见，在语言上狠下功夫，以为实现对中国气派和民族风格的追求。

吴晗回国后，没有再找姚雪垠，姚雪垠也没有主动联系——既没有打过一次电话，也没有写过一封信。大家都忙，可以理解。而更主要的是，姚雪垠总觉得来日方长，后会有期。孰料两年之后，热情奔放的吴晗竟做空中一跃，结束了自己才华横溢的生命。呜呼！北京饭店内的把酒畅谈，是开始也是结束；中青社大门口的握别，竟是永诀！每念及此，姚雪垠总是顿足扼腕，长叹不已！

# 第八章　1962—1970 年

## 第一节　《李自成》悄然问世

在北京的一百多天里，除了到几位外审专家处听取意见，姚雪垠一共外出三次：第一次是到琉璃厂的中国书店去买旧书；第二次是到老朋友臧克家家中吃饺子；第三次是到江晓天家中吃了顿便饭。其余时间，则全关在老君堂 11 号东院的一间小屋里改稿子。每天晚九点上床，早三点起床，中午小憩半小时，天天如此，生活紧张而有规律，就像他写在稿纸上的蝇头小楷，井然有序，一丝不苟。

《李自成》（第一卷）又一次改毕交出后，姚雪垠于春节前夕回到武汉。刚到家，江晓天的信件便追踪而至，告诉他书稿已发排，"清样二十五日前就寄出"，让姚雪垠做好校改工作准备。

这时候，"阶级斗争"的弓弦又紧绷起来，开会学习把时间从早到晚都安排得满满当当。正如姚雪垠在 1963 年 3 月 1 日晚写给次子夫妇的信中所说："我们运动紧张，星期六晚上和星期日都不休息，所以没有时间给你回信。"

紧张的"阶级斗争"形势让江晓天格外谨慎。他写信催问姚雪垠，回武汉以后可曾就《李自成》即将出版问题向领导做过汇报？有关领导对此有何意见？有何指示？姚雪垠答复江晓天：省委分管文教工作的常委曾淳同志即将到京开会，关于湖北方面对出版《李自成》的意见，建议出版社与曾淳面谈。

3 月中旬，曾淳抵京，下榻前门饭店。江晓天登门拜访，详细报告了《李自成》外审专家的意见，又强调小说的观点和方法"基本上是历史唯物主义的"，没有发现原则性问题。曾淳听罢突然问道："姚雪垠是毛主席点过名的，这个情况你们知道不知道？""你是说 1957 年吧？"江晓天颇为紧张地反问，"在一次内部讲话中，点名批评了他的散文《惠泉吃茶记》？"曾淳点头，江晓天如释重负："1957 年以后，中央宣传部发过一个文件。姚雪垠写的是历史小说，不违反这个文件的规定。再说，毛主席是赞成写李自成的。"他把中青社奉命印刷《永昌演义》作参考资料的情况对曾淳讲了一遍。曾淳随即表态："是呀，书，我们也认为可以出，但一定要慎重。"江晓天赶紧接过话茬说："对《李自成》，我们研究了三条限制办法：第一，不宣传，包括不在报上登新书介绍；第二，控制印数；第三，稿费标准从严从低。"曾淳略作沉吟，抬头看着江晓天说道："那好，就这样定了吧。"

所谓"三条限制"，江晓天压根儿就不赞成。但为了书能出版，他和姚雪垠都甘愿如此；而只要书能出版，社会主义百花园就又能多出一道亮丽的风景。为了这个目的，其他问题都可以忽略不计。而且，姚雪垠"摘帽右派"的身份也的确不宜张扬，从这个意义上说，《李自成》的低调问世，正是对作者的爱护和保护。

得到了曾淳的答复，等于拿到了最后一道关卡的通行证。江晓天分秒必争，立刻将《李自成》推入出版流程。为防夜长梦多，工作紧锣密鼓。插图、封面、部分改动较大的清样重新排版……两个多月鏖战，终于"大功告成"：1963 年 7 月 1 日，鸿雁南飞，江晓天把喜信送到了大江南岸："《李自成》样书已装出，我们看过后，觉得封面、彩色插图、正文均印得很好。美中不足的是因为太厚，不得不分上下两册装订……《李自成》的出版，是在党的亲切关怀下作者辛勤劳动的结果，是编辑部和作者长期友好合作的开始，希望我们今后在党的关怀指导下，更紧密地合作下去。紧紧地握手！"

寥寥数语写在薄薄的信笺上，姚雪垠捧在手中却重如千斤。不堪回首的往事，一件件浮起心底；不能忘怀的朋友，一个个闪现眼前。他不禁喉哽声咽，老泪纵横。多年以后，在回忆录中写下了如下一笔：

> 一个摘掉"右派"帽子不久的作家写的一部长篇历史小说，能不能顺利出版，不单是依靠作品本身的水平，还要依靠三个条件：一是一定的有利时机，二是出版社的出版态度，三是编辑人员的识见和工作态度……《李自成》第一卷抢着写出草稿，抢着整理成大体完整的初稿，而恰恰于阶级斗争的弓弦暂时略微放松的时候拿出来，不期然碰上了历史的好时机，用古人的话说，这叫做"得天时"。像《李自成》这样的大部头历史小说，当时各省市的出版社是不会出版的。幸而我寄到北京，这算是古人所说的"得地利"吧。但是更重要的是转到中国青年出版社，到了江晓天同志手中。中国青年出版社在作风上有一股朝气……作风比较积极、迅速，对作家比较热情，这些优点曾给《李自成》第一卷的顺利出版提供了好的条件。江晓天这位同志，比较有识见，有魄力，忠诚于党的出版事业，对《李自成》第一卷的出版起了直接作用……而第一卷由他担任责任编辑，用古人的说法就叫做"得人和"。①

虽然既得"天时"又得"地利"和"人和"，但"摘帽右派"的作品就是"摘帽右派"的作品。对于《李自成》的出版，既有"三条限制"在先，便有报刊杂志的统一行动在后：既不发消息，也不予评介。然而，姚雪垠不怕。他说："真正的文学作品是有生命力的，它长着两条健壮的腿，在困难中向前走，路子越走会越宽。"对《李自成》，他有这一份自信，他说，"桃李不言，下自成蹊"。

果不其然，《李自成》很快就用自己的"脚"走出了自己的路。大江南北，

---

① 《学习追求五十年》，载《姚雪垠书系》第16卷《学习追求五十年》，中国青年出版社2000年版，第195页。

南城内外，就连新疆边陲叶城小镇的哨所里，年轻的解放军战士们也在争相传看《李自成》！江晓天说："《李自成》第一卷于 1963 年夏出版，虽然连新书广告都没有，但却很快就在全国范围内各行各业的读者中，受到极为广泛的、热烈的欢迎……《李自成》一卷初版包括大 32 开本，共印了十多万册。不到半年，新华书店又经调查提出了新的印数，需求量较大，因为要控制，第二次再印也是十多万册。1964 年底至 1965 年初，新华书店又提出要再印，数量更大，好像在百万册以上。"

浩浩荡荡的读者队伍中，走着一位名叫雷达的少年。几十年后，当年的少年已经成为著名文艺批评家，他在《从长篇小说创作看世纪之交的文学思潮》讲演中提到历史小说时，依然情不自禁地拍案击节："《李自成》第一部写得真好，就是把人置于那么一种情景之中，那种情景叫什么情景呢？我不知道，就是被剥夺了很多很多的东西，只有一支笔自己拿着，自己真正能够回到历史里面去，深入到历史里面去，写出一种文学的精品，了不起。"

作为伯乐与知音，江晓天曾在一篇文章中写到《李自成》出版后的盛况，字里行间充满了欣幸与自豪："不到一年时间，仅编辑部就收到二百封左右的读者来信，他们有守卫边疆的战士、矿山工人、农村社员、大中小学教师、学生、报刊编辑、医生、史学工作者、文艺工作者，还有一些党政军高级干部。一致称赞它艺术性高，知识性强，特别是现实思想教育意义大，这一点，更出乎我意料之外。许多封信都说到李自成不畏艰难不屈不挠、无私无畏的英雄主义精神，给自己鼓舞很大。当时，祖国三年暂时经济困难刚过，苏联背信弃义，撕合同，撤专家，所强加于我们国家和人民的压力，和所造成的困难，尚在清除中，李自成的英雄无畏精神激发了广大读者奋发图强建设和保卫祖国的决心。历史小说也能产生这么广泛巨大的现实教育作用，这使我这个编辑也受到教育和新的启示。这些来信，我没有寄给作者，因为批评意见极少极少，摘编了一期《出版情况》，原件大都存档了。"

1963 年 10 月 25 日，九九重阳节。应武汉市政协邀请，姚雪垠与一批德高望重的老专家老学者老艺人一起登上琴台。在传说中的伯牙弹琴处，同游的古琴家即兴演奏,一曲《高山流水》,掀动思绪万千,姚雪垠挥笔写下了散文《重阳登高漫记》。文章从"伯牙摔琴谢知音"的故事入笔,歌颂知音的无上珍贵,抒唱《李自成》知音多多的自豪与幸福:"最广大的知音是人民群众。一个好演员,好音乐家,决不只有一个钟子期。一部好影片,从都市放映到农村,被上千万的观众们热爱。一支好歌曲,从黑龙江唱到海南岛,从东海的渔船上唱到昆仑山和克拉玛依。一部好小说,解放前初版两千册,顶多一万册,如今看来多寒伧。如今呢,一部好小说会发行几十万甚至几百万册,而每一册又被多人传阅,试想想有多少知音啊!"

当然,姚雪垠并未因此而忘乎所以,他清楚地知道现实离他的梦境还有多远。在他看来,"一般历史小说,获得普通读者喜好容易,获得较高的知识分子、尤其很有学问的专家学者予以称赏,才能够证明它的成就"。那么,由谁来给《李自成》的成就作出最有力度的证明呢?姚雪垠想到了毛泽东。在他眼中,毛泽东"是一位喜欢读书、文史知识渊博,才华横溢的人"。由毛泽东来批评《李自成》,那才真正具有至高无上的权威性与无法估量的深远意义。

于是,一天下午,姚雪垠与妻子去了住地附近一条偏僻小巷中的一个小小邮电所,把《李自成》第一卷上下两本悄悄寄给了那个令天下人倾心向往的"菊香书屋"。这件事情,姚雪垠从不敢对外人说起,因为自己的"摘帽右派"身份,他怕招来无端嘲讽。反正书一寄出便如石沉大海,就连他本人,也很快把这件事情忘记了。就像当年他曾把《记卢镕轩》寄给周恩来一样——给自己所尊敬的伟大人物寄本自己的作品,如此而已,有什么呢?

1963年年底,毛泽东对文艺工作做了严峻的批评,说各种艺术形式都问题不少。江晓天为之又绷紧了神经,生怕"不许再写"的禁令会突如其来。于是他三天一封信,五天一份函,像催征的战鼓一样,逼着姚雪垠加快创作速度。江晓天不仅盼望着"能在春节前收到三十万字稿子一读",而且盼望着"第二卷无论思想上和艺术上都力求超过第一卷"。在这看似无情却有情的催促之下,1963年的岁末,姚雪垠又在紧张的战斗中度过了。

## 第二节 山雨欲来风满楼

1964 年春天，陶铸看罢《李自成》第一卷，兴致盎然地推荐给到广州出差的夏衍，说是此书颇值一读；不久又在一次干部会上大加赞赏："为什么三百年前的历史在姚雪垠笔下能写得那么生动、深刻，而我们有些作家写当前的生活却达不到这样的水平？"

消息传到姚雪垠处，引发的激动与兴奋是不言而喻的。多少年来一直被压抑受歧视，他确实太需要太渴望这样的肯定了，更何况如此推崇他的不是别人，而是中南局第一书记！欣幸之中又添喜讯：江晓天来信告知：《李自成》"第一卷即将三印，因为数量较大，印刷力量赶不上，只好分批供货，四月份可印出一批，大概是五万册左右"。

接踵而至的好消息让姚雪垠享受着欢悦，抬头才见窗外已是春意盎然。端午节就要到了。端午节，诗人节，姚雪垠自然而然地想起了自己一向所尊崇的伟大诗人屈原，遂决定于百忙中抽身，到坐落在东湖岸边的屈原纪念馆看一看。放下案牍劳作，谢绝老伴陪同，姚雪垠安步当车，独自走在东湖岸边小路上。一边是烟波浩淼的湖水，一边是花红柳绿的堤岸，飞扬的思绪在旖旎的春光中跃动，姚雪垠仿佛回到了 22 年前。那时候，大别山中的诗人节，他在纪念大会上演说屈原，慷慨激昂的滔滔不绝中，把他对一颗圣洁诗魂的理解与敬仰表达得淋漓尽致。

他说，屈原第一个伟大之处，是在诗歌形式和表现手法方面的重大创新和发展。他既尊重传统，学习传统，又勇于打破传统，努力探索并付诸写作实践。

他说，战国后期为什么能产生伟大的诗人屈原？应该说取决于主客观两方面条件。从主观方面说，屈原的思想是解放的，创作是大胆的，是无所畏惧的。一篇《天问》问了一百多个问题，每一个问题都是对传统的质疑，每一个问题都闪耀着朴素唯物主义的思想光辉。屈原敢于在诗中鞭挞当权贵族集团，绝不掩蔽自己的观点，爱憎分明，感情像烈火燃烧。屈原忧国忧民，要求改变现实，宁清白正直而死，决不苟且偷生，随波浮沉。屈原在政治上受的打击愈大，他的诗中政治热情越高……

他说——他还说了一些什么呢？一时难再忆起也无须再忆起了，因为过去说了些什么并不重要，重要的是他继承了先哲的遗产，无论是思想上、情感上还是个人品格上。他把先哲对政治理想的追求运用到艺术探索中，为了实现文学上的中国作风和中国气派，孜孜不倦，宁死不悔。有一卷《李自成》在，姚雪垠可以坦坦然然地走近屈原，坦坦然然地面对先哲了。

这天晚上，姚雪垠挥笔写下了《登东湖屈原纪念馆》七律一首："林荫夹道入东湖，山色湖光壮画图。郁郁峰峦藏学府，茫茫烟雾绕钢都。碧波棹影传丝管，绿岩涛声杂笑呼。懒诵《离骚》悲愤句，端阳依旧人间殊。"盎然的春意荡漾在诗作的字里行间，可以看出姚雪垠的心情十分轻松。他沉浸在文学创作中，沉浸在历史事实的搜集整理中。《李自成》的一个个人物形象正一天天丰满，蝇头小楷写成的资料卡片正一日日增多。废寝忘食的案牍劳作中，春天匆匆走过，夏天悄悄来临。

1964 年 7 月，冯雪峰为写太平天国小说到广西采访，归途中在武汉逗留数日，被湖北省文联安排在汉口饭店。冯雪峰告诉负责接待的阳翟同志，说想与姚雪垠与吴奚如见见面。姚、吴二人闻讯而至，三个人谈了整整一下午。冯雪峰说领导已经批准了他的太平天国长篇计划，他准备从金田起义入手，分十卷写出太平天国革命运动的整个过程，每卷约为十万字。冯雪峰还告诉姚雪垠，有朋友劝他不要写那么长，他对朋友回答说："姚雪垠写《李自成》分五卷，第一卷就出了两本，我的计划还没有他的大呢！"

汉口饭店坐落在航空路口，两条大马路在门前相交。冯雪峰以"市声嘈杂"为由，请姚、吴二人向省文联说句话，希望能在武昌给他另找一个临时住所。他们理解他的苦衷，知道他成"右派"之后，已失去"人民文学出版社社长"的待遇，以其当下的普通编辑身份，住饭店存在报销困难，这是他要另寻住处的真正原因。姚雪垠与冯雪峰相识于 1943 年的重庆，两个人曾共住全国文协的一个房间，朝夕相处一个多月。他说雪峰同志喜欢读书，理论修养高，见解深刻，为人正派、朴实。还说冯雪峰对知识对学问孜孜以求的精神，始终让他由衷敬佩。可是眼看着老友作难，自己却无力相助，不仅深恨不已。"泥菩萨过河，自身难保；'摘帽右派'，人微言轻呀！"深长的叹息中，满溢着姚雪垠的自责与无奈。

见过冯雪峰的次日上午，姚雪垠便去了当阳县的玉泉寺，从 7 月初住到 8 月底。这时候，向文艺界的"小开刀"即将开始，报纸上开始批判《北国江南》《早春二月》等电影，新编历史剧中的"帝王将相"也在遭遇否定。这些情况，姚雪垠都不闻不问，仿佛到了玉泉寺就是进了桃花源，又仿佛他笔下的人物都不是"死人"似的。忽然接到朋友来信，说有人正准备拿张献忠谷城投降的故事向《李自成》开刀，罪名是"歪曲农民英雄形象"，嘱咐姚雪垠千万小心再小心。

然而，他能怎样"小心"呢？一个"摘帽右派"，只要一有风吹草动，就无可逃匿。闭门家中坐，祸从天上来，正所谓"获罪于天，无所祷也"。姚雪垠感谢朋友的好意，却只能听天由命——挺着、等着就是了。只要还有一天自由，就决不停止创作《李自成》。"躲进小楼成一统，管他冬夏与春秋。"

于是，姚雪垠一如既往地每隔三五天就往家中发一封信，把写好的稿子寄给老伴王梅彩。王梅彩本是开封机械厂的老职工，后来辞去工作当了全职"贤内助"，每日里除了买菜、做饭、洗衣服，就是跑邮局、跑书店、跑图书馆，把收发信件、买书、借书、还书诸事全部包揽下来，除此之外还有一项更重要的工作——打字，把《李自成》书稿用中文打字机一个字一个字地敲出来。姚雪垠写多少，她就打多少；要求她什么时候打出来，她就什么时候打出来。多少年如一日，从来不会误事。

可是，这回竟然破天荒了：当姚雪垠从当阳回到家中时，他寄回的手稿竟然塞在抽屉里原封未动。"为什么不打印出来？"他火了，拍着桌子冲老伴喊。但他又立刻后悔了，后悔不该这样凶蛮。老伴不肯打字，原因明摆着。武汉文化艺术界的领导干部已经开始"百日整风"，程云等同志成了重点对象。作为一个"极右派"家属,老伴能不害怕吗?

姚雪垠理解老伴,因为他内心经受着同样的煎熬——烦恼、苦闷、忧愁、恐惧。但他更担心的事情是:万一再来一次运动,下半生的工作计划势必又被打乱,《李自成》就又要束之高阁。如此这般,他的梦可就毫无疑问要完全彻底地破灭了!人生能有几多"知天命"?所以,他必须抓紧!只要天不塌,就得干!

终于,老伴被说服,又开始工作了。每天,听着邻居们都上班走了,她便小心地插好大门,再把工作间的门窗都紧紧关上,然后才在打字桌前坐下来。姚雪垠则满脸堆笑,沏一杯香茶,摆在桌子的一端;再点一炷香,摆在桌子的另一端。他那一脸巴结讨好的笑容,总是换来老伴一声凄然长叹。之后,中文打字机便"咔哒""咔哒"地响起来。

他们住在三楼,窗外两株大树,正好比齐窗棂的树冠枝叶婆娑,影子在窗纱上摇曳着。多好的环境呀!姚雪垠曾多次忘情地推开窗户,把悠闲的蝉鸣迎进屋中,让打字机的声响飞向窗外。可是每次都遭到老伴反对——她总是立刻起身关紧窗户从而关住打字的声音,她不敢让别人知道姚雪垠仍在写作。即使这样,也仅仅坚持了三天,她便非常坚决地停止了工作。任凭他如何央求,她也不肯再干了。

"雪垠,过去都是我听你的,现在你听我一回不行吗?咱们都是五十多的人了,折腾不起了!"她流着眼泪央告他,"别忘了人家是怎么批判你的:总想着成名成家,为自己树碑立传"。"我写书,是为党为人民工作,我问心无愧,谁说什么我也不怕。""你不怕,我怕,我怕你再弄个罪名顶在头上,压死自己不算,还要让孩子们替你背黑锅!""唉,唉",姚雪垠忽然揪起鬓角的头发:"你看看我这里——白了,全白了!我的时间不多了。再不写,这辈子就真写不成了!""我知道,我知道你着急呀!"老伴的声音哽咽了,"雪垠,咱们老了,就这个样了。可孩子们的路还长着呢,咱们不能不为孩子们想呵。"一行老泪顺着脸颊流下来,姚雪垠伸手抹去。他不看老妻,独自走到窗前,对着大树说道:"好,这一回,我听你的。"

## 第三节　《草堂春秋》辩

1964 年秋末冬初，武汉市文化系统的领导干部开始"百日整风"。"百日"一过，即到岁尾年头。新年里的头一项工作，就是整顿一般干部队伍。具体流程分为三步：一是摸底排队，二是确定重点，三是通过分析批判提高思想认识。在此期间，重点对象的主要言行举止都要予以重点关注，必要时则必须"上纲上线"，即拔到"资产阶级向无产阶级进攻"的高度，与"走社会主义道路还是走资本主义道路"联系起来认识。

似乎无需任何理由，"姚雪垠"就成了"重点"入了"另册"。若非要问个"为什么"，答案则很现成也很简单：是他在什么时候曾对什么人说过这样几句话："将来我死了，希望我的坟前能立一块小石碑，刻着'作家姚雪垠之墓'几个字，我的心愿就满足了。"茶余饭后的闲聊，不幸与"资产阶级思想"和"资本主义道路"有关，便既要"上纲"又要"上线"了。

1965 年初春，一般干部队伍整顿过程中，有位编剧找到姚雪垠，诚心诚意地规劝他别再写《李自成》。而他与他又并不熟悉，真正的交浅言深。姚雪垠不爱听，与对方争得面红耳赤，直到下班仍余怒未消，想起邻居李冰正是市文联整风五人领导小组的成员之一，便径直去了李家诉苦。

李冰先以领导身份劝解一番，后来又忍不住悄悄透露：有人写了文章，批判《李自成》是"反党反社会主义"的"大毒草"。市文联不敢擅自发表该文，就将其上交市委。市委有关领导审阅后，考虑到中南局第一书记陶铸读过《李自成》，又考虑到《李自成》在北京乃至全国都有强烈反响，便采取息事宁人办法，把批判文章暂时压下了。"只能说是'暂时'"，李冰解释，"因为以后能否压住，谁也不敢打保票"。

《李自成》"暂时"保住了，《草堂春秋》却倒霉了。此后不久，湖北省和武汉市的两级报刊联手协作，对《草堂春秋》的批判突如其来。挥笔上阵者多是大学中文系的教师，都有很高的专业知识水平和职业素养，所以批判文章都写得中规中矩有条有理，该归纳则归纳，该分析则分析，最后再按照一个既定的思维模式概括出一个统一的结论来：姚雪垠写《草堂春秋》是"借古讽今"，是为没有住房的困难户鸣不平。

正随单位在汉阳农村劳动的姚雪垠无言地面对着这一切。总盼着去乡下就是进"桃源"，殊不知走到哪里都是"摘帽右派"，都不能自掌命运。白天劳动，晚上学习，内容还是整风初时学过的文件，一人读，大家听。可以打盹，可以聊天，但不去不行。农村不是"世外"，姚雪垠无缘一枕黄粱，所幸还有一点是不下乡就不可能得到的好处，即能把星期日集中起来使用。每月四个星期，除去来回路途所用，还有三天左右可以在家中度过。

劳动太吃力，营养又跟不上，每次一回到家，姚雪垠总要先蒙头大睡一觉。老伴不解，不免常带着情绪责问："怎么你一进家门就这么多瞌睡呀？"姚雪垠明白，老伴是想跟他说说话。孩子们都在外地，她独自一人在汉口守着一个空屋子，的确太寂寞了。好容易见到他，肚子里说不清淤积了多少苦水想倒一倒呢。但他却无法应对她的责问，因为他不想让她知道他在乡下的真实处境。其实，他每次都只是睡了个半饱，就又赶紧坐到写字台前——他只有这一点点可以自行安排的时间，他不能不抓紧一分一秒写作他的《李自成》。

又是半年蹉跎。整风进入了第三阶段，全员集中到汉阳县委招待所，在市委宣传部直接领导下进行人人过关式的思想检查总结。姚雪垠劳动表现一般，他的毛病只在"思想"在"检查"在他炮制的那些白纸黑字上。领导不让在会上纠缠《李自成》，《草堂春秋》的"创作动机"便成了他的思想检查之重点所在。姚雪垠顺着批判文章的思路给自己弄了顶"借古讽今"的帽子戴，却因为帽子下面缺少内容，又被指责为"大帽子底下开小差"，态度不端正。经再三检查仍然通不过，最后只好开会批评帮助他。

会上众说纷纭思想开阔，旧问题未解又提出了新问题："严武是唐朝的剑南节度使，是唐明皇手下的鹰犬，镇压四川人民，进行残酷剥削。杜甫是人民的诗人，他怎么能同这样的人成为好朋友？""姚雪垠写杜甫在诗中歌颂严武，是向压在四川人民头上的官僚脸上贴金，贬低了杜甫的人格。姚雪垠还写成都一位老农如何称颂严武，这也是往皇帝鹰犬脸上贴金。"

姚雪垠无语。严武不是唐明皇的"成都尹兼剑南节度使"，他任此职是在明皇之子肃宗与之孙代宗两朝——这是个常识性历史问题；至于杜甫能不能与严武是朋友以及其他问题，立论基础都是最简单机械的"阶级论"，根本不值一驳。如此这般，姚雪垠是真不知道该说些什么——说假话，他不屑；说真话，他不敢，所以他只能沉默。可是会议主持人又不准他沉默，非要他逐一回答群众提出的问题，于是便有了大意如下的一段话：

第一，关于严武，不能只看他的官职，主要应看他宦绩。严武只活了四十岁，主要活动是在成都，在他的"成都尹兼剑南节度使"任上。当时，他打败了吐蕃七万人的进犯，同时控制住了成都一带的小军阀，使川北和川西一带能够在军事上和政治上保持相对的安定局面。这种局面，不仅为唐朝中央政府所需要，也是广大四川人民所迫切需要的。第二，在成都的一段生活，让杜甫享受到了他一生中不多的安定。而这段安定的生活是与严武的帮助分不开的。小说依据杜甫的一些诗篇和史实，写出了杜严的深厚友谊，并未涉及严武的其他方面。小说中引用的杜诗多是流传甚广的名篇，从来也没有人认为杜甫这些诗作有损于他的伟大人格。第三，杜甫有一首很有名的诗，题目是《遭田父泥饮美严中丞》。小说把这首诗化为一个故事情节，让那位田父在酒酣之中兴奋地说了"美中丞"的话，只是为了表现杜甫同劳动人民的关系。

姚雪垠回答完毕，座中鸦雀无声。主持人问"谁还发言"，全场竟无一人响应，于是散会——姚雪垠的思想检查就此通过。客观讲来，《草堂春秋》在姚雪垠近七十年的创作实绩中其实算不上什么，可偏偏就是这个本无所谓的短篇小说，竟前前后后纠缠他半年之久。为什么"被运动"的总是他？为什么他总是受那些无"作"可"创"者批判？姚雪垠想不通，他耿耿于怀，他在《漫谈历史的经验》一文中，专门提到了批判《草堂春秋》的来龙去脉：

抗战后期，我很想写一部《杜甫传》，是想作为传记文学去写。解放前写了几章，因忙于他事就放下了。1962年纪念世界文化名人，杜甫是纪念对象。这一年是他诞生一千二百五十周年。《长江文艺》编辑部知道我曾打算写《杜甫传》，找我写文章。我将原来写杜甫在成都草堂生活的一章整理出来修改，交出发表，题目是《草堂春秋》。1964年秋天，陈翔鹤同志的历史短篇小说《陶渊明写挽歌》被诬指为"反党反社会主义"的"大毒草"，在北京发起批判。既然北京发现了"样板"，外省当然跟着办，湖北省和武汉市就决定批判《草堂春秋》，组织了两个写文章班子，随意歪曲，无限上纲，在报刊上批判一阵。

思想改造告一段落，姚雪垠回到家中。此时孙女卉早被接到武汉，成了奶奶身后的一条小尾巴。老伴为使他高兴，让卉在他面前又唱又跳又说歌谣，最后还有祖孙两个的一问一答："卉你享谁的福？""我享爷爷的福。""不对。"老伴纠正孩子，"你享的是共产党的福，是毛主席的福。记住了吗？""记住了。""卉你享谁的福？""我享爷爷的福。""真笨！"一场刻意安排的欢迎仪式宣告结束。

1965年8月，经个人主动要求，组织研究批准，姚雪垠重返汉阳农村"深入生活"，到蔡甸的旭光大队参加劳动，"一为改造，二为将来能写一部反映社会主义新农村的作品打好基础"。是年年底，当他从乡下回到城里时，《李自成》第二卷初稿已经基本上写完了。


## 第四节　仗义执言的记录本


1966年1月9日，姚雪垠带着基本完成的《李自成》第二卷初稿，从汉阳农村回到城里。春节将至，按惯例春节后要开一次创作会，他打算会一开罢就回农村继续"深入生活"。组织批给他的一年时间刚过去一半，剩下的半年他也许还在旭光公社，也许会到"别的最先进的公社（如新洲新集公社）看看"；然后，他要再向组织提出申请，争取到某个工厂去搞一段"四清"……

总之，《李自成》的顺利进展让他对来年充满希望。他心情愉悦，他把他的好心情通过信件发送给他的孩子们。他告诫他们："务必抓紧时间，努力学习，努力工作。三十岁左右，精力旺盛，是学习的最好时候……三十几岁缺乏在科学上饱满的进取精神，不打个好基础，到了四十以后，就要后悔起来了。"他嘱咐他们："你们搞科研，毛主席的《实践论》和《矛盾论》是一把很好的哲学钥匙。学好这两篇文章，对你们的业务用处极大……马克思主义哲学告诉你们一种科学的思想方法，它不仅对研究社会问题是有用的、必须的，对研究自然科学也是一样。"

春节刚过，脑膜炎就在"武汉地区及附近县份"流行起来。从 2 月初到 4 月底，"持续时间特别长，情况特别严重"。幸亏国家防疫部门的"预防和安全工作做得较好"，把预防药物连带着预防知识送到了家家户户。开始姚雪垠还怕孩子染疾，后来看"每天都有人来替卉往鼻孔里滴几滴磺胺药水"，而整个文联家属院自始至终并未出现一例病人，悬着的一颗心便轻松放下。其间他的最大感触是防病知识宣传的深入人心，卓有成效，竟把小卉这种学龄前幼儿都教会了"保护自己"："有时提到上街，她主动反对，说：街上有脑膜炎，传染了怎么办！偶尔出大门，她就戴口罩，滴鼻药，比大人还注意。"

伴随着"四清运动"的深入，中共武汉市委又开始整顿干部队伍：先从市属各单位抽调了一批历次政治运动中的积极分子，集中到洪山饭店学习培养；又把所有干部按类归堆：一类是无产阶级立场坚定的好干部，二类是无大病有小错的较好干部，三类是有严重错误而尚可教育者，四类是已入"另册"的"阶级异己分子"。姚雪垠被归在第三类，侥幸还在"人民内部"。他知道这个位置十分危险，如临深渊如履薄冰，真的再不敢"乱说乱动"了，《李自成》因之而不得不又一次被束之高阁。

不能写了，姚雪垠便转向读——读马恩列斯选集，读毛主席著作。他自己读，也要求儿子媳妇读。他在信中督促他们："现在全国各地学'毛著'已形成一个大的运动，不知你们学得怎样？""要把学'毛著'一事认真地热情对待，它关乎着每个人的世界观改造和业务前途，当然也关乎着中国建设的前途。你们需要什么书，可来信。"

1966 年 5 月中央政治局扩大会议和同年 8 月党的八届十一中全会的召开，标志着"文化大革命"全面发动。像以往历次政治运动一样，全国都看北京的动向，湖北自然也不会例外。因为要等待"经验"出台，所以武汉地区的"文化大革命"每一步动作都要迟滞于北京一个月左右：6 月下旬，工作队进点。武汉市文化局、文联、群众艺术馆等三个单位工作性质相近，原先即共由一个党委统辖，运动也就共派一个工作队领导。7 月中旬，群众发动起来了，开始上挂下连，揭发批判，"怀疑一切打倒一切"之风肆虐江城……

姚雪垠惶惶不安地注视着眼前的一切。一把"横扫"之剑悬在头顶，说不清什么时候就会当空劈下来。他清楚自己的身份，也就明白自己的处境。

那一天很快来了！不是 7 月尾就是 8 月头，一份题为《〈李自成〉——反党反社会主义的大毒草》的大字报糊住了文联机关大院的大半边垣墙。这是批判《李自成》的第一张大字报。因为是"第一"，所以很轰动。看大字报的人来自全市四面八方，各行各业，接踵摩肩，络绎不绝。广大读者心目中的"香花"突然间变成了"毒草"，这一个对头大翻转激发了强烈的猎奇兴致。大字报作者又是省内的著名文艺批评家，其高水平的批判分析，使《李自成》至少有五大"罪状"，在很长一段时间内成为许多人茶余饭后津津乐道的话题：

第一，崇祯是亡国皇帝，应该写他如何荒淫如何昏庸如何不理朝政才对。可是《李自成》中的崇祯却是一个辛辛苦苦、一心"励精图治"的人。对一个封建统治阶级的总头目如此温情，是一个阶级立场的大问题。

第二，把封建皇后和妃子们都写得很美，而把农民却写得很丑，连一个五岁小孩子流鼻涕的事情都不放过，这些都充分说明，作者的阶级立场和阶级感情有问题。

第三，写李自成有迷信思想，有天命观和帝王思想，这是对农民革命英雄的歪曲和污蔑。

第四，把曾带兵同农民军作过战、双手沾满人民鲜血的封建官僚卢象升写成为国牺牲的民族英雄，歌颂反动人物，完全站在封建地主阶级的立场上。

第五，写牛金星有学问、有本领，借机为自己的不得志鸣不平。牛金星是封建社会的知识分子，不经过思想改造，没有"脱胎换骨"，竟然能够参加农民起义，而且受到重用，这是借题发泄对党的"知识分子改造"政策的不满。

大字报开路在前，批判会紧追在后。大字报作者第一个作主题发言，先批判《李自成》的五大"罪状"；再控诉中共武汉市委"树立资产阶级黑旗""保护资产阶级反动权威"，其论据一是拒不发表他批判《李自成》的文章，二是弄丢了他批判《李自成》的稿子，三是批评他"批判《李自成》'动机不纯'"。话到此处情不能已，声音居然有些哽咽："1962年夏天，领导安排姚雪垠去庐山避暑，小汽车直接开到院里接他上船，我站在窗子里边往下看，眼睛都气红了。"

姚雪垠一下子瞪大了眼睛——他太吃惊了。这位同志平时说话很讲究艺术性，委蛇婉约，绕弯子转圈子，被人戏称"打太极"。这般毫不伪饰的真情表露，真难得从他的嘴里蹦出来。不啻如此，他还要继续揭发批判，所射之的是姚雪垠的第二大问题——"写《王昭君》剧本，宣扬和平主义"。

姚雪垠不服，忍不住插话对王昭君出塞的背景与史实作些解释，结果惹恼了批判者。对方一拍桌子站起来，用一根指头点数着姚雪垠："看把你嚣张的！就是你，曾经恶毒攻击毛主席诗词！"

石破天惊，满座寂然。大家面面相觑，大气不出。整个会议室里，回响着批判者一个人的声音：大家都知道，毛泽东思想是马克思主义的顶峰，毛主席的诗词也是诗词的顶峰。可是姚雪垠却胡诌了一个"三峰并峙"论——他说奴隶时代的顶峰是屈原，封建时代的顶峰是李白和杜甫，社会主义时代的顶峰才是毛主席。他还说，毛主席的诗词中有一些句子是借用古人的，只不过改换了一两个字。请大家想一想，毛主席是最有天才的伟大诗人，他怎么可能搬用别人的诗句呢？姚雪垠的话，不是攻击、污辱我们的伟大领袖是什么？

姚雪垠绝望地闭上了双眼，等待着愤怒的群众一哄而上对他"专政"。然而，就在这时，有人突然插话，毫不客气地打断了批判者："不对！你说得不对！我记得很清楚，老姚不是这么说的，我有证据。"

姚雪垠不敢抬头，凭声音判断，他知道说话人是坐在批判者右边不远处的刘烈诚；又凭声音判断，知道刘烈诚站起来了，走出去了，离开了会场。至于刘烈诚要干什么、要说什么，之后还会有什么事情发生，却都无从知道。与会者开始交头接耳，会场上一片唔唔窃窃。

姚雪垠一身冷汗，脑海里只闪现着一个念头："这回可是真要完了！"因为他确实随口评论过毛泽东主席的诗词，说过诸如"总体上是才华横溢登峰造极，但并非每一首都是杰作都无可挑剔"一类不敬之语，而且不止跟一个人说起过。

少顷，刘烈诚回来了，回到他原来的位置上，态度冷静地坐下去，很镇定地把一个本子放在桌上，打开，翻到其中一页，用手指头点数着，慢慢地念出来姚雪垠的原话，并念出来具体的时间、地点和其他见证人等。然后，神色庄重地将本子合起来，宣告发言结束。

唔唔窃窃的会场早已鸦雀无声。众目睽睽之下，文艺评论家左瞧瞧右看看，发现自己竟找不到一个支持者，不禁大为沮丧又心有不甘，想再说点什么却终于什么也没再说，颇有些狼狈地慢慢坐下了。

姚雪垠得救了！刘烈诚的小本子让他绝处逢生！

庆幸之余，姚雪垠的心里充满了感激。他感激刘烈诚，也感激那些以高贵的沉默保护了他的"知情者们"。但同时他又很愧疚，为了多年来对刘烈诚的心存成见。自从中国作家协会中南分会成立，他与他就在一起工作，却从来没有过往，甚至连话都没说过几句。1957 年"反右运动"中，偏偏又是刘烈诚负责姚雪垠的"专案"！政治的鸿沟是不可逾越的，从此两个人更理所当然白眼相向。姚雪垠就是做梦也想不到，当他到了最危险的时候，竟是刘烈诚为他提供了慈航一苇！

自身的遭际让姚雪垠对刘烈诚其人有了全新认识——善良、正直、忠厚，不乘人之危，不落井下石，不见风使舵，不踩着他人向上爬，不像某些龌龊的同类那样用他人的鲜血涂抹自己的顶戴。他之所以平日里不惮其烦地记下别人的一些片言只语，实在是由频繁的"运动"培养出来的政治警觉，是他在长期的工作中养成的职业习惯。也许，他的这种行为尚可厚非，但却丝毫无损于他光明磊落、与人为善、实事求是、仗义执言的高贵品格！

## 第五节 从天而降的"免斗牌"

1966 年的七八月间，姚雪垠每天早出晚归，去单位参加学习会或者批判会。走在街上，几乎天天都能碰上到处"破四旧"的红卫兵队伍，文联家属院里也常常有红卫兵闯进来抄家抓人。提心吊胆的日子里，工作队来找姚雪垠谈话，说北京已经有许多文艺界知名人士被红卫兵从家中揪出去批斗、挨打，为了保护他的安全，要求他必须抓紧时间搬到单位住。

当时，武汉市委的领导班子已陷于半瘫痪状态，由各级党委派出的工作队随着"刘邓司令部"的被打倒而纷纷撤出。进驻武汉市文化局的工作队也不复存在，但是工作人员没走，而是改称"三员"——观察员、联络员和指导员，他们在第一批红卫兵面前仍有一定的权威性和影响力。

9月2日晚上，红卫兵要到姚雪垠家"扫四旧"，"三员"极力劝说不要去。但队伍已经集合，无法阻止，只好退而求其次——"三员"提出了三个条件：一、对姚雪垠的各种稿子必须保护好；二、对他的所有藏书必须保护好；三、对他的所有笔记本和读书卡片必须保护好。

抄家行动发生在半夜。按照事先谈妥的条件，红卫兵先把姚雪垠的所有书柜都贴上封条，然后一间屋子一间屋子地翻检，连厨房都不肯放过。大概是希望能搜出些黄金、美元来，不料能作为"罪证"抄走的战利品却只有一部中文打字机、两个古瓷茶碗和一个不到五位数的银行存折。存折虽不属"四旧"范畴，但红卫兵自有红卫兵的道理：姚雪垠写出"大毒草"《李自成》，毒害了人民还拿稿费，这比地主剥削农民还凶狠，岂能容他？

从秋末到冬初，姚雪垠一直都与一班同病相怜者同吃同住在单位的临时宿舍里，虽然没有造反派、红卫兵们找麻烦，但每天除了"早请示晚汇报"，胡思乱想便是他活着的唯一证明。日复一日的大好时光虚掷浪抛，让他实实在在感觉到生不如死。到了11月底，从单位搬回家中，见到了老伴和孙女，日思夜想的天伦之乐变成了现实，他却总是很难提起体味生活的兴致——一个作家没有了创作自由，他生活中的价值和意义在哪里呢？

郁郁之中，姚雪垠偷偷去了一趟屈原纪念馆，本想以凭吊诉心曲，岂料先哲的雕像已被红卫兵们消灭，变成一堆石膏碎块散落于地。姚雪垠欲哭无泪，闷闷回到家中，信手在一页日历上写道："被打碎的只是一大堆石膏而已，真正的纪念像不曾打掉，任何人都不能在一次暴风骤雨式的政治运动中将它打掉。一个伟大文学天才的纪念像，保存在他的不朽的作品中，保存在一代代读过他的作品的人们的心上。屈原的存在，既不依靠石膏，也不依靠青铜和大理石，而是依靠他的光辉的诗篇。"

长歌当哭的文字，既是真理，也是誓言；是对屈原的祭奠，也是抒发个人情怀的胆剑篇！

1967年元旦刚过，全国"夺权"成风，武汉为烈。军代表进驻了文化局，随之开始"清理阶级队伍"。"清理"的重点是"现行反革命"，姚雪垠的问题只是"右派"而没有"现行",不必像斗争"走资派"时一样场场陪斗,因之而又享受到一段短暂的"逍遥游"。

武汉市文化局的造反派自命"文化新军",负责执行对武汉市所有文化人的批判。他们在海寿街与岳飞街的转角处辟出一块墙报,墙报上贴出了很大一张彩色漫画,题目叫作"群魔乱舞"。姚雪垠和一大堆《李自成》被画在最显眼的地方,其他作家则在其前后左右丑态百出。同样的漫画还贴在杨子街接连中山大道的路口,又刊登在一份铅印的小报上。好在姚雪垠已是"曾经沧海难为水",这种档次的人格侮辱对他来说不过是小事一桩。

1967 年夏天的一个午夜,"革命风暴"突然席卷文联宿舍大院,纷乱的脚步声、砸门声、呵斥声此起彼伏。几位全国知名的老作家全都被揪到院里,对门邻居也被拽出家门,推推搡搡地被拖下楼去。黑暗中,姚雪垠坐在写字台边,静静等待着噩运降临。小孙女卉悄悄蹭过来,俯在他膝上。老伴被他指派站到门后去,准备一有情况就随时把门敞开。

忽然,卉抬头小声问道:"爷爷,他们会来咱家吗?""不会来,他们不会来——来了也不怕,有爷爷呢!"姚雪垠摩挲着卉的头发以示安慰。他决定要在造反派来到门前的一刹那就挺身而出,用最快的速度跟着他们走,决不让他们看到孩子,更不能让他们当着孩子撒野。幸运的是造反派上上下下几个来回,竟然一次又一次过姚家门而不入——是他们把姚雪垠忘了?还是有意识地像上次抄家时一样对姚雪垠高抬"贵手"?

1968 年 2 月,武汉市文教卫生系统正式开始"斗批改"。相关人员被集中起来,以"大队"为建制运送到金口农校。姚雪垠与李冰、李蕤等都分在"斗批改大队"的专政班,一边劳动,一边接受审查。造反派们对姚雪垠格外客气,居然为他该不该划入"反动权威"一类争论了很长时间。这个情况让他心有所动,联系到当初红卫兵对他的书籍和手稿的"爱护",一个念头不禁浮现在他的脑海:"《李自成》有错误,但非'毒草'。这样一部较有影响的作品,至今北京没人提,全国没人提,值得思考。"

1968 年 12 月,造反派们的争论有了结果。姚雪垠虽然未能逃脱"反动

权威"的罪款,《李自成》也随之被列为百种"毒草"之"第五十三"种,
但姚雪垠却有了希望,有了信心。他说:"我坚信随着运动的发展,群众对
于《十六条》中关于两个'区别对待'的认识会清楚起来,部分造反派也有
机会高举毛泽东思想红旗,按照党的政策替我说话。运动后期,还得按照
《十六条》,实事求是地办事。"[1] 他说:"从六四年整风后,我愿意改正错误,
跟着党走,事实俱在。在'文化大革命'中我站在主席路线一边,有目共见。
这是大节。我自来不回避自己有严重错误,决心自我革命。我的有些错误,
有我自身的原因,但造反派在考虑我的错误时也考虑到省市委和中南局走资
派的责任。"

　　1969年盛夏,长江洪水泛滥,金口如置龙口,"斗批改"大队实施撤离,
姚雪垠又得以回家。进门见到一排书柜列队相迎,不禁又想到"三员"的格
外关照和红卫兵、造反派们的手下留情,却从来不曾想到"关照"和"留情"
背后一直有张"免斗牌"在发挥作用。"免斗牌"在当时属于"绝密",除了
武汉市委第一书记宋侃夫等两三位相关领导干部,其他人谁也不知道。姚雪
垠本人则一直蒙在鼓里,1970年到了"五七干校"后曾隐隐约约听到一点
传说——只是"传说"而已。一直到毛泽东主席逝世后,姚雪垠特意致信王
任重询问此事,王任重在回信中作了如下答复:

　　　　关于主席对你的保护,我记得经过是这样:1966年8月中旬的一天
　　下午,毛主席主持召开的中央政治局常委会(扩大),我们文革小组的
　　人都列席参加。主席对我说:你告诉武汉市委,对姚雪垠要予以保护。
　　他写的《李自成》(指第一部第一册)写得不错,让他继续写下去……
　　第二天我就打电话给宋侃夫同志,如实地传达了毛主席的指示。你写
　　《李自成》的那些资料所以能够完整地保存下来,你自己也未遭到更严

　　① 《海云、凤云(20)》,载《姚雪垠书系》第21卷《绿窗书简(下)》,中国青年出版
社2000年版,第465页。

重的打击，的确应当感激主席的关心和保护。

"免斗牌"的秘密就这样破解了，随即流传开来，成为一个热门话题，被新闻媒体"炒"得沸沸扬扬。各种各样的解读纷纷见诸报刊不说，而且话题常讲常新历久不衰。遗憾的是所有的述说者都把话题停留在了过程本身，停留在了当事者的具体行为上。至于这种行为有着什么样的背景支持，则没有人进行更深层次的研究探讨。

翻江倒海的"文化大革命"之始，戒备森严的红墙之内，严肃紧张的会议之中，一个泱泱大国的领袖的思想，忽然逃离民族和国家的宏大命题，鬼使神差地飘落在一个微乎其微的触点上——那是一个"右派"，一个作家，一个"右派"作家写的一本小说！他要保护这个作家"右派"，好让他把他的小说写完。事情仿佛就是如此简单，可又肯定不会如此简单！全中国有数千名作家，有比作家数量多出许多倍的"右派"，毛泽东只单单想到了姚雪垠及其小说《李自成》，这个突如其来，绝非一个"偶然"便了得。

新中国成立后，"工农兵"成了现实生活中名副其实的国家主人翁，却尚未成为文学艺术中的主人翁。所以，开国领袖毛泽东对于文学艺术中的"古人""死人""帝王将相""才子佳人"，一直秉持着极其严厉的批判态度。而《李自成》写的却正是"古人"和"死人"，而且"史无前例"地把"古人"和"死人"中的"帝王将相""才子佳人"写得那样生动、真实、充满魅力。姚雪垠竟能因"罪"而得福，何也？

"天意从来高难问"，姚雪垠却自信他能破解疑难。他对毛泽东极高的文学天赋与造诣由衷敬佩，因此他认定毛泽东对他的青睐源于对《李自成》艺术成就的赞赏。他相信自己手中的一支笔已经触动了那个睿智无比的大脑，相信笔下再现的那一段多姿多彩的历史生活，已经化作英雄气儿女情在那个宽广博大的胸怀中荡气回肠。他对自己在《李自成》中的匠心独运充满了自豪与自傲，他坚定地认为浸润全书的中国气派和中国作风会引发伟人的强烈共鸣。这种自我设计的创作追求与阅读期待的一致性让姚雪垠把毛泽东当作了"钟子期",从而把自己对他的钦敬建立在了惺惺相惜的层面上。

　　毋庸置疑，姚雪垠的感激绝对是由衷的。在那个特殊时空中，他一笔笔写成的书稿、一点点抄录的资料都完好无缺得以保存，这不能不说是一种奇迹，不能不说是上天的厚待。那是他几年、十几年乃至几十年心血的结晶啊！多么巨大的一笔精神财富！且不说《李自成》本身对于新文学所具有的填补历史小说空白的贡献，单是为写小说而抄录的近 2 万张资料卡片，也足以昭示未来、垂范永远。一张卡片按 250 字计算，1 万张卡片就是 250 万字！300 万言的《李自成》已是皇皇巨著，而近 500 万字的资料整理，又该是一项多么浩繁的工程。

　　姚雪垠却从来没有算过这笔账，他只是凭着一个作家的良心去恪尽一个灵魂工程师的责任。他说过，历史小说不是历史教材，但因为它比历史教材更容易被读者接受，所以历史小说也就更应该忠于历史真实，决不能胡编乱造而亵渎历史误人子弟！他这样说了，他也这样做了，他用自己的身体力行告诉世人：真正的作家首先应该是一个踏踏实实的学者；真正的文学是用心血浇铸、用生命打造的艺术，它容不得半点虚伪和骄傲，容不得半点奸猾和慵懒。文学创作同科学研究一样，只有那在崎岖小路上不畏艰难险阻攀登的人，才有希望到达光辉的顶点。

# 第九章　1970—1975 年

## 第一节　干校里的"山本五十六"

1970 年春天，姚雪垠去了中共武汉市委开办的"五七干校"，分在"市直属第三大队第一连第二班"。同一大队的人员，除武汉文教卫系统的处级以上干部外，就是本系统 1969 年清理阶级队伍中发现有一定问题而尚未完全核实清楚的一般干部。

"五七干校"是按照毛泽东"五七指示"开办的干部学校。1966 年 8 月 1 日《人民日报》发社论要求："毛泽东同志提出的各行各业都要办成亦工亦农、亦文亦武的革命化大学校的思想，就是我们的纲领。"在这个纲领指引下，从中央到省市，从地方到军营，"五七干校"如雨后春笋般层出不穷，姚雪垠所去的"五七干校"校址在湖北蒲圻县（今赤壁市）羊楼洞一带。

到干校之前先听到消息：中国社会科学院的军代表有一个关于干部下干校的讲话，主要内容有三点：一是一个不留"连根拔"，老弱病残走不动的用担架抬上走；二是革命群众下干校是去劳动锻炼，头上有"帽子"的下去是劳动改造；三是对那些有问题的人提出忠告："别再痴心妄想回北京城了，北京城不需要你们这号人！"

如同霹雳炸响，引爆了各种负面心态，一种背井离乡前途未卜的悲凉气氛，笼罩了武汉文教卫生系统。只有姚雪垠对"北京消息"置若罔闻。要去哪里、去了还能否回来等问题对他来说都不是问题，只要允许他创作，无论去哪里他都乐意。别人都愁肠百结眉锁浓云，他却不无欣幸不无侥幸地悄悄打着自己的"小九九"：到了干校就是干活，只要按时完成劳动任务，八小时之外就属于自己，就可以用来创作他的《李自成》。想到这些，他轻松，他快乐，他又一次充满了希望和憧憬。

3月24日，该出发了。老伴黎明即起，为姚雪垠煮了挂面，打了荷包蛋，又坐在一旁看着他一口一口吃下去。然后挑起行李，夫妻双双走出家门。她把他送到规定的集合地点，亲眼看着他上了火车，然后挤在送行的人群中，远远地与他挥泪告别。姚雪垠为之动情动容，一首七律《赴五七干校》，就在赴"五七干校"的途中打下了腹稿："老妻送我破晓天，行李肩挑挂笑颜。到死方休填大海，有情不忘攀高山。白头渐似苏卿节，岁月原非邓氏钱。梦里据鞍人尚健，立功犹望趁衰年。"

火车一路飞驰，两小时后在赵李桥下车，再步行六华里左右，即到连队驻地羊楼洞。这里是湖北湖南两省的交界处，正所谓"山高皇帝远"之所在。天野茫茫，荒草萋萋，绿色满眼清风满怀是真，落寞寂寥空旷清冷也不假。羊楼洞原本是个拥有万亩茶田的国营大农场，干校人员的劳动，主要就是侍弄茶园。锄草、施肥、采茶，惯于舞文弄墨的双手操练起犁耙锄头，颇有些无可奈何地过上了山野田间赤脚草帽的生活。

变化是痛苦的，改造需要过程。艰苦的物质生活加上沉重的精神负担，使一些人很快就染上了"三气"病：闷气、怨气、灰心丧气。生活过于简单枯燥了，无聊的人们便以谈论他人、嘲弄同类以自娱。十几个单位的人在一起劳动，闲话、怪话多得就像山野里的风。又因为一连人多是老头老太太，故时有"往前看青山一片，往后看老弱病残"之谣。

姚雪垠顽强地抵抗着"三气"流行病，抗体就是他的《李自成》。"人能投杼随曾母，我岂摇头学宝钗。"他从来不讲怪话，不开低级趣味的玩笑。不管别人怎么看怎么说，他始终腰板挺直，神态自若，浓眉下一双大眼，总是闪现着炯炯光芒。白衬衣的领子上打着补丁，蓝卡几布裤子也磨得发白了，却干净，整齐，穿在身上利利索索。出工时，他挽起裤腿，甩开臂膀，在窄窄的田塍上迈着大步。微风拂着他斑白的头发，担子在他肩上咿咿呀呀地唱。

有人说："真是'豆腐烂了架在'，姚老头真够硬气的。"

也有人说："看他那副派头，活托托一个'山本五十六'。"

当是时，全国各地正在为了批判而有组织有计划地轮番放映几部宣传日本军国主义的电影，《山本五十六》是其中之一。影片中有组镜头颇有意味：一条大路伸向远方，主人公高视阔步，旁若无人地向前走去，留给观众一个气宇轩昂一往无前的背影。"姚雪垠像山本"的说法还真不乏想象力，本体和喻体之间的确有几分形似神似。

其实，对已年值花甲的姚雪垠来说，"晨兴理荒秽，带月荷锄归"的体力劳动，不大可能产生诵读陶诗时的愉悦体验；而"长绳难系飞奔日"的老马长途之苦，又一直在折磨着他的心灵。但他不苟且不颓唐，始终如一地保持着坚定的自信和高傲的自尊，以"干一行爱一行钻一行"的素养和品质，在并不尽如人意的现实生活中发现自己的位置与价值，从艰辛的劳动中品味生活的快乐与幸福。

1970 年 3 月到 1972 年 2 月之间，他曾作"七律"多首，醇美的诗句从不同侧面反映出他积极向上的精神面貌，如《羊楼洞初晴》《响应》《五七干校值夜》《收早稻》《放牧》《连队栽竹树数万株》，等等。

为与老天争抢劳动时间，干校实行轮休制：每月四个星期天，每三个月集中休一次——每个学员每三个月回一趟家，每次回家都可以在武汉住十天。对姚雪垠来说，这可是天大的好事一桩——十天，多大的时空啊，足够他濡墨挥毫，痛痛快快地写一阵子。

1970 年 10 月，姚雪垠担任了连队的农具保管员，比之下大田干活，劳动强度降低不少。姚雪垠很珍惜这份差使，尽职尽责一丝不苟。他把供一百多人使用的各种农具收拾得干干净净，板锄、蓐锄、镐、茶篓、绳子等分门别类摆放得井井有条。他在库房一角为自己腾出了一张床的位置，经领导同意他住进了库房。搬离集体宿舍，他得到了夜半读书的自由。两摞土坯搭上一块木板是书桌，一只箩筐倒扣在地上成座椅。仓库里老鼠成群，自有他收养的"黑猫警长"去对付。他把猫刷洗得干干净净，夜晚猫就睡在他的两层棉被中间。稍有动静，猫就"倏"地跳出去，所向披靡，万无一失。

一切都是在为即将开始的创作做准备。自来水和发电设备正在安装，物质条件越来越齐备。珍贵的家书中，字里行间流淌着他的快乐："我的生活很好，每天劳动之后，有热水洗一洗，还可以自己喝杯酒。上次放假，我到羊楼洞买了两瓶好酒。今天放假，又到羊楼洞，未买到，只买了一瓶葡萄酒回来。""现在基建工作很紧张，我担任全连保管。我一走，别人摸不清家底，材料工具一时供应不上，会误了工作进程。我现在每天从早晨五点多钟到夜晚九时，大部分时间在仓库，一小部分时间在工地，要啥有啥，保证供应。再有几天，第一期基建任务完成一个阶段，我就可以请几天假了。"①

1971年春天，"批陈整风"运动全面展开。根据党中央关于"结合批判陈伯达，教育全党干部，整顿思想作风，提高思想认识"的指示精神，《人民日报》和《红旗》杂志分别发表了社论和评论员文章，一再强调"要认真看书学习，弄通马克思主义"，全国报刊随即掀起了对唯心论思想的批判浪潮。党内的斗争形势在发生变化，姚雪垠从中感受到的是自身政治待遇的提高。当夏天来临时，他写信向家人报告："从本月初开始，我和另外九位同志已完全和革命群众一起学习，活动，值夜班，跟完全解放差不多。"

虽然还是不能自由自在地创作《李自成》，但能够同"革命群众"站在同一条战壕里，姚雪垠已经是无上的欣幸和荣光。每次派他值夜，总是从午夜到天明。最佳睡眠时段，人最容易犯困。姚雪垠却总是精神抖擞神采奕奕。他搬竹椅一把，持木棍一根，一个人坐在宿舍前边的露天土台上，四围群山寂寥，暗影高耸风动月移，虫声唧唧。他自幼就喜欢驰骋想象，此时正可以放纵情感野马，任万千思绪奔涌心头，遐想横飞不可遏止，把在现实生

---

① 《致海星、宝珠（五）》，载《姚雪垠书系》第20卷《绿窗书简（上）》，中国青年出版社2000年版，第489页。

活中失去的，从如星河灿烂般的想象和遥远的希望中找回来。

1971年9月13日，林彪叛国出逃，在蒙古温都尔汗附近机毁人亡。其后不久，党中央下发红头文件，以小组为单位进行学习。有人在会上发言说："林彪这个大坏蛋，睡在毛主席身边的赫鲁晓夫，党中央早就看出来了。"姚雪垠听后很不以为然，为了准确而委婉地说出自己的想法，姚雪垠在发言时特别引用了白居易的诗句："周公恐惧流言日，王莽谦恭未篡时，向使当初身便死，一生真伪复谁知。"话音刚落，便有人提出质问："林彪要是王莽，毛主席该往哪里摆？"姚雪垠没有想到这个问题，一时语塞。座中却有人接过话茬："姚雪垠是在讽刺毛主席重用林彪，他把毛主席和林彪比成了西汉的哀帝和平帝。"

于是，"'摘帽右派'借学习中央文件恶毒攻击伟大领袖毛主席"的罪名成立了，并立刻被作为"阶级斗争新动向"层层上报，最后经由干校校本部批准，由姚雪垠所在连队召开批判大会，本大队的兄弟连队集体参加，军代表亲临指挥，校本部来人坐镇。大会结束时当场宣布：由于姚雪垠的"罪行"很有典型性，校本部已经决定，先要他写检查，然后押赴各大队进行游斗。

适值小儿子姚海天从新疆回武汉探亲，又从武汉来到了羊楼洞。父子相见情景，姚海天永远记忆犹新："出发前，听母亲说父亲又出事了……干校宿舍是一间大平房，许多人住在一起。我一进门，就看见父亲坐在小凳子上，正趴在床边，就着昏暗的灯光写东西。我喊了一声'爸爸'，父亲抬起头看看我，没有站起来，也没有流露出父子多年分别之后重聚的喜悦，只轻轻答应了一句：'你来啦'……当夜我和父亲合睡一床，两人无语。熬过了漫长的一夜，第二天匆匆吃过饭我就和父亲告别：'爸爸，我走啦！'父亲应了一句'你走吧'，仍然趴在床上写东西。"

谁都以为姚雪垠在写检查，谁也没想到他写的竟是一封辩诬长信。信中引经据典，首先以孔子的"不学诗无以言"发端，说明引用诗句进行交流的风气起于春秋时代；其次是运用大量的实例，证明古人说话引用诗句时只求表面意义相合，从来未见有何人加以曲解并陷人于罪；再次则说明自己在发言中引用诗句，是继承古人的风尚，绝没有"含沙射影""恶毒攻击"之意。最后是逐条批驳强加于他的所谓"反党言论"。一封信有理有据、言之凿凿，不是论文胜似论文。不知道是辩诬信发挥了作用还是其他什么原因，反正把姚雪垠"押赴各大队进行'游斗'"的决定没有实行，"恶毒攻击"问题也如风吹去不了了之。一场灾难来也急去也快，只徒为姚雪垠增加了一段可喟可叹的人生经历。

## 第二节　尼克松与"三突出"

1972 年春节前夕，姚雪垠回到家中，见到长子姚海云夫妇的家信，言其想离开农科所进工厂。这个话题，两年前就说过。当时他曾劝说他们："各处农业都在学大寨，都在跃进，相应的农业科学试验也在不断地涌现新成绩。我希望你们不要放弃自己作为农业专业人员的责任，不要抱着无所作为的态度。条件是自己创造的。每月，每日，都应该有所进步，有所收获。"为了帮助他们立足本职干好本行，他开始关注国内外农业科研的成果，并亲自动手为他们制作"剪报"收集资料。他从博劳格因为培育出矮秆高产小麦而荣获 1970 年诺贝尔和平奖想到"湖北湖南都在提倡矮秆稻谷"，以此作教材，谆谆告诫他的孩子们："我们的农业，比过去有空前发展，但比之科学先进国家仍落后很远。农业专业人员不是无用，而是人数太少，水平不高，加之用非所学，浪费人材。今后让这些人发挥专业所学，为社会主义建设而刻苦研究实验，这是党的政策。这是符合无产阶级利益的……你们既学了农业，就安心搞一辈子农业吧。"①

1972 年 2 月，美国总统尼克松从大洋彼岸飞抵北京，周恩来总理冒着

---

① 《致海云、凤云（五）》，载《姚雪垠书系》第 20 卷《绿窗书简（上）》，中国青年出版社 2000 年版，第 471 页。

寒风到机场迎接。中美双方经过会谈，在上海发表《中美联合公报》，标志着两国关系正常化进程的开始。"五七干校"内部的气氛渐渐轻松，早就在学员中风传的返城消息，似乎离现实越来越近了。干校两年，姚雪垠放过牛、喂过猪、采过茶、盖过房子、修过路，可以说什么活都干过，就是不能理直气壮地写《李自成》。蹉跎岁月，姚雪垠已忍无可忍。

5月9日，姚雪垠休假，进城后径直去见市委组织部辛甫部长，甫一落座，便开门见山，把已憋在心里许久的所有问题一股脑全倒了出来。

"辛部长，解放后一次又一次政治运动，每一次都对我内查外调。我的历史上到底有没有问题呢？""没有。没有发现你有历史问题。"

"'文化大革命'开始不久，据说毛主席曾经肯定了《李自成》。这件事情你知道不知道？""当然知道。王任重打电话向宋侃夫传达毛主席的指示，宋侃夫立刻召集市委有关领导同志开会，研究贯彻落实的办法。当时市委书记黎智和我负责领导文化系统的'文化大革命'工作队，我们一起找到工作队长池彭彦，让他设法保护你，保护你的书稿和资料。但是毛主席的具体指示，要求他对群众务必保密。"

"原来是这样啊。"心中的谜团破解了，姚雪垠继续顺着自己的思路往下说："听说因为尼克松访华，北京的新华书店把封存在仓库中的《李自成》都拿出来，同《红楼梦》《水浒传》等古典名著摆在一起卖，很快就被抢购光了。有这回事吗？"辛甫点头。姚雪垠穷追不舍："各地图书馆都已经得到北京的通知，《李自成》可以自由借阅了。是吗？"辛甫再点头。

话到此处，是时候摊牌了："可是，《李自成》还没写完呢！我已经整整6年不写了。我今年62岁，再耽误下去，就来不及写了。结果只能是既对不起毛主席，也对不起全国的广大读者。"姚雪垠一气说下去，"当初去干校，是为改造思想。可是最近干校里思想乱了，劳动也松松垮垮，把原来的劲头都赔光了。我再留干校，等于白白浪费生命。"他的语气几近于央求，"辛部长，你知道我历史上没有问题，又知道毛主席对李自成是肯定的，那就让我离开干校，让我回武汉来，在家里赶快写《李自成》吧。"

辛甫被感动了，低头沉吟片刻后，抬起头看着姚雪垠说道："好吧，你回来吧。""真的?""真的! 我马上通知干校。你回去把该处理的事情处理一下，就马上回来搞创作吧。"

如此这般，借着尼克松来访之"光"，姚雪垠告别干校回到了武汉，时在1972年初夏。他按组织规定向市文化局创作室报到，创作室负责人林戈很热情地接待了他，告诉他上级已经明确指示：姚雪垠的主要任务就是写《李自成》，其他事情不许随便打扰他。林戈还特别嘱咐说："你不必到单位上班，就在家写吧——可以把来回奔波的时间都省出来用在正地方。"

姚雪垠又一次感到了来自组织的关心与支持。稳定的写作环境，完整的写作时间，多年梦寐以求的东西到手了，姚雪垠唯有珍惜，唯有努力，唯有更加坚定地向着既定目标前进。他足不出户，他用日复一日的辛勤笔耕送走了夏天、秋天和冬天。1973年除夕，辞旧迎新的钟声让姚雪垠心潮翻卷、思绪昂扬，不禁挥笔写下七律一首："又是一年辞旧岁，银灯白发醉颜红。幸无每饭三遗矢，尚有平生百练功。手底横斜蝇首字，心头起伏马蹄风。壮怀常伴荒鸡舞，寒夜熟闻关上钟。"

1973年春天。莺歌燕舞，草长莺飞。中断多年的联系开始恢复，朋友们互致问候互道平安。臧克家、王亚平、彭子冈……每一封来信都送来一份友情一份惊喜，其中最让姚雪垠始料不及的是，"忽接沈从文兄来信，劝我专搞历史研究，而将小说作为副业"。"他是出自好心，且感于目前中年人和青年人能够掌握大量文献资料，能够随便看懂古代文献的人还不能适应需要，所以才向我作如此建议。我告他说，年岁已晚，而且我搞《李》已经骑虎难下了。"

4月25日，姚雪垠致信徐盈、彭子冈夫妇，用诗一样的语言描绘了他的欢乐："江城暮春，气候最为宜人。楼外高树临风，枝叶婆娑，绿映窗纱，时有鸟声婉转。书斋静，茶烟香，新旧图籍堆案，文思涓涓不绝，不知老之将至，仿佛血液中仍奔流着青春活力。当然，写历史小说有另一种困难之处，王安石有诗云：'看似寻常最奇崛，成如容易却艰辛'。在历史小说中，往往一个语词，一件摆设，诸如此类，只是顺便提了一笔，在读者眼中最容易轻轻滑过，而在作者却花过不少时间去查考研究。我已经将全部心神沉浸到写历史小说这件工作中，对这种工作不惟不觉其苦，反有无穷乐趣。"

5月上旬，江晓天从天而降。老友久别重逢，姚雪垠喜出望外。在武汉批判《李自成》是"大毒草"之时，也正是江晓天因为"出版《李自成》大毒草"而受批判之日。同病相怜，友情弥笃。江晓天年初才从干校回到北京，为中国青年出版社的"复业"选拔"献礼"书目。事关重大，江晓天不敢疏忽。反复比较的结果，《李自成》胜出。报请社"革委会"领导小组批准后，立刻动身南下。到武汉后先去市委组织部找到辛甫部长，把"毛主席保护姚雪垠"的来龙去脉确认清楚，再找姚雪垠详细讨论了《李自成》第一卷的修改和第二卷的出版等问题，然后打道回京。

5月中旬，姚雪垠抄出了《李自成》第二卷两个单元，把十六万多字的书稿寄给了江晓天；6月下旬，又寄出二十余万字，并给江晓天写信承诺，余者将于秋天整理完毕全部寄出，预计次年初春第二卷能在北京打印出来，然后像第一卷一样分请一些专家提意见。姚雪垠希望叶圣陶老人能看一看，他给叶老写了信，叶老回信，慨然应允。

7月中旬，"武汉市专业文艺创作会议"召开，姚雪垠应邀出席。会议的一项重要议程，是讨论"革命的现实主义和革命的浪漫主义相结合"创作方法与"三突出"创作原则之关系。讨论中，有与会者发言，说"'三突出'原则是一切文艺创作的唯一原则"，说它"体现了无产阶级的最高利益，反映了生活的本质。一切革命文艺工作者都必须遵循这一原则，为塑造无产阶级英雄人物的光辉形象而奋斗"。还说"贯彻'三突出'的原则是一场思想革命，没有这个革命，是贯彻不好的"。诸如此类话语，姚雪垠原本没想说话，却终于忍不住站起来，"明目张胆"地对"三突出"提出了质疑。从7月16日印发的第18期会议简报看，他主要谈了三点意见：

其一，把"三突出"说成是一切文艺形式、一切作品的创作原则，是在把"三突出"原则片面化、绝对化。其二，对那些不写人物的文艺作品，如山水画、抒情诗、小歌曲等，就不要拿"三突出"去硬往上套，而只看它们是不是符合"两革"精神。符合的就是好作品。其三，各种文艺形式，都有其局限性，也有其不可替代性。一律用"三突出"原则去框范，会妨碍其发展。

姚雪垠的发言，态度冷静，语气平和，遣词造句也尽量委蛇婉约，但同行们还是心有灵犀地听出了他的潜台词，雷鸣般的掌声经久不息。十几年来一直"夹起尾巴"过日子的姚雪垠又一次风光占尽，但也又一次招来麻烦缠身——当即受到一些人的围攻不说，事后还有人瞒着市委领导，暗中组织群众要开会批判。却又怕承担责任，打报告向省委请示。中共湖北省委宣传部常务副部长余英同志压下报告不予批复，准备中的批判会只能流产。

姚雪垠又一次受到了保护。得到消息后，感动与感激，情动于衷，他不禁挥毫濡墨，立成七律《夏日》一首："日日伏案挥汗雨，笔端虎啸带雷鸣。经多实践思方壮，勘破浮名意自平。晓色半窗迎鸟语，午荫满院落蝉声。楼前倘有低云过，注目遥虹赏晚晴。"

## 第三节　癌影下写出的《〈李自成〉内容概要》

批判会"流产"了，但姚雪垠的"错误"却抹不掉，这就让辛甫等领导同志没法再为他说话，所以他不得不再次打起背包回到了蓼坪铺。1973年12月27日，姚雪垠给儿子姚海云夫妇写信，内有"我于前晚休假回家，下月六号返干校"之语。由此推断，姚雪垠于1973年9月25日又回到了干校，恢复了"三个月休假一次、一次休假十天"的生活节奏。

重返干校之前的9月16日，姚雪垠致信江晓天："不管你们什么时候出书，我按照计划往前赶……你明白，我所努力争取的决不是赶热闹，也决不是想博得一时喝彩声，而是希望把这部作品写得结实一些，在今天能鼓舞人心，过一个时代还能够鼓舞人心；在今天能给人以艺术享受，过一个时代仍然给人以艺术享受。"又说，"近一年来，许多人遇见我，包括第一次见面的人，都说出希望我赶快写的话，害怕我写不完。这是出于读者对我的这一工作的重视和对我的年纪的担心。因为我也具有同感，所以必须争取在死之前将全书写完，而且决不是潦草从事。"

年逾花甲的姚雪垠，十分明确地把"死"字提到了议事日程上。正眼看"死"，一本正经地谈"死"，对经历过九死一生的他来说，确乎真是第一次。为什么？1974年2月8日致江晓天的信中有谜底："这半年来，有两位熟识的医生几次替我检查身体……一位医生认为我有隐患，有可能转为癌症……我现在作两手打算：假若我长寿，将努力写成《李自成》，再写一部太平天国；假若我不幸转为癌症，在三四年内死去，那么也争取完成第三卷，改好第一卷。"

为了实现既定目标，姚雪垠能按医生的处方大吃中药，却不肯按医生的要求改变数十年如一日的苦挣苦作："不论冬夏，凌晨三时左右起床工作，倦即休息，或改换别项工作调剂。白日，倘有人来，随时停笔；人去，接下去写。或因一事需要研究，一个地名需要查清，也会因翻阅图书，中断一个细节或一段对话的写成。日月如流，任重道远。对于自己目前的工作能否在生前完成，以后何时可以出版，都无把握。对这些问题不多考虑，毫不动摇，毫不松懈，步步前进，坚持战斗。我所怀的情绪不是轻松，而是近乎'悲壮'。"

顽强的事业心，高度的责任感。姚雪垠不仅自己立志要对国家和民族做出贡献，而且对后代也寄予希望。当他听说"县里有意叫大卉去当小演员"时，立刻写信表示"我坚决不同意"，因为"大卉相当聪明，如果受正常教育，将会有较大的为社会主义建设服务的地方"。他谆谆告诫儿子儿媳，"眼光要向远处看，向高处看"，要对孩子"做一点一般父母不大注意的教育"。因为"我国目前不是知识分子多，而是太少。我们的科学水平个别地方赶上或超过西方，但一般地讲，还落后二三十年……要消灭这个差距还须要费大的努力。这就需要广泛发动群众投入这一伟大进军，同时也要大力培养新一代的知识分子……不仅需要上千万的一般知识分子，而且需要上千万的既有政治好，也有业务好，有真才实学的高级知识分子，即各种新一代的专家。"最后，他说："你们弟兄没有在这方面使我满意，希望在孙儿一代满足我的愿望。"

姚雪垠的上述"教子篇"，写于1974年春节前夕。春节过后，姚雪垠接到通知：暂不回干校，留在武汉参加"批林批孔"。开始时半日去机关学习，半日在家工作。后来学习改为全天，再后来连晚上都要搭进去。最初只是读文件、读报纸，后来要求联系实际，再后来就轮到"把自己摆进去"了。姚雪垠对这场运动不以为然，但这场运动却给了他很大实惠：让他由"暂不回干校"而"永不回干校"，从此彻底告别了羊楼洞。

"批林批孔"刚进入"联系实际"阶段，曾经为《李自成》拟定"五大罪状"的文艺评论家则率先在会上提议，"让雪垠趁机把头脑中的儒家思想彻底清理清理"。眼看又成标靶，姚雪垠赶紧自我救赎：散会后立刻找到组织学习的负责人，自告奋勇要写篇文章，以实际行动参加"批林批孔"。报请文化局革命委员会同意后，姚雪垠郑重其事地接受了任务，认认真真地写了一篇《论孔子的文艺观》。负责人看后提出批评："谁知道你是写了篇学术论文呢！"

主动表现未达目的，评论家对《李自成》的批判却跟随着"批林批孔"深入发展。他说姚雪垠在《李自成》中歌颂孔孟思想、歌颂"仁政"和"民本主义"。他在文章中写道："农民战争是要通过革命暴力夺取政权。在阶级社会中，只有压迫与被压迫，牛金星却在商洛山中大谈仁政，宣扬孔孟之道，借古讽今，攻击无产阶级专政。"

适值萧乾从干校回京途经武汉，在与评论家小聚时提到《李自成》，后者便把他的大批判稿子拿给萧乾看。萧乾看罢劝其不要发表，但评论家最终还是把稿子寄给了《红旗》杂志，因为据说他认定他的批判文章只要到了姚文元手里就一定能发表，理由是武汉早就有人说过："只要姚文元在中央，姚雪垠就别想有好日子过。"

　　一边是文艺评论家不依不饶，一边是癌魔阴影纠缠不放，遭遇两面夹击的姚雪垠，真真切切感到了来日无多。毕竟，死神就在周边逡巡；毕竟，他已经白发苍苍。"一床青简悲司马，半部红楼哭雪芹"，莫不是同样的命运，也将落到他和他的《李自成》头上？司马迁和曹雪芹都是姚雪垠的偶像，但他却坚决拒绝与他们取同一结果——《李自成》即使写不完，他也要为它画出一个清晰的轮廓，留下一份完整的蓝图——为《李自成》写一个"概要"的念头由此而来，后来给予巨大鼓舞与推动的则是茅盾先生。

　　茅盾先生是姚雪垠的恩师。20 世纪 30 年代，是他推出了他的成名作《差半车麦秸》；20 世纪 40 年代，又是他替他抵挡了胡风等人的"党同伐异"。可是再往后呢，学生却渐渐"疏离"了先生，不为别的，只为从新中国成立到《李自成》（第一卷）出版之前的十多年里，姚雪垠没有写出一部能够堂而皇之"拿出来"的作品。他知道茅盾先生一直在期待着他的文学成就，他因此而自觉无颜面对先生，便连信也不敢再写，造成与茅盾先生"失联"多年，直到 1974 年 7 月 10 日，才奉呈茅盾先生以多年睽违之后的第一封信。

　　该信内容，一是谈对先生的挂怀："近一年多，克家去看您几次，来信谈到您的健康情况，使我为之欣慰。"二是谈对五四前辈的感激："近些年来，对于健在的五四前辈和同辈，常充满怀念之情。倘若没有五四前辈的辛勤努力，则新文学不容易站稳脚跟，而我们后起者也将无所师承。"三是汇报自己的工作："我近来仍在继续写《李自成》这部小说、全书共五卷。"最后写道："下次给您写信，打算将我的写作计划向您作个简要报告，不仅希望得到您的指导，也愿使您在高龄颐养之年，知道您这个后学许多年来的努力方向、计划和追求。"

　　信中所谓"简要报告"，即不久前才萌生动意的"概要"。姚雪垠心里一向不藏话，每遇情绪激动昂扬，常会忍不住把计划当总结提前发表，一如"概要"者然。茅盾先生却闻之大喜，复函言"蒙兄抄示全书简要企足以待"。先生一语如令箭一枝，姚雪垠立刻变计划为行动。好在"概要"内容全装在心里，用不着再苦思冥想，文字上又不必过细推敲；更适逢《李自成》第二卷初稿完成，姚雪垠因疲劳过度头晕病复发，医生让他辍笔"养病"，他正好半工半休，投入相对简单的"概要"写作。

酝酿既久，一朝实施，仍是"计划赶不上变化"：本来只打算简简单单写几点，充其量四五千字足矣；一动笔却感觉"太简单了不能说明问题"，于是由粗而细、由简而详，从第一卷到第五卷，每一卷包括几个单元，每个单元包括些什么重要故事情节，哪些事情将以虚笔带过，哪些将作重点描写，以及对某些重大历史问题的基本看法，依据的史料、采用的观点、匡正的谬误等。不啻如此，诸如《李自成》为什么要写成三百多万言的大部头、会不会因为体量太大而前紧后松最后归于失败之类长期为朋友们所关心的问题，"概要"也都将作出回答来。

完成后的《〈李自成〉内容概要》（以下简称《概要》）由"总的主题思想"、第一、二、三、四、五卷各自的"内容梗概"和"尾声"七部分组成，总计六万多字。而原计划中的"对待历史长篇小说的艺术追求""对待历史文献资料的态度""对于历史科学与历史小说的关系的粗浅认识""其他"四部分内容，则因为《概要》篇幅问题而省略了。

时维盛夏，武汉酷热难当。姚雪垠挥汗如雨四十余日，《概要》终于画上句号。立刻求熟人帮忙，用铁笔刻钢板，油印若干份分送挚友亲朋。刻印工作也很费劲，直到秋末冬初才送到茅盾先生面前。先生阅后回复："第二、三、四、五卷梗概，就其重要史实而言，我提不出可供参考的意见。但看出来您对于过去各家的纷纭歧见，孰取孰舍，均有制断，并非随便拣来就算，这是难能可贵的。高级知识分子坚持己见，将来全书问世，一定有不同意见，但此书毕竟是小说，不是历史，而小说也是一家言，亦非官书，不同意见，听之可也。我想您是有这勇气与毅力，坚定不移地照原定计划完成此巨著的。"[1]

---

[1] 茅盾：《致姚雪垠（12月23日）》，载《茅盾与姚雪垠谈艺书简》，人民文学出版社2006年版，第23页。

虽然为"这份《概要》偏重于故事梗概和对重要历史问题的看法，而对于重要人物的分析则几乎没有机会提到，或者只涉及一点"而遗憾，但姚雪垠对《概要》还是十分重视的。理由在于：第一，有了它，再写第三、四、五卷就有了基本遵循，就能做到成竹在胸、心中有数。第二，通过它，既能让朋友们对他的工作有较多了解，又可以借此向一些关怀《李自成》的老朋友们征求意见。第三，从《概要》中可以看到作者对许多历史问题的研究结果，以及作者对待史料的严肃认真态度。《李自成》若能完成且能"成功"，《概要》就是读者深入了解它的重要资料；反之，《概要》就是作者"老年狂妄"之见证，后来者可以"反面教材"视之并利用。第四，如果《李自成》只能"成功地"完成大半部，《概要》的任务就是把未完部分的基本内容告诉读者，以减少误解和遗憾。

事实上，《概要》至少在两方面发挥了重要作用：一是它在介绍小说的某些重要情节——如吴三桂的降清与陈圆圆的关系——时候，既谈出经其本人研究确认的历史事实，又谈出他在依据史实创作小说过程中将要使用的处理办法。这种笔墨，通过生动的实例教人知道了何为"深入历史，跳出历史"，等于对其本人提出的历史小说创作原则进行了一番生动形象地权威诠释。二是因为《李自成》全书的故事进程、主要人物的出现和消失、重要事件发生的时间和地点等骨架性内容都必须符合历史真实，即使是虚构部分也一定要纳入特定历史时间和地点的框架之内，所以整体蓝图一经确定，创作过程中就不会再发生大的变更。唯其如此，姚雪垠才敢先写第五卷再写第四卷，历时数十年而脉络清晰进程井然。何也？《〈李自成〉内容概要》"功莫大焉"。

## 第四节　"李自成"坚决不"批孔"

1974 年金秋，《〈李自成〉内容概要》完成之日，正是姚雪垠的癌症警报解除之时。10月16日，他一身轻松地向他的恩师报告："在这阶段，我的身体也有一度虚惊：一位常替我检查身体的医生，一年来常预言我有得癌症的可能。三四个星期前又来替我检查，说情况严重了，一定得找肿瘤专家检查。我虽然一向被朋友们公认为性格坚强和开朗，但在决定生死之际，也不能不精神紧张。后来找一位肿瘤大夫看看，认为毫不相干，一阵暗云消散，不再担心后三卷完不成了。"

病魔遁去，"批林批孔"则仍在进行。按照批判家们的逻辑，因为孔子是反动的，农民运动是革命的，所以农民运动的领袖人物就一定是"反孔"的。有些好心人为了规劝姚雪垠，甚至援引1974年第9期《红旗》杂志上的有关文章为证，说李自成进入河南后，烧毁了二程祠堂。程灏和程颐是典型的儒家人物，烧毁他们的祠堂，当然就是反对他们，当然就是"反孔"的革命行动。

登上《红旗》杂志的文章，姚雪垠不仅读过，而且按文中提供的文献出处，找到清代刊行的《嵩县志》进行了核对，知道嵩县文庙是"明末兵火颓坏"，二程祠是"兵燹焚废"。仅凭这点记载，就认定二程祠是被李自成焚烧？安知不是明朝官军所为？姚雪垠不禁腹诽："大问题不搞清楚，却对故事细节说得有鼻子有眼"，"这正是一切编造谣言传说的通例"。可惜此话不好明讲，姚雪垠只能回答："个人所见史料不同，所得结论自然不同。再说，纵然确有其事，李自成之目的何在？也需进一步研究之后再下结论才好。"

曾有两个正在湖北省委党校学习的年轻人找到姚雪垠，说他们要写一篇有关儒法斗争的文章，请姚雪垠提供史料帮助。姚问"写什么"，答曰"分析秦朝速亡原因"；再问"怎么写"，答曰"李斯是法家，赵高是儒家。赵高把李斯杀了，所以秦就亡了"。

典型的结论在先、求证在后的倒推法，姚雪垠不禁又气又好笑。他毫不客气地对他们说："你们要想出风头，你们就去写；要想研究学问，就不要赶这种时髦。法家的帽子给李斯戴还可以，但他的老师荀子可就不完全是法家了。说赵高是儒家，你们有什么根据呢？"

不待回答，姚雪垠已提出批评，说两位年轻人的做法太不严肃，不是从实事求是出发，通过认真研究文献资料得出结论；而是先有一个想当然的结论，再找出若干理由去说明结论。他不可能提供他们所希望得到的史料，因为摆在他们面前的问题，绝不仅仅是对史料的把握和运用的能力问题，而更值得重视的是个"学风问题"。

看两个年轻人似有所悟、若有所思，姚雪垠又告诉他们：凡是有大成就的学者，都是治学严谨的学者，这是一个规律。在他对史学始发兴趣时，曾有幸目睹了关于中国社会性质和历史分期的大论战。其间有人不肯下苦功研究第一手资料，而是投机取巧炒剩饭，力是省下了，却只能亦步亦趋，别人引错了古书他跟着错引，别人错断了句读他也跟着错读。望文生义、穿凿附会、截头去尾、断章取义，闹出了许多笑话。而郭沫若先生之所以能在这一史学领域新思潮运动中作出杰出贡献，就是因为他认真研究了恩格斯的《家庭、私有制和国家的起源》和摩尔根的《古代社会》，并且能够直接利用先秦古籍、金文和甲骨文……

其实，姚雪垠想对青年人说的话远不止这些。他想告诉他们，史学自来就是为具体的阶级服务、为政治服务的。过去如此，现在如是，将来恐怕也一样。他还想告诉他们，"古为今用"没有错。但所谓"古为今用"，绝不是靠编造历史去以古喻今，否则，纵然动机善良，也毫不足取，因为它使用了历史唯心主义的荒谬方法，背离了历史唯物主义的科学态度，所以它不可能反映历史的本质和规律，而只能向读者传播错误的历史知识。

不管姚雪垠怎么想怎么说，一种舆论压力——要求《李自成》第二卷中写进"反孔"内容的舆论压力——已然形成。远方的朋友们不断写信提醒，身边的朋友们则在耳提面命：武汉市委宣传部的一位同志情真意切地规劝他"在小说中一定要加进李自成反孔的情节"；一位长住疗养院的老同志特意写来长信"谆谆教诲"，让姚雪垠务必"写好李自成的反孔活动以免再犯政治错误"。更有素不相识的读者，居然代他设计了"反孔"的具体方法：把《李自成》的人物分成两大派别，崇祯代表儒家，李自成代表法家……

　　姚雪垠既苦恼且愤懑——为自己，更为登在各种报刊杂志上的那些时髦文章。如果说它们中那些在署名前还特意加注一个工农兵身份标记者或可原谅，那么那些以大学教师或理论工作者身份堂而皇之登场杜撰而毫不脸红者，在姚雪垠眼中就不仅是无知更是无耻了。其中有位著名教授，姚雪垠曾与之一起供职于抗战后期的东北大学。每当看到该教授的大块文章又在报刊头版赫然亮相，姚雪垠常常气愤难捺，拍案大叫"此风不可长"！

　　于是，他又想到了"责任"二字。他告诉朋友江晓天：我虽然只是个写小说的，但既然是写历史小说，就不能不考虑自己在历史科学方面负有一定责任。所以，他必须像战士坚守阵地一样守护住他的《李自成》，凡其所涉历史问题，不管他人的"发明"如何风靡一时，不可一世，他都要有自己的独立见解，决不随波逐流，决不应声附和，决不写自己不理解的事，也决不在历史规律和历史条件允许之外杜撰不可能的事。归根结底就是：决不出卖学者的良心，决不做政治风向标。

　　姚雪垠感谢朋友们对他和《李自成》的关心爱护，他以真诚与坦荡作回报，在写给朋友们的一封封复信中，心扉洞开、情真意切地述说着他的认识与思考、探索与追求、决心与勇气。这些信件就像一篇篇无处发表的论文，在他的朋友间口耳相传着：

　　1974年8月14日致王亚平："从你和方兄来信，知你们对《李自成》某个问题很在心，非常感谢……有些具体问题，既要虚心，也要按科学原则考虑。所谓科学原则，不外乎如何严肃地对待史料，去伪存真，去粗取精，以及如何学习马恩诸大师已用过的历史研究方法。历史研究，最忌道听途说和凭主观心愿取舍。"

　　1974年9月26日致江晓天："所谓科学态度，一是对待历史唯物主义的态度，二是对史料的态度……李自成不是'超人'，他不可能跳出历史给予他的局限性，不可能摆脱历史的一般规律……在《李自成》这部小说中，我只能根据自己的现有认识写下去。有些我尚未懂得的问题和尚未掌握史料根据的事情，暂时不写进去，留待将来解决。"

1974 年 12 月 9 日致臧克家："所谓'古为今用'，应该是在作品中深刻地反映历史运动的规律，以历史的经验教训启发和教育今人，以历史上的英雄人物鼓舞和鞭策人们前进，而决不应该是随随便便地脱离历史客观实际，不顾历史运动的规律，断章取义，以古喻今，牵强附会，借题发挥。"

随着运动的深入发展，茅盾先生也不禁担心起来，终于忍不住发话，建议在《李自成》中写入"儒法斗争"。他说在 1974 年 12 月 23 日致姚雪垠的信中写道："现在展开历史上儒法斗争的研究，凡分析农民起义全部着重突出其反儒反孔；您此书写李自成之所以能号召广大农民，实质上有其反儒反孔的一面，似乎还可以正面点出，重笔写几个插曲（似乎可以虚构），则更妥善……李自成内部矛盾之尖锐化与深化，似乎也可拉扯上儒法斗争。尊见以为如何？"

姚雪垠感念恩师的关心爱护之情，特意"从儒法斗争的角度"，向先生汇报了他"在小说中要塑造的某几个人物"——李自成、牛金星、李岩、俞上猷、顾群恩等。在他看来，"李自成是我国历史上农民革命的杰出英雄，但他有历史的局限性，其局限性也表现在他受了儒家思想的腐蚀……受了儒家思想的腐蚀是他失败的原因之一，例如他重用牛金星，重用大量的明朝投降文人，过分相信天命"。

茅盾先生回信："十二月廿九日长函敬悉。不成熟之见，过蒙重视，不胜惭感。来函论及李自成虽是我国历史上农民革命之杰出人物，但仍有其历史的局限性，至为精审……但历史人物的性格是复杂的，其发展过程也是复杂而曲折的，因而我以为第一卷中虽写了'问道于孔孟，求教于牛金星'，仍然可以写李自成有其反孔、儒的法家思想及其措施。"①

姚雪垠再汇报："关于李自成与批孔问题，我的意见是：（一）……需要重视这个问题，但不强拉硬凑……（二）李自成和朱元璋都是领导农民战争

---

① 《茅盾致姚雪垠（1 月 6 日）》，载《茅盾与姚雪垠谈艺书简》，人民文学出版社 2006 年版，第 29 页。

的杰出领袖……他们都受了儒家思想很深的毒，都按照儒家的政治思想去建立封建王朝……（三）根据现存的、经得住推敲和复查的文献资料，李自成没有过反孔政策和措施，倒是相反的资料不少……（四）历史运动的现象（包括一个时代的具体人物）是很复杂的，不出于总的阶级斗争轨道，但不一定都在'儒法斗争'的范畴之内……但是在小说写作过程中，我也将有意识地回避一些问题，或对某些历史现象使用较为轻淡的笔墨。"①

看学生终于有了一些自我保护意识，先生高兴了。在 1975 年 7 月 1 日的回信中，茅盾先生写道："兄三月七日长信中的意见有四条……对第一点，我赞同您的'重视这个问题，但不强拉硬凑'的主张……至于兄的第二点，我以为少着墨为佳。也不妨像《蜀碧》所记张献忠在四川考秀才那样的故事，虚构李自成杀了几个反抗他、诽谤他的儒生。"

如此这般，姚雪垠为《李自成》的不肯"批孔"写了一大批学术论文般的信件，他把这种写作当成一种反抗，一种斗争。为了维护历史的尊严，他自觉地取了一种战士的姿态，观点鲜明，态度坚决。江晓天对此颇为理解也颇为赞同，他在《虽有御批还遭劫难》一文中写道："老姚从构思开始，就一直主张用历史唯物主义的观点、科学的态度，从宏观上艺术地表现历史运动的规律，反对浅薄地随意'以古喻今'影射现实。在处理一卷稿过程中，我们谈过多次，观点一致。我深知他作为一个历史学者和大作家，在理论思想上的坚定性和刚直不阿的为人品格。"

## 第五节　鱼雁传书谈艺忙

1974 年下半年，姚雪垠忙碌且快乐。绿树映窗的书斋中，彩笺尺素，

---

① 《姚雪垠致茅盾（3 月 7 日）》，载《茅盾与姚雪垠谈艺书简》，人民文学出版社 2006 年版，第 34 页。

鱼雁频传。来来往往之中，有真诚尊重有亲切关怀，有虚心请教有热情勘勉，有认同有赞赏有驳诘有抗辩，和而不同求同存异，平等交流的学术气氛荡漾在纸墨之间。

出自姚雪垠之手的简牍汪洋恣肆、放笔纵谈，除为邮寄《〈李自成〉内容概要》所写三张便条外，其余短者五六百字，长则三四千言。关于创作《李自成》的动念、起始、计划、进程、决心、追求等，都向先生作出汇报以冀得到指正，其中重点所谈问题有三个：一是关于全书的内容与架构；二是关于"历史科学与小说艺术的关系"探讨；三是关于对长篇小说美学的追求与实践。其中大部分问题，都是姚雪垠久蓄于心而第一次言诸外的。

比如"历史小说是历史科学与小说艺术的统一"问题。姚雪垠认为：写历史小说"首先要对历史深入研究和理解，然后才有艺术的构思"。"先研究历史，做到处处心中有数，然后去组织小说细节，烘托人物，表现主题思想。这是历史真实与艺术虚构的关系，也就是既要深入历史，也要跳出历史。深入与跳出是辩证的，而基础在深入"。他认为这既是关乎历史研究的学风问题，也是关于历史小说创作的态度问题。

比如"历史是一门阶级性和倾向性十分鲜明的科学"问题。姚雪垠认为：因为历史"有阶级性和倾向性，所以它总是为政治服务，从来没有超然的历史学家"。"又因为它是科学，历史学家必须始终抱着严肃的科学态度工作，不能够仅凭主观爱憎和某种愿望而随便说话。"他说："对待历史资料随意取舍，主观曲解，穿凿附会，信口开河，便不是历史科学，也违背历史唯物主义。"

比如"历史人物和重大事件"的"翻案"问题。姚雪垠说，"历史的案该翻不该翻，该翻多少，是科学研究的结果，而不是先有结论"。"倘若某些历史问题必须翻案，则翻案的目的必须仅限于弄清历史真相，而不能是为着追求个人有所创获而标新立异。"

比如《李自成》的艺术追求问题。姚雪垠说："关于写长篇历史小说，除内容方面的问题之外，我也在实践中探索一些艺术上的问题，包括如何追求语言的丰富多彩，写人物和场景如何将现实主义手法与浪漫主义手法并用，细节描写应如何穿插变化，铺垫和埋伏，有虚有实，各种人物应如何搭配，各单元应如何大开大阖，大起大落，有张有弛，忽断忽续，波诡云谲……我把以上各种要在创作实践中探索的技巧问题统目之为'长篇小说的美学问题'。"

……

其时，茅盾先生"已进入七十九岁的高龄，目疾又相当重"，却每信必复每问必答。先生的信清峻典雅言简意赅，鼓舞鞭策饱含深情："文革前闻人言，吾兄从事于长篇小说《李自成》，读书万卷，博采旁搜，稿已得半而不得不暂辍；今闻中间虽搁笔而积稿幸存，观成有日，不胜欣慰。""来函谓全书有五卷之多，逾百万言，想见笔锋所及，将不仅为闯王作传，抑且为明、清之际社会变革绘一长卷，作一总结。如此规模，不愧鲁殿灵光。"①

关于"第二三四五卷梗概"，先生说："看出来对于过去的各家的纷纭歧见，有取有舍，却有制断，并非随便拣来就算，这是难能可贵的。""最后一卷之尾声，总结李自成失败之原因，甚为巧妙。"②"大作最后一卷将写到李岩巩固河洛作为后方之谋如果实现，则长江以南的商业资本主义将得到进一步发展，而中国封建社会内孕育的资产阶级萌芽将能茁壮成长——此虽属推论，亦理所当然也。"③

关于第一卷，先生用一封长信，从全书结构、战争描写、人物塑造、对话语言四个方面给予了充分肯定与高度赞扬：一是"从崇祯十一年冬清兵入京畿，崇祯、杨嗣昌等阴谋对清妥协，而以全力'剿贼'开始，把这以前的农民起义军的纵横南北及李自成的功勋等都不作正面叙写，只在以后各章随

---

① 《茅盾致姚雪垠（7月17日）》，载《茅盾与姚雪垠谈艺书简》，人民文学出版社2006年版，第4页。

② 《茅盾致姚雪垠（12月23日）》，载《茅盾与姚雪垠谈艺书简》，人民文学出版社2006年版，第23页。

③ 《茅盾致姚雪垠（1月6日）》，载《茅盾与姚雪垠谈艺书简》，人民文学出版社2006年版，第29页。

时点补"，"这样剪裁是极妙的"。二是写战争不落《三国演义》等旧书俗套，是合乎当时客观现实的艺术加工，乃"此书的独创特点"。"潼关南原之战有时写短兵相接，有时写战局全面鸟瞰，疏密相间，错落有致"，如此布局，极见匠心。三是"李自成思想之逐渐进步，是结合事变来表现而不是作抽象叙述"；张献忠刘宗敏老神仙等人物性格各具特色，高夫人女英雄形象"跃然纸上"；"崇祯之刚愎自用或猜刻多疑，貌似有为而实则无能到极点"；"写首辅、权臣之自私贪婪，已将明王朝之必然覆灭暗示无遗"；卢象升与孙传庭事颇近似，却一个"是为抗击侵略慷慨赴义，死重于泰山"，一个是为攘内"讨贼"而进退失据，死得轻如鸿毛。四是人物对话风格各异，"或文或白或文白参半"，既合情合理，又"加浓了其时其事的氛围气，比之死板板非用口语到底者，实在好得多"①。

"挂号长信"让姚雪垠"欣感交并"，他对茅盾先生说："《李自成》从有打印稿子起，到出版十年之后的今天，尽管说好话的人很多，但还不曾有人像您这样对它作艺术分析，看透作者的艺术苦心……您的这封信对我的鼓励不是空洞的和一般化的，而处处流露出您的一贯的细致、认真态度，和对我所从事的这一工作的热情关怀。"而且，对于《李自成》，"许多人都担心我的计划太大，写得过长，往后会越写越松，越败笔，以致失败……您不是这样，来信说二百五十万字不嫌其多，不怕有败笔，因为今日著书不为稻粱谋，正可以从容推敲，反复修改。这是您对我的很大鼓励。"

文坛泰斗的支持，给姚雪垠以巨大鼓舞，他因之而格外地紧张忙碌起来：写《李自成》，作《咏史》诗，撰长信"谈高夫人与红娘子"以回答"妇联五七干校"咨询，又为全国妇联复长信谈"中国古代的几次妇女起义"；他致信问候叶圣陶老和胡绳、亚平、荒芜等朋友，他在"细雨纷飞芸窗寂寞"时忽然想起了"歌乐山大天池"……最能写照他的风发意气和奔涌激情的是

---

① 《茅盾致姚雪垠（12 月 23 日）》，载《茅盾与姚雪垠谈艺书简》，人民文学出版社 2006 年版，第 23 页。

他与老友臧克家的诗词唱和：他作《答友人问》，他答《步原韵和克家〈答友人问〉》；他作《书怀》，他答《次韵和克家〈书怀〉》；他信中"附新作回忆五七干校生活小诗五首"，他翌日凌晨起床即吟梦回干校的七律一首《寄克家》……心绪翻飞，姚雪垠在向往着"走出彼得堡"。

1975年春天，姚雪垠提出申请，想到郧阳、襄阳和丹江等地"下生活"。抗战初期，他曾在那一带奔波辗转；三百多年前，李自成和张献忠曾在那一带活动。若能故地重游，则既可切身感受祖国三十多年来的变化，又能为小说创作搞些历史调查。但领导以其"年事已高不宜独自外出"为由未予批准。正惆怅间，文化局组织义务劳动，赴岱山附近填土固堤。姚雪垠欣然前往，在旖旎的春光里徜徉半日，归来赋诗一首："四体常勤颇异儒，春郊工地荡欢呼。络绎广道车千辆，掩映长堤柳万竹。正遇寒潮沦雾雨，翻蒸热汗湿肌肤。挥锹我也逞豪兴，枯后诗情一叶苏。"

4月上旬，古琴演奏家李祥霆路过武汉，先访姚雪垠，再访汉阳琴台，而后匆匆登车离去，返京后即寄赠古近体诗各数首，姚雪垠欣然读毕，既喜且佩其于专业之外对写诗亦颇有素养，遂作七律一首回赠："匆匆一晤三千里，想象琴音系后思。功力深沉翻古调，才情烂漫赋新诗。阳春白雪何曾绝，流水高山总足疑。试抚朱弦跨海陆，人间到处有钟期。"

书斋中依旧彩缣尺素、鱼雁频传。1975年1月6日，茅盾先生函曰："欣喜第二卷初稿已打印完成，并承允惠示以快先睹，至为兴奋。读时有感当随时记下，以供参考。但明、清之际的史实，我的知识极为浅薄，在这方面，恐不能赞一辞；所可能略贡刍见者，大概是艺术构思及人物评价方面。"

《李自成》第二卷书稿计七十万字。为方便茅盾先生"可以挑选着看"，姚雪垠特意把书稿分"单元"装订成册，每册封面上都添写上了一个"比较醒目"的题目。茅盾先生3月上旬收到书稿，到20日已通读一遍。22日因病住院，4月上旬出院后又逢董必武老之丧，诸事耽延，6月7日至21日又读一遍，边读边记，"原稿各段，读时有零星意见，各写在页边"，最后再整理成文，于6月17日、20日和7月1日分三次寄还汉口。

《商洛壮歌》是第二卷的第一单元。在茅盾先生看来："一、整个单元十五章，大起大落，波澜壮阔，有波谲云诡之妙；而节奏变化，时而金戈铁马，雷震霆击；时而凤管鹍弦，光风霁月。紧张杀伐之际，又常插入抒情短曲，虽着墨甚少而摇曳多姿。开头两章为此后十一章之惊涛骇浪文字徐徐展开全貌，有山雨欲来风满楼之势。最后两章则为结束本单元，开拓以下单元，行文如曼歌缓舞，余韵绕梁，耐人寻味。二、人物描写：李闯王、高夫人、刘宗敏、李过等，其性格发展，由浅而深，由淡而浓，如迎面走来，愈近则面目愈明晰，笑貌愈亲切，终于赫然浑成一个形象与精神的英雄人物完整地出现了……三、第一章开头大书'崇祯十三年中元节'，气势庄严，与第三章开头点出'七月二十日'前后呼应……四、第一章大段对话很多，读之有沉闷之感。五、第二章……有些地方或与下面几章有重复——虽然是小小的重复……六、本单元题名……我以为不如用章回体小说每回目是一对联的办法，索性写为：'弄巧成拙，郑制台棋输全局；制敌机先，李闯王险渡难关'。"

窥斑见豹。茅盾先生评论《李自成》的方式方法基本如是：从"艺术技巧"出发，内容与形式兼顾；一分为二，实事求是；充分肯定，高度赞扬；见白璧微瑕处，则一定认真指出，甚或直接提出修改建议。姚雪垠拜读了茅盾先生的评论，又把稿子中先生的手迹进行了细细检读，"颇受教益，但恨太少"。他在回信中写道："沈老：您以八旬高龄，患有眼疾，将七十万字的稿子读了两遍，您做这项工作的经验与学问固是难得，而一贯严肃、认真、精细，数十年如一日，尤属少见。"在姚雪垠看来，茅盾先生的"分析和评论之最可宝贵的特色"，是"植基于"他"自己的丰富的创作经验，能够深切了解作者的创作意图和艺术匠心，而绝不作泛泛之谈"。

9月，姚雪垠暂停赶写第三卷，回头推敲校改第二卷。一整月下来，只校改完两个单元。茅盾先生得知，立即回函制止："第二卷的初稿我是看过的，我认为基本上是很好的。字斟句酌、细琢磨的功夫可留待将来，而现在以赶写第三卷为重要工作……曹雪芹写《红楼梦》，大概写成一百二十回的初稿，然后再琢磨前八十回，可惜后四十回初稿遗失了。《李自成》规模比《红楼梦》大得多，你年纪也不小了，倘使只有前二卷的定稿，而没有后三卷的初稿，那真是一大憾事！"姚雪垠"反复诵读"先生此信，深感先生的关怀帮他"解决了心上的一个矛盾问题"，让他改变了"稳扎稳打写成一卷算一卷"的旧有主张，从而确立了"努力在最短时间完成全书初稿为重要"的工作方针。如若不然，《李自成》四、五两卷最后能否出世的问题，恐怕真的只有天知道了。

# 第十章　1975—1977 年

## 第一节　为争取创作时间而斗争

1975 年 1 月 1 日，姚雪垠双喜临门：

第一，收到朋友惠赠图章一枚，为画家曹辛之亲手所刻，刀法浑厚有力，章法疏密结合，配以雪花片片，构思甚妙。笔力雄健大方，四边题跋亦甚佳，令姚雪垠喜出望外。朋友李乃仁曾赠他两首七律，图章所镌正是他"较欣赏"的一首。此诗音韵铿锵，对仗工稳，被大画家刻在图章上，可谓"凤凰落于高枝上"，更使姚雪垠心情愉悦。

第二，收到读者来信一封，写信人是一名解放军战士。他说代表一起驻守在新疆叶城的战友向作家致敬，"感激您塑造了李自成等许多农民起义英雄，他们不屈不挠的革命精神给我们鼓舞和力量"。信中询问《李自成》什么时候能写完，他和他的战友们都盼望着早日读到后面的内容。这封来自边陲小镇的信件让姚雪垠动情动容，他说："这封信写于十一月二十二日，辗转寄到我手，已经过了四十天。路途是多么遥远，我们祖国的幅员是多么辽阔！而《李自成》经受住了时代的洗礼，至今仍然在鼓舞着边疆战士们的心！"

为与朋友共享快乐，姚雪垠在 1 月 3 日写出了 1975 年的第一封信——致臧克家："元旦日，我仍像平日一样，后半夜起床，开始了一天的工作，也是一年的进军开始。我的书斋无取暖设备，无烤火煤炭供应。静夜，面对北窗而坐，枝头枯叶时有冷风吹过，飒然作响。我在腿上放一热水袋，既可暖手，又可暖身。古人文章中写到冬天进军，曾用'堕指裂肤'形容，杜甫也用了两句诗去描写其苦：'天寒夜带断，指直不得结。'我是在书斋中从事文学进军，不需要'担囊行取薪，斧冰持作糜'，幸福多多了。心安理得，愉快上阵，以勤补拙，已惯于早起与时光竞赛。这新的一年，如过去一样，既充满信心，也小心谨慎。充满信心是由于对《李自成》的写作颇有把握，步步打的是有准备的仗，不是盲目前进，不是只凭好的梦想和热情。小心谨慎是由于几十年的痛苦经验教育我，对待写作必须处处严肃认真，一丝不苟，方能少走弯路。"

一部《李自成》，读者着急，作者着急，出版社也着急。元旦刚过，江晓天来信，告知中青社的军代表在催促加快复业准备工作的节奏。说希望1975年国庆节之前能搞出《李自成》第二卷的排印本，同时希望姚雪垠能尽快把《李自成》第三卷的初稿拿出来。

姚雪垠心急火燎，偏偏工作又来火上浇油：元旦刚过，单位就组织起一个业余作者学习班，由姚雪垠担任辅导员。好不容易熬到业余作者们结业，文化局创作室又更换了负责人。"新官上任三把火"之第一把，就是以"抓革命促生产"的名义，剥夺了姚雪垠可以在家里写作的"特权"，要求他必须同大家一样按时上下班，主要任务是给工农兵看稿改稿，其次是参加社会实践以改造思想——到电影院收门票，在商店站柜台，等等。

武汉市所有的戏曲团体都归文化局主管，所以工农兵写的所有文艺宣传演唱材料都投到文化局，文化局又一股脑都推给创作室过箩过筛子。工农兵人多力量大，各种各样的小稿子成山成海，箩不尽筛不完。偏偏又有人老在向领导建议：这个稿子有基础，让老姚过过手，拿出去就能发；这一篇内容挺好，就是文字欠火候，叫老姚给润润色……如此"建言献策"，深得领导青睐而被言听计从。结果就活该姚雪垠倒霉喽。六十多岁的人了，天天早出晚归，天天坐得腰酸背痛，天天被"小学生作文"整得头晕脑胀，天天一进家门就倒在床上不想动弹，根本没有精力继续写《李自成》。

白驹过隙，逝者如斯。让生命就在这不见功劳只有苦劳的忙忙碌碌中消蚀殆尽？姚雪垠实在是心有不甘啊！可是事关"抓革命促生产"，拒绝任务的话他又说不出口。以汇报个人的思想与工作为由，请求与领导当面沟通一下吧，领导倒是很痛快地答应了，可就是工作太忙分身无术，硬是一天推一天，总也抽不出时间同他一起坐下来谈一谈。求人不如求己，当姚雪垠完全放弃对领导的任何希冀时，对方的冷漠与无情反倒成为一种动力，提高着他的勇气固化着他的信心，让他矢志不移、痴心不改。

1975年4月8日，姚雪垠给江晓天写信报告："虽然出版无期，道路曲折，但我努力完成计划的决心没有动摇过。这一基本态度，请你一定放心。几年来我总结了一些经验，下边四句话就是概括我的部分经验：'加强责任感，打破条件论，下苦功，抓今天'……这四句话是一个整体，灵魂是'加强责任感'，重要措施是'抓今天'。不时时刻刻记着'抓今天'，形成习惯，再好的意图和计划都是空谈。目前我在工作上有较有利的条件，也有不利的条件。有利的条件是基本上全局在胸，打的是有准备的仗；不利的条件是精力渐不如从前，已有日暮道远之感。我只希望在近几年内将第二卷拿出来，其余各卷争取留下初稿。你比我年轻得多，会妥当处理的。"

或许真是天援神助。7月20日，毛泽东主席的指示传下来，全国各行各业的整顿工作随即迅速展开，朝气蓬勃，活力四射。"双百方针"已被强调，落实知识分子政策亦提到了日程上。

凭借这阵东风，姚雪垠径直走进了顶头上司的办公室。不管他要找的人忙不忙，这一回他是无论如何也要把早就憋了一肚子的话全都倒出来。他急切地诉说了自己日暮道远的锥心之痛，他恳切地请求领导高抬贵手，他说那些"像是小学生作文"一样的稿子"没法改"，让他改那些稿子无异于图财害命……他讲了许多许多，却只换来领导面无表情、言简意赅的一句话："为工农兵改稿是革命工作，干不干不能由你个人说了算。"

一头撞在南墙上，倒让姚雪垠突然"明白"了："干不干"我说了不算，可是"怎么干"别人却管不着。既然写文章有套路可循，那改文章怎么就不能模式化？眼前一亮，脑洞大开，"姚氏生产工艺"应运而生。这一下就好办多了，比方"五好战士"的发言稿吧，先拼凑三件以上"先进事迹"，再摘引两条以上"毛主席语录"，叙议一结合，然后添上一个"奋斗终身"类的尾巴，好了，成了。繁重的劳动一下子就简化了不说，而且篇篇如此，居然篇篇都能让领导满意。

让姚雪垠愤懑莫名的是，每当他的工作刚干得轻松一点，肯定就会有更繁重的任务接踵而至——大约是 7 月下旬的一天，姚雪垠下班回家，刚走到球场街，一辆自行车从后面追上来。骑车人拦在他面前，先把一大摞稿子塞给他，然后才传达命令说："这是一个工人作者写的一部长篇，才刚收到。六十多万字，领导指示交给你看。"话音落地，抬腿上车，扬长而去。

回到家中，姚雪垠把稿子摊在桌上，只随便一翻，一个头就变成了两个大。稿子上有钢笔字，有铅笔字，间或还有圆珠笔字。页面杂乱字迹潦草，涂涂改改勾勾抹抹，看起来得连蒙带猜。这样的稿子，肯定是作者自己都嫌乱，不想劳神费力地修改，便胡萝卜白菜一锅端给知识分子们啃了。

姚雪垠越看越烦越气，晚饭也没吃，就抓起稿子去找那位骑车送稿人。"我来求你了。"他说，"我们共事这么多年，凡是你有创作计划，我都是热情支持。1960 年从农场回城后，领导让你创作'荒湖滩变米粮仓'的长篇，我替你高兴；北京'6·26 医疗队'来到湖北，领导又让你跟着他们下厂下乡体验生活，让你把这个新生事物写成小说。当时我真羡慕你，从心里替你高兴。虽然后来都不了了之，但我的诚意你是知道的。"

对方脸上已是浓云密布，姚雪垠却不管不顾照说不停："我现在精力越来越差……我忧心如焚……求求你，请你看在共事多年的情份上，替我在领导面前说句话，不要让我再看这部稿子了。""这个忙我可帮不了你。"一直沉默不许的人突然发声："全室只有你是写长篇小说的，你自己说说，这稿子不给你给给谁？鲁迅还替青年人改稿子呢，你凭什么就不能改？"

还能说什么呢？再说什么都没有用了。姚雪垠抓起稿子就走，径直奔了市委宣传部部长辛甫的家——就像 1972 年夏天他为离开干校去找他一样。

那一次是辛部长帮助了他，他相信这一次也一样。可是到了辛部长家门口，隔着纱门看见自己的顶头上司正坐在沙发上。姚雪垠立刻掉头转身，直奔向武汉市文化局党委副书记丁力家。

丁力十分热情地接待了姚雪垠。听他倒罢苦水，答应次日一上班就向市委宣传部通报情况并研究解决办法。然后，丁力告诉姚雪垠：1946 年春天，他正在河南大学读书，同时领导学校的地下共青团工作。一个偶然机会，听了姚雪垠的一个讲座。"你想想，在学校的饭厅里。"他热情地提示着。姚雪垠终于想起来了，那是他从成都回到河南，住在开封写《长夜》的时候。"讲的是'中国现实主义文学创作'，对吧？"哦，快三十年了，丁力还记得这么清楚！姚雪垠好生感动。

告别时，丁力提出一个建议——让姚雪垠去找一找市文化局副局长吕西凡，争取吕西凡能在文化局党委开会时帮忙说句话。姚雪垠同吕西凡只有点头之缘，听人说此人脾气急躁，搞不好就会再碰钉子。但姚雪垠已经顾不了这许多，为了《李自成》，他豁出去了。

出乎姚雪垠意料，吕西凡对他也非常热情。他请他坐下来，给他沏上茶，劝他有话慢慢说，然后很认真地倾听着他不无愤激的控诉，再然后就是明确表态支持他，说要向文化局党委反映，要尽快把问题处理好。姚雪垠告辞时，他把他送到楼下，又执意送出了院子的临街大门。同丁力一样，吕西凡也告诉姚雪垠，他听过他的报告，关于辩证唯物主义课题，以分析中国的社会性质和抗战问题为例证，时间是 1938 年冬天，地点在湖北均县的山东流亡中学。"你的报告很有鼓动性，听完之后我们就坐不住了，一群同学很快联合起来，一起奔向了延安。"吕西凡讲得十分动情，让姚雪垠有如沐春风之感。

过了两天——仅仅是两天，丁力突然登门看望姚雪垠，见面头一句话就是："解决了，你的困难解决了。"待坐下之后才告知详情：武汉市委宣传部辛甫部长找到市文化局局长王鸿业，已经当面谈清楚："姚雪垠同志的任务，是继续创作《李自成》。以后没有特别事情，就不要让他坐班，跑来跑去白耗时间了。"

突如其来的好消息，让姚雪垠有些"受宠若惊"也有些"有恃无恐"。第二天上午他便到单位去，直接走进领导办公室，把他让他看的六十多万字长篇小说稿放到他的写字台上，不卑不亢地说道："这稿子我不看了，还给你。以后我要坐在家里写《李自成》，再不到办公室来了。"领导没有说话，只抬头看他一眼，便把目光转向了别处。

姚雪垠走出创作室，站在蓝天白云下长长地舒了一口气——在争取《李自成》创作时间的斗争中，他胜利了。1975 年 8 月 12 日，他给江晓天写信，把胜利的欢乐分送给他的知音："我写《李》，多亏市委宣传部支持，所以虽然一度有曲折，但经市委同文化局领导同志谈过之后，我又亲自谈了一次，总算又排除了杂事，目标又明确了。《李》的工程浩大，而我已是老年。倘若不得领导理解，给予支持，这工作很难顺利进行。当然，倘若中青能够复业，出版有指望，许多话就好说了。"

## 第二节　给毛主席写信

1975 年秋天，北京传来了毛泽东对《创业》的批示。为之大受鼓舞的姚雪垠立刻给江晓天写信，询问中青社何时复业。而江晓天正有许多话要对他说，便找一个出差机会路过武汉，两个好朋友关起门来说了许多悄悄话。江晓天认为："如今省、市两级革委会还都没有树立起真正的权威，气候稍有变化，宣传部的意见就不一定起作用了。"他问姚雪垠："万一哪天他们又通知你回办公室改稿子，你会怎么办？""我不知道。你说呢？"江晓天默然。其实，自从张天民为《创业》告御状得胜，他心里就起了一个念头，只因事关重大，话到嘴边又被咽了回去——他还要再想想，再看看。

江晓天回到北京，有好朋友送给他一张纸条，上面写着一段话："文化部是一个大行帮，百花齐放没有了。"——"小道消息"，据说这是毛主席在批评文化部，老人家对"八亿人民八个样板戏"的局面很不满。突如其来的情况让江晓天兴奋起来，本来还要再想再看的事情一下子便决定了。他立刻提笔写信，把自己思考多日的问题告诉了姚雪垠：

> 最近有个想法，供你参考：可以给主席写封信，报告《李》稿的写作情况和你的愿望。所传主席对一卷说的话，虽尚待了解确切，但看来是有这回事，说明伟大领袖对《李自成》一书是关心的。你已近高龄了，虽然健康状况较好，但要完成五卷，还是抓紧时间为好。出版晚两年问题不大，我是想早把它搞好，包括早点排印，多听听工农兵和各方面的意见。目前这种情况无法进行。妥否，请酌定。

信末签署日期是 1975 年 9 月 28 日，邮戳盖在信封上是 10 月 4 日，可知写好之后又思虑再三。信寄航空挂号，于 10 月 6 日到达姚雪垠手中。江晓天的建议显然为姚雪垠打开了一条思路，但是否实施，却决心难下。这样的信一旦写出去，能顺利送达收信人，问题就可能彻底解决；万一落入他人之手呢，则是真正的吉凶难测。跋前疐后，姚雪垠一夜无眠。次日凌晨，他写了两封信。

第一封，给江晓天："你建议写那一封信，很重要，我明白你的意思。我将慎重考虑，如何措词，如何能确实送到他老人家面前。不宜匆忙从事，亦不可使外人知道。"

第二封，给茅盾先生："关于《李自成》目前所遇到的出版问题，我今天向您谈谈。青年出版社的复业问题，一波三折。最近看来，希望尚属渺茫。我和一些老作者对该社过去的工作作风较为赞赏，与该社文学编辑室的负责人江晓天同志通过工作来往建立了较好的朋友关系，愿意将稿子交他。我对江晓天充分信任，认为他事业心强，工作踏实，细心，负责，分析稿子的修养也较高。他一直将出好《李自成》作为党的事业看，关怀备至。昨天接到他一封信，提到一个重要问题……关于江晓天同志的建议，我正在慎重考虑。有无必要，何时写信，如何能达到主席手中，如何措词，都要仔细斟酌，务求妥当……以上所考虑的问题，都不打算使外人知道。"

两封信都塞进了邮筒，问题却依然沉甸甸压在心头。"御状"可以告，但状纸却需要一个绝对可信而又有能力传递的人来传递。这个人是谁？他在哪里？苦苦思索了一天一夜，姚雪垠终于想起了一个熟悉而亲切的名字——宋一平。

宋一平，湖北石首人。原是中共武汉市委分管文教的书记，对姚雪垠一直很关心。1965年调到北京，时为中国科学院哲学社会科学部临时领导小组成员。虽然他与姚雪垠并无书信往还，但他经常向武汉有关方面打听《李自成》，姚雪垠是知道的。姚雪垠还知道，宋一平在武汉的口碑极好，善良正直、乐于助人是大家的一致称道。不过三两次接触，姚雪垠便认定宋一平既是一个极富人情味的领导，更是一位可以生死相托的朋友。把信交给他，应该放心。

夜阑更深时候，武汉关的钟声远远传来，报告着1975年10月8日的黎明。姚雪垠披衣坐起，一气呵成两封信。一封写给宋一平，一封写给毛泽东，两封信装在了一个信套中——为慎重起见，姚雪垠希望给毛泽东的信能先经宋一平审读。

很快，宋一平回信了："雪垠同志：八日来信收到。得知《李自成》在继续修改、创作中，并知你身体健康，甚为高兴。你的信我给一位领导同志看了一下，我们认为直接给毛主席写信的想法很好，信的内容也是好的，建议在信中具体提出请主席批给人民文学出版社出版。信最好用毛笔写，字写大些。我可以负责托人直接呈送到主席手中。我是七月上旬分配到哲学社会科学部工作的，与你搞的事业颇有些关系，其中有两个文学研究所。这个工作对我来说困难是比较大的，但我抱着勤勤恳恳为学术工作者热心服务的态度，还是可以尽些力量的。"

这封信写于10月12日，4天后送达姚雪垠手中。信中提到的"一位领导同志"，姚雪垠后来知道是胡乔木。

姚雪垠喜出望外。为了把信写得更受看一些，他特意找到能写一手漂亮毛笔字的朋友龚啸岚，请其代为抄在上好的宣纸信笺上。原信如下：

敬爱的毛主席：

我是长篇历史小说《李自成》的作者。解放后，我在您的思想教育下，立志以李自成为主人公，写一部反映我国历史上农民战争的长篇小说，书名就叫《李自成》。《李自成》第一卷于一九六三年在中国青年出版社出版后，我曾给主席寄呈一部，表示对主席的无限敬爱，也表示是在主席思想的哺育下开始做出的一点成果。

一九六六年夏天得知主席看过了这部书，曾指示说：这部书虽然还有些问题，但应该让作者继续写下去，将全书写完。我对主席的关怀和鼓励，多次感动得热泪奔涌，下决心更加勤奋学习，改造思想，力求将这部书完成得较好，以实际工作成果报答主席。

无产阶级"文化大革命"后期，《李自成》被列为第一批开放书目，至今继续在工农兵和知识分子读者中发生着影响，甚至远在新疆西陲（叶城）的边防战士，也来信说他们深为书中所塑造的李自成等英雄人物的坚强不屈的革命精神所感动鼓舞。由于我的思想水平低，加上第一卷出版匆忙，书中问题不少，总想修改重印。

这部书共有五卷，估计写成后字数在二百五十万至三百万之间，愈往后反映的社会生活愈广阔，阶级斗争愈深刻复杂，而故事也愈波澜壮阔。我一直认为，我是生活在伟大的毛泽东时代，我们的社会主义祖国是拥有八亿人口和数千年文明史的伟大国家，纵然外国人和古人不曾有过这样部头庞大和内容繁富的长篇小说，我应该有写成这样一部小说的雄心壮志，以巨大的热情付诸实践。

第二部稿子已经写成将近两年，约七十万字左右。由于十年来继续学习和探索，尤其经过无产阶级"文化大革命"的思想教育，第二卷在思想内容和艺术上都有所提高。

虽然我寸阴必争，不论盛暑严冬，每日凌晨三时左右起床工作，但我已经是进入六十六岁的人了，不能不有任重道远之感。许多读者都担心我会完不成《李自成》的写作计划。虽然我打的是较有准备的仗，但我仍须要对有关的历史问题和历史生活继续做大量的研究工作，而且将历史研究的成果化为小说艺术，要花费很多的辛苦劳动。往往为几句符合人物性格和历史特点的对话，得反复推敲，才能写定。至于构思一个艺术细节，安排一个人物活动，更要苦心经营。我从来只靠下苦功，不曾靠什么灵感，不曾有过"文思如泉"，挥笔千言的时候。

倘若在一切方便的条件下，我能够专心致志地工作，加上已经有了个八万字的写作提纲和第一、二卷的基础，大概用三年时间可以写成一卷。由于部头庞大，书中出场的人物众多，头绪穿插复杂，反映的历史问题和生活方面较广，五卷陆续出齐后必须再将全书统改一遍，方算完成。主席！要在我的老年完成这样大的写作计划，不仅需要我自己加紧刻苦努力，更需要党的切实领导和具体帮助。我多么希望能得到有关部门或机构具体抓一抓我的工作！

原中国青年出版社文学编辑室的负责同志虽然表示愿意将《李自成》继续出完，但该社能否复业，何时复业，至今音信渺茫。全国读者都需要读文学作品，也渴盼《李自成》第一卷早日重印，以下各卷能快点出版。我想，当前正在深入批判《水浒》所宣扬的投降路线，《李自成》这部书倘能即早印行，更能发挥其战斗意义。

我考虑再三，鼓起勇气来写这封信，请求您将《李自成》的出版问题（包括第一卷的修改本重印），批交中央主管部门解决，或直接批交人民文学出版社处理。

敬爱的主席！我原先除写《李自成》之外，还有一个写太平天国的计划，也作了一些必要的准备工作。如今转眼间已经六十多岁，身体也不十分好，而《李自成》尚未完成一半。我希望再次获得您的支持，使我能够比较顺利地完成《李自成》，争取在七十五岁以后写出长篇小说

《天京悲剧》。为要替党的文艺事业多尽点微末力量，为无产阶级专政的利益占领历史题材这一角文学阵地，填补起五四新文学运动以来历史长篇小说的空白，我将不断地努力工作，努力追求，直至生命终止。即令最后完不成我的写作计划，我也不会丧失我作为一个毛泽东时代的作家的雄心壮志，任何时候都不会将意气化为寒灰。但是我相信，主席是会给我的工作以支持的。

为着让主席了解我的心愿，附呈旧作七律一首。

堪笑文通留《恨赋》，耻将意气化寒灰。

凝眸春日千潮涌，挥笔秋风万马来。

欲与云霞共驰骋，岂持杯酒退徘徊。

鲁阳时晚戈犹奋，弃杖成林亦壮哉！


敬祝

健康长寿！

姚雪垠

一九七五年十月十九日①

近一千七百字长信，不吝笔墨作全文抄录，是因为在其后许多年里有许多人都曾予之以极大关注，各种各样的"版本"就在被关注中创作出来并流传开去。有朋友为了姚雪垠的"名声"，曾建议他"不要轻意出示那封信"。姚雪垠理解朋友的用心良苦，却从来没有想过去把朋友的建议付诸实施。因为他认定"历史是科学"，容不得一星半点的伪造和篡改。所以，当朋友又针对"那封信里的卑辞诿语"，教训他"伟人之所以显得伟大，是因为你自己在跪着"时，姚雪垠非常坦然地回答说："谁也逃脱不了历史！"

---

① 《致毛泽东》，载《姚雪垠书系》第 20 卷《绿窗书简（上）》，中国青年出版社 2000 年版，第 221 页。

是的，"谁也逃脱不了历史"！"文化大革命"时期的产物，必然会带着"文化大革命"的印痕。可是，那又怎样呢？毛泽东永远是姚雪垠心目中最伟大的民族英雄，他给他所衷心敬仰的民族英雄写封信反映一下自己的情况、提出一点自己的要求，他襟怀坦白、光明磊落！更何况他所要求的，不是官不是权不是名不是利，而是本来就该属他所有的创作时间！他不是为了满足私欲而苟且，他一身浩然正气。

## 第三节 "一本书救活一个出版社"

给毛泽东的信一经寄出，姚雪垠便陷入了忐忑不安中。一方面，为信的前途未卜；另一方面，也为自尊心抱屈——不管怎么说，他是在向政治求助！度日如年中，姚雪垠向王亚平倾诉心曲，苍凉悲切之情溢于言表："我走的是一条非常吃力的道路，年纪愈大愈感吃力，所以不仅时间和精力要花去的多，而且心头上经常如负重石。弹指间今年又快完了，预定进程，半成虚幻。明年依然是春去秋来，匆匆流转，未必就能按部就班完成工作。思之惊心！"

北京，11月7日上午11时左右。已办完调动手续的江晓天即日就要到《中国文学》杂志社报到了，此时正在中青社清理原来的办公室，忽然接到文物出版社副总编辑丁盘石打来的电话："老江，我现在五省区煤矿掘进队长座谈会上。刚才，王冶秋同志在会上讲话，提到有位写历史小说的老作家给毛主席写信，主席指示'给他提供方便条件，让他把书写完'。我估计这位老作家指的是姚雪垠。"丁盘石与江晓天是老朋友，知道江与姚的关系，所以一听到消息，立刻跑出会场通报江晓天，之后又匆匆赶回去开会了。

江晓天又惊又喜。他立刻拨长途台挂武汉找姚雪垠，并利用等电话的时间抓紧去吃午饭。刚出办公楼，迎面碰见人民文学出版社一位早就熟识的编辑，稍事寒暄，知道对方来办一件"非常重要的事情"，非找中青社"革筹组"的领导同志不可。江晓天心急如火，对来人所言毫不在意。等他吃完饭回到办公室，文学编辑室负责人王维玲便风风火火跑来，说张春桥已经把毛主席的批示传达到国家出版总局负责人石西民处，指定《李自成》交给人民文学出版社出版。人文社已派人来过，要把《李自成》一、二两卷书稿全部拿走。江晓天这才恍然大悟，明白那位人文社编辑所言"非常重要的事情"是什么了。

王维玲催问江晓天"怎么办"？江想自己已经调离中青社，就该"不在其位不谋其政"，却无奈王维玲的一再坚持，最后他还是以个人名义给姚雪垠写了一封言辞恳切的短信："雪垠同志：刚刚听说主席批示已下来了，只从传说中听到两句：让你写完，给你提供方便条件。更多的不知道。中青要复业，他们说，二部稿马上可以发排。务望你不要把稿子给任何人拿走，中青可能马上派人去取。长途电话已挂上了，为防万一找不到你，特写此短信。看在多年交情的份上，想你不会使中国青年出版社失望吧？"

下午三点多，长途电话终于接通了。听得很清楚，姚雪垠浓重的河南口音里洋溢着无法阻遏的激动。"老江，你快来！你必须尽快来武汉一趟！"他说有许多事情需要商量，在电话里说不清楚。而中国青年出版社方面呢？从领导到群众一致认为：要想留住《李自成》，由江晓天去找姚雪垠是唯一办法。何以如此？《虽有御批仍遭磨难》一文是这样记叙的：

第二天，从"革筹组"的头头到许多共事多年的熟人，一再要求我去找姚雪垠同志，说能拿回《李自成》的稿子，出版社马上就能复业，大家也就有个呆处了。这个机会丧失了，复业遥遥无期，不少老编辑就可能按"面向边疆""面向基层"处理走。他们都不知道姚雪垠给毛主席的信是在什么情况下写的，怎么写的？只是相信我一去就能把稿子拿回来。我心里清楚，也有把握，但不大愿意这时候去。"中青"与"人文"作为兄弟出版社，二十多年来有竞赛，但没有发生过争抢稿子的事。如今我已离开（中青），更不能干这种"得罪人"的事了……有几位共事多年的老同志一句话打动了我:"老江,你有了去处,不用愁了。可中青复不了业,我们怎么办?"晚上十点半,王维玲把第二天去武汉的飞机票送来了,放下机票只说一句话就走了:"明早七点半,车已派好,我来送你去机场。"不容我再说什么了。

11月9日,姚雪垠接到了宋一平的亲笔信:"主席已有批示,你的要求已得到满足。"短短两句话,姚雪垠翻来倒去看了无数遍之后,才终于相信自己不是在做梦。他知道他的信要经过无数曲折辗转,但他想象不出他的信在漫长的曲折辗转中是怎样的马不停蹄、分秒必争:10月19日写成,寄到宋一平手中最快是21日。宋一平收到后立刻转交胡乔木;胡乔木立刻写报告呈送,报告日期是10月23日。再经过不知何人之手耽搁数日,到了卧病在床的收信人之手,怎么也到月底了。毛泽东阅后批示,所署日期是11月2日。消息再从中南海传到宋一平处,宋给姚写信是11月6日——紧锣密鼓,真真正正的紧锣密鼓啊!

几年后,姚雪垠郑重委托中共中央文献研究室的负责人,从档案中找到了毛泽东的批示原件——那是用红铅笔写在胡乔木报告上的两行字,字迹十分轻淡潦草:"印发政治局诸同志。我同意他写小说李自成二卷、三卷至五卷。"

在这个批示下面,是胡乔木的呈送报告:

主席:

送上长篇小说《李自成》作者姚雪垠由武汉写给您的一封信。姚在信里说,这部小说他拟写五卷约三百万字,第一卷已改写,第二卷已写成近两年,但还没有地方出版,请求您能给予帮助。

姚的信是宋一平同志托我转送的。宋现在哲学社会科学部工作,以前长期在武汉,所以姚把信寄给他。宋还把姚给他的两封信也给我看了。因为这两信可以帮助了解姚目前的具体困难,所以现在也一起附上，供您在需要时参阅。

胡乔木

一九七五年十月二十三日

应该说，姚雪垠是幸运的，因为他写给开国领袖的那封信实在是太"生逢其时"了。据当年曾在中央政策研究室工作的郑惠在答记者问时所说："其时，毛主席已经病了很久……若非如此同心协力刻不容缓，结果也许就完全是另一副模样了。"

11月9日中午11点，江晓天乘坐的飞机在武汉降落。出口处，姚雪垠和武汉市文化局副局长吕西凡正笑眯眯地等待着。江晓天好奇怪：他们怎么知道我今天来？而且知道我是乘坐飞机？他问姚雪垠，姚雪垠笑而不答。吕西凡问他在飞机上可曾见到韦君宜？江晓天才明白他们是来接韦君宜的。估计是人民文学出版社先给武汉市文化局发了电报，告知社长要亲自出马商谈《李自成》出版问题，原定乘坐这架飞机，却不知因何未能如约成行。一直等到四十多位乘客都走了，吕西凡才请江晓天上车去宾馆。江晓天婉言谢绝，声明自己是以老朋友身份来看望姚雪垠，住在姚家就行了。说话间丁力也到了，江晓天与姚雪垠便同吕西凡告别，坐上丁力的汽车直奔姚雪垠寓所。

韦君宜到人民文学出版社就职之前，曾任共青团中央宣传部副部长和《中国青年》杂志总编辑，名副其实是江晓天的"老上级"。她的即将到来，让江晓天颇感为难——避而不见吧，有失尊重；见面呢，话又不好说。韦君宜是带着中央指示来拿《李自成》书稿的，而江晓天却既不能代表"中青社"答应将《李自成》让出去，也没有理由为"中青社"咬住不放。思来想去，拿到书稿的出路只有一条：由作者出面说话。

姚雪垠在给毛主席的信中，虽然明确表态可以"直接批交人民文学出版社处理"，但那是在中青社"能否复业、何时复业，至今音信渺茫"背景下作出的选择；如果中青社复业了，他当然还是愿意同中青社继续合作，江晓

253

天对此深信不疑。而中青社申请近期复业的唯一理由就是编辑出版《李自成》，两者互相依存互为因果。

经过反复思量后，江晓天很坦诚地向姚雪垠谈了"借毛主席批示的力量，推动中国青年出版社赶快复业"的构想。他对姚雪垠说："你赶紧写两封信给我带着，一封写给张春桥，一封写给石西民，把'中青'与你的关系、你是在什么情况下才考虑把书稿给'人文'的，这些问题都细说清楚。我明天就回去，如果短时间内解决不了'中青'的复业问题，二卷只好给'人文'出。这样，咱俩都好交代，'中青'不会怪我，'人文'也对你满意。"

出于对朋友的信任，姚雪垠同意江晓天提出的方案，但对拖了几年的"中青社"复业问题能在几天内解决，的确尚缺少信心。为打消他的疑虑，江晓天说："《李自成》惊动了毛主席，其影响远不止是一本书的问题，张、姚不会撒手，但他们对出版局控制得还没有像上海那么严。人民文学出版社主要负责人严文井、韦君宜都是文艺界的老人。中国青年出版社是团中央管的，而团中央筹备组的头头是谢静宜，因此我估计会批准'中青'尽快复业的。"姚雪垠认为江晓天分析得有道理，但仍希望他能晚一天回北京，最好等姚与韦谈过之后再走，江晓天答应了。

11月10日上午，姚雪垠随吕西凡等去火车站接韦君宜，午饭时分回到家中，说已经把要写在信上的内容同韦君宜谈过了，局面有点僵。丁力等希望江晓天能直接与韦君宜面谈一次，否则全靠作者表态坚持把书稿留给"中青"，确实有许多为难之处。吃过晚饭，江晓天找到丁力家，详细说明了他不便与韦君宜见面的原因，同时向丁力建议：《李自成》的出版问题涉及中央两家出版社，如果非要省、市领导判定给谁不给谁，的确是个大难题。最好的办法是把难题推给北京，由两家出版社领导和出版总局负责同志一起协商解决。丁力赞同这个建议，答应向辛甫汇报。

11月11日清晨，武汉市委宣传部文艺处副处长林非冒雨送江晓天返京，却因风雨骤降，飞机停飞，只好转奔火车站购当晚的火车票，再回到姚家时已近中午。姚雪垠随市委宣传部领导第二次见过韦君宜后回到家中，说僵局尚未打破，下午韦君宜要亲自枉顾茅庐。为避免尴尬，江晓天吃罢午饭便匆匆去了武昌紫阳路 215 号黄碧野家。傍晚再回姚家时，姚雪垠告诉他，韦君宜下午来过了，很焦急，开门见山就说这是国家出版局交代的任务，希望姚雪垠予以支持。姚雪垠表示非常理解，但坚持要考虑他与中国青年出版社的历史关系。韦君宜则咬住一条不松口："中青"还没有复业，怎么能谈"出版"！

又是"复业"问题！不打通这个"瓶颈"，一切都无从谈起。江晓天心急火燎，晚饭都没吃，就跟着来送他的林非去了火车站。火车 11 月 12 日下午三点多到北京，王维玲接站。两个人马不停蹄赶到团中央，向团"十大"筹备组副组长王道义作了汇报。王道义让中青社赶快写份申请复业报告，由他们上报党中央。13 日上午研究了报告内容，下午在江家拟写成报告初稿，当晚送到王道义手上。14 日下午中青社有关人员被叫到团中央，听取王道义和几位筹备组成员的意见，当晚连夜修改定稿，15 日一早再送给王道义。报告大意是：《李自成》第一卷由中青社出版，二卷稿中青社也已看过。因与姚雪垠一直保持联系，对其全书创作意图和写作情况都很了解，作者本人也愿意继续与中青社合作。基于这些原因，中青社申请复业，以承担《李自成》第二卷的出版任务。至于复业后的归属问题，报告提了三个方案，一是由国家出版总局领导；二是由出版总局与团中央筹备组共同领导；三是由团中央筹备组领导。

这份报告以中青社"革筹组"的名义写给共青团"十大"筹备组，筹备组另拟一函，于 11 月 18 日上报党中央。25 日下午 4 时半，团"十大"筹备组打电话告之："中央已批准，一小时后把批件送到中青社。"

接到批件以后，中青社立即拍发电报向姚雪垠通报消息，电报稿连地址一共 43 个字——"解放公园路（46）号姚雪垠：中央已批准中青复业和出版李稿，欢迎你来。何时动身，盼电告中国青年出版社。"电报交发时间是 11 月 26 日 14 点，抄收时间是 19 点，送达姚雪垠是 19 点 40 分。

姚雪垠带着电报，立刻到旅馆面见韦君宜，向人民文学出版社表达深切的谢意和歉意。韦君宜见事情已经无可挽回，打道回府时向辛甫提出建议，希望中国青年出版社或团中央筹备小组能给湖北省委第一书记赵辛初同志和武汉市委宣传部部长辛甫同志各发一函，说明中青社的复业及《李自成》仍由中青社出版的问题，已于某日经中央某位领导同志批准，中青社已将中央批示报告出版总局并通知了人民文学出版社。韦君宜认为有此两份公函，各方面都好说话些。辛甫接受此建议，指示姚雪垠转告江晓天。中青社立即一丝不苟地实施了韦君宜的意见，这也可算是一种"善后"吧。

就这样，为了出版《李自成》第二卷，中国青年出版社的复业比共青团中央的正式恢复活动整整早了三年。当时社会上广泛流传着一句话——"姚雪垠一部书救活了一个出版社"——概源于此。

## 第四节　列车高卧入京华

两个国家级出版社为一部长篇历史小说书稿不辞辛劳来回奔波之事刚画上句号，毛泽东有关《李自成》的批示正式传达下来。湖北省委宣传部常务副部长余英在高级知识分子会上宣布了这个消息，与会者中许多人都激动得流下了热泪。虽然知道姚雪垠的时来运转对大多数人来说可遇而不可求，但具有相同命运的知识分子们仍然视之为一种福音而满怀期待。

中国青年出版社接受韦君宜的建议，给湖北省委第一书记赵辛初和武汉市委宣传部部长辛甫各去一封公函，说明中青社提前复业出版《李自成》事已经中央批准，顺便提及邀请作者赴京写作之意，湖北省委和武汉市委欣然批准。

就在这时——1975年12月4日，《人民日报》转载了《红旗》杂志刊出的文章——《教育革命的方向不容篡改》。文章以毛泽东的"七二一"指示为遵循，指认教育部部长周荣鑫的有关讲话是"企图为修正主义教育路线翻案"；指认对科学、教育界领导班子的调整是"猖狂反对工人阶级的领导"。文章结尾处，又认定"教育战线上的这场争论""是当前社会上两个阶级、两条道路、两条路线的组成部分"——一场"反击右倾翻案风"运动，就此开始。

朔风阵阵的东湖岸边，姚雪垠与其"忘年交"洪洋久久徘徊着，小声商议着进京后可能遇到的麻烦及对策。"徐迟原由上边决定退休，现在忽然调回省创作室"，知道这是毛主席的批示在湖北引起的良性效应，相信这种效应还会在更大范围中连锁出现。然而，姚雪垠仍然忧心忡忡。毕竟，他告了"御状"，毕竟，他的命运与权力紧紧维系着。一个同情他欣赏他的人可以让他一步登天，反之则可以一巴掌把他捆入地狱。而最现成的问题是：如果不许写帝王将相怎么办？如果非让把李自成写成"反孔"英雄怎么办？思谋再三，最后得出结论：以不变应万变，把毛主席的指示当作抵抗所有干扰的"挡箭牌"。

为给姚雪垠壮行，湖北省委宣传部和武汉市文化局在武昌联合召开了著名文学文艺工作者座谈会。省委有关领导同志在会上发表了热情洋溢的讲话，指示要让被遗忘多年的老作家们的名字赶快想办法见报；《李自成》第二卷要赶快在省、市文艺刊物和报纸上发表一部分……与会者无不欢欣鼓舞，姚雪垠本人更是激动万分，在发言中一再表示"将时时记着主席批示的意义，严格对待自己，谨慎处理问题，努力埋头工作"。

一片热烈的祝贺声中，有人站起身来说，"同志们的发言都刮的是热风"，而他"想吹点冷风"，问姚雪垠行不行。看到说话人是那位一直抓住《李自成》不放的理论家，姚雪垠不觉心头一紧，赶忙表态欢迎。"记得雪垠写过一首诗，其中有一句是'不拜施罗马后尘'。这是什么意思呢？"说话人的目光紧紧盯住姚雪垠，"如果是指艺术上不落在罗贯中、施耐庵之后，那当然很好。但是——希望你不是要在小说中歌颂投降主义"。

当时，举国上下都在传达毛泽东的最高指示："《水浒》好就好在投降。"这句话，姚雪垠直到辞世也没弄明白是什么意思，而理论家却在告别会上用来告诫他，让他感到既突然又茫然。姚雪垠一时窘住，不知该如何回答，只敢在心里暗自嘀咕："他曾经批判《李自成》，说明他读过《李自成》。那么，《李自成》开笔写的就是李自成拒不投降，全军覆没后也不动摇不灰心。这一点，难道他竟一直没有看出来吗？"

好在理论家孤立无援，他的发言让会场一片寂静。愣怔一时的姚雪垠反应过来，赶紧连答几个"好"字对付过去。话题立刻被其他与会者岔开了，但这个不和谐的小事件却如一记重拳劈头砸过来，让姚雪垠心有余悸，让他一次又一次地提醒自己：到了北京，千万要谦虚，要谨慎！千万千万要夹住"尾巴"做人。

1975年12月19日傍晚，姚雪垠登上了北去的列车，于次日午后抵达北京。站台上，臧克家、王亚平、方殷、江晓天和中国青年出版社的代表王维玲等，都已在寒风中等候多时。姚雪垠被朋友们簇拥着，坐上出版社派来接他的小轿车，直奔朝阳门外三里屯幸福一村1号楼——中国青年出版社的干部宿舍。出版社在这里为他腾出了三层楼的一套单元房，与江晓天成了一墙之隔的近邻，站在自家阳台上就能讨论工作，真可谓方便至极也。

翌日凌晨，姚雪垠一如既往于三时整起床工作。窗外夜空幽深，偶被急驰的汽车划破宁静。突然，一阵马蹄"得得"声起，自远而近又自近而远。姚雪垠好生奇怪：怎么，北京的夜间还有骑兵巡逻吗？当又一阵马蹄声隐隐传来时，他终于按捺不住好奇心，跑到阳台上去观望。嘿，原来是进城拉粪便的马车在结队而过！远去的马车队牵动着姚雪垠的目光，也牵动了他的万千思绪——过去、现在、未来，憧憬、希望、理想，一切全都凝结于笔端，变成了抒情言志的七律一首："快车高卧入京华，笔砚安排即是家。舞剑仍来残月外，挥戈惯趁夕阳斜。心游贝阙骊龙近，眼望珠峰雪路遐。任重只愁精力减，扬鞭少看上林花。"

诗中，姚雪垠运用"闻鸡起舞"和鲁阳公挥戈逐日之典，把自己对文学成就的追求比作"探骊龙之珠"，表达了自己将在文学道路上奋进不止的意志和决心。他清醒地意识到在攀登艺术高峰的路途中尚有艰难险阻，所以给自己制定了一条严格的处世原则：少出门、少看事、少参加社会活动。倘有朋自远方来，自然不亦乐乎；没有人来，也绝不寂寞。他要以寂寞为乐事，情愿寂寞，耐得寂寞，认定寂寞会成为他做出成绩的必要条件。

当然，无论怎样深居简出，茅盾、叶圣陶等师友也是必须登门拜望的。久远的情谊且不必说，就在刚刚过去的一年多里，这些师友通过书信传递给他的理解与支持，将让他终生感激铭记不忘。进京前夕，他将茅盾先生的亲笔书简按时间排好顺序，逐一托在一本大册页中珍藏起来。他相信茅盾先生晚年留下的这些文字是国宝级的重要文献，日后一定会引起有识之士的关注。之所以如此，不仅因为茅盾是五四新文学运动以来最有贡献的老作家之一，更因为这些文字本身所提供的关于长篇小说艺术方面的精辟意见，而这种探讨正是我国文艺评论界多年来所忽略或回避的问题。

姚雪垠渴望着与师友们的久别重逢，渴望着久别重逢后的推心置腹。他让曹辛之把他到京的消息转告吴祖光，说等他忙过这一阵，再约时间晤面。然而，一件突如其来的大事，把他的所有活动计划都打乱了——

1976 年 1 月 8 日，一代伟人周恩来辞世。山河垂泪，天地同悲，姚雪垠的哀痛透彻肺腑。他佩服周恩来的大智大勇，钦敬他的虚怀若谷，他流着眼泪对家人诉说："当年在重庆，去郭老家，周公总是称我为'雪垠兄'，其实他比我大十几岁……后来我离开重庆去了三台，开会时他找不见我，还专门向在场的人询问，'雪垠兄哪里去了'？"

姚雪垠强烈要求前往吊唁。可是全中国的老百姓哪一个不想再最后看一眼敬爱的周总理？中国青年出版社只能从单位职工人人都在期待的机会中挤出一个配额指标给了他。跟随着前不见头后不见尾的吊唁队伍缓缓行进，走进庄严肃穆的劳动人民文化宫，走进满眼黑纱白花让人伤心欲绝的灵堂，姚雪垠感到了从未感受过的泰山般的沉默，见到了从未见过的江河般的泪水……事后，他对家人说："什么叫'人民拥戴'？什么叫'天下归心'？走在那条用眼泪凝成的冰路上，就任谁都会明白了。"

1976 年的春节快到了。姚雪垠回到武汉与家人团聚。从北国到华中，早来的春光拂去了心头积郁，久违的"无止境斋"唤起了蓬勃激情。心痒手动，不禁又一次向朋友炫耀起自己的写作生活："武汉已是温暖的春天，窗外树梢已呈绿意……古人说'十年寒窗'，对我来说，至少是半生'寒窗'了。虽说艰辛，却也有无限乐趣。每天凌晨，三点钟左右起床，庭院寂静，荒鸡断续，而此时涓涓文思，不绝如泉。写至激动处，停笔挥泪，鼻酸喉咽。有时，为一句对话，几个词儿，斟酌未当，兀坐凝思，书斋中声息全无，人似老僧入定。晚上，照样不写作，图书堆案，为解决问题而翻阅，或倚枕读诗，遇有一联佳句，反复咀嚼，会心点头。除非特殊情形，十时前即呼呼入睡了。老年，我有些工作条件，于愿已足，故心情畅快，工作进度也速。"[①]

进京之前，《李自成》二卷稿已经过反复推敲，需要修改处大部分已修改过，个别没来得及修改的地方也都拟定好了修改方案。进京之后，江晓天提出要"对一些情节加以改造，有些描写角度需要作些调整"，但总的说来工作量不算很大，姚雪垠到武汉后很快完成，春节过后即带着"齐、清、定"的书稿返回北京，时在1976年3月。当此之时，江晓天已调往《中国文学》杂志社工作，《李自成》的责编换成了王维玲。

《李自成》第二卷的清样很快排好，距正式出版发行只差一步之遥。就在这时，清明节到了。周总理逝世后的第一个清明节，人民英雄纪念碑下白花如海。姚雪垠好生激动，他也要去天安门广场，汇入悲情难抑的祭悼洪流。老伴强烈反对无效，只好请外甥周鼎陪同前往。周鼎提出三项"必须做到"的要求：一是必须穿军用雨衣并且把帽子戴好；二是只许带耳朵带眼睛不能带嘴巴；三是不能久留叫走就得走。姚雪垠像个孩子一样嘟起嘴不说话，用轻轻点头表示他将"一切行动听指挥"。于是，他得以一连三天进入天安门广场，在人山人海中倾听着，感受着，思索着……

---

① 《致王亚平（八）》，载《姚雪垠书系》第20卷《绿窗书简（上）》，中国青年出版社2000年版，第187页。

## 第五节 虽有批示仍难面世的《李自成》

1976年清明节过后,《李自成》第二卷的出版工作因之而又遭遇意外困难:因为书稿中写到了崇祯廷杖大臣黄运周、叶廷秀的情节,写到了朝廷在天安门一带镇压"伏阙上书"群众的场景和过程,相关人员担心有"借古讽今""含沙射影"之嫌;删除这些内容吧,又害怕被疑"此地无银三百两",本来心里没鬼反倒有了鬼。

千万莫怪编辑的小心谨慎,事实上他们的跋前疐后并不多余:人间四月,万物苏生,一些于《李自成》不利的议论——比如"毛主席只批示让他写完,并没有说要让他出书"——之类说法也破土露头,在团中央与中青社中不胫而走。风声鹤唳草木皆兵,有防总比无防好。

《李自成》第二卷是经江晓天审读数遍后才发排的,江晓天最熟悉最了解书稿情况。经姚雪垠强烈要求,江晓天又被借回中青社帮助审稿,为中青社人美其名曰"老姚的'帮办'"。在弄明白出版社的意图之后,江晓天提出了修改建议:"伏阙上书"一节,禁卫军用棍棒驱赶老百姓改为出骑兵用刀枪镇压;廷杖大臣一节,则"修补"到与现实不存在任何类比的可能。改动不复杂,江晓天的目的更简单:扫除一切障碍,把书稿尽快变成铅字!只要能正式出版,即便禁止发行,也是"留得青山在,不怕没柴烧"了。

天空风云激荡,大地也不安宁。1976年7月,朱德委员长刚刚逝世,唐山大地震便接踵而至。地动山摇之际,正是世人好睡之时。而早起工作的姚雪垠却是清醒的,因而有机会亲临亲历、耳闻目睹了灾变过程:"二十八日凌晨大地震,我正在俯案工作。初闻巨声如载重火车,自东向西过去。我感到十分诧异,站起来去开纱门,打算看一看是什么响声。纱门尚未拉开,大楼开始摇晃,知是地震。对地震既无思想准备,也无防震知识。走至书房门口,大楼上下颠簸,已不能走动,只好倚墙而立。当时全家十口,都被震醒。时间大约过了一分钟左右,大楼才停止颠簸,在颤抖中归于平静。幸而大楼还坚固，人平安，物无损。早晨和黄昏又震了两次，但都不算剧烈。据云北京共损伤约两万间房子，多系平房，西城较东城为甚，死伤合计两千多人。北京周围，通县受灾较重。从地震之后，因警惕北京将有更大地震，数百万北京市民、干部都移居马路旁与空场中。人心镇静，社会秩序亦佳。满城各色窝棚连绵如云，蔚为奇景。"①

在满城"连绵如云"的"各色窝棚"之中，有用尼龙绳在杨树林里扯起一大块塑料布覆盖着的一方土地属于姚雪垠。地震之后连降大雨，雨过天晴又烈日当空，地面湿气蒸腾。姚雪垠蹲在透明的塑料布下，脖子里搭块白毛巾，手里拿把芭蕉扇，全然不顾热汗湿透的背心贴在身上有多么不舒服，一门心思只顾逐字逐句地校阅着七十多万字的书稿清样。后来他的窝棚又变动了几次，半个月后从杨树林中搬到了首都工人体育场的北门外，四面空旷，即使有更大地震也可高枕无忧。窝棚也大了，并且摆上了桌椅。《李自成》第二卷最后一部分清样约二百页，就是在这个棚子中校完的。

湖北的朋友们惦记着姚雪垠，纷纷敦促他速回武汉。姚雪垠感激大家的关怀，但他的主张是"既要警惕，也不要惊慌失措，更不要有'活命哲学'"。他对朋友们说："'加强责任感，打破条件论，下苦功，抓今天'，这四句座右铭在地震期间也是有用的。精神一松懈，时间一荒废，损失就大了。看看灾区的工人劲头，看看解放军的救灾精神，倘若我逃离北京，停止工作，宁不惭愧？"②

书稿改完了，校完了，却仍然不能付梓。什么原因？江晓天记忆："编辑室的两位同志看完稿子，来我家交换意见，一位同志对红娘子推动李岩造反、力主打'李'字旗一起去投奔李自成提出异议，说红娘子是造反派，让她也打'李'字旗不妥……另一位负责人说，他计算了一下，写宫廷生活、

---

① 《致周勃（二）》，载《姚雪垠书系》第21卷《绿窗书简（下）》，中国青年出版社2000年版，第115页。

② 《致程涛平（四）》，载《姚雪垠书系》第21卷《绿窗书简（下）》，中国青年出版社2000年版，第315页。

崇祯和杨嗣昌的篇幅占了百分之三四十，帝王将相写这么多，而且写这么美，是个原则问题。"

上述意见，姚雪垠大不以为然；尤其是嫌"帝王将相"写得太"多"太"美"这一条，更是坚拒不受。他说：在阶级社会中，构成社会的各个阶级、阶层、集团之间，既相矛盾也相依存，绝对没有一股社会力量独自存在的历史现象。新中国成立后的舞台上，挂着双拐、头上纵横贴着膏药、脸色灰暗、宫靴破旧的人物，绝对不是蒋介石。如果蒋介石是这个样子，他就不可能统治国家多年；共产党领导的新民主主义革命取得胜利，也就不会那样艰难困苦。

作家不肯改稿，出版社便不肯出书。双方僵持着，对峙着。后来，姚雪垠干脆不再着急，对出版问题不提不问，只管埋头创作第三卷。他坚信只要书写出来了，就不愁没有地方出版。编辑自然不好跟作家斗气，只好借助组织的力量来说服姚雪垠。一天晚上，出版社的领导亲自带着责编登门，把武汉市委的一封来信送到姚雪垠手中。信上盖着公章，信中明确指示："关于崇祯和大臣以及宫廷生活，只可少写几笔，并加以贬词。"

读罢来信，姚雪垠怒发冲冠。平生之遭际，让他深恨背后搞小动作整人，更恨抬出"组织"来施压，而出版社却偏偏来跟他玩儿这一套！情绪一旦过激，行为便失分寸，当编辑特意申明"这是武汉市委领导的意见"时，姚雪垠拍案而起，态度非常强硬地回答：如果是谈政治问题，我可以考虑先按组织的意见办，以后再申述个人观点。但现在谈的不是政治而是艺术，是《李自成》第二卷如何修改。"在这个问题上，武汉市委的领导同志是外行，我是专家，所以必须我说了算！"

在《李自成》中，崇祯是自嘉靖、隆庆、万历、天启以来最勤于政事的皇帝，也是最聪明、最喜读书的皇帝，然而他却是一个亡国之君，因而是小说所要塑造的一个不寻常的悲剧典型。为了这个"典型人物"有一个生存与活动的"典型环境"，姚雪垠对皇帝的宫廷生活进行了开创性地细致入微地描写，崇祯周围的后妃、宫女、太监等众多大小人物，个个鲜活灵动栩栩如生。生活在这个环境中的崇祯皇帝宵衣旰食，事必躬亲，精明强干而刚愎自用，感情丰富而猜疑多端。本想做"中兴"之主，却无奈大厦既倾独力难支，最后只能走投无路自缢煤山。一介亡国之君，一个悲剧典型，崇祯皇帝的形象塑造，是姚雪垠对中国现当代文学人物画廊的一大贡献。

唯其如此，姚雪垠才寸步不让，话语出口，斩钉截铁："我写《李自成》，一开始就是从崇祯皇帝入手。关于宫廷生活、崇祯皇帝的典型性格与典型环境，是我在长篇历史小说中的重要创造。这些内容一点儿都不能删，绝对不能删！至于书的出与不出，请随尊便！"

出版社的人走了，姚雪垠却余怒未消，气呼呼地满屋徘徊一阵子，突然高声命令老伴："给我拿笔墨来！"一直躲在一旁的王梅彩，不知道姚雪垠还要干什么，又不敢问，只好悄悄溜到隔壁去找江晓天，说姚雪垠"老毛病又犯了"，请江晓天出面劝阻，让姚雪垠"能忍则忍"，千万别再招灾惹祸。

江晓天了解姚雪垠的犟脾气，知道他一旦认定，便决不轻言回头。但他还是勉力劝说，要他"止怒"要他"冷静"。姚雪垠回答："我没法冷静。编辑和作家之间有分歧很正常，可以公开探讨嘛，谁说得对就照谁的办。为什么非要让领导说话？我在小问题上可以妥协，为的是争取出版；在大的原则上我决不妥协，哪怕坐监都可以！我是宁可玉碎，不为瓦全。不管谁出面，也不管说了什么，崇祯的宫廷生活内容，一个字都不能删！这就是我的态度，我要给出版社写信郑重声明。"

几天后，一封七千余字的长信就出现在中青社领导的办公桌上，其内容变成"小道消息"在编辑人员中口耳相传，被大家善意地笑称为"姚老给我们的'哀的美敦书'"。二十八年之后，江晓天在寓所里谈起这一段，他描画着王梅彩模仿姚雪垠盛怒时的样子，不禁感慨万千。他说："老姚是个吃软不吃硬的人，压力越大他的腰杆就挺得越直。几十年中经磨历劫，大棒没有打杀他，最后却被'捧杀'了。"

1976年9月9日，伟人毛泽东逝世，史无前例的举国巨哀。为防《李自成》遭遇曲解而祸生不测，姚雪垠完成了"廷杖大臣"和"伏阙上书"两节的修改，又为一、二两卷书稿付出了许多"枉费心血的劳动"——把所有可能存在歧义的地方，都加上了作者的分析议论。虽然尽可能不许分析议论破坏细节的完整，更不以议论代替艺术，但此举无论如何也是画蛇添足，对作品质量有害无益。可是"两害相权取其轻"，别无他途好走时也只能如此。

1976 年 12 月，《李自成》第二卷印成。虽尚未发行问世，但毕竟有了书号，有了"户口"。纵使到此为止吧，姚雪垠也是胜利者——在写《李自成》第二卷这场战役中，他胜利了！因为他顶住了政治压力，守住了创作初心。作为一个有使命感和责任感的历史小说家，他尊重历史，钟情艺术，宁愿不出书也决不编造历史、不放弃艺术追求。他用《李自成》这一创作实绩，践行了他自己提出的"历史科学与小说艺术完美统一"的创作原则。这是他的骄傲，更是他的光荣。

# 第十一章　1977—1980年

## 第一节　《李自成》第二卷——花开第一枝

1977年初春，《李自成》第二卷在北京正式出版发行。这个消息，新华社用5种语言向国际国内作了报道；香港的几家大报纸也都上了头版头条，《大公报》更是捷足先登，大字标题率先提出了"《李自成》开辟中国历史小说新道路"的概念。

2月18日——丁巳年大年初一，姚雪垠像平日一样凌晨三时许便爬起来，在书桌前一直坐到天光大亮。想到从1973年5月交出第一批稿子，《李自成》第二卷历经三年磨难终于问世；想到动手创作《李自成》已足二十个春秋，至今却连一半都尚未完成，不禁油然而生老马长途之叹，随即赋《春节感怀》一首聊抒块垒："曾经霜冰百花摧，春色含烟次第回。楼外五更多爆竹，胸中廿载足风雷。雄心勃勃山河壮，笔力迟迟岁月催。新作印成初到手，怅然无意觅茅台。"

惆怅而苍凉的思绪宛如河流，一条条一道道都通向回忆的大海。3月3日，姚雪垠给穆青写信："听说你要来看我，十分欢迎……上月，有人送来了一张1934年在大同中学的照片。前排坐者三人，我在中间，左为梁雷、右为赵伊坪；后排立同学三人，你为其中之一。赵于1938年春天为鲁西北特委，被日寇包围牺牲；梁于1937年冬在山西偏关县任抗日县长时牺牲。我今日仍健在，早已须发尽白，所幸者是有机会利用晚年，发挥一技之长，贡献微力。至于是否能完成我自己的写作志愿，实无把握，不无日暮道远之感。日月奔流，那张照片距今已有 43 年了。"

本该高兴却伤感的原因，身染微恙也是其中之一。这一点，姚雪垠在 1977 年 4 月 7 日写给丁力的信中说得很明白："我在第二卷出版后，心情一直沉重。老马长途，完成目标困难重重……近来头晕病又犯，但不严重；右臂疼痛，影响生活和工作，每隔一日去首都医院理疗。"

好在，《李自成》一经问世，"无止境斋"便喜报频传：长城内外，大江南北，成千上万的读者争先抢购，印制生产供不应求。春寒料峭中，北京城里蜿蜒在新华书店各个门市部前的购书长队，成为颇具时代特色的一道风景线。"文化大革命"结束，文苑苏醒，《李自成》第二卷上下两册，堪谓花开第一枝。为满足社会需要，除台湾、西藏以外，全国各省级出版社都向中国青年出版社租型自行印刷，一时间洛阳纸贵。一场《李自成》热潮，像飓风一般席卷神州。

1977 年 3 月下旬，香港《新晚报》开始连载《李自成》第一卷；4 月底，新华社记者访问姚雪垠，三千余字的访问记刊发在香港报纸上。南京师范学院中文系拟着手整理编辑有关《李自成》的创作史料，湖北省文化局组织起十名文艺理论人员在研究撰写关于《李自成》的评论文章。中央广播电台由曹灿主播的"长篇小说播讲"节目，更使《李自成》老幼皆知、家喻户晓。

与此同时，电影、戏剧、曲艺、绘画等领域的专家，纷纷要求对《李自成》进行改编，其中最积极的是北京电影制片厂的导演崔嵬和厂长汪洋二位同志。姚雪垠在致《武汉文艺》主编周代的信中说，北影负责同志们的决心很大，决心把《李自成》拍成能代表中国水平的片子。导演崔嵬同志从自己的年龄考虑，只打算拍上中下三集。但厂长汪洋同志主张"只要有内容，何必限定三集"。汪洋同志还说："我已经六十多了。只要能拍完纪念毛主席和周总理的两部片子，再拍完《李自成》，我就可以死了。"

《李自成》第二卷反响如此热烈，实为姚雪垠望所不及。欣然幸然之时，心潮涌动着更多的感激和感动，"感激党和毛主席的教育、关怀、支持"，感激广大读者的鼓励与鞭策，感激开封图书馆那位让他首次接触"李自成"的图书管理员薛连仲，感激冒着风险为他保存了"刘宗周写奏本"一章手稿的《羊城晚报》编辑吴琪琅……

姚雪垠感激所有为他提供了帮助的人们，同时他又迫切需要得到更大的帮助——他需要一位助手，这位助手要帮他整理创作档案，帮他处理来往信函，帮他查找图书资料，为他承担起与学术界和文化界的交流任务，陪同他外出考察，而最重要的一项工作是帮他把录音整理为小说初稿——为了加快速度，他要对着录音机来创作《李自成》了。

中共武汉市委宣传部接到了姚雪垠申请配备工作助手的报告，特意指派市文化局党委副书记丁力借进京开会之机上门征询他对助手的要求。姚雪垠明确提出了三条标准：必须是 1966 年以前毕业的大学生；必须能够熟练地看线装书；必须人品好，无是非，容易相处。

姚雪垠需要助手的消息在社会上迅速传播，京汉两地应者甚众。有写信毛遂自荐的，有通过关系介绍找上门的。众多人选中，姚雪垠看中了在张家口市的干部张葆莘，此人"文化大革命"前在《文艺报》工作多年，很有能力，尤其擅长"公关"。在武汉市委配备的正式助手就职之前，由中国青年出版社出面，将张葆莘借调到了姚雪垠身边。

《李自成》第三卷已开笔，第四、五两卷也同时进入酝酿中。姚雪垠把目光投向了关外，随之而来的一大堆史学问题，诸如洪承畴被俘的经过、吴三桂降清的原因、多尔衮南下的策略、山海关大战的详情等，都必须尽快搞清楚。特别是关于吴三桂的开关迎降，三百多年来的史家和文人著作大都沿袭吴梅村的"冲冠一怒为红颜"之说，把一个名妓"作"成了旋转乾坤的关键人物。对历史来说，这不是太偶然因而也太轻率了吗？

姚雪垠不相信"偶然"，不肯"以其昏昏使人昭昭"。《李自成》最初的创作原则，他始终在坚守着："深入历史，跳出历史，而深入是基础。没有深入，便无所谓跳出。"从这里出发，他决定放下案头的工作，亲自到东北进行实地考察。经报请中共武汉市委宣传部批准，姚雪垠于 1977 年 8 月 18

日上午登上了列车，有新任助手张葆莘及北京电视台的两名记者随行。

党的十一大闭幕在即，举国上下都在为之奔忙，党政机关尤甚。姚雪垠所到之处，都把接待工作当作政治任务，由"革委会"主管文化宣传工作的负责同志出面，专门开会研究接待方案，专人专车，前呼后拥，一路有当地的相关专家、学者陪同，有脸有面有水平。就连给姚雪垠开车的司机，也要选成熟稳健、技术精湛者，而且每次出行，组织者还要坐在副驾驶座上，反复叮咛"安全第一"，说是"万一出了事故，我们没法向全国读者交代"。

高规格的保驾护航，让姚雪垠的考察大获丰收。在山海关，他去了红瓦店，登了二郎山，看了李自成的点将台，到了多尔衮初到山海关时安营扎寨的欢喜岭，连吴三桂率领城中士绅五人正式投降大清的威远城也看过了。在沈阳，他看了清太祖和清太宗的福陵和昭陵，去了关押洪承畴一个多月的清太庙，参观了故宫并同故宫的研究人员举行了座谈。在兴城，他登上城中心的钟鼓楼和南门的城头，瞭望觉华岛。崇祯十七年（1644 年）三月初，吴三桂受封平西伯，奉诏从此地出发进京勤王。遥想当年大批辽东百姓随其入关时啼饥号寒的情景，姚雪垠心中浮现出一幅悲惨的"流民图"。在锦州，他主要考察了与洪承畴被俘有关的历史地理情况，明白了洪承畴为何"食君禄"却不"报君恩"。长期困扰心头之谜解开了，姚雪垠在给武汉方面的汇报中不无兴奋地写道：

> 原来我一直不明白洪承畴身为大臣本无降意，何以不临危自尽。问及松山人，言其匆忙突围时刚奔出西门就马失前蹄，遂致被俘。到其马失前蹄处考察，乃一缓慢长坡，并不陡。当地干部解释说，原来城门处地势很高，出城门两三丈远处地势蓦然降低，坡子很陡。公社化后因松山公社在城内，城门要通行汽车，将高处铲低，低处填高。这就是了。想当年松山城内杀马而食，洪承畴的马匹虽尚保存，必定因缺乏粮草，瘦弱无力。仓皇之际奔下陡坡，失了前蹄，十分合理。这一当地口头传说可以补文献记载之不足，而且对小说细节极有用处。这是松山考察的

意外收获。

有得就有失。东北之行前呼后拥之排场，既使姚雪垠于心不安，又让他颇有些自得之意。从此以后，虽然依旧在"倚枕读书争晚景"，但是"浮夸狂妄葬华年"的沉痛教训却不再警钟长鸣了。

回到北京后，姚雪垠怀着激动的心情给中共武汉市委宣传部报告了他的决心和措施：1977年年底完成第三卷初稿。1978年一边抓紧修改第三卷，一边对第四卷和第五卷进行录音。具体措施是："躲起来，不见客，一般事情，均交助手处理"。

武汉方面和中国青年出版社都全力以赴支持姚雪垠——出版社专门为其安排了藏身之处；武汉则把为其挑选助手当成了一项重要工作，专门交由市文化局创作评论室副主任周代负责。考虑到善后工作，不好事先说明，周代便以召开座谈会的名义，把十几个人召集到一起，通过会议发言和个别谈话等方式进行综合考察。初选定了两个人：一个是1961年毕业于中山大学历史系的邱胜威；一个是1966年毕业于复旦大学中文系的俞汝捷。相比之下，周代似更青睐俞汝捷。他对姚雪垠说："你不是把会看线装书作为一个重要条件吗？这个人不光有看线装书的本事，他还会写旧体诗词。"

1977年9月，俞汝捷做助手事已定，准备过罢国庆节就进京。临行前，武汉市委组织部干部处找其谈话，非常明确地告诉他："姚雪垠的《李自成》是写得不错，连曹禺都是肯定的。但他政治上没什么了不起，你要注意在政治上划清界限。"

俞汝捷进京后，姚雪垠将两位助手的工作做了明确安排：张葆莘负责对外联络、迎来送往、陪同姚雪垠出行以及其他一应杂事；俞汝捷只管三项工作：整理口述录音、处理读者来信、到北京图书馆查阅资料。这种分工，对姚雪垠来说是知人善任，对俞汝捷和张葆莘来说则是各得其所。张葆莘大刀阔斧，俞汝捷小心谨慎。姚雪垠很欣赏张葆莘的"公关"能力，更欣赏俞汝捷的知识和才学，因为俞汝捷不仅能够轻而易举地完成查找资料等任务，而且能为姚雪垠的创作贡献一定的意见和建议——更为重要的是，他们两个人还可以坐在一起谈诗论词。

两个助手为姚雪垠两肋添翼：创作之外的一应杂事都无需他再操心，创作则因改"写"为"说"而加快了速度。老伴早已带着小孙女来到北京，在中国青年出版社的职工宿舍里为他支撑起了一个温馨的家。一切都今非昔比，苦尽甘来，正所谓万事俱备，只等《李自成》第三卷、四卷、五卷源源不断地推出来。

## 第二节 "功成名就"与身不由己

1977年下半年，一批一批的信件从全国各地飞到北京，绝大多数落在中国青年出版社文学编辑室，很小部分落在了姚雪垠的书桌上——都在谈论《李自成》，都在赞扬《李自成》！写信人既有文坛旧友，更有素昧平生的读者。量太大了！为给收信人节省时间，按照江晓天的提议，凡一般读者来信一律不让与姚雪垠见面，只由其助手张葆莘代为拆阅，挑选出一些具有代表性的内容编了几期简报给领导看，余者则装入大麻袋锁进了中青社的库房里。姚雪垠直接收阅的，都是文化文学"重镇"——如胡绳、夏衍、林默涵等人的手书。

胡绳"对第二卷的满意程度大大超过第一卷"。他对姚雪垠说："老实讲，我原来颇有点怀疑：你计划写五卷是否有点太大，这样大的篇幅是否必要。但读过第二卷后，这种怀疑完全消释了。你并不是单纯地反映明末农民起义这一历史事件的过程，而是以这支农民起义军为中心，写出一部中国封建社会的'百科全书'，当然需要这样大的篇幅。在我们祖国的历史长河中，有过两千多年的封建社会，它离开我们似很远，但其实又很近，这样一部'百科全书'实在非常需要。"

夏衍认为："《李自成》不仅是建国以来第一部长篇历史小说，其重要意义，更在以丰硕的成果——特别是千万读者的欢迎，粉碎了'四人帮'的荒谬'理论'和他们的'一花独放'政策。"他对姚雪垠说："你以列宁指示的'在分析任何一个社会问题时，马克思主义理论的绝对要求，就是要把问题提到一定的历史范围之内'的方法，来描写时代、刻画人物，也就是力求写出'典型环境中的典型人物'，这一点，是和'四人帮'否定历史、篡改历史、好人百分之百好、坏人百分之百坏的'三突出''理论'针锋相对的。"

林默涵"是把第一、二卷一气读完的"。读完两卷，他"深深感到，这部小说虽然还没有写完，却已经充分展现了明朝末年广大农民在沉重压榨下活不下去因而揭竿四起，而明王朝的统治已经百孔千疮、濒临崩溃的一幅图画。它塑造了众多不同性格的正反面人物，反映了广阔的生活画面……如果作者不具有丰富的社会知识和历史知识，那是写不出来的"。

秦牧的感觉是："读《李自成》是一顿精神上的盛宴，有一种艺术享受的巨大快感。"他赞扬《李自成》"波澜壮阔，气象万千，鞭辟入里，荡气回肠"。秦牧认为，"这么一部鸿篇巨制，它所具有的代表性是十分突出的……它不仅为当代读者所热烈欢迎，并且必将成为世代流传之作。在若干年代之后，它也将和一些古典名著并列，长远传播"。秦牧还作七律一首，向姚雪垠"这位文艺领域的长跑健将喝彩"。诗曰："怒马哀兵闯字旗，弯弓奋剑下京畿。沧桑几度斩皇历，穷僻千秋说义师！欣际锤镰开广阔，笑驱雾障辨迷离。膏腴大地生花笔，三百万言写史诗。"

朱光潜则以一个美学大家所独具的目光，看出《李自成》"保存了我国章回小说的优良传统，植根于民族土壤"，看出"作者对明末历史背景有充分的掌握"，称赞作者"博学多闻，胆大而心细"，称赞《李自成》"文笔朴素而又生动"，断言"《红楼梦》以来，还少见这样好的长篇历史小说"，断言是"必传之作，可庆可贺"。

与上述这些信件的内容完全不同，著名作家浩然的信是求援性质。他说他的儿子是军人，他的妻子想儿子想得要命，想叫儿子回家一趟。儿子的团政委答应准假，但前提条件是必须给他买一套《李自成》带回去。因为市面上的《李自成》已经脱销，浩然请姚雪垠务必帮忙设法弄一套。

在无数件飘然而至的信函中，还有一封出自画家范曾之手。信中写道："我爱读先生的文、先生的诗。您的雄阔的心魂，使您高站在历史的峰巅，会当凌绝顶，一览众山小。您以小观大，千秋史迹把玩于掌上。这部《李自成》那是远在《斯巴达克斯》之上的杰作，或许人类文化史上只有荷马的《易利亚特》和《奥德赛》得其仿佛，正如太史公之所发愤所为作，足以藏之名山，传之其人。从来没有一件文学作品能诱发我如此的热情……每读先生诗文，自谓性之相近，这种激越的文风正是我在艺术上的梦寐所求。"

1977 年 11 月 2 日下午，张平化奉邓小平之命到中青社职工宿舍看望姚雪垠。先询问了姚雪垠的健康状况与写作进度，又看了厨房，看了中青社为其配备的中文打字机。当姚雪垠谈到翌年春天想往江南一趟，为写《李自成》中"春雨江南"单元做准备时，张平化说："到时候如果需要中央派人就由中央派人陪着去；如不需要，就由中央告诉有关省市协助提供方便。"半个多小时后，张平化告辞。他把自己和秘书的电话号码都留给了姚雪垠，嘱咐有事可随时直接找他。临上车前，又再次询问姚雪垠有什么困难，并重复邓小平指示："姚雪垠如有困难，由中央解决。"

姚雪垠感动复激动。他把邓小平的指示看作是"对全国文艺工作者以及愿意为祖国社会主义文化建设贡献力量的知识分子的关怀"，而知识分子们也不约而同地视之为一种信号。许多与姚雪垠一样有着"右派"遭遇的文化界知名人士，都把姚雪垠引为"一损俱损一荣俱荣"的同类枉顾造访，朝阳门外幸福一村的姚寓中，谈笑有鸿儒，往来无白丁：聂绀弩、冯亦代、曹靖华、程千帆、吴组缃、王西彦、王若望、吴祖光、任访秋、吴强、王亚平、草明、方殷等，这些姚雪垠眼中的"有见解的饱学之士"，都在那个算不上宽敞的单元房里留下了见解独到的高谈阔论。而最让姚雪垠难以忘怀的是，文坛泰斗巴金先生也曾光临，时在 1978 年 3 月。那一天，巴金先生的日记写道：

　　十日（晴）六点半起。七点半早餐。八点半出发，先去叶圣陶家，把带来的陈年花雕送给他。他的儿子至善为我们照了相。然后去均正家，见到顾师母和小铨夫妇、阿弟夫妇，在他家吃午饭，均正也赶回来了。下午三点，小铨陪我们去姚雪垠家，同雪垠谈了约三刻钟。即步行去草明家，五点后去家宝家，在家宝处吃晚饭，把沙汀也约来了。饭后我们和家宝和他的三个女儿黛、方、欢闲谈很久，九点半家宝派车送我们回旅馆。看书。十一点三刻睡。①

　　姚雪垠素不擅长应酬，好在有一个能干的张葆莘可以委托"全权代表"。出于一种政治负责感，张葆莘在姚雪垠接触什么人的问题上把关很严。比如对"中央很注意"的人，他就不主张来往；而当周扬将要复出时，他又让姚雪垠未雨绸缪，主动先给周扬寄两本书去。姚雪垠对这种功利化的行为颇不以为然，他对吴组缃、朱光潜、林默涵、秦牧等非常尊重；与艾青和丁玲的关系一直很好。

　　对姚雪垠的只问性情只凭感觉论远近，张葆莘也同样难以接受。为此他曾私下对俞汝捷报怨："姚老真不会为自己打算盘。不然跟夏衍常来往点儿多好。夏衍是全国政协秘书长，怎么还不给姚老弄个政协常委当当。"俞汝捷笑答："政协常委当不当倒无所谓，有一些具体问题倒确实应该想办法解决。"

　　俞汝捷说得很实在。姚雪垠客居北京，生活中确实存在一定困难。其他姑且不论，最主要的是他没有北京户口，粮票和其他一切票证便都没有；没有票证，鸡蛋肉食等营养品甚至连芝麻酱便都无处买。但姚雪垠无意留心这些，他对张平化说过："只要有一张写字台，能让我安心工作就行。"

　　姚雪垠确曾很满足。那一段时间里，门庭若市使他空前的忙碌同时也空前的快活，不久又接踵而至的各种地位与待遇，更把他的岁月充填得空前富

---

　　① 《巴金全集》第26卷，人民文学出版社1994年版，第220页。

足。1978年2月中旬，他回武汉参加湖北省第四次文代会，当选为湖北省文联主席。会后即匆匆忙忙赶回北京，出席全国政协五届一次会议并列席第五届全国人民代表大会第一次会议。

两会期间，姚雪垠收到聂华苓夫妇来信，邀请他出国访问，并参加"国际写作计划"。姚雪垠即速回复，用激情澎湃的语言辞谢了远方的朋友。他说："我的祖国正在以矫健的步伐向四个现代化迈进，一个伟大的新时代已经开始，万道彩霞将照彻东方大地。假若你们果真在一二年后重来中国，一定会看见更多的深刻变化……保罗先生希望中国的作家们能参加'国际写作计划'，我想，将来条件成熟，这事并非不可能。但是我自己怕是不能了……一个一个巨大的写作计划支配着我的现实生活，也萦绕在我的梦中。纵然我能活到九十岁，临死时我也会对我的工作时间不够而深为遗憾。因此，我自己不会有出国一趟的暇日了。"①

1978年4月，全国第一次"《李自成》学术研讨会"在湖北武汉举行。姚雪垠无暇躬临盛会，只能写信一封，对会议表示祝贺，对与会者表示感谢。会议之后，北京、上海、江苏、四川、湖北、宁夏等省市出版部门，相继出版了一批评论《李自成》的书籍。有评论家认为，"这一个时期对《李自成》一、二卷的出版，其重视程度，评价之高，评论之多，是建国以来出版的长篇小说中少见的"。

紧随《李自成》研讨会之后的是"湖北省文艺创作会"。身为省文联主席的姚雪垠没有到会，他为会议贡献的是一篇很长的发言稿。在这篇旨在"敲战鼓"的书面发言中，他以一个当代中国人所特有的骄傲和自豪，大谈中华民族传统文化的光辉历史，大谈社会主义文学事业的远大未来；他用诗一样的语言盛赞同行们的成就，他昂扬激越地鼓动湖北省的作家们向着更伟大的目标进军。他说："不是发展的观点就不是马克思主义的哲学观点。认

---

① 《致聂华苓、保罗·安格尔》，载《姚雪垠书系》第21卷《绿窗书简（下）》，中国青年出版社2000年版，第238页。

为前人已经达到的成就高不可攀，'叹为观止'，不敢在前人留下的基础上再向前进，攀登新的高峰，这是庸人思想。"所以，他认为，"解放思想，树雄心，立壮志，努力攀登艺术高峰"，"是伟大的社会主义中国作家的应有责任"；所以，他呼吁："我们应该为人民提供高质量的精神食粮，应该为祖国争光，应该为人类做出优异的贡献！"

无需更多列举，一个踌躇满志、神采飞扬的姚雪垠已跃然纸上。那是20世纪70年代后期的姚雪垠，是以《李自成》第二卷风靡全国、被亿万读者争相传诵而名满天下的姚雪垠！当年一步走错导致半生业绩清零，随后所有的奋斗都被讥为"打翻身仗"……一直被边缘化的姚雪垠如今终于找到了"主角"的感受，一间小小的作家书斋，便再难盛下他的激情，也再难关住他的活力了。大好形势激活了他沉睡多年的"文学史家"之梦，他不仅要做在文学创作上有独特贡献的作家，他还要成为在文学批评领域有所建树的学者！

全国政协会议闭幕后，新华社记者杨建业把姚雪垠工作、生活中的一些具体困难写成书面材料上报中央有关部门，因为有邓小平的指示在先，所以一切困难都不成困难，姚雪垠的户口、住房以及子女的安置等问题很快便都得以妥善解决。

组织为姚雪垠准备了极好的创作条件，江晓天却从中看到了潜在的极大危险。"人怕出名猪怕壮。"江晓天警告姚雪垠："现在你就是用脚趾头划拉几个字也有人给你发表，你可要认清这个形势，千万要稳住劲！别落个'棒杀'不死反倒被'捧杀'！"

如果说江晓天的批评有失直白，那么俞汝捷在《画外所见》一文中的分析则既含蓄又中肯："粉碎'四人帮'后，他的处境发生了一百八十度的大转变。这是好事，也是麻烦事。一个遭受冷落二十余年的'老右派'，忽然有许多人前来找你，写信给你，请你'赐稿'，请你题辞，请你作序，请你参加评审，请你接受访问，请你发表观感，请你'务必回信'，请你讲学，请你座谈，请你旅游，请你担任××××……这说明我们国家的政治生活、人们的是非标准发生了多么可喜的变化。然而另一方面，它又使老作家陷入一种盛情难却的境地。姚老并不属于那种天生冷静的人，善于把每一件事的利害得失权衡得一清二楚。他容易冲动，容易得罪人，也容易被别人的热情感动，所以，他不可能谢绝一切邀约。"

如此这般，无可奈何！广大读者对《李自成》的喜爱确认了姚雪垠的成功，一代文化"重镇"们异口同声地称赞增长了他的自信，怅然寡欢的情绪在不知不觉中淡化了，代之而起的是压抑多年的积习在春风得意中的重新抬头。主观上，姚雪垠不满足已经踏在脚下的高度，他不能容忍消极和停滞，他的生命力正渴望着奋飞，渴望着超越，渴望着更加光辉灿烂的未来；然而客观上，一个大"名"驮在背上，姚雪垠已经身不由己。慕名而来的海量"闲事"正在导致其目标漂移，他的精力和能量正在因为这种漂移而分散而衰减。《李自成》——他什么时候能写完呢？

## 第三节　一个目的与结局严重错位的故事

1977 年年底，《红旗》杂志找到姚雪垠，邀请他写篇批评类文章，具体内容自定，长短不拘，只要能为改善文风做表率就行。

姚雪垠欣然领命。其他什么都不用说，单一个"表率"之约，就足以唤起他更强的使命感和更大的责任心，让他精神振奋，让他斗志昂扬。

早在 1943 年的重庆，姚雪垠就写过一篇《需要批评》。[①] 文章认为："批评不是相轻，而是相助。""文坛上如果没有批评，固然可以万邦协和，相安无事，但进步也不免停滞起来。""目前文坛上只见创作，不见批评，不管作品好也好，歹也好，大家默然。从表面上看，文坛风平浪静，一团和气，但

---

① 《需要批评》，载《姚雪垠书系》第 17 卷《小说是怎样写成的》，中国青年出版社 2000 年版，第 285 页。

是这种现象骨子里却很坏，它会使这文坛荒芜起来。""况且，白璧无瑕的作品如今还没有产生，纵然是众口交誉的好作品，也难免含有瑕疵。赞扬成功部分，批评瑕疵之点，不是多余的吹求，而是帮助作家在百尺竿头更进一步。""所以批评家不是作家的敌人，也不是作家的捧场者，而是诤友。目今创作界正需要诤友，需要批评！"

《需要批评》登在《新华日报》上。当时，在郭沫若郭老家中，周恩来副主席曾当面表扬"文章很好"，并亲口告诉作者，说他已通知有关方面，要求把《需要批评》纳入"整风"文件系列，要组织开展学习讨论。此情此景，姚雪垠一直记忆犹新。如今，是时候该把自己的"理论"付诸实践了。

于是，姚雪垠先写了《对徐迟同志〈关于诗歌的意见〉的意见》，又写了《关于〈忆向阳〉诗集的意见——给臧克家同志的一封信》。前者完成后，适有《诗刊》登门邀稿，姚雪垠便随手送出，发表在《诗刊》1978年第12期上。后者文稿也被《诗刊》取走，却在编辑手中几经辗转而未能变成铅字。姚雪垠随即转投上海，经由1979年第1期《上海文学》而面世。

姚雪垠所撰《对徐迟同志〈关于诗歌的意见〉的意见》一文，以《关于诗歌的意见》一文为标的，批评徐迟用大自然的"泥石流"现象解释毛泽东所作《长征》中"乌蒙磅礴走泥丸"那句，批评徐迟关于创作七字律诗的所谓"三字尾"诀窍，批评徐迟把汉赋、六朝骈体文、元曲都归入诗歌范畴的概念性错误……

徐迟与姚雪垠，20世纪40年代就是朋友，越到晚年则越是过从甚密。这一点，从姚雪垠写给其他朋友的信中可以看出来："我在武汉，老朋友本来不多，而趣味相投，可以放怀倾谈的朋友更少。徐迟有知识，有见解，有诗人气质，有强烈的事业心，每来我家，一谈就是几个钟头，可惜他仍在沙洋未归，何时回到创作岗位，杳无消息。"[①]"徐迟很好，用功读书，颇有见

---

① 《致王亚平（一）》，载《姚雪垠书系》第20卷《绿窗书简（上）》，中国青年出版社2000年版，第177页。

解。给你发走信以后一两天，他来寒舍叙谈，楼外雨脚如麻，时有飞叶敲窗，室内热情洋溢，不断披沥心怀，浓茶味淡，美酒杯干而续倾。自下午至晚上，旧话新语，畅谈忘倦。"①

为不使老朋友太受伤害，姚雪垠特意写信解释："我爱老朋友，我更爱真理……因为你的那些意见已经公之于世，所以我不能采取私下同你谈谈的办法，那样就没法纠正你的意见对广大读者产生的错误影响……我们这些老头子都有对青年传播正确知识的神圣责任，也都有勇于改正错误的严肃态度。倘若经过你的争辩和读者的指明，证明我的意见错了，我不但会虚心接受，而且会怀着感激的心情。"②

面对姚雪垠尖锐甚至"尖刻"的批评以及真诚的解释，徐迟没有说话，他用沉默表达了他的理解与宽容。事情本该就此结束了，却不料竟又衍生出另外一段友谊佳话。在法译本《长夜》的《序言》中，翻译家李治华这样写道："一九八一年五月，我和法国友人巴迪先生一同去四川旅行……六月初，巴迪先生回巴黎，我在北京多逗留一个星期，以便与家人团聚，并拟拜访姚雪垠。我曾在一九七八年十二月号《诗刊》上读过他批评徐迟论诗的一篇文章，内容深湛精辟，我非常想认识他。"

谈到友谊，就想到姚雪垠致臧克家的一封两万字长信。信中说："我们是老朋友，相知最深，平日我最爱读你的诗，你也最爱听一听我的意见……不仅你把每一本新出版的诗集送给我，而且，这五六年来你大部分的诗都是在未发表前先向我朗诵，或让我自己读原稿。往往你做出了好的句子，兴奋得夜间睡不着，白天遇到我便背诵给我听，有时你高兴得大吵大叫，高兴得拍着手掌，拍着桌子，夸你所锤炼的新诗句，说是即让把古人拉出来也不会想得更好。"

---

① 《致王亚平（五）》，载《姚雪垠书系》第 20 卷《绿窗书简（上）》，中国青年出版社 2000 年版，第 184 页。

② 《致徐迟》，载《姚雪垠书系》第 21 卷《绿窗书简（下）》，中国青年出版社 2000 年版，第 244 页。

这封信写于 1944 年 3 月，想不到三十年后旧景重现：从 1974 年年底到 1975 年年初，臧克家不断致信姚雪垠，把墨迹未干的《忆向阳》诗作陆续寄给老朋友。作为一个"农民诗人"，臧克家对农村对土地有着一种无法割舍的情怀。因此不论"五七干校"功过如何，向阳湖那一片广阔天地确曾让他感受到了久违的田园之美。情动于衷发而为诗，臧克家真诚地在《忆向阳》中抒唱着对劳动、对大自然、对人与人在劳动中产生的纯朴情感的赞颂。

姚雪垠每信必复。就像三十年前一样，复信凡谈及诗作时必是一分为二。先谈艺术："回忆五七干校生活的小诗，或五绝，或七绝，都不错……这些小诗都很自然，清新完整。其所以能写好，主要是有生活体验。""颇喜《微雨插秧》二首。情意甚佳，清新、自然、圆熟。""那十首诗，我比较喜欢的是《工地午休》《场园午餐》《欣逢干校战友》三首。"再谈思想："弱点在深度不够或感情的分量较轻……五七干校的生活有许多经历是深深触及灵魂的，有痛苦，有后悔，有新的觉悟，有痛苦后诞生的勇气和希望。但你把这一类复杂的感情都在诗中排除了。只写几首诗反映劳动生活的愉快，当然很好，读的人不会有感情不深的感觉。许多首都是一种情调，放在我们这个时代看，就内容浅了。""《小黑》一诗写你在干校养的小狗，显然生活趣味颇浓，但毕竟是小趣味，正是我辈应该竭力回避的东西。"总而言之，《忆向阳》给姚雪垠的"整个印象"是："既肯定这些小诗，但又觉得深度不足。"

也像三十年前一样，对姚雪垠的批评，凡意见不同处，臧克家都一一回信予以反驳。例如，姚说不要把《忆向阳》写成范成大的田园诗；臧则说他的床头现放着范成大的诗集，《忆向阳》应该比范成大写得好。姚批评"荷花变作稻花香"一句"以词害意"，认为"向阳湖如系荒湖，改作稻田，当然很好；如非荒湖，养鱼种藕，其经济收入，大于种稻，'荷花换作稻花香'，未必值得歌颂"；臧则说当年文化部成立"五七干校"，曾专门派人下去实地调查，最后选定向阳湖为校址，必定有其道理等。

如上所述，姚雪垠与臧克家确是"相知最深"的诗友，而同时他们更是同仇敌忾的战友。抗战期间浴血浴火的"过命"交情，让姚雪垠对臧克家的批评毫无顾忌、口无遮拦。就像他的批评之矢专射朋友之的，似乎唯有如此才能与"小圈子作风、行帮作风"的批评划清界限、才是批评家的"真正批评"一样，姚雪垠好像认定批评用语越狠就越"坦白"越"民主"越不"乡愿"越有气度似的，竟然把替"五七干校""涂脂抹粉""为死去的历史唱赞歌"等惊世骇俗的词句写进了"一封信"中。

文坛为之大哗，臧克家则震惊而愤怒。他不能容忍姚雪垠对《忆向阳》的先赞后批，尤其不能容忍"涂脂抹粉""唱赞歌"云云。他认定姚雪垠是为了"争名"而"争鸣"，是因为他曾批评他的《李自成》而泄私愤图报复。为了让大家"看看姚是一面还是两面"，臧克家把姚的有关信件全部打印散发；又写了两篇批驳文章，但终于未予发表，因为"周扬同志约了谈话"，中宣部廖井丹副部长又登门"谈了一个半小时"，让臧克家感到"极安慰"。念及半个多世纪的友情，他拿出老大哥的姿态，挥挥手抹平了一场风波。

事件可以翻篇，口碑的折损却难挽回。姚雪垠对老朋友的公开杀伐，招致多少白眼多少詈言。没有谁会相信他的初心是为了"表率"，最容易被接受的解释大概会有两个：一是骄横恣肆，任谁都不放在眼里；二是睚眦必报，"证据"就是那位搞古书校勘的学者，总是在攻击《李自成》时把臧拉进去，说臧赞同他的意见或说臧和他的意见是一致的……

平心而论，假如姚雪垠在进行公开批评之前能与老朋友先行沟通，假如他的公开批评能够讲一点儿情面、讲一点儿温婉而不要咄咄逼人、上纲上线，那么结局肯定是另外一种样子——最起码不会让对方感到是"人身攻击政治侮（诬）蔑""用心不良"，而局外人纵然不能理解他的真实意图也不会疑其要将朋友"一棍子打死"。然而，"假如"本来就是子虚乌有，所以"假如"没有意义。

事实上，在"一封信"之前，姚雪垠还有未寄出的半封信。"你的《忆向阳》诗集……我有一个根本意见，纵然是苦酒，也希望你略加考虑，不要轻率地发生反感。你须要净友和畏友，而我一贯在治学上艺术上，不说违心之言，不马虎，不苟从。""我接到诗集的次日即给亚平、方殷去信说明，请他们将我的意见婉转地转达给你。他们如尚未转达给你,你可找他们谈谈……"吞吞吐吐欲言又止的引文皆原文,从中可以看出姚雪垠在思考,在犹豫。一番思想斗争之后,终于认定"有重要意见"不敢对老朋友"直接说",这是个人"还不能免掉的庸俗之处",于是毅然决然地冲杀出来,结果便只能是这样——以欲"作则"始,以被诟病终,一个很严肃很认真的"形而上"行为,却不过是为后来的文学研究者留下一个"转型时期的标本"而已。

1979年10月,在第四次文代会,姚雪垠同吴组缃坐在一起,谈到对《忆向阳》的批评,吴组缃深慨于近年来文坛上只有互相吹捧而没有正当批评的庸俗世风,对姚雪垠敢于批评朋友的勇气予以肯定。姚雪垠回答说他考虑的只是老年作家应该在为文风气方面发挥表率作用,其他问题尚无暇顾及。因为会场上不便深谈,会后姚雪垠又写信表述了他的未尽之意:"是非要分辨,朋友还要要,能如此方是净友和益友,方能跳出庸俗气氛。道理上的争执归道理,朋友还是朋友。这是我的根本态度。"

## 第四节 "绝密"《内参》——呼吁制定"著作法"

1978年年底,文化部落实政策办公室主任王友唐找到姚雪垠,建议他写一份要求为"右派"问题平反的申诉书。姚雪垠说平不平反他都无所谓,只要能让他工作就行。王友唐告诉他:"这不是你一个人的问题。因为目前你的声望与地位不同一般,如果给你平了反,其他人的问题就都好照样子解决。"姚雪垠这才明白个中意义,于是立刻行动,先给骆文等同志写信,简单说明对"右派"结论的不同意见,继之给湖北省文联党组寄去了要求正式平反的申诉书。

1979年2月,姚雪垠被错划为"右派分子"的问题得到彻底改正。3月6日,他满怀激情写下了一份入党申请书。3月9日上午,他应邀到武汉师范学院作《李自成为什么失败》主题讲座。湖北省和武汉市有关单位一千八百多人到场聆听；湖北大学中文系教授李悔吾撰文《喜借春风拂杏枝》，详细记录了这次报告的主要内容；《长江日报》以《武汉师范学院举行学术报告会——姚雪垠谈〈李自成〉创作经验》为题，对这次学术活动进行了专题报道。

在长达三个多小时的报告中，姚雪垠口若悬河，滔滔不绝。座无虚席的会场上，不时爆发出雷鸣般的掌声。报告结束时，听众不约而同涌向台前，无数双手向姚雪垠伸过去，欢声和笑脸包围了他。姚雪垠满面春风，神采飞扬！此情此景，他沉醉，他痴迷，他留恋。当结束武汉的活动回到北京之后，他曾满怀向往地致信老朋友洪洋："东湖春光，无福饱享；稚柳才黄，寒意未消，便匆匆北来。下次再去，湖边漫步畅谈，不知是秋是春。"

1979 年 4 月底，姚雪垠走出国门，与冯牧、梁斌、杨沫、柯岩等一起，随同以周扬为团长、欧阳山与苏杨为副团长的中国作家代表团访问日本。为中日邦交正常化建立了不朽功勋的日中文化交流协会全员出动，对高规格的中国作家代表团给予盛情的接待。此时协会负责人中岛健藏先生已在病中，代表团在日活动两周，基本上都由井上靖先生陪同。井上靖 1978 年访问中国时，曾与姚雪垠相晤北京饭店。此次老友重逢，自有一番"酒遇知己"的喜悦。

除了友谊，姚雪垠此次访问的最主要收获，是对日本作家和日本出版业有关情况的近距离观察与较为系统的了解，以及由这种观察和了解所引发的启迪与思考。他把这种思考带回了祖国，带回了北京，变成《关于繁荣文艺创作的若干意见》，以个人发言的方式，公开于 1979 年 6 月召开的全国政协五届二次会议上。

姚雪垠在全国政协会议上的发言引起了高层的关注，根据有关方面指示，1979 年 9 月 11 日，新华社记者杨建业择其发言要点，编辑"绝密"《内参》一份，题目是《姚雪垠就繁荣我国文学创作问题提出建议》。《内参》写道：

著名作家、湖北省文联主席姚雪垠，最近就繁荣我国文学创作问题，提出如下建议：

（一）专业作家逐步取消工资制，改为依靠稿酬生活……实践证明，专业作家靠工资生活不是一个好办法，它既不能体现社会主义按劳取酬的原则，又不能鼓起脑力劳动者的积极性……为着我们将来必须建立一支精干的文学创作队伍，鼓励作家积极创作和写出质量高的作品，应该考虑专业作家废除工资制，改为依靠稿酬生活。当然，改革工作要逐步进行。

（二）改革和整顿目前不合理的稿酬。目前的稿酬办法弊病很多，相当混乱。既反映了平均主义，又对作者刮共产风，必须调整和改革……另外，高质量的作品与质量一般的作品在稿酬标准上应该差别较大，彻底打破平均主义影响。

（三）改进日前出版书刊的措施。(1)出书要依照市场供求法则，防止盲目滥印……(2)提高省市一级文学刊物的编辑水平和稿费标准，推动各地创作的积极性。(3)让某些文学作品译本在国外出版发行，抽取版税。

不啻如此，姚雪垠还提出了"应该尽快设置各种文学奖金"和"应制定文学艺术家的荣誉称号"的建议。他说："为着推进科学文化和文学艺术创作的迅速发达、提高，设置各种奖金也势在必行。奖金的意义不仅是'物质刺激'，更重要的是社会荣誉和榜样作用……文学奖金的名称不妨有好多种，各有不同的对象和得奖标准，起到互相补充的作用。目前不妨先设立鲁迅奖金、郭沫若奖金，将来还可以设立茅盾奖金……评奖制度一定要严格，要公允。"在他的设想中，"文学艺术家的荣誉称号适宜分为两段"。

当姚雪垠郑重其事地发表着上述意见，建议"由法制委员会制定一部适应发展社会主义文化所需要的著作法"时，"著作权""奖励基金"等陌生概念，在绝大多数中国人的心目中还无异于天外来客，引进它们，的确需要一点儿第一个吃螃蟹的勇气。出于慎重，姚雪垠事先作了大量调查，并专门与长期负责外文出版工作的翻译家叶君健先生进行了深入探讨。叶氏不惮其烦写出 4 页长信，谈了西欧、东欧和北欧的稿费制度，并以南斯拉夫、挪威和瑞典为例"解剖麻雀"，为姚雪垠的发言提供了充分的论据。

"绝密"《内参》究竟发挥了什么作用不得而知，只知道其后不久，作家的著作权开始受到法律保护，各种各样的奖励基金也如同雨后春笋般地涌现出来。完成了任务的姚雪垠又回到他的书斋中，并不过问自己打出这文坛体制改革第一炮之后，相关之人会怎么想怎么看怎么说。

站在发展角度向前看，应该说姚雪垠的建议很及时很重要很有价值；但从人情角度看，却不得不承认他是失败的。因为他的"改革"之"矢"，射的是"有没有创作实绩都一样拿工资"之"的"；而当他依据创作实绩对作家进行区分时，他忘记了在长达十年的"文化大革命"结束之后，他有一部《李自成》可以自傲，而大多数作家却一时拿不出比较坚挺的东西来。以己之"有"对他人之"无"，姚雪垠无形之中又把自己摆在大家的对面了。

应该承认，《关于繁荣文艺创作的若干意见》之所以首先由姚雪垠提出，除日本之行受到启迪外，更有他从自身遭罹中感受到的不公平作为助推力。日译本《李自成》和法译本《长夜》，在日在法都颇有市场，却都因为我国未加入世界版权公约而使姚雪垠未能领到一分钱。

此二者姑且不论，只说《李自成》——第一卷上下两册数十万言，1963 年初版时只换了 300 张"大团结"；1977 年修订本问世，印数达一百多万，作者居然未得一分钱稿酬。同年出版第二卷，稍后又出版第三卷，两卷均是八十多万字，稿酬均按千字 10 元计算，一次性付清。即便如此，也仍然有人反对，美其名曰"巴黎公社的经验之中并没有稿费一说。作家拿稿费属于'资产阶级法权'，应该在被取缔之列"。于是，《李自成》尽管印，全国三十个省级出版社都印，无论印行多少，都与姚雪垠没有任何关系了。

腹诽积蓄在胸，宛如骨鲠在喉。政协会发表过意见和建议之后，在一次小组讨论会上，为了进一步说明改革稿酬制度的必要，姚雪垠把自己遭受的不公平当作例证端了出来。他谈到在香港也有我们的国家级出版社出版《李自成》，据说是国家出版局授权如此。同在一个小组的陈翰伯当即站出来证明了这个"据说"：那时他正负责着国家出版方面的工作。三联书店在香港的业务发生困难，找他诉苦。他指示他们：你们看好大陆什么书，你们就印什么书；需要多少，就印多少。结果他们就印了很多《李自成》卖出去，使亏损局面迅速好转。"三联书店在香港没有被台湾挤垮，姚雪垠同志作出了很大贡献。"

既然是为国家作了贡献，姚雪垠便再无话可说。他就是这样一个人，他的可爱与可敬之处，就在于对所有他不赞成、不满意、他看不惯的人和事，他都不会保持缄默，而是诚实、率性地将自己的不满公开表达出来，堂而皇之地进行挑战，进行批驳。这种肆无忌惮、罔顾一切的精神，这种为所欲为、言所必言的风格，不能不说是中国文学天空里少见的亮丽色彩。

然而，也正因为如此，姚雪垠才毫无遮掩地把自己晾晒在了光天化日下，包括他所提意见和建议背后的"个人恩怨"。于是，他所作的一切便不能不受到人格的质疑；于是，因为共同经历而走到一起的朋友们，很快又抛开他远去了。

## 第五节　首倡新编"大文学史"与领衔"中国当代文学学会"

1979 年金秋，姚雪垠离开幸福一村，住进复兴门外大街 22 号楼。该楼是 1976 年唐山大地震后所建，厚重的墙体和坚固的构架使之成为"抗震样板工程"。下楼出院，西去百余米便是护城河，碧水悠悠，杨柳依依，物华天宝，地灵人杰。曹禺、丁玲、夏衍、萧三、陈荒煤……这些注定要在中国现代文学史册上占有一席之地的"文曲星"们，齐集这里毗邻而居，出来进去磕头碰脑。其中，姚雪垠与曹禺常有过从。曹禺对他说过："你的《李自成》我说不清读了多少遍，许多失眠之夜都是它陪伴我度过。"他与丁玲的联系更为密切。他曾告诉丁玲："当年批判你的'一本书主义'，我就想不通：

号召作家一人写一本好书有什么错误？如果每个作家都写出一本传世之作，我们祖国的文学事业该有多伟大！"

姚雪垠的居所是 22 号楼 2 门 10 号。120 平方米单元房里，那间宽敞明亮的大书房最让他心旷神怡。他为其命名"无止境斋"，意为"学无止境、思无止境、艺术追求无止境"。几十年东奔西跑、颠沛流离，如今他终于把自己的书桌摆放在了最适宜的地方，其乐何如之？

每日凌晨三时起床后，姚雪垠先将宽大的写字台抹净，再拈一撮绿茶泡半杯开水，然后到卫生间用冷水擦洗到浑身发热。再回到书房时，只见杯中茶叶嫩绿，杯上茶烟轻浮。此时天地空蒙、万籁俱寂，一盏台灯陪伴，一天的工作宣告开始。待东方破晓，穿好外衣揣上收音机，轻轻开门出去，下楼门出院门，顺着林荫道小步慢跑，自东往西再往北，到钓鱼台附近的街边小公园里停下来，一边听新闻广播，一边舒臂弯腰踢腿。运动半小时后，收起拳脚套路漫步回家。推开屋门，热腾腾的饭菜已在迎候。餐后倚床小憩片刻，8 点继续工作，至 11 点半午饭后午休。下午 2 点，复坐于写字台前。倘有客来，多在此刻。晚饭后的《新闻联播》是必修课，下课便洗漱上床，读书半小时，然后熄灯睡觉。祥和的时空中，姚雪垠安居乐业。只是他的所"乐"之"业"，已经不单是创作历史小说，他的目光越看越远，他的心翼越飞越高。

10 月，第四次文代会召开。茅盾先生在作重要报告时，提到了南社诗人苏曼殊和柳亚子。姚雪垠心头为之一亮，随即想到柳亚子编的《苏曼殊全集》，想到如今知道此君此著的人恐怕已经不多，想到"解放后写的现代文学史很少对'五四'前夜的文学历史潮流给予充分论述"，想到梁启超、黄遵宪等时代先驱，想到他们的新小说运动和"诗界革命"在动摇着旧文学阵脚的同时也替新文学运动准备了条件……七想八想，直到一个"大文学史"的念头突如其来。

11 月，由全国七十个高等院校中文系联合发起筹备的"中国当代文学学会"在河南开封宣告成立，姚雪垠当选会长。这是一个纯民间学术性团体，总部设在广州，其会员以大专院校担任中国当代文学教学任务的教授、副教授以及社会科学研究机构中的文学研究者为主，另有不多几个来自香港、澳门的会员。姚雪垠很重视这个学会，他似乎从中看到自己的"大文学史""美梦成真"，因为学会的人员构成完全有能力担当起"大文学史"的编撰重任。

1980年1月15日，姚雪垠致信恩师茅盾："您在讲话中着重谈到柳亚子的诗，我觉得很有道理……关于中国现代文学史，我常常考虑应该有两种编写方法。一种是目前通行的编写方法，只论述'五四'新文学运动以来的白话体文学作品……另外一种编写方法，打破这个流行的框框，论述的作品、作家、流派要广阔得多，姑名之曰'大文学史'的编写方法。"

按照姚雪垠的构想，"大文学史"先要把五四新文学运动以来的旧体诗词作为一个专门章节论述。其中有两种情况：一种是出于茅盾、郁达夫等"新文学作家"之手的旧体诗词，"因为这些作家有新思想、新感情，往往是真正有感而发，偶一为之，故能反映作家深沉的现实感触和时代精神"。"毛主席和许多党内老一代革命家"写的不少旧体诗词也在此列。另一种是柳亚子、苏曼殊等人的作品，他们不写白话而专以旧体诗词蜚声文坛。此外还有吴芳吉、于右任、沈祖芬等，也应有适当介绍。"大文学史"还要给予民国初年和五四以后的章回体小说中较有成就者以适当地位，对包天笑、张恨水等都要进行研究。

总之，"大文学史""不仅须要打破文言白话的框框，还要打破另外一些框框"。但它一定是"仍以'五四'以来的文学主流为骨架，旁及主流之外的各派作家和诗人，决不混淆主次之分"。

茅盾先生对"大文学史"构想十分赞赏，建议尽快公之于众。姚雪垠尊重沈老指教，把信简改成文章，题名《中国现代文学史的另一种编写方法》，发表在《文教资料简报》1980年第4期上。经河南大学任访秋教授提醒，文章中又加进去刘半农、徐枕亚、徐訏、张爱玲等名字并特别说明："住在海外的华籍作家，只要具有一定影响，当然也应该写进中国现代文学史中。"

1980年6月，姚雪垠带着"大文学史"的编辑构想飞赴广州，主持召开中国当代文学学会第一届年会。《羊城晚报》作为重头新闻报道："由中国当代文学学会委托广东语文学会和中山大学、暨南大学、华南大学、华南师院、广州师院等单位联合召开的中国当代文学学术讨论会，于今天上午在广州举行开幕式。中共广东省委书记吴冷西，省委宣传部部长陈越平出席了开幕式，并在会前接见了会议领导小组成员。中国当代文学学会会长姚雪垠、作协广东分会副主席陈残云、秦牧、肖殷、黄秋耘等及全国各地代表一百二十余人出席了讨论会。中国当代文学学会会长姚雪垠在开幕词中，祝愿大家共同努力促进中国当代文学的进一步繁荣。他并在会上作了题为《我对于中国风格、中国气派的探索》的长篇报告（前一部分）。他在报告中指出，中国文学应当走自己的道路，也就是体现出为人民群众喜闻乐见的民族气派。他认为，中国是一个文化历史十分悠久、文化遗产灿烂辉煌的国家，应当努力继承和发扬优秀的民族文化遗产，同时借鉴西洋文学的经验，从而创造出我国自己的新文学。"

不能否认，重要领导的参与和主流媒体的关注，除提升会议档次，使之盛况空前外，同时也在有意无意之中为一个纯民间学术性团体的学术性活动蒙上了多多少少的政治色彩。而更重要的是，在这一届年会之后与下一届年会之间，即 1981 年的 3 月 27 日，胡乔木指示中国社会科学院拨发给当代文学学会活动经费 5000 元——钱虽不多，但毕竟是一份关心，一份支持。

得到关心与支持的姚雪垠，信心更足干劲更大。他不仅要搞现代文学史研究，他还把目光延伸到了古代文学上。7 月 19 日，他致信《红楼梦》学术讨论会，"希望今后……能分出相当力量从事这部伟大作品的艺术研究"。"希望彻底摆脱……从政治概念和历史概念出发，对《红楼梦》做些不实事求是的比拟或解释。""希望有一本关于研究《红楼梦》的学术史著作，包括索隐派，也包括王国维，一直写到当前，带有总结性质。台湾的、港澳的、日本和欧美的'红学'情况也包括进去。"希望"对于胡适和俞平伯，都要重新做出准确的评价"。

"大文学史"构想受到了专家学者们的广泛关注。北京大学吴小如教授第一个专为此事写信探讨，而姚雪垠的回答是："文学派别不等于政治派别。尤其在中国近代史上，知识分子不断分化，不断重新组合。所以现代文学史应以分析作品为主要任务……我主张凡在社会上起过较显著影响的作品，不问他是什么人写的，都应该在文学史中提到。这决不是说文学史家可以没有自己的评判。文学史家是历史科学家，他不是以铺叙资料为能事，而应该有史识、史才、史德。史识就是他的深刻的、科学的文艺见解。史德要表现在实事求是，严肃认真，公正无私，不随声附和，不看风使舵。我希望今后编写现代和当代文学史要站在中华民族的立脚点进行工作，放眼各个流派，各个方面。真正的马克思主义者更需从整个中华民族的立脚点观察问题。"

时过境迁。以几十年后的眼光回头看去，姚雪垠的上述观点因为已融汇于历史的进步而成为一种必然，似乎事情原本就这样、向来就这样。"文学史是靠作家们的作品充实起来的。编写新文学史的主要任务是回顾和总结我国的作家们在过去几十年中创造了什么精神财富"，如此而已，无甚高论。至于当初谁人曾经如何，的确没有必要再当回事了。后来的人们可以因此而认为贡献这些观点不需要什么高超的智慧和学识，然而却不能不承认——做出这种"贡献"，需要时间，需要精力，需要"敢为天下先"的勇气与责任感。

姚雪垠向往着"大文学史"，读者却在盼望着《李自成》第三卷。时任国务院副总理的方毅，就是这样一位极其热心的读者。1979年的国庆招待会上，胡耀邦也关切地问起《李自成》的写作进度。姚雪垠回答："无论如何，1980年一定出书。"胡耀邦却说："你不要害怕别人给你压力，应该按照你自己的计划进行，完成你自己的目标。"这是安慰，也是鞭策，姚雪垠为之"敬佩和快慰"，同时更加"拿定了主意"。

然而，这个时候的姚雪垠，既要口述录音《七十传略》，又要执笔《学习追求五十年》。在这些自传性作品中，他不仅要写出自己的生活，还想写出来从民初到北伐前后中原大地的社会风貌，用文学手法描绘出中国现代史上某个阶段的缩影。更重要的是，他还无法抗拒"大文学史"的诱惑，不惜付出大量时间与精力撰写有关文章与信函，却把《李自成》第三卷的创作变成了口述，而整理录音的任务则完全交给了助手。

　　俞汝捷国学功底深厚，工作又细致认真。经他整理过的录音稿，再经作者本人审读修改一遍即可定稿。这样的工作流程，的确为姚雪垠节约了许多时间。只是有得必有失，用口述代替书写所失去的，应该是本应下在笔墨中的"推敲"工夫。即使这样，创作速度仍然不遂人愿。战线拉得委实太长了！姚雪垠深知病源所在却难以回头，无可奈何之际只能徒叹"'名人'之累"！

# 第十二章　1980—1985 年

## 第一节　《圆圆曲》风波始末

随着《李自成》第三卷陆续定稿付梓，小说中取得了决定性胜利的农民起义大军离北京越来越近，从而越来越紧迫地把明末清初的一系列重大历史问题摆在了姚雪垠面前。虽然他对这些问题早就有所研究，但出于一种责任感，他又重新审视了自己的研究并将结果以论文形式公之于众。1979 年发表的《李自成为什么失败》，就是这组论文之一。1980 年 8 月，论文之二《论〈圆圆曲〉》又发表在《文学遗产》上。

《论〈圆圆曲〉》全文二万余言，其中两处提到郭沫若与《甲申三百年祭》。其一说："三百多年间在社会上影响最大的是清初的著名诗篇《圆圆曲》，和现代的历史名著《甲申三百年祭》。"其二说："三百年来我国史学界受陈圆圆故事的影响很深。到了现代，郭沫若同志在这个问题上又继续作了宣传，扩大了错误影响……不仅错误地断定刘宗敏夺去了陈圆圆，而且错误地断定了吴三桂的降清只是为着陈圆圆，完全上了清朝一部分谣言的当。"

在此之前，姚雪垠已经两次公开批评郭沫若及其《甲申三百年祭》——第一次是在 1964 年春天的《羊城晚报》上，第二次是在《李自成》第一卷修订本的《前言》中。《前言》写道："郭沫若同志在写《甲申三百年祭》的时候，查阅的史料书籍很少。就那么几本书，他也不曾以谨严的态度对待。如有一本书上将'敏'字误作'政'字，他就断言'刘宗敏'应是'刘宗政'之误。又如崇祯宫中存银问题，本来不近情理，明清之际的人们已经辨之甚详，郭老不知，却还在按照谬说作文章。"

学术之争，本可以从从容容地直陈观点直下判断，只要保证自己的论据充分逻辑圆满就可以，而姚雪垠却甘愿冒着千夫所指的危险，去向一个早已成为天下共识的权威定论发难。显然，视历史为科学的姚雪垠容不得历史解读中的任何一点儿随意性，因此他并不认为他的做法有什么不对。他把他的批评径直寄给了被批评者。他对郭老说："今寄上第一卷修订本《前言》一稿，请您看看……关于对刘宗敏和李信的评价，和您从前的意见相违，正如西哲之言曰：我爱我师，我更爱真理。这也算学生同老师争鸣吧。不妥之处，也请赐教，以便改正。"

信于1977年1月19日寄出，22日便接到了回复。此时的郭沫若先生虽已沉疴在身，但他抱病回赠姚雪垠的却是暖暖的春意。他说：

　　好几年不见面，也没有通消息，昨天突然接到您一月十九日的来信和《李自成》第一卷修订本的《前言》，真是喜出望外。前言，我一口气读完了。我完全赞成您的观点，祝贺您的成功，感谢您改正了我的错误。我渴望着能拜读您的大作，并希望能看到您的《天京悲剧》——这恐怕是过分的奢望了，您要"七十五岁以后再写出"，到那时我已经一百岁，毫无疑问已经化为肥田粉了。《前言》退还您，在文字上似乎还有三两处错误，我看了用红笔顺便改了，希望校对注意。①

这就是一代宗师的风范！这就是文坛泰斗的胸襟！真正的闻过则喜，从善如流，真正的不倨不傲、虚怀若谷！姚雪垠的心灵震颤了，他立刻回信："郭老，您的这几句话使我非常感动，也给我很大鼓励。我相信您会长寿，活到一百岁。马相伯不是活到一百零三岁么？"

① 《郭沫若致姚雪垠》，载姚北桦等编：《中国当代文学研究资料丛书：姚雪垠研究专集》，黄河文艺出版社1985年版，第498页。

姚雪垠的祝福是由衷的。他提到的马相伯是江苏丹阳人，曾任上海徐汇公学校长、清政府驻日使馆参赞。先后创办震旦学院和复旦公学，1913 年一度代理北京大学校长。九一八事变后，马相伯坚决主张团结抗日，被尊为爱国老人。1932 年参加中国民权保障同盟，1937 年任国民政府委员。后在越南谅山病逝，享年一百岁。姚雪垠由郭老而联想到马相伯这位功勋卓著的老教育家，于不经意中充分表现了他对郭老一生功业的钦佩与敬仰。

当然，姚雪垠的自得也是由衷的。毫无疑问，郭沫若的肯定在给他"很大鼓励"的同时，也给了他很大的自矜与自恃，他由此找到了"学说"在手、真理在握的感觉。这感觉发而为文，便有了《论〈圆圆曲〉》中的那两段文字。

也许无法否认，《甲申三百年祭》在史料的研究和运用上的确有失之严谨处，但问题在于郭老著述此书之目的，在于用历史的教训为现实敲响警钟。所以若以认真的史著标准来要求《甲申三百年祭》，就难免有吹求之嫌。正因为如此，黄裳写了一篇商榷文章，发表在 1980 年 10 月号的《读书》上。文中写道：

> 郭沫若同志的论文写于一九四四年。他看到了并大声提醒革命者警惕存在在李自成、刘宗敏身上的局限性和弱点，大胆地摸了他们的屁股，这样做对人民有好处，理所当然地得到了人民的喝彩。当然也有人不舒服，在当时就曾引起一场"轩然大波"。这些往事我们还记得的。在这个问题上郭沫若同志是看得远、说得对的。

黄文中所谓的"轩然大波"，应该是指当年国民党反动派利用《中央日报》对郭老发动的攻击。也即是说，黄裳是站在阶级斗争的角度运用政治标准来衡量《甲申三百年祭》，姚雪垠的《圆圆曲》则是对《甲申三百年祭》的学风及其学术观点提出质疑。这种定向的错位本已使两者之间不具备"商榷"性，而以"政治"来对垒学术，又恰恰是姚雪垠所反感的，其结果只能是进一步刺激他内心深处的道德需求，促使他走向更为激烈的对立与逆反。

他说："目前我们研究历史，要提倡对历史负责，提倡实事求是的科学精神。对待别人的历史著作，不强调写作动机，不迷信权威，不崇拜偶像，只能用科学尺度去检验。不然，我们的学风如何能端正？我们的科学文化如何能迅速提高？"

因此，姚雪垠"不想与黄裳同志讨论"，而是要直接"同老师争鸣"，于是特撰长文《评〈甲申三百年祭〉》，连载于《文汇月刊》1981年第1、2、3期上。长文用三章文字考察了李岩的身世，以证明郭老"所全面歌颂的英雄人物"李岩之子虚乌有；又把三章文字给了"在《甲申三百年祭》中被作为贬斥对象"的刘宗敏，否定了郭老判给这位人物的两项重大罪款。

文章问世，学界大哗。有朋友为姚雪垠捏一把汗，提醒他"人事关系的复杂性不能不考虑"；"什么事都会出现流言蜚语，而流言蜚语是伤人的"……诸如此类的关心，姚雪垠一律视之为鞭策和鼓舞，他对朋友说："我国未来的知识界必然由年轻人充实起来，史学界必然由他们成为中坚。我只希望在我有限的余年除写小说的主业之外，能够在我所熟悉的某些历史方面给新成长的一代知识分子贡献一点比较科学的真知识，扫去一点迷雾，澄清某些迷信和盲从。"①

朋友们的提醒不幸言中，《评〈甲申三百年祭〉》的反批评文章，在一批全国性的重要报纸上连篇累牍。文章中有挖苦，有讽刺，有谩骂，有诋毁，而就《评〈甲申三百年祭〉》之论点进行名副其实"商榷"者却如凤毛麟角。姚雪垠为此而愤懑莫名，那种"人民战争"的汪洋大海之势，让他认定是"有组织""有策划"地围攻，仿佛他"批评郭老的史学著作是犯了'不敬'之罪"！于是他制万言长信一封投寄中共中央，措辞极其尖锐地批评舆论宣传中的溢美之词，指出正是这种溢美之词助长了恶劣文风。

1982年春节前夕，全国文联和中国作家协会联合举办茶话会。胡乔木

---

① 《致丰村（二）》，载《姚雪垠书系》第20卷《绿窗书简（上）》，中国青年出版社2000年版，第165页。

在会上找到姚雪垠，压低声音告诉他："对你进行围攻，不是中央的意思，而是郭老生前的社会关系。中央本来打算找人写篇文章，换个角度谈谈这个问题。现在围攻已经结束，文章也就用不着写了。"

一场"学术之争"到此结束。姚雪垠付出的是真诚，耗费的是时间，换来的却是关于"人品"如何如何的负面评价。因为他太张扬太孤傲，因为他太咄咄逼人——归根结底，是因为他不懂得用华夏大地几千年盛行不衰的群体性伦理观念去制导自己的行为，过于的"自我""自主"使他背弃了我国传统文化的中庸品格，于是为习惯于被动地遵从外在的社会规范、习惯于从他人与集体的认同中寻找个人尊严的传统文化人所不齿，也便天经地义在所难免。

好在，姚雪垠是坦然的。他说："我这个人平生最大的毛病是不爱隐讳自己的观点，不轻易迷信权威。这是我的性格，也是我的风格。"由于这种内心深处的道德观念作支撑，姚雪垠认定自己所反叛的是学术面前不平等的事实，冲击的是这种学术"伦理"对中国文化人长期的思想束缚。他说：

> 郭沫若同志在学术上有光辉贡献，但不是《甲申三百年祭》……《甲申三百年祭》之所以能长期被视为史学方面的权威著作，是由于我国的"特殊土壤"。这种"特殊土壤"的特点是：第一，一般说来，学术不发达。第二，过分将政治同学术混在一起……第三，对学术问题的评价，有时不是根据科学标准……我们批评《甲申三百年祭》，丝毫不减低对郭老另外一些著作的高度评价。我们做这件工作，是要对祖国的历史负责，对广大读者负责，对郭沫若同志负责。我相信，郭老如果九泉有知，看见我们这种解放思想、打破迷信的精神，定会含笑点头，因为这正是继承了他在五四时代的精神。①

---

① 《评〈甲申三百年祭〉》，载《姚雪垠书系》第19卷《论历史小说的新道路》，中国青年出版社2000年版，第438页。

不该忘记的是，姚雪垠对《甲申三百年祭》的批评，也得到了许多读者的理解与认同。1981 年 6 月 18 日《北京晚报》"百家言"栏目中，署名"建群"的《我更爱真理》一文，就是这种理解与认同的最好例证。文章说："读了姚雪垠写的《评〈甲申三百年祭〉》一文，颇受启发……姚雪垠的观点是毫不含糊的，态度是严肃而认真的，但是字里行间也同时处处流露出对郭老的敬爱和尊重之情。'我爱我师，我更爱真理'的精神贯通全篇……开展健康的学术批评和文艺批评，是推动科学和文艺事业发展的重要一环，也是这些事业兴旺发达的一个标志。姚雪垠的文章，为我们提倡的实事求是、入情入理、恰如其分、令人信服的批评，带了一个好头，这一点，也许比这篇文章本身的学术价值还显得宝贵。"

## 第二节　"衣锦还乡"前后

1981 年春节前后，《李自成》第三卷书稿陆续交付出版社，第五卷的部分章节因为酝酿成熟而提前进入了创作流程。

3 月 20 日，《尾声》最先录音完毕。这本是一个偶然性行为，而姚雪垠却从偶然中找到了必然，他由此总结出三条"新的经验"：（一）不再按书中的前后次序进行口述录音，而是哪一单元在艺术构思上最为成熟，口述的欲望兴趣最高，就先录哪个单元。（二）只按单元口述录音，大体分节，暂不分章，待整理成文字以后再分章。这样做容易掌握各单元之间的均衡感。（三）从口述录音这一道工序起，力求将细节考虑和讲说细致，尽可能避免以后对录音稿大删、大补、大改，费大功夫。

纵观姚雪垠的经验，关键处当为第（一）条。正是由于这一条"经验"的指导，在完成第三卷之后，他才跳过第四卷内容，径直进入第五卷。之所以如此，是因为第五卷作为《李自成》的最后内容，姚雪垠在 1957 年动笔之时就已经反复考虑过，主要人物的命运都早已安排妥当；1977 年赴东北的实地考察，又为他的总体构思提供了许多翔实而生动的创作素材；而1981年前后为《评〈甲申三百年祭〉》，他不能不对陈圆圆、刘宗敏、吴三桂等人物展开更深入更细致的研究，从而使李自成进入北京之后的种种情况于他来说都是成竹在胸。计划中第四卷所要描写的江南生活则为他所不够熟悉，山川景物，风俗人情，驾驭起来都必然会艰难许多。

从这个意义上来说，"新的经验"是经验，也是遁词——是掩护姚雪垠"避难就易"动向的托词。虽然多年后的实践业已证明，"避难就易"或曰"先易后难"之举，在保证小说的有头有尾因而保证小说的悲剧性方面功不可没，然而得失相伴，也许就在此举之初，一种错觉也悄然爬入当事人的潜意识——仿佛提前完成的《尾声》便是全书的句号一般，令其欣欣然似乎忘记了"革命尚未成功，同志仍须努力"。

之所以这样说，是因为自《李自成》第二卷完成起，姚雪垠的目光实际上已不再聚焦于小说创作；而随着第三卷的完成，其目光则呈现出幅面越来越宽的发散状态。《李自成》不再是他日思夜想的内容，他自己要做的事情太多，而他人要他做的事情更多。就像一个辛勤的园丁，在一块狭小的土地上他只想培养一株大树，拥有了广阔的空间后他就想什么都栽培什么都收获。"无止境斋"匾额下房门洞开，宽敞的客厅里天天高朋满座。其中不乏高官显贵，但更多的是报刊杂志编辑和其他形形色色的慕名而来者。

姚雪垠在吃喝上从不讲究，但留客用饭却总是发自内心的热情。有老伴王梅彩做后勤保障，姚雪垠的台历上，"午饭后某某离去""某某先走，其余留下共进晚餐""某某来，留吃晚饭""今日客人甚多，午饭只好摆大圆桌"的字样屡见不鲜。铁打的座席流水的客，进入古稀高龄的姚雪垠实实在在找到了"门庭若市"的感觉。粗茶淡饭消弭着主客间的距离，每个有耐心有毅力的过访者一般都能带着一点小小的收获离去——一篇稿，一幅字，一个题签，一张合影，一个允诺，或者一次畅谈后"酒逢知己千杯少"的感觉……朝去夕来，周而复始，姚雪垠在完成各种各样的"作业"中蹉跎着自己的时光，工作重点在不知不觉中发生了战略转移。

完成了第三卷，《李自成》就又画上了一个阶段性句号。姚雪垠就想稍做休憩，趁机回故乡看看。此动意一经传出，河南省文联立刻向省委汇报，希望由领导出面促其成行。河南文学学会、郑州大学、河南师范大学闻讯发来函件，热情相邀前往讲学。姚雪垠感念桑梓情深，一个决心由此下定。"我大概四月中旬可以回豫，基本不变了。因为时间紧，只打算来往半月，不能超过二十天。"姚雪垠信告老友苏金伞："先到郑州，然后开封、洛阳。在去洛阳前，插个节目：巩县、登封……在郑州，我打算参观省图、省博、郑大，再访问一个中学或师范。同文联的同志见面，也在期望之内。其余要事是同朋友们谈谈心，叙叙家常。大体如此。不要作大报告。许多意见都谈了多次，没有必要再谈。而且已经七十一岁了，精力时间都很有限。如万不得已，可参加小型座谈会一次吧。"

对未来的故乡之行，姚雪垠充满了喜悦与憧憬。他在信中写道："到开封，想参观几处古迹和河大，看看老朋友。去巩县是想看看杜甫的祠堂。如何在河南纪念杜甫，是我几年来的一件心事。山东有蒲松龄纪念馆、李清照纪念馆、辛弃疾纪念馆，河南为杜甫搞个纪念馆，将来在郑州举办一次杜甫诗论会，理所应当……去登封，希望能住上一天，访访碑，看看景……倘若还有老和尚，想趁机同和尚谈谈。我对从前出家人的生活知道得太少了。洛阳要花工夫看看出土文物，看一个中学或小学。龙门如有招待所，不妨住一天，细细参观一下。倘能住一天，也许会写一篇有感情的散文或诗。回北京时，打算到新乡看看。我三次下面粉厂，尚有感情……听说老苗在新乡，果如此，更好了。"[①]

就在积极筹划故乡之行过程中，姚雪垠又被作家协会邀请到人民剧场，观看了由《苦恋》改编的电影《太阳和人》。被邀者都是社会名流，又是"内部放映"，这种组合，自有其政治意义。姚雪垠却不管风向如何，他只凭作

---

[①] 《致苏金伞（五）》，载《姚雪垠书系》第 20 卷《绿窗书简（上）》，中国青年出版社2000 年版，第 398 页。

家的艺术良知去感知艺术，所以他在相关的批评文章中直言不讳，批评不该只局限于愤怒和控诉；批评丧失了爱国主义崇高情操；批评不讲求人物和情节的真实感以及故事的连贯性……多年之后旧事重提，他的观点依然如昨："《苦恋》的某些情节表现了知识分子的不幸遭遇，还是比较感动人的。但我就是不喜欢它。不仅我不能满意它的主题思想，也不能满意它对情节和人物的处理。许多地方是经不起推敲的，那位老教授不可信。"

1981年3月27日，茅盾先生逝世。姚雪垠痛心不已。他立刻放下所有工作，全部心志投入对先生的追思之中。从3月29日至4月11日，不到半个月，他接连写了《一代大师安息吧》《读旧信怀哲人》《老将殊勋青史在》三篇纪念文章，由衷的痛悼和怀念之情，流溢在字里行间。

4月28日下午，姚雪垠又被周扬邀请去参加"在京部分老作家座谈会"。会议开到一半时他借故溜出，却在门口被拦住，要求他务必发言之后再走。本不想开口的姚雪垠只好"恭敬不如从命"。事后他评价自己的"发言""毫无意思"，同时认为"周扬发言甚好"。

5月11日，姚雪垠乘车南下。红极一时的著名作家，此次行动等于衣锦还乡，想保持秘密是不可能的。"著名作家姚雪垠同志回豫讲学"的消息，以大字标题刊登在《河南日报》上："应河南省文学艺术界联合会、河南省哲学社会科学学会联合会、河南师范大学、郑州大学的邀请，著名作家姚雪垠回豫讲学和参观，五月十二日晨抵达郑州。省文联、省社会科学院、省社联及其所属文学学会的领导同志，郑大、河南师大的代表前往车站迎接。中共河南省委书记张树德，省人大常委会副主任、省社联副主席邵文杰，省委常委、宣传部部长宋玉玺，省委宣传部副部长于大申等，到宾馆看望姚雪垠同志。这次姚雪垠同志的讲学活动，将先后在开封、郑州举行。"

已然如此，别无选择，只能一切行动听指挥。姚雪垠在郑、汴两地住了16天，天天是半天讲演，半天会客。往见者络绎不绝，除了访谈，还要题字、签名、写条幅、口述文章，等等，天天是"两眼一睁忙到熄灯"。多年形成的生活习惯被完全改变了，姚雪垠感觉天翻地覆，精疲力竭。他的喉咙始终嘶哑着,每日几次服保喉片也无济于事。负责接待他的工作人员曾为之大发感慨:"没有一刻拾闲,年轻人都吃不消,何况是七十多岁的老人!"

当然,累则累矣,但那种前呼后拥的排场和座无虚席的场面也的确激动人鼓舞人。特别是在河南师范大学讲学时,听众场场爆满,连走廊上、院子里都挤挤挨挨的景观,变成一组定格画面映印在姚雪垠的记忆中。所以,他又总结说:"虽然停顿了《李自成》的创作太久,受了几乎不能担负的疲劳,但是收获也是大的。回到故乡讲学,加深了同故乡人民的互相了解,将自己的创作经验和学习到的知识传授给高等院校的年轻教师、高年级的学生以及其他文学艺术工作者,也是在创作之外应该做的工作。讲学、演讲、座谈会上回答问题,都宣传了马克思主义的文学观点和史学观点,宣传了现实主义文学的基本理论,有自己的明确观点和独立见解,不随风说话,这些地方都给听众的印象较深。但是由于时间少,不能看一两处农村生活,也不能参观一两处中学的教学改革,与初愿相违。"

显然,姚雪垠对故乡之行是基本满意的,既满意于讲学中"有自己的明确观点和独立见解",更满意于自己的"不随风说话"。他所未"随"之风,指的正是他对《苦恋》等文学作品的批评,以及由此引发的各种不同声音。

河南之行连去带回 27 天,姚雪垠于 6 月 8 日回到北京。"从多日的纷乱生活回到家中,好像回到了仙境。"但他并非神仙,不可能超然世外。《评〈甲申三百年祭〉》一经《新华文摘》转载,影响更广而众说也更加纷纭,各种各样的文章与信件在书桌上堆积如山等待拆阅处理;当代文学学会第二届年会召开在即,学会副理事长、广州中山大学中国文学系主任吴宏聪正在紧锣密鼓组织筹备,他自然不能只当"甩手掌柜",自然也得负起一份职责;还有《学习追求五十年》的写作,由于交稿日期一拖再拖,让《新文学史料》的编辑已经不太好意思再登门催促……百务缠身,姚雪垠的台历上,开始频频出现"今日很疲倦,早早休息"一类记载。

## 第三节 "复活"之欢与"断臂"之痛

　　1981 年 8 月 3 日至 8 日，中共中央宣传部组织各省、市委的文教书记、宣传部部长和部分作家三百多人召开座谈会，学习邓小平"关于当前思想问题的谈话"。先大会报告，再分组讨论。8 月下旬至 9 月底，省、部级各单位"照方抓药"，一时间各种座谈会纷纷召开。姚雪垠从中宣部到文化部到全国文联再到湖北省一路"座谈"下来，又以湖北省文联主席身份主持了湖北文化界纪念鲁迅先生百年诞辰大会，而后才算消停。他从武昌洪山饭店搬进东湖宾馆，住进 2 号楼。这是一座两层建筑，四围湖光山色，树木葱茏，景色十分幽美。伫立窗前，姚雪垠思绪万千，不禁对着录音机喟然长叹："（《李自成》的创作）已经停顿半年以上了。"

　　为了等待组织问题的解决，姚雪垠在东湖住了一秋一冬。在此其间，他听到了中央人民广播电台关于《李自成》第三卷正式出版发行的报道；接到了中国青年出版社关于《李自成》第三卷在北京脱销的喜报。他曾为东湖风景区的建筑和题匾贡献了一己之见，认为"行吟阁"不应用绿琉璃瓦做屋顶，门外更不应摆一对石狮子。他建议屋顶以水泥做成松树皮样，阁前的湖边种一些水竹和芦苇，构成乡野情调水乡风光，使人见之则能想到汨罗想到泽畔，想到屈子在水边且吟且行。他曾怀着歉疚的心情造访徐迟，为《对徐迟同志〈关于诗歌的意见〉的意见》之批评方式，作了十分真诚的自我批评，直到与徐迟夫妇交谈得非常融洽。

　　1981 年 12 月 5 日，湖北省文联机关党支部召开会议，讨论姚雪垠的入党问题。姚雪垠"以十分激动的心情"宣读了他的入党志愿书，又作了简短的书面发言。他说："我七十二岁了，已经是垂暮之年。但从另一方面看，如果我能加入中国共产党，这将是我生命的重新开始。对我来说，这后一方面的意义至关重要。虽然我明白我自己看不见共产主义的实现，我的儿子、孙子们也不能看见，然而我坚信人类的崇高理想必将实现。这是我的追求，我的信仰。我愿意为这一信仰进行战斗。"

发言中，姚雪垠实实在在地检讨着自己的缺点错误及其根源：第一，由于从青年时代起就从事自由职业生活，又是通过自我奋斗成为作家，所以自由主义思想特别严重。第二，因为在青年时代走的是自学成才的道路，一方面所看见的天地很小，另一方面也需要有藐视各种阻力的勇气，所以容易夸大自己的才能和成就，表现出狂妄骄傲的情绪来。第三，看问题不全面，而且常常很偏激。这个缺点加上骄傲自满，就变得更为严重，有时简直是盛气凌人。第四，由于长期孤立工作，群众观点较差……诸如此类的"发自肺腑"之言，字字句句盈溢着一个誓为理想献身者的虔诚与肃穆。

支部大会开得十分热烈，同意与否的两种意见尖锐地对立着。下班时间早过了，讨论发言却远未结束。中共湖北省委书记陈丕显、宣传部部长焦德秀和副部长余英等人都留在办公室里等待结果。陈丕显还曾把姚雪垠的入党介绍人洛文找去询问情况，得知自由发言方兴未艾，陈丕显说："别再讨论了。老姚是有些毛病，但根子都出在他的个性上，没有原则性错误。他历史上没有问题，打成'右派'后还信心十足地工作，有了那么大的成绩，这可不是谁都能做到的事情呵。"

省委书记的话发挥了作用，支部会议终于结束了。听到杂乱的脚步声响，省委秘书长黎伟从陈丕显的办公室里快步走出，迎向姚雪垠问"解决了没有"，看姚雪垠点头，黎伟满脸笑容，一连声说了三个"好"字。

20 世纪 80 年代的第一个年头就这样过去了。这一年中的姚雪垠比以往任何一年都要忙碌。据不完全统计，从 3 月中旬交出《李自成》第三卷书稿至年底的近三百天中，他有 27 天在讲学，70 天在开会，70 天在武汉履行"省文联主席"的义务与职责，13 天住进医院检查身体。他在家中接待来访约400 人次，写信 40 封，题字 26 幅，完成包括《文艺报》邀约评《苦恋》在内的各种"命题作文"19 篇，参加宴请——包括由周而复组织有老舍夫人胡絜青、罗苏夫妇、曹禺夫妇、戈宝权夫妇和作家吴强等人参加的雅集 6 次。再扣除各种各样的时间"捐税"，大概只有不足两旬属于《李自成》，而且是零零散散分布于上述各种活动的间隙中。姚雪垠集散为整，抢在 1981 年年底，完成了《李自成》第五卷《北京，北京！》单元提纲的录音。

姚雪垠就这样一直忙碌着也快乐着。有俞汝捷为他整理《李自成》创作录音，他便有了更多时间关注书斋之外的更多事情。俞汝捷住在中国青年出版社里，一般每个星期六下午都要去姚家一趟，交出才整理好的书稿，取走新录罢音的磁带。姚雪垠常常要留下他吃晚饭，同时也留住饭桌上一席天文地理诗词书画自由谈。而姚雪垠的谈话内容，每每被俞汝捷简捷生动地捕捉进日记中，不妨择取几例如下：

> 1983 年 10 月 18 日下午，姚宅
>
> 谈到《当代文坛》约稿时，我建议将为《陶行知儿童诗选》写的序投去，姚老说：“已经在《人民日报》刊出了。现在要集中精力搞第五卷，无暇他顾了。”谈到给南京寄手稿的事，姚说：“大家都知道我用钢笔写小说，现在单用毛笔写一张，是弄虚作假，不好。”

> 1983 月 12 月 4 日晚上，姚宅
>
> 谈起丁玲等十四人联名写信给邓小平批评周扬之事，姚说：“如果我到了七十九岁这种年纪，我最关心的将是在身后留下些什么作品，我不会把精力放到无谓的事情上。”又说：“江晓天曾给我来电话，文艺界斗争复杂，电话中不便说。他说，你真是幸福，可以埋头创作，外面的事同你毫不相干。”

> 1983 年 12 月 18 日黄昏—晚上，姚宅
>
> 我一去，梅彩就引我去看新购的文件柜和卡片抽屉。文件柜中放着录音带和第五卷的整理稿。姚指着厚厚的一迭整理稿说：“这是我们的成绩啊！”又说：“以后录音带要保留一部分，送现代文学馆保存。他们来说过这问题。”

1983 年 12 月 25 日黄昏—晚上，姚宅

姚告诉我，严家炎前晚曾去拜访。严与胡德培合写了一篇论述《李自成》悲剧问题的文章，将在辽宁某学报刊出。严说，他准备写《姚雪垠评传》。我笑着说："这下有好几个了，周勃、刘增杰、高天星，再加上严家炎。"姚说："还有你。"夜晚，电视播出《包氏父子》。姚说："不错，有生活气息。"我指着老包，说："就是这个演员，想演电视剧中的牛金星。"姚说："噢，是他啊！"

1984 年 1 月 1 日下午—晚上，姚宅

夜晚电视转播《秋瑾》，姚看后很赞扬谢晋的导演风格和李秀明、王馥荔的演技，认为很大方，很正格，不搞小噱头。

1984 年 1 月 2 日晨，姚宅

姚又谈起《秋瑾》，说："妓院写得很真实，说明谢晋懂生活。"我说："《李自成》中还没有写过妓院。"姚说："要写的，第四卷中就要写到秦淮河上的高级妓女，还要写到戏子。"又说："《秋瑾》中处理秋瑾对陈天华的感情，说自己不会做鞋子，非常好，很含蓄。以后她对徐锡麟也有了感情，也处理得很好。"又说："不过片子也有些小毛病，譬如不该称'端方大人'，可以称'制台大人'。定要称字的话，可以叫……""端午桥。""对，端午桥，午桥大人。"

1984 年 1 月 15 日下午—晚上，姚宅

武淑芳前来谈《李信与红娘子》。解放初任河南省副省长的赵自立来访。

姚退回某某所撰《心齐万众有前途——圆明园游》，说："此文我不能推荐，因为：一、没有文采；二、思想性也不够。现在的文章谈圆明园只谈火烧，而不谈当初修建圆明园是搜括民脂民膏，以供帝王享受，

这是不足的。"

陈谦臣来信，说《叛旗》被评选为第二十回"日本翻译文化奖"受奖作品，姚很高兴。

1984年3月3日下午—晚，姚宅

晚饭后，与王维洲谈散文，认为王的散文优点是：一、有诗意；二、有思想性；三、文笔流畅。缺点是：某些地方有雕琢痕迹，其实朴素才是最美的，也很难作到，那是一种"清水出芙蓉，天然去雕饰"的境界。另外还有些小毛病，如"中州"的概念等等。

又谈起朴素之美，姚说，元曲中就分两派，关汉卿是朴素的，马致远、白仁甫则讲究词章。由此谈及王实甫，谈及汤显祖，姚说，《西厢记》《牡丹亭》中都有脍炙人口的词句，在这些段落人们看到作者出众的才华。

1984年3月23日下午—晚上，姚宅

谈起杨建业写的访问记，姚说："他几次说我'奋笔疾书'，我从来没有奋笔疾书的时候，都是一个字一个字地推敲出来。我曾经有两句诗：'自有苦功攀险道，断无灵感若飞泉'。他还有个标题：文学'天才'。这也不妥，因为我不是天才，也不相信天才。"

1984年5月10日下午—晚上，姚宅

我问借戴名世《南山集》，要查什么。他说，为了查北太子之死。上面说是勒死的，《续绥寇纪略》也说是勒死的。原来写成毒药药死的，要改一下。

1984年6月3日下午—晚，姚宅

谈起前天他专程去访朱光潜、吴组缃。姚说："朱光潜很衰弱了，他在给我的信中说自己'奄奄一息',是真的。我同他谈起安徽文人,谈及戴东原,又谈及对胡适要公平对待⋯⋯朱光潜都表示同意。"

姚去吴组缃家,邓广铭先生听说,也来迎接。姚与邓已有四十年不见了。姚购得一本《唐诗鉴赏辞典》,很满意,取出来给我看,说,写得不错。我说起新近出版的《刘永济词集》,内有朱光潜早年题词,字比现在写得好得多。姚说:"那当然,人老了。连叶圣老现在字也写不好了。"

又谈起新版的《三希堂法帖》。我说,请方毅、张爱萍等题词,实在大可不必。本来乾隆皇帝已在上面题了不少词,现在又由政治人物来效颦,与整个"法帖"很不协调。姚说:"是的,这很无聊。"

1984 年 7 月 15—25 日,北京—西安—北京

15 日下午三又戟飞抵西安。同行者有姚夫人及孙女姚樱。抵机场时,胡采前来迎接。16 日,姚主持当代文学学会第四届年会开幕式。

开会期间,马文瑞等陕省领导人先后接见。省文联及胡采、杜鹏程、单演义等多次宴请。先后参观了大雁塔、碑林、钟楼、西城楼、易俗社、秦陵兵马俑、临潼华清池、半坡村遗址、乾陵、茂陵等处。

陕台曾来录象。李国光多次来访。杨文杰、苟良亦曾来访。电视剧事尚无眉目。姚的表态是:不介入,不勉强。

参观钟楼路上,姚向我背一滑稽八股文:"天下莫大于为善。为善莫大于修二郎神庙。夫二郎者老郎之子大郎之弟而三郎之次兄也。左鼓楼悬兮,右钟楼悬兮,鼓声咚也,钟声嗡也。咚也嗡也,莫非二郎之神也。"

姚在昭陵题字,有"盛唐遗风"之句。后至永泰公主墓休息,对我说及此事,并云此"盛唐"乃强盛之盛,非诗歌之盛也。我说需加注解,康濯说:"这应该由你去加。"

1984 年 10 月 21 日下午，姚宅

欧阳山携子来访。我谈及姚、欧之大耳福相，咸大笑。

将《〈于右任诗歌萃编〉序》交我带回阅读。归后即阅一遍，内中揭露冯玉祥"四一二"事变后之丑态，十分生动。

就在上述日记开始之前，张葆莘早已先行离开姚雪垠去了文学研究所；而在日记书写期间，俞汝捷由于不堪夫妻长期分居以及其他原因，也准备结束助手工作了。事情酝酿了一年有余，为的是让老作家做好充分准备，以免给工作造成影响。

失去一个得心应手的助手无异于折足断臂，姚雪垠在苦恼与无奈中不得不接受这个现实，寻找新的助手成为一段时间内的重要工作。他对俞汝捷说："（解决继任助手问题）有三种办法：一、由中青社出钱请一位，但我不赞成；二、请湖北省委给文联一个名额，再派一位助手；三、同河南师大或武师商量，由我带一名研究生，既给我当助手，又帮助他研究，将来论文通过答辩，授予学位。"他要俞汝捷帮他斟酌一下，看哪种办法最好，最后是第三种方式同时受到了两个人的青睐。

不久，经由河南师大中文系主任刘增杰推荐，河南师大中文系现代文学教研组副组长刘文田来到北京。俞汝捷非常高兴，他对姚雪垠说："刘文田1963 年就在复旦大学研究生毕业，他学历比我高，又专攻当代文学。而最关键之处是他与你同乡，对河南话驾轻就熟，比起我这个上海人，由他整理你的录音应该是最合适不过了。"

姚雪垠认为俞汝捷言之有理，他随即致信刘增杰："文田同志来京，帮助我工作，我很满意。为补助文田同志收入，我已经同中青社的同志谈了，可以将书稿请文田同志看一两部，作为特约看稿，付给阅稿费。"至于工作任务，姚雪垠的安排是："作我助手的同志来京之后，首先帮助整理我有关文学艺术方面的论文、书简、谈话、演讲录音，数量大概不少。等这一工作大体告一段落，再协助我准备下一部长篇小说的创作，从研究资料到小说构

思，始终参与我的工作。"

1984 年 9 月，俞汝捷正式向姚雪垠提交了辞呈。早在半年前，解放军艺术学院就曾真诚相邀其前往任职，爱才惜才的徐怀中后来还曾特意为此而过访姚宅。姚雪垠摆出好几个理由劝说俞汝捷不要去"军艺"，其最本质的想法还是希望俞汝捷继续留下来。但俞汝捷却不为所动，下定决心要离去了。对于他的决绝，姚雪垠虽然以"甚为和平"的态度表示了充分理解，但其内心的惆怅与失落却是不言而喻的。1985 年 3 月 19 日，他在致浙江大学中文系主任吴秀明的信中写道："俞汝捷同志离开我，去湖北省社会科学院文学所任副研究员。他从一九七七年随我工作，对我有帮助，他自己在学术上也有很深程度，发表了不少文章。他研究文艺美学理论，包括小说美学。"

俞汝捷离开姚雪垠之后，湖北又先后派了杜海波、赖云峰来北京作助手。但姚雪垠却决定放弃口述录音，杜、赖两位因之而旋鄂。"关于第四卷创作，姚拟自己动笔。"俞汝捷在日记中如实写道："刘文田现替他整理论文，以后则为《天京悲剧》作准备。"

从俞汝捷开始，刘文田、杜海波、赖云峰等几任助手的食宿问题，均由中国青年出版社设法解决。以王维玲为代表的中青社领导层真诚地关心着姚雪垠的助手们，为他们提供了包括生活、工作甚至出门用车在内的全方位的支持与帮助，以其真诚的付出，在出版社与作家之间建立了深厚的友情。

## 第四节  法国朝野《长夜》热

1984 年 1 月 25 日，美国芝加哥大学艾恺教授致函姚雪垠，为将《李自成》译成英文征询意见。信中写道："先生写作，收集资料之多，考据之精，描写之细，着实令人叹为观止。恺以为此系中国优良历史研究之具体表现。先生所下的功夫及求真求实的精神，实为治史者之鉴。"

远隔大洋，素昧平生，却因为在治学态度上的共鸣而惺惺相惜。这让姚雪垠既得意且感动于艾恺教授的赞誉，同时又有几分愧不敢当的惶恐与不安。

同美国来信先后抵达"无止境斋"的，还有一封法国来信。写信人李治华，1937 年毕业于北平中法大学法国文学系，此后长期旅居法国。抵法不久他即发现一个问题：国人对巴尔扎克、莫里哀、雨果、福楼拜、莫泊桑等法国大作家及其作品耳熟能详，而法国读者对中国的作家作品却知之甚少，甚至全然不知。这种由种种历史原因造成的文化交流不平等现象，严重伤害了李治华先生的"中国心"，促使他走上了"中译法"的文学翻译道路，分别于 1958、1959、1979、1981、1984 年出版了艾青的《向太阳》、鲁迅的《故事新编》、巴金的《家》、曹雪芹的《红楼梦》、姚雪垠的《长夜》的法文本。

在李治华眼中，姚雪垠"身材魁梧，仪表轩昂，双目炯炯有神"。他向他"亲切和蔼地谈论自己的著作、计划和创作方法"，希望他能把《李自成》译成法文。但李因自己已入暮年，"不敢企及翻译这部卷帙浩瀚的巨著，就请他指定一本比较短的作品"。姚说他"有两部旧作，《长夜》和《春暖花开的时候》，都不太长，但已绝版，不久即将重印"。李回到法国以后，当年秋天接到《长夜》的重印本。"拿起这本趣味盎然的小说，就不忍释手，一口气读到最后一页"。掩卷之时，主意已定：就翻译《长夜》！因为在他看来，《长夜》是用中国传统小说的笔法，写出了中国 20 世纪二三十年代特定的时代氛围。虽系自传经历，又颇具传奇色彩，故事情节十分动人。把这部小说介绍到法国，可以让法国读者形象地了解旧中国的兵荒马乱民不聊生，从而理解中国人民为什么会向往建立一个独立、和平、祥和有序的新中国。

《长夜》法文本由李治华夫妇共同翻译，在法国反响巨大，于是有关方面请李治华出面，邀请姚雪垠以"中国著名作家"的身份独自前往法国，出席马赛玫瑰节世界名作家会议以及名作家签名售书仪式。作为一个具有以民族自尊为核心的自我意识的著名作家，姚雪垠决意抓住这个让祖国的文学和文化走向世界的机会，借助马赛玫瑰节舞台，做一次精彩的亮相。经上级批准，他欣然答应于金秋时节往法国走一趟。

出访准备从国庆节后开始。姚雪垠买了景泰蓝花瓶、锦缎桌布和仿唐三彩马俑等具有中国风格中国气派的工艺品，包了十册《李自成》第一卷，裱了十几幅用于临时题签的"斗方"，此外还有上等毛笔、篆章、印盒等。他要在马赛举行的世界名作家签名售书仪式上用毛笔楷书签名，下盖朱色印章，以显示中国的传统文化——书法艺术之美，事后再把签名用笔装入锦盒，赠送"玫瑰节"的文献资料馆或马赛市博物馆。在他的送礼名单中，除李治华夫妇之外，还有菲德尔夫人、弗拉马利永出版社社长和责任编辑等。

1984年10月27日，姚雪垠乘坐"中国民航"班机抵达戴高乐机场。迎接他的除李治华外，还有德菲尔夫人、出版社代表、中国驻法大使馆萧特参赞和静瑞彬秘书等。关于德菲尔夫人，李治华介绍得尤为详细：著名女作家，龚古尔学院院士，本届玫瑰节世界名作家聚会活动的组织者和主持人；其丈夫德菲尔先生系国土整治设计国务部部长兼马赛市市长，密特朗总统的重要助手，公认的法国社会党第三号人物，等等。

从机场去旅馆，一路上有李治华翻译，宾主间谈笑风生。德菲尔夫人问姚雪垠："听说您的夫人很会包饺子？""是的。假若您去北京访问，我一定邀请您到我家去吃饺子。"言罢便是笑，车内弥漫着愉悦的气氛。

可是一进旅馆，姚雪垠却笑不出来了。因为房间狭促，洗手间更不像样，让他觉得自己不是被隆重邀请来的中国著名作家，而是一个来投稿的"乡下人"或"外省人"。如果是在北京，这些都不是事；但这是在外国，在外国他首先是一个中国人，他的身后是伟大的祖国，他的一切都同他的祖国紧密相连。

所幸德菲尔夫人反应极快。她立刻打电话，为姚雪垠安排了另一家著名宾馆；同时打电话告诉了她的丈夫德菲尔先生，声明如果负责姚氏食宿的出版社不肯多出钱，那么宿费差额将由她个人负责。在新的下榻处，迎接姚雪垠的是舒适的卧室、宽敞的客厅，还有德菲尔夫人奉送的一大盆盛开的杜鹃花。

由李治华和中国驻法国大使馆萧参赞与静秘书陪同，姚雪垠游览了巴黎市区，瞻仰了"巴黎公社社员墙"；又接受李治华建议，给密特朗总统写了一封信，随信奉赠《长夜》一本、字幅一帧。略带颜体风格的楷书写在由北京荣宝斋托好的宣纸上，外加深蓝绫子边，既庄重又大方。信很短，内容如下：

密特朗总统阁下：

　　1980年秋，您以法国社会党主席的身份应邀访问北京，下榻于北京钓鱼台国宾馆，会见了中国四位著名作家和一位著名画家。我荣幸地是您会见的四位作家之一。现在我应邀来贵国出席玫瑰节世界名作家会议，特借此机会，将我的小说《长夜》法译本一册和亲笔书写的字幅一张赠送给您，以此对您并对伟大的法兰西人民表示一个中国作家的敬意。

这份礼物，由德菲尔夫人带给德菲尔先生，德菲尔先生利用法国政府内阁会议茶歇时间，亲自交到密特朗手上。总统先生非常高兴，立刻将短信读给与会者听，将字幅拿给大家看，最后又亲笔写了回信：

亲爱的姚先生：

　　我和我的夫人对您给我们寄来的您的作品法文译本表示感谢，对您的亲切题词，我们尤表感激。虽然我们不懂中文，您的信需要译者翻译，但您的书法之美使我们大饱眼福。

　　我希望您的这次法国之行是卓有成效的。在此，您能看到对您的热情款待，正如我每次去贵国访问所感受到的热情接待一样。

　　祝愿您的《长夜》在法国获得成功。亲爱的姚先生，请接受我的衷心敬意。

　　　　　　　　　　　　法兰西共和国总统　弗朗索瓦·密特朗

　　　　　　　　　　　　1984年10月29日于巴黎

　　带着密特朗总统的祝福，姚雪垠告别巴黎飞赴马赛，下榻于濒临海岸风景秀美的"共和国旅馆"。11 月 3 日，玫瑰节世界名作家签名售书活动开始。出席会议的作家们集合在一个宽阔的大厅里，每人一张桌子，桌子上摆了作家名签和作品，桌旁坐着出版社的售书人。姚李二人并排而坐，李治华先把购书人的法文名字译成汉字，姚雪垠再将中文名字题写在《长夜》扉页上，然后签字盖章。人太多，整整一天，姚、李二人略不得闲。

　　傍晚，法国国务部部长兼马赛市市长德菲尔先生在海上浮宫宴请七十多位莅会作家。姚雪垠坐主宾席，他的右侧是李治华，左侧是主人德菲尔夫妇。宴罢，姚、李二人接受了法国及美国驻法国的 11 家媒体的采访。忽忽闪闪的镁光灯下，记者们的问题五花八门各式各样。试举几例：

　　记："姚先生，您是否愿意到美国访问？"姚："目前还没有这种打算，因为条件不成熟。"

　　记："您需要什么条件？"姚："只有当我的作品翻译到美国，美国的读者对我有所了解之后，再有美国的学术团体邀请我去讲学的话，我才会考虑。像我这样的年纪，压在心上的重要问题是如何满足读者对我的期望，如何为后人多留下一些有价值的精神财富。单为着到外国走一走，看一看，我没有时间。几年前爱荷华大学的国际写作计划部两次邀请我去美国住一住，我都是因为太忙，婉谢了。"

　　记："如果你肯到美国去看看，对你是会有好处的。"姚："倘若条件成熟，我当然可以去美国访问。但是我认为，那一定是惠及主客双方的事情，并不是只对我一方面有好处。最起码来说，假如美国的同行能够听听我这个中国老作家谈中国的文学，收获一定会很大。"

　　……

　　记："你们的文学作品里写了过多的政治，其他国家的读者不喜欢。"姚雪垠笑了："是的，我们的文学作品里都写了政治——曹雪芹的《红楼梦》、巴金的《家》，我的《长夜》——都写了很深的政治，可是法国人民并没有排斥而是很欢迎的呀！"他的话锋一转，"文学作品过分强调政治而忽略艺术，我向来不赞成。作家的政治思想要蕴含在艺术之中，不能变成标语口号喊出来，否则肯定会受到读者冷落。但是我认为，任何优秀的或杰出的作家都必须关心政治、懂得政治；他不仅应该懂得本国政治，而且必须关心国际政治。不然的话，以其昏昏如何使人昭昭？他的作品岂不是一盆浆糊？"

整个夜晚，姚、李二人都被记者们包围着。无论什么问题，他们似乎都成竹在胸，侃侃而谈，一答一译，配合得天衣无缝，精彩的话语，时时引爆阵阵掌声。最后，一位记者问道："姚先生，听说你的《长夜》只是三部曲计划中的一部，还有《黄昏》和《黎明》没有写出来。按照你的想法，当今中国，是'黄昏'？是'长夜'？还是'黎明'？"

姚雪垠用诗的语言回答道："长夜早已过去，我的祖国现在正如旭日东升。"然后，他与李志华相对一笑，愉快地结束了这次谈话。

11月4日上午，继续签名售书。不到半天，《长夜》脱销，读者只能拿钱"买"收据，俟日后凭收据换书。但作家的签名不能免，只好签在同书页一般大小的白纸上。购书者越来越多，后来竟排起了长队。法国社会党总书记、总统府秘书长、共和国教育部部长、国务部部长兼马赛市市长、马赛市第一副市长和其他市委委员、社会党马赛地区领导人等一批政界显要，居然也挤在队伍中，等待领取那一张写有几个中国毛笔字和盖有一颗中国朱红印章的"白纸"。

时近黄昏，其他参加活动的作家都走了，姚、李二人的桌前却依然如火如荼。社会党总书记柔斯班先生终于排到跟前了，姚雪垠特意写了"为着世界和平，加强中法友谊"几个字相赠。柔斯班先生非常高兴，立刻把他头一天买到的法文版《长夜》拿出来，让姚雪垠再把这句话写在扉页上。

夜幕降临，《长夜》的读者们却意犹未尽不肯散去。德菲尔夫人来到姚雪垠和李治华面前，神情激动地大声称道："空前的热烈，空前的成功！"她对姚雪垠的称呼已由"先生"改为"大师"，彬彬有礼中又平添了几分敬意。她告诉姚雪垠，他的访法日程中要临时增加一项内容——接受马赛市政府授予的纪念勋章。

11月5日上午10点，授勋仪式在马赛市政府举行。姚、李二人由乐格朗先生陪同，沿着花岗岩楼梯拾级而上，走进这座路易十四时代的建筑。正门大厅里，已张挂起巨幅中、法两国国旗。进入二楼的市长办公室。德菲尔先生起身迎接，一边握手一边告诉姚雪垠："我看过您的生活资料，知道您的写字台很整齐。但我的很乱，没有办法，我刚才还在办公。"

参加授勋仪式的马赛市政府官员、法中友好协会马赛分会负责人、在马赛市的中国留学生、电视和报纸记者等早都到了。仪式开始，首先是市长致词，接着授受勋章，最后是姚雪垠致答词。在德菲尔先生把只授于国家元首和国际文化名人的马赛市纪念勋章交到姚雪垠手上的一刹那，无数照相机按动了快门。

授勋活动结束，德菲尔夫妇用专机把姚、李二人从马赛送到巴黎，又亲自送回王桥宾馆。送别晚宴上，德菲尔先生仿佛无意中谈到了驻马赛的苏联领事馆，德菲尔夫人忽然插话向姚雪垠问道："我们欢迎您来做第一任中国总领事，您同意么？"姚雪垠微笑不语。德菲尔夫人又说："我知道您要写作，时间很忙，那就只来做三个月的总领事好不好？"姚雪垠仍然报以微笑——他心领了主人的诚挚，却回避了主人的问题。

中国驻法国大使馆始终高度关注着独自远涉重洋的姚雪垠，对他访问行程中的每一步都有客观地把握和评价。访问结束，姚雪垠于11月8日下午乘法航班机回国，密特朗总统夫人一行也同机抵京。迎接他的全班人马又来为他送行，竟一直送到飞机上。代表中国作家协会到北京首都机场迎接他的官员一见面就告诉他：作协已经收到驻法大使馆的长文电报，肯定他的出访"十分成功"。

《访法汇报》中，姚雪垠写道："经过这次访法之行，更明白了巴黎是欧洲'文学艺术中心'的优越地位。我们应重视同法国的关系，通过法国渠道，使中国更多的优秀作品走向世界。为着这一战略目的，我有两个建议：第一，邀请德菲尔夫人访问中国……第二，邀请李治华夫妇回国访问。"汇报中，姚雪垠盛赞李治华的贡献，并主动以"介绍人"身份，力荐李治华加入中国作家协会。

上述建议，写于 1984 年 11 月 30 日。在此之前，即 11 月 11 日密特朗夫人在北京举办的宴会上，姚雪垠还与同席的钱钟书、艾青、吴作人等谈到这件事，希望大家能合力玉成。其情之殷殷，天地可鉴。

对姚雪垠的赴法访问，国际和国内的多家新闻媒体进行了即时报道和事后追访。时任姚雪垠工作助手的俞汝捷在一篇文章中写道："那是一次成功的访问。法译本《长夜》在马赛玫瑰节世界名作家会议期间引起轰动，他（姚雪垠）因此荣获'马赛市纪念勋章'，并接到密特朗总统祝他访问愉快的来信。他兴致勃勃地叙述着这一切，滑稽地摹仿一些法国姑娘在购到他毛笔签名的《长夜》后向他抛吻的动作。但谈得更多的是他在各种场合的谈话，包括在巴黎第三电视台接受访问时的回答。他的回答得体而机智，充分表现了作为中国作家的自尊与自信。他特别谈到当记者问及他的世界观会不会因访欧而发生改变时，他断然答道'不会'。这一回答曾使担任翻译的李治华先生感到不解，而对姚老来说，却是一句再自然不过的答语。"

## 第五节　"血胜于水"同胞情

1984 年 11 月，姚雪垠从巴黎凯旋。在写给中国作家协会的"访法汇报"中，记录了他在巴黎接受《世界报》记者贝罗贝访问时的一段对话：

记："你对台湾作家的作品怎么看？"姚："台湾作家的作品我读过一些，但不多，因为我实在太忙了。不过我一向认为，台湾作家写出的好作品，同大陆作家写的好作品一样，都是中华民族的共同财富，是我们民族的共同光荣。因为我们都是炎黄子孙——'炎黄子孙'的意思您懂吗？"

记：（点头）"你认识台湾的作家吗？"姚："年老的作家我认识几位，我还看见他们中有人在台湾发表的回忆我的文章。中青年作家我就不认识了。"

记："我有时候能见到台湾作家——您不想对他们说些什么吗？"姚："如

果你再遇到台湾作家的话，请务必向他们转达大陆一个老作家的问候，希望他们到大陆访问——游山玩水，探亲访友，都可以。如果他们愿意，我就请作家协会发出邀请。"

对姚雪垠来说，上述这种源于"炎黄子孙"的"共同论"，是早已融入他血液中的信念，而绝非什么"公关语言"。在他看来，海峡两岸的党派矛盾、政权分立是暂时的，而由几千年的历史生活所形成的民族感情、民族语言和民族文化却是永久的。这是一种民族的血缘关系——是血就浓于水。

抱着这样的信念，在访法归来半年之后，即 1985 年的 1 月 3 日至 9 日，姚雪垠又做客新加坡，与秦牧、萧乾夫妇一起，以评委身份，出席了由《南洋·星岛联合报》举办的"新加坡第二届国际华文文艺营"及金狮文学奖发奖仪式，在那里结识了台湾作家痖弦和三毛，实实在在地又向祖国宝岛台湾走近了一步。

痖弦，本名王庆麟，祖籍河南南阳，1949 年离开大陆去台湾，时任台湾《联合报》副刊和大型月刊《联合文学》主编。会议期间，他与姚雪垠一直坐在一起，亲热地称姚为"乡长"——"同乡的长辈"之意。痖弦不仅十分关注大陆的改革与变化，而且十分关心华文文学的统一和发展，在会上提出了"世界华文一盘棋"的主张，让姚雪垠由衷感到"我们的心靠拢在一起了"。

姚雪垠一向认为：在阶级社会里，阶级感情是一种客观存在，民族感情、乡土感情和朋友感情也是一种客观存在。在事关民族团结、国家统一的问题上，民族感情必须高于阶级感情。而痖弦的行为，更加坚定了他的这一信念，于是他更加渴望有生之年能到台湾走一走、看一看——看看朋友，看看与祖国母亲隔海相望的那一角土地。他说："由于许多条件尚在努力创造之中，梦想一夜之间就会实现祖国的统一大业，当然是不现实的空想。但海峡两岸的各界同胞，都可以为促进条件的成熟尽自己的力量。两岸的作家和艺术家在这一神圣的历史使命中，也要发挥我们的独特作用。"

正是基于这样的民族责任感，姚雪垠不仅与痖弦建立了深厚友谊，更在与三毛的接触中，谱写了一曲"血胜于水"的诗篇。

1985年1月8日傍晚，东道主新加坡在国际贸易中心俱乐部举行欢送宴会。萧乾夫妇和秦牧因为都另有朋友招待，参加欢送宴会的大陆作家只剩姚雪垠一个人。宴会行将结束时，姚雪垠走到三毛跟前，问她什么时候回台北。三毛突然扑到他胸前，颤声要求："姚先生，你亲亲我！"姚雪垠感动了，他轻轻揽住三毛，轻轻亲吻了她的双颊。三毛紧紧倚在姚雪垠胸前，热泪奔涌，哭得说不出话。记者们围过去，纷纷举起了照相机。三毛用手中的文件袋遮住脸孔，不愿意让记者拍下她痛哭的样子。姚雪垠却说："三毛，不要把脸遮起来，让大家照吧！你流的是民族的眼泪，是崇高的眼泪！让大家照吧！"

次日凌晨，姚雪垠找出两张宣纸信笺，在其中一张上写了"海外存知己天涯若比邻"两行字，在另一张上题写了自己的一首旧作七绝。因为早饭后他要外出，大概中午才能回到阿波罗酒店，怕三毛离开时他来不及送行，便连同一封短信装进信套，从门缝里塞进三毛的房间。信中再一次表达了欢迎三毛访问大陆的希望。而三毛留给姚雪垠的短信，则是一首优美动人的散文诗：

姚先生：

不会忘记昨日临别时流下的眼泪，但愿今生今世能够再见。

数日相处，一刹永恒。

谢谢赐字，一定永远不会丢掉，而且珍存。

明日彼此便是天涯了。比邻同胞，血胜于水。

请多保重。旅途劳累，回家好好休息。

晚辈三毛上

姚雪垠与三毛，原本素昧平生。只短短相处，就产生深厚友情，姚雪垠认为并不奇怪，"因为彼此能站在同样的高度来看问题，都承认我们是同一个祖先、同一个民族，都认为应当为发扬我们民族的优秀文化而努力"。
回到北京后，姚雪垠多次向记者谈起与三毛的依依惜别："我的耳边常常回荡起三毛抽泣的声音：'姚先生，中国大陆也是我的祖国，是我的父母之邦，但我现在却不能回去。'"他很欣赏三毛信中的"血胜于水"，却不同意"一刹永恒"。他说："那意思是以后永远不能见面了。这怎么可能呢？她还年轻，才四十岁，来日方长，不仅我们仍有见面的机会，而且海峡两岸的统一问题，迟早也会缓和而归于解决。统一是人民的愿望、民族的利益、历史的趋势。任何具有中华民族感情和责任心的人，随着形势的变化发展，都会赞成中国在'一国两制'的大原则下统一起来，至少先允许海峡两岸的同胞们和平来往。"

对姚雪垠的出访新加坡，国内外多家媒体相继进行了即时报道和事后追访。新加坡《联合早报》女记者、作家张曦娜在采访记中写道："要怎样形容姚雪垠呢？自信、直率、爽朗、豪气、幽默……都是，但都不足以形容我眼前这一头银发、神采奕奕、面色红润、敢说敢言、心思灵敏、才华横溢、勤奋一生、著作等身的古稀老人，中国著名的老作家。"

几年之后，大陆首先对台湾同胞开放了回乡省亲的绿色通道，姚雪垠关于"同台湾作家们欢聚一堂，饮酒、品茶、论文"的美好愿望得到了初步实现。1991 年春夏之交，他在自己的家中接待了来自海峡对岸的老朋友尹雪曼。尹雪曼，作家，河南人，抗战胜利后与姚雪垠在上海相识。1991 年 6 月 30 日，由尹雪曼领衔的台湾作家艺术家联盟在台北成立。该联盟聘请姚雪垠出任"顾问"，聘书为"作联曼人字第 009 号"，与尹雪曼的亲笔信一封，于 11 月 10 日送达"无止境斋"。三天以后，姚雪垠致信尹雪曼：

前天（十一月十日），赵遐秋先生派她的一个研究生转来了一份"作联"的顾问聘书与大函一封，使我欣喜无似。"文化大革命"结束以来，我接到过很多顾问聘书，很少重视。但你寄来的这份聘书具有特殊意义，因为它反映了冻结多年的海峡两岸文艺界关系开始由民间团体解冻，可谓一鸟鸣春。①

1991年8月，他一面写信向台湾朋友介绍大陆的"中国当代文学学会"，一面介入了"台湾文学研究会"的申请登记工作。从他写在日历上的简短文字可以看出，这项工作的最初动议来自老诗人朱子奇、古继堂和贺敬之的秘书赵铁信，而不辞劳苦主动承担起疏通关系、收集信息、写申请打报告等事务性工作的也是这几位热血老兵。

1992年春天，"台湾文学研究会"的申报工作曙光在前，而一场突如其来的大病却袭击了姚雪垠的老伴王梅彩。毫无思想准备的姚雪垠受到了平生最沉重的打击，他开始整夜整夜失眠，与老伴携手走过的几十年人生之路被切割成一幅幅画面，无情地占据了他的全部思维。连创作都无法进行了，其他工作当然更无从谈起。等到王梅彩保住了性命却永远再不会说不会动以后，姚雪垠痛切感到的是人生无常来日无多，创作《李自成》必须分秒必争，全力以赴，"台湾文学研究会"之事只能弃置一旁了。

好在，海峡两岸的文化交往之路正越走越宽。尹雪曼接二连三地飞来北京，同中国人民大学中文系教授赵遐秋一起，把台湾的作家、艺术家带到"无止境斋"同姚雪垠相见。姚雪垠们的"台湾文学研究会"未能问世，而台湾的"中国现代文学研究中心"副主任王强华却走进了北京的木樨地22号大楼。姚雪垠热情地接待着这些尊贵的客人，一碗清茶，一杯薄酒，一个主客都感兴趣的共同话题……每当谈到高兴处，姚雪垠总要研墨铺纸，用他那并非书法家的书法寄托情意。

犹记在星岛，当痖弦索求"墨宝"时，姚雪垠曾半开玩笑半认真地问道："给你写字我很高兴。但你回到台湾后敢裱好挂起来吗？"痖弦说他一定裱好挂在书房里，姚雪垠说"那我一定给你写"。每当有"条幅"或"斗方"相

---

① 《致尹雪曼（二）》，载《姚雪垠书系》第20卷《绿窗书简（上）》，中国青年出版社2000年版，第231页。

赠台湾的同行同道时，姚雪垠每每要把这段佳话也一同送出去。几年之间，究竟有多少这样的"墨宝"带着姚雪垠的梦想飞向了海峡对岸的书房已无可计数，唯一留存在老作家记忆中的是台湾画家创作的一幅国画——山岛耸峙，洪波涌起，明月高悬，安祥静谧。山海之间，姚雪垠奋腕挥毫，题上了"海上明月共潮生"的诗句。

1997 年 6 月，尹雪曼欲发起抗战 60 周年纪念活动，拟邀请大陆的一些重量级老作家赴台参观、旅游、座谈，特别是与台湾热爱文学的年轻一代的朋友见见面，"谈谈六十年前跟日本人拼命、打仗的故事"。初步拟定的邀请名单是"巴金、冰心、萧乾、姚雪垠"。尹雪曼就此构想给中国作家协会对外联络部的负责人金坚范写了信，希望能获得支持。然而，因为这些"重量级"老作家多已年迈体衰行动不便，难以再承受长途羁旅之苦而不得不作罢。但尹雪曼却不肯轻言放弃，他在发表于《台湾日报》副刊的一篇文章中写道："冰心不能来、巴金不能来、臧克家不能来；萧乾却能来、姚雪垠却能来；还有更多比冰心、巴金、臧克家更年轻的作家、诗人能来。而对我来说，我也更喜欢萧乾与姚雪垠能来。""如果说这是我八十岁的一个'梦'，这个'梦'实现的可能性很大。如果说这是我八十岁的一个向往，我希望在我八十这一年，通过我不服老的倔强努力，能够顺利地开花与结果。"

遗憾的是，当尹雪曼写着上述这些热情洋溢的文字、做着他八十岁之美梦的时候，姚雪垠已经躺在了病床上，连投足举步都成了困难，咫尺已是天涯，更哪堪山海相隔呢？

他所能做的，唯有与老友尹雪曼异床同梦，把祖国统一，同胞聚首的希冀，永远铭刻在美好的期待中。

# 第十三章  1985—1995 年

## 第一节  "突然打开的食品橱"与首届"历史小说创作座谈会"

1984 年 12 月下旬，中国作家协会第四次全国代表大会在北京召开。香港《镜报》对此表现出极大的关注与热情，特意在 1985 年 1 月号上刊发了《文艺界第一次反"左"》的社论。社论说："上月底胡耀邦又亲自出席作协四大，树立反'左'旗帜，支持创作自由。这一石破天惊的喜讯，大大激发了文艺工作者去开创文艺大繁荣的局面。"

姚雪垠只在文代会开幕时露了一面，随后便请假与萧乾、秦牧等一起去了新加坡，但会议前后的形势他是清楚的。他说："中国作家协会第四次会员代表大会上，中央提出了'创作自由'之后，有的人欣喜若狂，有的人认为这个口号需要有个前提或补充；还有人怀着忧虑。这三种不同态度包含着深刻的思想分歧，关系着中国文学艺术的发展前途。"

显然，姚雪垠属于"怀着忧虑"的一类人。两个月前他出访法国时，《欧洲时报》社社长杨永桔和执行编辑梁源法曾开车带他在巴黎的毕卡尔街上走过一遭。在那个有名的"红灯区"内所见景象，让他下意识地联想起国内一些影视文艺地摊书刊中的荒诞情节。他认定几年来打着"反左"旗号愈演愈烈的所谓"通俗文学"，是"集合起封建的、资本主义的、粗制滥造的、甚至沉渣泛起的货色，形成一股浪潮，向着社会主义文艺阵地猛烈冲击"。

与姚雪垠一样忧思忡忡的，还有一大批见识过旧中国模样的老作家，如以"诗体小说"著称的孙犁等。面对"通俗文学"的沧海横流，孙犁发表了一系列颇有见地的短文进行批评。他在《谈通俗文学》一文中写道："目前通俗文学的特点，不在于形式上的仿古，而在于内容的陈旧，还谈不上什么新的内容和新的创造，它只是把一个时期不许启动的食品橱门，突然打开而已。"

姚雪垠非常赞同孙犁的观点。"突然打开"的"食品橱"让他进一步认定："目前通俗文学的勃兴不仅是一个文艺问题，更是一个社会问题。只有作为一个社会问题看，我们对它的产生、泛滥、影响等问题才能够认识清楚。又由于许多出版者、编辑者、撰稿者、各种支持者有许多是共产党员，所以也牵涉到党风问题、党员的思想素质问题。"①

1985 年 10 月 28 日至 11 月 1 日，湖北省首届"李自成归宿问题学术研讨会"在通山县凤池山庄举行。赴会途中，姚雪垠与时任中宣部副部长的老诗人贺敬之相遇。谈起文艺界现状，姚雪垠亮出了他的观点，直言有领导不力的情况。贺敬之接受批评，但同时又诉苦说，姚老，还是像你们这样的老作家站出来说话才有力量，你们在社会上有威望，别人也没法把你们怎么样。

老诗人一席肺腑之言，让老作家感到了强烈震撼。诚如他后来在给友人的信中所说："我们的党牺牲了无数先烈才走到今天，近几年思想理论界竟成这般局面，宁不令人痛心？""如果在我们这一代人手中放弃了马克思主义的革命大旗，使资产阶级的文艺思想在共产党领导的社会主义国家中自由泛滥，我们不仅无法对得起几十年中千百万为革命流血牺牲的志士和先烈，也无法对得起我们的后人。"②

于是，姚雪垠又激动起来，责无旁贷义不容辞的社会责任感，在他的头脑中迅速促生了一个想法，又很快变成了一篇长文、一个提案，以《希望中

① 《论当前的通俗文学》，载《创作实践与创作理论》，红旗出版社 1987 年版，第 101 页。
② 《致胡昭衡》，载《姚雪垠书系》第 21 卷《绿窗书简（下）》，中国青年出版社 2000 年版，第 162 页。

央从速制定思想文化战线的战略方针》（收入《姚雪垠文集》时改为《是制定思想文化战略的时候了》）的名义，提交全国政协大会。

1986年4月，全国政协六届四次会议在北京召开。姚雪垠在会上作长篇发言，慷慨激昂大声疾呼，在实行经济体制改革的同时进行政治体制改革；在建设社会主义物质文明的同时加强社会主义的精神文明建设。姚雪垠以他知无不言，言无不尽的一贯作风，对"文艺界有些人大肆吹捧庸俗低级的作品"进行了毫不留情地批评。中央电视台专门就此发言对姚雪垠进行了专访，访谈内容在央视公开播出后，在社会上引起强烈反响。

姚雪垠对"通俗文学"的批评招来了一片嘘声。虽然反对者们并不否认通俗文学中确有一些宣扬凶杀、色情、迷信等不健康的东西"，但却认为"大可不必为此大惊小怪，惶惶不可终日"，因为"'文艺亡国'的事，事实上是不会有的"。这些反对者还振振有词地指责，"有些人动辄把青少年犯罪现象归罪于某些小说与电影，其实这只是无知妄谈"。

姚雪垠针锋相对地告诉反对者："文学虽然不能亡国，却能影响社会风气和社会心理，也能反映国民的精神面貌。所以我们有社会责任感的作家重视文学艺术的'社会效果'是理所当然的。"①

开罢全国政协会议，姚雪垠即赶赴武汉，参加湖北省作家协会为他、徐迟和碧野三位老作家举行的"文学创作五十周年"纪念活动。入住绿树掩映的翠柳村客舍后，姚雪垠接受了《湖北日报》记者刘庆林的采访，回答了关于历史小说创作的一系列问题，重申"历史小说是历史科学和小说艺术的统一"，强调"它必须对历史负责，对读者负责，对艺术负责"。事后，刘庆林写了题为《耕耘在历史的沃土上》长篇报道，文章中这样描绘姚雪垠："尽管岁月的风霜染白了他的眉发，可他依然神采奕奕，一双大眼出奇的明亮，饱满的额头像晴空般开朗，给人一种刚强自信、百折不挠的印象。"

1986年5月12日上午，纪念会在湖北省政协礼堂举行开幕式。"三老"

---

① 《论当前的通俗文学》，载《创作实践与创作理论》，红旗出版社1987年版，第81页。

都在会上讲了话。徐迟讲的是别人，题目是《作家不讲自己》。碧野讲的是革命，题目是《信念——心中的火光》。姚雪垠讲的则完全是自己，题目是《我的座右铭》。他说："我从几十年的工作经验和生活阅历中，概括出自己的座右铭：第一条，加强责任感，打破条件论，下苦功，抓今天。第二条，耐得寂寞，勤学苦练。耐得寂寞才能不寂寞；耐不得寂寞偏偏寂寞。第三条，生前马拉松，死后马拉松。"他进一步解释说："一个时代的许多作家好像在进行马拉松赛跑，只有跑到最后，谁是冠军、亚军，十名以内或以外，才见分晓。所谓跑到最后，即是写作到生命结束的时候，这叫做生前马拉松。""作家死后，他们的作品仍然在进行赛跑……年代稍久，人事关系变了，社会和时代条件变了，文学史会作出实事求是的评价。这叫做死后马拉松。在死后马拉松赛跑中的胜利者，才是最值得尊敬的作家。"

湖北"三老"纪念会后，姚雪垠又到了黄冈，在赤壁主持了中国作家协会组织召开的"历史小说创作座谈会"。这是新中国成立以来也是五四运动以来第一次召开这样的学术性会议，中国作协领导特别重视。从姚雪垠提出建议到会议落成，用了整整两年时间。其间作协书记处曾责成创研部专门派员登门征求姚雪垠的意见，姚雪垠则于1984年6月25日回复长信一封，从"举办座谈会的意义""预期收获""座谈会的准备"三个方面，详细阐述了他的意见和建议。

估计会议期间很可能会有代表建议成立"中国历史小说学会"，姚雪垠事先致信作协书记处书记鲍昌，明确表述了他的态度："为抵制近几年来文艺创作思想方面（包括历史小说）的某些混乱情况，我希望在学会章程中理直气壮地号召历史小说作家严肃地对待祖国历史，学习并掌握历史唯物主义的哲学武器，在马克思主义指导下，批判地继承和发扬祖国两千多年来积累的十分有用的史学思想和治史方法……既反对在浪漫主义掩盖下随心所欲地写历史人物和历史生活，也反对用狭隘而简单化的政治功利主义和左的教条主义对待历史，同时反对为了赚钱而瞎写历史人物和故事。"同时，他还严正声明："没有明确的追求和主张的学会是没有意义的。没有独立主张，凑凑热闹，以安排一些会长、副会长、理事等名誉头衔为满足，这样的学会纵然有许多同志建议成立，我个人也决不参加。"①

1986年5月18日至24日，"历史小说创作座谈会"在湖北黄冈举行。出席会议的有中国作家协会的相关领导、从事历史小说创作而有一定成就的作家、对历史小说发表过评论和研究论文而有一定成绩的理论工作者、部分历史小说责任编辑、文艺研究单位人员以及《文艺报》记者等，总计三十余人。大家欢聚一堂，心情愉悦，感觉平时各自埋头工作，很少交流，借参加座谈会之机，开怀倾谈，各抒认识，互相切磋，共同提高，这件事的本身就是召开这次座谈会的重要收获。经过一周时间的研讨，与会者一致认为：讨论当代历史小说创作，增强为人民、为社会主义服务的自觉意识，必将对历史题材的影视剧作产生影响，最终达到共同提高、携手共进的目的。

开罢历史小说创作会，姚雪垠住进了湖北省通山县的凤池山庄。本想做个世外桃源人，消息灵通的记者却不期而至，采访主题仍然是关于所谓"通俗文学"的。这一次，姚雪垠在分析了通俗文学潮流形成的原因之后，着重提到了他的社会主义文学构想：

> 首先，社会主义是通往共产主义的一个历史阶段，因此它必然反映无产阶级的世界观，用辩证唯物主义和历史唯物主义的哲学思想观察和认识现实生活和历史生活。其次，在作品中要反映出比较先进的思想感情，这种思想感情在一定程度上同共产主义和社会主义思想相联系。第三，在作品中要强调反映社会主义的先进人物和事迹，发扬爱国主义精神和民族自豪感，表现集体主义精神和社会主义的道德风尚。反之，对于违反上述旨趣的社会现象则予以暴露、讽刺和批判。第四，提倡严肃的创作态度，坚持由深入生活到表现生活的统一性，反对脱离生活胡编

---

① 《致鲍昌》，载《姚雪垠书系》第21卷《绿窗书简（下）》，中国青年出版社2000年版，第354页。

乱造。第五，力求继承中外的优秀文学传统，不断在艺术上进行新的探索。创作出思想深刻、内容充实、形式优美完整的作品。[①]

后来，姚雪垠把自己关于"通俗文学"的论述整理成一篇长约二万字的文章，题为《关于通俗文学和通俗文学期刊》，交给了丁玲主编的《中国》。尚未刊出，全国文联的内部刊物《文艺界通讯》便捷足先登，对该文进行了详细的内容摘要，山西省的《太行山》又对摘要进行了转载。因为文章对不少"通俗文学"作品进行了指名道姓的严正批评，所以不可避免地招来一阵嘀嘀咕咕的非议，只是始终未见哪一个站出来公开对垒。姚雪垠感觉到了这种平静之下的不同寻常，却没有想到还有一场更为尖锐的笔墨交锋正在前面不远处等着他。

## 第二节　武汉盛会丹桂飘香

1990 年 10 月 10 日，是老作家姚雪垠的八十寿辰。中国文联、中国作家协会以及其他文学艺术团体用五颜六色的鲜花把他的书斋装扮得喜气洋洋，摩肩接踵的贺寿者在他的客厅里川流不息。姚雪垠忙碌着，说笑着，在家中度过了可以说是两三年来最愉快的一天。

然后，他开始准备行囊，因为有一个对他来说可谓此生最重要的会议正在长江沿岸即将召开——由湖北省文学艺术界联合会、中国作家协会湖北分会、中国国际文化交流中心湖北分会、湖北省社会科学院、华中师范大学、武汉大学、湖北大学七个团体联合发起，由湖北省作协党组书记洪洋、华中师范大学副校长王庆生、湖北省文联执行副主席陈东成以及汪文汉、李志鹏、张永健、陈美兰、夏振坤、熊德彪等同志组织筹备的"姚雪垠文学创作

---

① 《论当前的通俗文学》，载《创作实践与创作理论》，红旗出版社 1987 年版，第 94 页。

六十周年纪念学术讨论会"，将于 10 月 23 日至 25 日在华中师范大学召开，那是第二故乡武汉送给他八十华诞的一份最珍贵的礼物。

要出发了，姚雪垠特意绕道北京医院向曹禺话别。他与曹禺同庚，对曹禺的文学成就一直由衷敬佩，而曹禺对他也同样惺惺相惜。1981 年暑假里，中国当代文学研究会租借北京师范学院的校舍，由张炯主持举办当代文学学习班，曹禺同姚雪垠一起被邀请出席开幕式并作演讲。曹禺在演讲中提到了《李自成》，他说："现在研究《红楼梦》的称为'红学'，我相信将来必定会有研究《李自成》的李学……"话音甫落，台下一片掌声。近十年过去了，往事历历如昨。在医院里，曹禺问姚雪垠："我以前说过《李自成》一句话，不知道你还记得不记得？"姚雪垠立刻心领神会，他紧紧握住老朋友的手说："你的话我没忘。但最后究竟如何，要由历史决定。"

金秋十月，桂子山丹桂飘香。来自全国各地的作家、学者数百人，在风光宜人的华中师范大学校园里聚集一堂。由于各种各样的原因未能躬临盛会者，则以热情洋溢的电报、信函向会议及作家本人表达了他们的祝贺与期待，其中包括中国作家协会书记处、中国社会科学院文学研究所、辽宁省作协、辽宁省文联、云南省文联、人民日报社、中国现代文学馆、广西师范大学、中山大学等单位及贺敬之、朱子奇、程代熙、陆梅林、任访秋、徐中玉、穆青、钱谷融、白介夫等作家、学者。

曹禺、林默涵在贺电中写道："从抗日年代始，姚雪垠先生即以如椽之笔为中国劳苦农民呐喊；近三十年来先生致力的鸿篇巨制，开辟了五四以来的中国历史小说的先河。姚雪垠先生对社会主义文艺事业的卓越贡献和高度社会责任感将作为一代楷模为人敬仰。"老诗人臧克家的祝词别具一格："毅力、才力、学力、识力，创作六十年，质高量也大；好友、老友、益友、净友，相交半世纪，知面更知心。姚雪垠八十寿辰，短语寄深情。"刘白羽的贺信就像与老友执手谈心："雪垠同志：十月十日你八十大庆，这不仅是你，而且是我国文学战线上隆重的纪念日子。你才华横溢、奋斗不息，为社会主义文学作出了卓越的贡献；你忠心耿耿，为捍卫马克思主义真理，批判资产阶级自由化，所向披靡，横扫千军。你的巨大成就，使我这有半个多世纪友谊的老朋友，为你惊叹，为你高兴。"

在华中师范大学的科学会堂里，与会者利用差不多三天时间，畅所欲言，各抒己见，从创作道路、美学思想、创作理论、艺术风格、创作实践等几个方面，对姚雪垠的 60 年文学生涯进行了多角度多层面全过程全方位的分析与评价。

云南大学的周鉴铭"把姚雪垠的全部创作，放在'跨代作家'这样一个宏观的文化背景之中来加以考察"，在与"各文坛巨匠们"的比较中，提出了姚雪垠"后期现象"的三大特点："第一，它是总体性上升的。第二，它是专注的。第三，它的价值是多内涵的。"周鉴铭认为，理性的追求，是贯穿姚雪垠创作全程的一根红线。超越写"我"，进入广阔的现实人生，是姚雪垠从前期到后期的一个飞跃。对历史、社会、人生的深入研究和学者式把握，是"姚雪垠现象"的重要契机。历史研究和人生哲理思考的汇合，形成了姚雪垠的人生观念和信条，成为推动他不断创造的一股巨大而强悍的动脉。

武汉大学陈美兰所关注的是姚雪垠对长篇小说美学的贡献。她认为："姚雪垠以其对传统艺术经验的通晓和自己创作实践的新鲜体验，对长篇小说创作的美学追求，提出了一套虽尚不算完整但却有相当启迪意义的理论见解。"陈美兰把姚雪垠关于长篇小说的美学见解概括为三个方面。"其一，追求整体开阔美。强调长篇小说对生活的整体透视。利用篇幅的优越条件，创造开阔的艺术空间。""其二，追求艺术色泽的丰富美。在生活展示中，注意情节演进的迂回性，笔力轻重的交替性，静态与动态的转换性，虚化与实拟的相间性，等等。在情绪展示中，注意'英雄痛洒山河泪'的豪情与'儿女悲吟离乱歌'的哀音互渗；'惊涛奔急峡'的激越感与'流水绕芳坡'的舒缓感相交错。创造一种复合的审美情感和丰富变幻的艺术诱惑力。""其三，追求形式建构的均衡美。注意'首尾照应'、布局完整，章节之间、'生活单元'之间重力的均衡，局部发展与总体发展的平衡感。"在陈美兰看来，姚雪垠的艺术思维方式虽然还不时显露出传统的惯性作用，但他的从单维到多维、从单线到多线，从平直到复向的美学见解，已经成为传统艺术通向现代艺术桥梁上的一块理论界石，这正是姚雪垠长篇小说美学的价值所在。

湖北大学的冯天瑜则从义理、考证、辞章三方面分析了姚雪垠的艺术风格以及这种"学者型作家风格"形成的条件。他认为，"在当代中国作家群里，姚雪垠是别具一格的重镇。他的创作既有把握时代风云的雄浑气势，又长于民情风俗的细腻描绘和对各色人等鞭辟入里的心态抒写，字里行间时而雷震霆击，时而光风霁月，大开大合，纵横捭阖，成就一种壮阔而又真切的史诗格局。""姚雪垠风格的铸造，得益于他多年来在理论思维方面的不倦追求，历史及现实生活知识的深厚积淀，以及在文学语言方面熔古今中外于一炉的执著努力。""姚雪垠的学识渊博，他不仅社会生活积累丰厚，而且有相当的史学功力，这一点在作家'非学者化倾向'突出的今日，尤其值得人们借鉴。"

在从宏观上充分肯定了姚雪垠的创作实绩和理论贡献之后，专家、学者们又对他的文学成果——主要是长篇小说进行了专题性的深入研究。

关于《春暖花开的时候》，华中师范大学宋寅展的评价是："在民族生死存亡关头，作家以饱满的政治热情，通过描写一些爱国青年的救亡活动，为关心祖国命运的青年人谱写了一曲激动人心的颂歌。作家从政治方面展示人物的善恶美丑；从人物与祖国、人物与救亡的关系，深入剖析人物的心灵世界；从人物与社会的变革，探索青年爱国者的性格特征。书中批判了'读书救国论'以及'为学术而学术'的错误思想，揭露了反动势力对抗战的危害。小说具有浓厚的时代气息。作家笔下出现了一系列来自不同的阶级和阶层的充满活力的青年爱国者形象。通过家庭、社会、救亡活动、爱情和友谊，从各个方面表现一代青年人的健康的人性美和感情美，表现一些青年人积极向上、热爱祖国、追求进步的思想品格。小说的风格自然朴素，语言通俗流畅，一些细节描写生动细腻，像散文诗一样的充满着诗情画意。在一些青年爱国者身上，散发着青春的气息和中华民族不可战胜的乐观精神。"

关于《长夜》，中国社科院文学研究所的蒋守谦认为：《长夜》的价值，集中地体现在它所达到的现实主义深度上。它给读者提供了一个至今仍无可替代的"土匪世界"。通过这个"土匪世界",读者不仅看到了 20 世纪 20 年代中国北方农村的动乱情景,感受到了造成这种动乱的深刻而复杂的社会原因,而且看到了一种酷烈的生存斗争和生存方式。小说从对生活的真实地描写中,提出了农民的出路问题。华中师范大学的田惠兰着重分析的是《长夜》题材的传奇性和创作方法的现实主义特色,认为"作品熔传奇、写实于一炉,将传奇性的故事情节和真实的生活经历紧密结合起来"。"在中国现代文学史上,这样的长篇实属首创。"上海师范大学的陈娟则从小说人物"陶菊生"入手来讨论《长夜》的结构艺术,认为陶菊生在小说中"不仅是一个客观人物,而且是作者借以观察的视角,一个富有主观色彩的视角"。"作者以陶菊生的活动为轴心,构造了这部富有传奇色彩的优秀长篇。"

当然,与会者最关注的还是《李自成》。

《李自成》第一卷的责任编辑江晓天撰文《历史将继续证明》,从历史真实与艺术真实的统一、长篇小说的艺术结构、李自成和崇祯两大悲剧人物的塑造、语言艺术四个方面对小说进行了缜密的分析,认定"《李自成》在中国现、当代长篇小说,尤其是历史小说创作发展史上,具有多方面突破和创新意义"。

湖北大学李悔吾断言《李自成》"博大精深",认为这部巨著是"一部形象的历史,一部丰富的民俗学,一部古典文学作品选粹"。他说:"《李自成》这部长篇历史小说,是以李自成领导的农民革命为主线,展示了明末清初广阔的历史画面。从这一角度看,不妨说它是一部形象的历史书。""《李自成》上至朝廷典章制度、婚丧嫁娶、祭祀大典、服饰礼仪、日常生活,下至民间习俗、迎神赛会、医卜星相、三教九流、拳棒杂耍等,应有尽有,一幅幅的风俗画,大大增强了作品浓郁的生活气息和民族风情。""《李自成》中,有大量的文言文诏令、奏章、书信、格律诗词……这些书信、诗词,颇见姚老的古典文学素养和功底,成为表现人物不可或缺的艺术手段。"

江西大学的公仲从与革命历史题材长篇小说的比较来研究《李自成》,

断言"在当代文学史上，至今还没有一部长篇历史小说能够超过《李自成》"。他说："建国以来，革命历史题材长篇小说如《红旗谱》、《红岩》、《红日》、《青春之歌》等，都各有其辉煌成就，然而较之《李自成》，都至少有以下几点不足：首先，《李自成》的宏观的视野，高屋建瓴的气势，宏伟浩大的规模架构，是其他作品难以企及的……其次，《李自成》在历史真实与艺术真实的完美统一上，做得十分成功。特别难能可贵的是，作家不畏外界种种政治权势的干扰，在'文革'期间，不写一句李自成是法家的话，不改李自成尊孔的事实，不压缩宫廷生活的描写，'宁愿不出书，也绝不做违心事'，这样《李自成》才保证了其真正的社会认识价值与艺术质量。第三，《李自成》在人物塑造上有新的突破和创新，不仅在人物性格的丰富性和多样性上有了显著的成就，而且还成功地塑造了一系列反面的悲剧人物的形象，如明朝皇帝崇祯、叛将洪承畴等，填补了我国小说史上的一个空白。"

曾经撰写了《〈李自成〉艺术谈》和《〈李自成〉人物谈》两本专著的人民文学出版社编审胡德培在提交会议的论文中，一方面肯定"《李自成》不仅填补了'五四'以来长篇历史小说创作上的空白，而且以其杰出的艺术成就和思想意义辉耀史册"，另一方面把第三卷同第一、二卷进行了比较，认为"后面的创作中虽也有一些相当精彩的部分，某些章节仍然脍炙人口，但是完美性和整体性差了，有些显得冗赘和啰唆，有的过程拉得太长，有些地方不如开始创作时那么精彩和精粹。"他认为：作家在工作条件差的情况下写得那么好，工作条件好了理应写得更好，而结果却不尽然，"这种创作现象，颇为耐人深思"。

"耐人深思"的问题引起了与会者的兴趣，便有人提议由姚雪垠的第一任工作助手俞汝捷就此发表看法。俞汝捷本来准备在发言中谈一谈对姚雪垠展开全面研究的设想，被"点名"后只好临时改作"命题作文"。在此之前，他已经注意到江晓天发在《中流》的文章中"实际上提出了'一卷不如一卷'的问题，并把它归因于口述录音的方式不好"。俞汝捷当然不会赞同"一卷不如一卷"这种简单的提法，但是他认为，"对于部分读者所以会产生'一卷不如一卷'的感觉，应当做出科学的分析"。他承诺："将来有机会时，我会就此写一篇文章，全面谈谈对前三卷的评价问题。"因为大会限定发言时间不得超过20分钟，俞汝捷只能长话短说。他把《李自成》比做体操运动："第一卷的运动员相对来说动作不是太高难，但做得比较完美，没有出现失误。二、三卷运动员，做了不少高难动作，在高难中出现了一些失误。对于追求完美的人来说，肯定认为第一卷胜过二、三卷。对于欣赏高难动作的人来说，则可能认为二、三卷超过第一卷。"俞汝捷在发言中还特别提出："崇祯的复杂性格是在第二卷中充分呈现出来的，而洪承畴的性格塑造则是在第三卷中才得以完成的。所以，虽然二、三卷中有部分章节显得较为沉闷，将来修改时还可以作进一步推敲；但其辉煌部分，则也是第一卷所没有的。"

俞汝捷的观点得到了许多与会者的认同，冯健男、古远清、舒其惠等学者特意当面赞许，认为说得很科学、很实在。而在俞汝捷发言后的当天下午，湖北大学中国古代小说戏曲研究所的张国光即从高难度着眼，发表了《李自成》"一卷胜过一卷"的观点。

此外，武汉大学的陆耀东撰文《谈姚雪垠先生在中国现代文学史上的地位》，认为姚雪垠的小说创作"在几个方面提供了别的小说家所不曾提供的东西，这是他在中国现代小说史上占有不容忽视的一席地位的主要原因。"河南大学的刘增杰则综合分析姚雪垠早期的散文、小说创作，写成了《姚雪垠早期文学思想论》。至于姚雪垠的悲剧美学思想、《李自成》的民族气派与民族特色等，也都有专文进行了系统论述。

整个会议期间，鹤发童颜的姚雪垠一直处于兴奋与激动之中。他和他的作品能得到如此重视，让他在感到莫大安慰的同时又感到十分惭愧。他说："如何不辜负同志们、朋友们以及广大人民的厚望，是我今后应该时时放在心上的重要问题。"他表示，八十五岁之前，要把三百数十万字的《李自成》全书写完，送交祖国人民验收。然后，还要把久已酝酿于胸中的太平天国、戊戌变法、辛亥革命等重大历史题材付诸笔下。他说："我还要像一匹老马，驮着重负，趁着夕阳晚霞，不需鞭打，自愿在艰苦的创作旅途上继续长征。

中华民族的新文学需要发展，人民需要文学，我不能放下我的义务。"

姚雪垠是真诚的，他的话全是他的肺腑之言；他是认真的，绝没有半点应酬敷衍；他是负责的，承诺了的便决意兑现。然而，世事难料，天不假年，虽然人生之路还未到尽头，但对于一个视文学创作为生命的作家来说，华中师大盛会，已经是他最后一次"闪亮登场"；丹桂飘香的桂子山，为他的文学事业镌下了一个并非句号的句号。


## 第三节　岁月稀兮老已至


开罢文学创作六十周年纪念学术讨论会，姚雪垠闭门谢客，息影书斋，近两度春秋里他只参加了三次较大的活动，一是率作家代表团出访日本，二是同臧克家、林默涵、刘白羽、郑伯农、李准等到王震家做客，三是同夏川、柳倩等到前门西大街端木蕻良的新居恭贺乔迁。

1991 年 4 月，姚雪垠率中国作家代表团出访日本。这是他第二次东渡扶桑。十二年前他第一次访日，促生了日本作家陈舜臣、陈谦臣将《李自成》第一卷译为日文的意向。1982 年 5 月，译稿完成，行将付梓，陈谦臣希望姚雪垠在扉页题几句话或者写一首诗。在亲笔写信提出这个要求之后，又托中国作家协会外委会的陈继儒当面转达了同样的意思。姚雪垠答应了，复信说 8 月份他将到大连海滨休养，届时一定完成任务。不料待他如期抵达大连时，恰逢日本文部省借审定中学课本之机篡改其侵华罪恶史。该事件发生，姚雪垠非常气愤，他当即写信对陈谦臣说：

> 我熟悉中国近代史和现代史，当然更熟悉日本侵略中国史。我在童年时代就参加反对日本要灭亡中国的"二十一条"的示威游行，从青年时代起就参加反对日本侵略中国的救亡斗争，直到日本在第二次大战中战败投降为止。一桩桩日本侵略中国的罪恶都在我的心上……我们是在

分清历史是非和分清历史责任的前提下争取中日友好，不咎既往。日本军国主义者找各种理由作掩饰，将血淋淋侵略中国的暴行认为是理所当然，这种帝国主义的逻辑，亦即强盗的逻辑，只能引起我们中国人民和有正义感的、有觉悟的日本人民的愤怒，并引起东亚人民的公愤。①

出于义愤，姚雪垠拒绝为日译本《李自成》题诗，但他承诺在"教科书风波""按照历史的本来面目解决"之后，"可以另外写封致日本读者的信""表示一点友好心意"。仿佛是为偿还这笔"承诺债"一般，再至日本的姚雪垠诗兴大发，仙台、松岛、岚山……一路樱花一路歌，或七绝，或七律，全部用他那一笔特有的体式写在事先托好的斗方上，留给了为中日友谊奔忙的日本朋友们。

1991年10月4日上午，《文艺理论与批评》编辑部在人民大会堂安徽厅召开座谈会，纪念创刊五周年。姚雪垠自谓是该刊的"战友和坚定的支持者"，出席此会该是当仁不让，却因为头一天接到通知，是日下午要与臧克家、刘白羽、林默涵等老作家同赴王震之邀，为着节约精力，座谈会便只能放弃了。

据姚雪垠日记言："下午二时半，郑伯农前来接我，赶在三点钟到了王老家中。克家已经先到。我到了以后，默涵和白羽相继来到。""除了四位老作家，在座的还有两位中年同志，一是《文艺报》主编郑伯农，一是中宣部文艺局局长李准。""王震先讲话。他今年84岁，身体不好，声音很小，所以有时听不清楚。他说他很关心目前国际形势的变化，想听听我们对中国文艺界和苏联、东欧问题的看法。"

革命老人王震组织的这次雅集，对姚雪垠的思想产生了震动性影响，促使他从总结苏联解体的经验教训出发，站在更高的层面用更广的视角回看往

---

① 《致陈舜臣、陈谦臣（四）》，载《姚雪垠书系》第20卷《绿窗书简（上）》，中国青年出版社2000年版，第586页。

昔，从而对既往的重大历史事件和重要历史人物产生了全新的认识和评价。反思历史的同时他也解剖自己，曾不止一次深有感触地喟叹：人很难免俗，我也一样。我早就说过我不喜欢"伤痕文学"，但实际上我也曾经把自己的伤口亮出来展览……而目光一旦如此聚焦于个人的利害得失，就再也看不见大局，在此基础上作出的是非评判，也就毫无意义可言了。

1992年5月26日早饭后，姚雪垠发现坐在沙发上小憩的老伴情况异常：嘴和人中向左偏斜，推她叫她都没反应。赶紧送医院检查，确诊为大面积脑梗塞。经过近两个星期的抢救，命是保住了，却完全失去了行为能力。姚雪垠五内俱焚。他同她结婚61载，虽不敢说举案齐眉，却始终相濡以沫。无论何时何地，她总是默默地跟在他的身后，陪伴他穿过了泥泞，走过了坎坷，如今他一切都好了，而她却无福消受这一切！巨大的哀痛冲决了刚强的堤坝，姚雪垠在子女们面前放声大哭："你们的妈妈病成这样，我往后的日子可怎么过呀！"

老伴的病倒犹如警钟长鸣，让姚雪垠清楚地意识到自己老了，再没有精力担负创作之外的任务了。于是，在提出"坚决要求辞去'湖北文联主席'职务，建议由年纪轻的、能够做一些实际工作的同志担任"之后，又决定辞去当代文学学会会长头衔。该会从1980年成立开始，主要工作先是由吴宏聪后是由王庆生和张永健主持；身为会长的姚雪垠只负担为每年一次的年会筹款任务。即便如此，也绝对不能再干了。

1992年8月，当代文学学会——此时已更名为"中国新文学学会"——年会在山西大同召开，会后组织到云冈石窟、恒山、悬空寺等处游览。为不拂众人美意——或者说不让会议赞助者失望，姚雪垠在前后有人"保驾"、左右有人搀扶下，坚持随大家一起从头看到尾。从悬空寺刚回到接待室，浑源县文化局长便请题字。老作家欣然从命，"寺惊悬空 事贵落实"一联顷刻而成。一片热烈的掌声里，姚雪垠又发出了久违的朗朗笑声。他不无得意地写信对俞汝捷说："所可喜者，我已经八十多岁，登高乏疲，马上立在桌边，悬腕纵笔，手不微颤，在众人围观之下，思路敏捷，八个字对仗工稳，且有新意，说明我的神经尚不衰老。"

姚雪垠喜欢对联这种带有典型的"中国作风""中国气派"的文学形式。他曾应邀为孙天赦所撰《对联格律及撰法》作序，在"序"中发表了十分独特的见解。他认为"好的对联要具备两个条件，即内容方面有较高的思想和真实的感情；形式方面要求对仗工稳、使事精当，平仄妥帖"。他还认为："在名园古迹、游览胜地，好的对联和匾额可以为环境增辉，使人流连欣赏，触引情思。倘若需要撰写新的对联，必须在内容上和形式上都力求达到上乘。"

在此前后，姚雪垠应邀为陕西米脂李自成纪念馆、湖北通山闯王陵、山东淄博蒲松龄故居等多处人文景观撰联题赠。从大同返京后，乘余兴未尽，姚雪垠又为矗立于武昌蛇山上的白云阁撰联一幅以偿文债。联曰："登临纵目，请欣赏江汉繁华，莫顾此几片白云悠悠，已知环域海陆，南北有口争开放；凭倚兴怀，应惊叹龟蛇形胜，休管他千年黄鹤杳杳，且看沿江上下，东西无处不腾飞。"

大同会议期间，姚雪垠提出了"辞职"要求，但未获批准。1993年年会拟在乌鲁木齐市召开，由新疆师范大学负责筹备。按照惯例，下一步便该姚雪垠上场了——由他出面给新疆维吾尔自治区区委宣传部部长写信，请求财力物力的支持。这本是"会长"的分内之事，姚雪垠却非常坚决地拒绝了。事后，他在给友人李辉的信中诉说了个中缘由："我已年纪老了，为事业必须分秒必争。倘若去乌市开会，当地领导宴请，为文艺界作报告，参观风景名胜，接见采访，为人写字等等，得忙碌两个星期，不能搞自身业务。对于我这样老人来说，是很不应该的。"

于是，近十来年一直门庭若市的"无止境斋"逐渐归于沉静。本业之外，姚雪垠经常写写大字，翻翻碑帖，因为书法的艺术美有时会触动他的文学灵感。他喜欢《玄秘塔》，更喜欢化度寺碑，因为此碑上翁方纲的题跋最多，且有全碑图谱为其手书，"看着很过瘾"。他说："我们评论一个人的字好坏时，经常说有没有'书卷气'。书卷气应当就是书法艺术本身所体现出的一种带有文学意味的神韵……神韵的形成，虽是作者多方面素养的综合体现，但主要应依傍于作者的文学、文化素养……古代对书法家的要求很严格。清朝认为一个真正的书法家应当具备五个条件，梁山舟提出三条，大意是天分、多见、多写；杨守敬增补了两条，一是品格，二是学问。我认为学问一条很重要，一个真正搞学问的人，必然会注意到自己的节操、品德修养；有了学问，自然会有助于对艺术本质和表现方法的领会理解。"

他研究书体发展史，从文字由繁到简的演变出发，提出了要以"容易认识，容易写整齐清楚，利于实用"为原则的"书法艺术观"。随着访客的越来越少，姚雪垠的书斋生活越来越丰富。他读诗，写诗，翻检诗韵本子，觉得写旧体诗可以从严锻炼艺术思维能力，而且"带着脚镣跳舞"，跳成功了别有乐趣。

他研究各种各样的学问，因为他要给各种各样的书稿作序，如《北京十六景》《河南名菜谱》《新编大学语文》《中国故事大观》等。他甚至还有兴趣乘着林默涵的汽车奔赴北京西山，与魏巍、贺敬之、朱子奇等新朋旧友雅集，在高谈阔论中度过一个欢快的假日。

虽然生活很充实，但衰老却在不可逆转的进行着，姚雪垠十分清楚这一点。1994年4月6日，他给新文学学会负责人王庆生、张永健写信报告："去年秋天，一天下午，阳光很好，我出去散步，就在马路这边。后来感到腿脚无力，赶快伸手去抓马路边的铁栏杆。没有抓住，倒在地上。有两个青年赶快将我扶起，送上电梯。这是给我的严重警告。从那次以后，大约有七个月了，我没有再下过楼。一个月前，我的老友吴组缃病故。在八宝山与遗体告别这一天，我已经要了汽车，但我的儿子、媳妇坚决阻止我去。为组缃的死，我哭过几次。社会上很少人知道我同组缃是好朋友……组缃只比我大两岁，又凋谢了！"

几天之后，他又给老朋友栾星写信说："从去年开始，我的体力日渐衰老，所以半年多不曾出去散步。愈不出去，衰老愈快。所以赶快写稿子，成为最重要的一件大事。"遗憾的是"稿子"只"赶"却未见快，倒是与生理衰老状况相应的心理状态很显明的出现了——姚雪垠的思乡之情日切，他的目光越来越多地投注于中原大地上。在写给河南省委主要领导同志的信中①，他非常真诚地诉说了这种感情："我虽然长期离开河南，但河南是我的故乡，河南大学是我的母校。每遇家乡来人，必一再询问工农业生产和教育文化发展情况。闻佳音则兴奋不已；如闻消息平平，则心绪为之悒悒。关念家乡之情，年愈老而弥深。"

正因为如此，姚雪垠为"有八千万人口的中原地区尚无一所受到全国重视的、有较高水平的综合性大学"而焦急万分，他把这种情况看做自己"肩上的沉重压力"，认定"发展河南省的文化教育，不仅是河南党政领导干部的责任，也是我们河南籍的知识分子的责任。每念及此，难免自愧！"所以他急切地向家乡的"父母官"进言："本世纪九十年代到下一世纪初，是我国建设有中国特色社会主义最为关键的年代。""挑战与机会相伴，困难与希望并存，必须狠下决心，赶快从发展教育与培养人才着手。""快下决心投入更多的人力、物力、心力，依照当前的历史形势和社会需要，将河南大学与郑州大学办得更好。""尤其是河南大学，曾经产生了不少享誉海内外的人才，更应得到特别重视，首先将它办成第一流的综合性大学，让它雄峙中原。""机不可失，时不再来，深望我省党政领导同志们明白所担负历史责任的重大，抱着只争朝夕的雄心，在已有成就的基础上重新确定方针，从发展教育抓起。"

在这封信中，姚雪垠还不无痛心地讲到这样一件史实："开封原有一座鼓楼，肇建于明代，重修于嘉庆年间。崇祯十五年九月十五日夜，黄河洪流冲开开封北门，淹没全城。城中露出水面者，街道只有北土街一小段，建筑物只有鼓楼、龙亭、周王府的部分宫城、开封的北城墙而已。以嘉庆重修计算，鼓楼也是200年的历史古建筑，在欧洲就是重要文物。'文化大革命'中，

---

① 1992年5月，姚雪垠致信中共河南省委书记侯宗宾，谈自己对发展河南教育的思考。此信自存手稿发现较晚，未收入22卷本《姚雪垠书系》，故为佚信。

开封某领导的一个错误决定，便将鼓楼拆除了。惜哉！倘若保留下来，将周围平房拆去，以鼓楼为中心，形成一个街心环岛，多植树木花草，使其成为开封历史名城的一处景观，游客登临高台，既可以饮茶休息，也可以凭栏纵目。"

1994 年 11 月初，姚雪垠最后一次回到河南，出席在南阳召开的中国新文学学会第十二届年会，同时出席南阳市"姚雪垠文学资料陈列馆"奠基仪式。在此之前，他已经把自己的著作手稿和创作资料以及笔砚、字画、录音磁带等大量珍贵物品悉数捐赠给了家乡，让它们带着他的一片眷恋之情，回到了生他养他的中原大地上。

# 尾声　1995—1999 年

## 第一节　初识雪垠老

1995 年 1 月 18 日，我跟着朋友王成纲老师，第一次走进了名人聚居的北京复兴门外 22 号大院，走进了姚雪垠先生的家。

王成纲，自号"蓬莱游子"。出身书香门第，传统文化功底颇深。凭借倚马可待的诗词捷才，和一笔行、隶、楷通吃的漂亮书法，与当代文化"重镇"臧克家、姚雪垠、吴祖光等先生常有过从，尤与欧阳中石、齐良迟、刘炳森等先生交厚。提前从中学语文教师岗位退休，而后开始编纂《华夏吟友》，志在为当代"草根"诗人们的格律诗作"集一大成"。因共事期间关系不错，我便被拉去凑一名编委，主要负责诗稿的录入和打印。那天被拉去给姚雪垠先生送编委聘书，头一回见恁大名人，一路上不免忐忐忑忑。

到姚家，保姆开门，刚进客厅，就见"无止境斋"匾额下，淡青色的门扇悄无声息地打开了，从里面走出一位精神矍铄的老人。那一瞬间，"名副其实"四个字倏然跳进我的脑海。是的，名副其实——那头发，那眉毛，全是清一色的白，白得发亮，白得闪光，如雪，似银——雪垠，就是这么来的吧？

老人以手示坐，同时不紧不慢地对我说道："我这一头白发是六十岁的纪念物，'雪垠'可是我从三十年代就启用的笔名呀。"他破译了我的心思，炯炯的目光带动着一脸慈祥的微笑。当得知我也是《华夏吟友》的编委时，老人来了兴致，立刻喊保姆拿纸笔，要让我把自己最得意的诗词作品当场"默两首"给他看。

我急了，赶紧声明自己根本不懂格律，不会写诗作词，没有作品可"默"。话刚出口，老人的脸色已是晴转多云，拧起眉毛瞪大眼睛诘问："不会写，就会编？"我大窘，恨不得找条地缝钻进去。在老人两道剑一样的目光逼视下只好从实招来：不是我想"编"，是王老师非要我"编"。因为我有一台286电脑，会用"五笔字型"打字……老人愤怒了，使劲拍打着沙发扶手，先怒斥王成纲"胡闹台"，又斥责我是"自欺欺人，滥竽充数"！

王成纲老师却若无其事。他一边说着"小许不会写可会品"，一边从书架上抽出他前不久才送给老人的两本书——《唐诗分类鉴赏辞典》和《宋词分类鉴赏辞典》，用手拍打着告诉姚老："这里边有她写的七、八十篇赏析呢。"然后打开其中一本，非要我把自己的小文读给老人听。读完一篇诗的，还要再读一篇词的。待两篇读罢，老人脸色已由阴转晴，居然还表扬"写得不错，比较有才气"。又说："看来你这个人是不说假话的，我也不说，有这一点，咱们就可以做朋友。"说着朝我伸过手来。

最难堪的时刻过去了，为真诚而生的感动却长留心中。一个八旬老人，竟然如此直率、坦荡、热情、纯真，如果不是亲眼所见，谁能想到谁又会相信呢？姚老说我这个人"可以做朋友"，他真的就对我以朋友相待了。当我们告辞时，他拿出一份稿子交给我，很不好意思地说要抓我一回"壮丁"，让我帮他"整理"出来。"可千万不要弄丢呀！"他反复叮咛着。又拿出一套《李自成》给王成纲，说里面的诗词差不多都是他写的，可以随便挑着用，只是选中之后再找他核实认可一下就行了。

老人交给我的是其旧作《璇宫感旧诗》的打印稿。所谓"整理"，其实就是重新录入一遍，再重新打印出来就是了。这与后来对《李自成》四、五卷的整理，完全是两回事。稿子上虽然不少修改订正手迹，但因为字写得认真，横竖撇捺一丝不苟，所以并不难辨认，工作因之进度很快。任务完成后，王成纲老师让我自己给老人送去，于是我第二次走进了复兴门外22号楼。一进门，便立刻被认出来了："许——建辉，没错吧？"老人接过新旧两份文本，戴上眼镜对照着浏览一遍后，喜悦便写在了脸上。

本打算立刻就走的，不想被姚老邀至书房作听众，话题自然是他的《璇宫感旧诗》：1960 年 10 月，他摘掉了"右派"帽子，但还是自惭形秽，没有主动与朋友们联系。1962 年 1 月，他接到了老朋友臧克家的"问候短扎，如见故人。一时缅怀往昔，感情汹涌，于一天多时间内写成七绝三十首。时住汉口璇宫饭店，故题名《璇宫感旧诗》。1973 年 9 月，又"找出旧稿，补写数首，共得三十四首"。

虽说所谈内容多是诗"序"中所写，于我都早已不是新闻，但能亲耳聆听当事人亲口讲述，感觉毕竟不同。抚今追昔，姚老不禁唏嘘感慨："世事沧桑，旧雨凋零，幸我与克家都仍健在，笔耕不止。"老人讲他之所以特别珍爱这组诗，就因为它"不仅反映老友间真挚友情，亦留下当年的生活鸿爪"。

老人沉浸在对老友深情的回忆中，直到见我下意识地抬腕看表才打住话头。他略作沉吟，忽然说道："你怎么不问我要字呢？""要字？""是啊。我不是书法家，可好多人都来要我给他们写字——你不想要吗？""想要，可是不好意思。""好哇，我现在给你写一幅，就算是对你的酬谢吧！"

然后，姚老慢慢挽起右臂衣袖，提笔在手，蘸足墨汁，悬腕运气，一气呵成几个大字："日日观沧海，豪情欲放歌。潮来笔力壮，月上绮思多。"再换成小楷笔，在下首添了两行小字："八二年夏携老妻居大连棒槌岛宾馆，临别题此四句以为纪念。特书赠建辉文友惠存。"然后，签上姓名，钤上篆章。篆章为两枚，一是"无止境斋主人"，一是"姚雪垠印"。姚老指着"文友"二字对我说："这两个字我是不轻易送人的。现如今送给你，一在你不会说假话，二在你会写一手清秀文章，三在你有一种严肃认真的工作态度。"又说："我写的字并不好，所以从来不主动送人，今天对你算是网开一面。"告辞时，姚老一直送到电梯口，一边挥手告别一边殷殷嘱咐："我的大门随时向你敞开着，以后可要常来呀！"

## 第二节　陪同姚老访臧老

《璇宫感旧诗》又一次勾起了姚老的思友怀旧之情，于是又打电话，说想去看望老朋友臧克家，希望我能陪同。我答应了。又问"能不能找辆车"？我说这有何难，满街都是出租车乱跑，一招手就是了。姚老说他不想坐那种"面包"，他要坐"卧车"。我说那也不难，打辆"夏利"就行了。姚老说："在这个问题上你比我有发言权，你说了算，我听你的。"

1995年5月21日，陪同姚老访臧老，同行者还有姚老特邀的王成纲老师，和王老师特邀的摄影家张新学。臧老家是位于东城区赵堂子胡同的一个小四合院，院里草木葳蕤，花繁叶茂，一片生机盎然。两位文化老人就在这一片生机中促膝而坐。臧老一身铁灰色中山装，一双黑面千层底布鞋，亲切的笑容写在清瘦的脸上，通体朴实得宛若刚从山野荷锄归来的老农。姚老则腰板挺直，西装革履，一条紫红领带再加一根竹木手杖，看起来就像是远道来归的海外侨胞。

一杯清茶，几页诗稿。34首"感旧"七绝，把两位文化老人带回他们携手走过的峥嵘岁月。如飞思绪如川话语中，一句诗语一个故事：

"鼙鼓声中汉皋会，昔游何处不情牵"：1938年春，姚老臧老初晤于汉口海陆饭店，为"抗日救亡"走到一起。"称帝公孙据巴蜀，救亡儿女会襄樊"：武汉战役后，蒋介石退据四川，李宗仁的第五战区退至襄樊。中国共产党与李宗仁合作，成立第五战区文化工作委员会，姚老、臧老皆为"委员"，分别授少校、中校衔。"机枪如水炮声稠，日寇来攻夜未休"：1939年4月，姚老、臧老一行4人去鄂北前线采访。5月1日夜间，日军向我鄂北前线猛攻，双方机枪如同潮水。"漫夸月色送归人，炮击春冈起暗尘"：5月2日凌晨，性格豪迈的钟毅将军设小酌饯别，有"故迟月夜送归人"之语。一行人离开一七二师师部奔向西南。走上一条浅冈时，遭遇敌人炮击。听到炮声，姚老大喊"趴下"；炮声一停又大喊："起来，快跑！"如是三次而竟无一人受伤，徒落得"错把惊魂作笑料，回思始觉死生亲"。"三年共饮襄江水，几度偕飞向武当"：第五战区三年，姚臧二人形影不离。一起的文学朋友，开始有胡绳；后来胡绳走了，增加了碧野和田涛。其间日寇数次进犯鄂中、鄂北，姚老和臧老几次撤退到均县。烽火连天的岁月里，他们甘苦共尝，生死与共。"堪羡感情奔野马，愧杀病后支离身"：1941年春天，臧老去河南鄢陵探亲，顺道往邓县看望在家养病的姚老。姚老安排他住在"衡门南向"的阁楼上，以"大葱大蒜兼大饼"款待之。条件虽简陋，其乐却融融。姚老谓："一日晚饭后，克家坐在我床边，谈他的有趣的爱情故事，感情蓬勃，话如喷泉。我的身体尚未复原，有时精神支持不住，不免昏昏欲睡。遇此情况，克家就用拳头打我的腿，向我叫道：'你不能睡！不能睡！听下去！听下去！'"臧老非要讲给姚老听的爱情故事，后来成就了他的抒情长诗《感情的野马》。"雾锁山城重聚首，同窗连榻倍情亲"：1942年秋末，臧老到重庆；1943年春初，姚老也到重庆。在中华文艺界抗敌协会，两个人共住一个房间。"谈诗兴发嘉陵岸，绿水青山散晚霞"：吃过晚饭，顺石阶直下到嘉陵江边，坐在水边的木料堆上，谈陶潜，谈王维，谈各自的眷恋和关怀，谈对战后生活的憧憬与向往……

岁月回放，时光倒流，两位耄耋老人青春焕发如同学少年，在一个个历史镜头组接中还常常会插播一两句戏谑。"有一回咱俩闹意见，我说你是'势利君子'，你不但没反驳，反而叫我到你家吃了饭——记得这回事吗？"姚老提问，臧老回答："忘不了。那是在上海。请你吃饭，大概是因为你没骂我是'势利小人'，对你的口下留德表示感谢吧。"然后，二人相视大笑。

快乐的时光总是短暂的，不知不觉已然近午。姚老告辞，臧老相送；恋恋深情，依依惜别。臧老伫立门前目送汽车远去，车上的姚老则把头探出窗外，拼命地挥手再挥手。途中姚老问我此行感受如何，我说"没想到臧老比姚老更和蔼可亲"，老人大笑。我又说见面前我一直很忐忑，生怕臧老提起《忆向阳》事大家尴尬。姚老不以为然："看来你太不了解我们的关系了——我们可是一对'打不散的亲兄弟'！我批评他，他当时也许想不通，但过后一定能理解。因为我们是'真正的'朋友，是'诤友'，是'畏友'啊！"

此次相会，是欢聚也是诀别。不会再有"良宵坐对"，也不会再有"青灯论文"！深谙此意的姚老，久久沉浸在"淮上迢迢路两千，风尘溽暑共车船"的回望之中：1939 年 8 月，姚臧二人带着五战区长官部的介绍信赴安徽采访。草帽芒鞋，袒胸裸背，耗时两月半，徒步三千里。本想多看一点儿"战壕真实"，却被各种各样的"招待"层层阻隔……这一段经历，楔入了姚老的记忆深处，也写进了他的人事档案中：

> 我们首先到了阜阳，受阜阳专员郭造勋的招待。住了好几天，周旋于地方长官、士绅和"文化人"之间，却没有接近民众的机会。从阜阳到了涡阳，不愿受官方招待，住在小客栈里。但县长当晚来访，同我们大谈看相和奇门遁甲。我们虽极厌恶，却也不能不唯唯否否的应付半夜。第二天，该县长设宴洗尘，地方上的名流绅士作陪，又是一举一动都有人"招待"。在涡阳只住了一天，觉得太无聊，便往蒙城。临走时县长来送，嘱咐他不要把我们的行踪事先通知蒙城县政府，他倒也连答应几个"是"字。这天中午我们到达了一个大的市镇，偶然发现一群人在寨外远远的恭迎我们。这群人包括了区镇长、商会会长、民教馆馆长、小学校长，自然还有其他的地方绅商。我们被迎进民众教育馆中，洗脸、吃茶、用点心。我偶然走往旁边的一间屋子，一脚门里一脚门外，发现几个人正在赶写欢迎我们的标语，急得满头大汗。弄得我不好意思，赶快退出。等我们休息过后，绅士们要陪我们往街上看看。我们走到街上，才看见满街上贴着标语，墨汁还没干。那些标语上写着："欢迎劳苦功高的臧委员"、"欢迎劳苦功高的姚委员"……视察过后，回到民教馆中吃饭，自然是一餐丰盛的宴席。
>
> 第二天中午……离蒙城还有几里路远，看见一个人身穿军服，腰佩手枪，骑着脚踏车疾驰而来。这个人在我们面前跳下车来，行个军礼，恭敬的问："你们二位可是姚委员跟臧委员吗？"我们回答说我们是姓臧

姓姚。那人更恭敬的报告说："县长同各机关绅士都在河边迎接。"然后再行个礼，又骑上脚踏车，飞驰而去。我同克家很觉狼狈，只好把敞开的扣子扣好，心中七上八下的继续前行。到了河边，渡船已经停在岸边等候，县长同绅士们果然一大堆人在对岸相迎。船过了河，同欢迎的人们上了岸，忽然军乐震耳，把我骇了一跳。原来军乐队排列在河岸上的大路旁边，像仪仗队那样的让我们打面前走过。进城之后，让我们住在动员委员会。当天县长设宴招待，第二天是一位姓葛的什么司令陪同着各处看看，又由这位司令请洗澡，请吃宴席。第三天，忽然说日本打来了，我们只好匆匆的离开蒙城。事后据说日本人打来的消息是个谣传，所以我有点儿疑心是这位县长不愿意我们停留太久，以免知道了他的罪恶（一年后他以贪污被撤职查办），才故意夸大了当时的紧张情势，好借口打发我们滚蛋……

在臧老的小四合院里谈起此事时，姚老为之感慨："我们本来不要做钦差大臣，结果却弄得活像果戈里笔下的人物。"我问："如果不带五战区长官部的介绍信，是不是就没这些麻烦了？"姚老说："你不懂啊！当时的'国统区'，一个耍笔杆子的人敢去自由采访，不声不响的走入民众中，那只能是妄想。"臧老接话："麻烦没有了，人也可能就没有了。"

## 第三节　事实改变了"预设印象"

陪访臧老不久，姚老就正式提出要我做他的工作助手。我随口应承，却毫不在意。因为知道跨行隔业的调动之难，最终必会让人望而却步。何况我还算是区教育局引进的所谓"人才"，并因此一进北京就有了一套崭新的"教工宿舍"住，按约定在一定时间内是只许进不许出的。但姚老不怕。他立刻给我任职的学校——北京市第九中学的校长熊开昌先生写了信，结果遭遇熊校长恭敬而委婉地拒绝。老作家不肯善罢甘休，又主动写了"捧着一颗心来不带半根草去"的条幅赠与熊校长，同时又四处求人帮助活动——他给湖北文联的领导写信，给原北京市教育局局长韩作黎写信，给其他他认为可以帮上忙的朋友们写信……熊校长感念其诚，终于答应先把我"借"给老作家半年，之后又有半年的时间允许我留职停薪去帮老人做事。

从"借调"开始，每周的一、三、五日，我都要有半天时间到"无止境斋"上班。每次去，不论上午下午，只要排闼而入，迎接我的总是老人那炯炯的目光和那慈祥的微笑。"我正等着你哩"，他总是这么一句话。此其时也，他或者正端坐把卷，或者正伏案秉笔，问他为何不多休息休息，则说："我是个苦命人哪，一辈子苦挣苦作。"

的确，姚老的生活十分清苦：每日除去一杯清茶，午饭时一杯薄酒外，至多嘱咐一句"留客人吃饭、添个鸡子"。"添个鸡子"就是炖一只鸡，叫客人吃肉，他喝汤。我把这些全部归入老人所慨叹的"苦命"中，殊不知生活上的事情，姚老是从不在意的，他所谓的"命苦"是心苦，是他对自己的要求太高想做的事情太多，因而总有一种大业未成宏愿未竟的烦恼，一种时光流转年华不再的焦灼。他告诉我，他曾经喜欢象棋，后来怕耽误时间就不下了，再后来连棋盘也丢了。

然而，姚老一面为时间的紧迫苦恼自己，一面却又把大量的时间慷慨地馈赠别人。他的大门从不上锁，不管是谁，也不管什么时候，只要摁响门铃，便肯定会听到"踢踏踢踏"的拖鞋声从里向外一路响过来，那是保姆来开门了。"你找谁?"问还是要问的，但只要回答是找"姚老"而不是找"刘老""李老"，保姆便会把人迎进去，一面领着往书房或者客厅走，一面喊："爷爷，有人找你!"随之便是题签、写字、回答问题等事情的接踵而至，总而言之，是主人随着客人转，一忙活就是小半天。

有一次，一位颇有些文化气质的男士不请自来，进门口称"伯父"，熟稔亲热得不得了，言其父与姚老是河南大学同窗，还说他都来过几次了云云，一边说话一边就动手把事先裁好的宣纸铺在了写字台上，他提词姚老捉笔，一口气写了大小 6 张字幅。然后把一千块钱塞给姚老，便背起包扬长而去。看着他的背景，姚老问我："他父亲跟我是同学？他父亲是谁呢？"我无语。心里说：看您忙活得连口水都顾不上喝，闹半天却不知道是在为谁作嫁衣！姚老无奈，只好讪讪自嘲："说不定我又犯了上当受骗的错误。"

既是"又犯"，定有"初犯"：1995 年 1 月 13 日，姚老的台历上很清楚地记着："下午，田陆一来取走为'神州风采'开播五周年纪念题词。""田陆一"者谁？姚老只知其为"中央电视台神州风采栏目"编导，是某年的儿童节生人。此人不仅取走了题词，而且带走了姚老多年前游顺德时所写七言律诗的石碑拓本。拓本刚刚寄到，姚老正在展读。"田陆一"自告奋勇，要拿去代为装裱，而一去便杳无黄鹤。将近三个月过去，姚老忍不住给央视写信追问，而央视的答复是"查无此人"……

事不能过三。为杜绝此类事件，我自作主张打印了一张"告示"，声明来访者必须先打电话找我预约，不预约者恕不接待。"告示"贴在了姚家的大门上，老作家出来左看看右看看，连声称赞"这个办法好"，还幽默地称"告示"为"门神"，说有"门神"站岗，他的工作就再不会被人打扰了。为防"门神"乘风而去，我特意用透明胶带纸在上面贴了一个很大的"米"字。

可是，"门神"是我星期一下班前贴上的，星期三再去时却不见了。保姆主动"揭发"："爷爷昨天又去看了两次，后来就扯下扔掉了。"老作家赶紧解释："'不速之客'登门是需要勇气的，来之前说不定怎样的作难呢，搞不好头一宿都没睡着觉。将心比心，我们还是让'门神'下岗吧！"

"门神"不行，我就提议"拿钱说话"：再有来要字者，一手交钱一手交货。姚老一听就急了："那怎么行？我从来卖文不卖字。"我说不是真要"卖字"，是拿钱垫高你的门槛，用经济手段，把一些无谓人无谓事挡在门外，好让你腾出工夫写书啊！老人这才默许，但心里依然不痛快，终于借着给人写"淡泊明志"几个字时，嘟嘟哝哝地发泄出来了："现如今哪里还有'淡泊'可言？连我写字都要钱了。"

说是说，做是做。"墨宝"照样有人"求"，姚老照样有求必应。他绝对不会张口谈钱,我则同样没有脸皮为"钱"张口;再说凡来者皆有"来头"——不是"亲戚"就是"朋友"。也不论真假,只要进得门来,一律热情接待;更何况"不速之客"中媒体人居多,其中大媒体要办的一定是大事情——比方中央人民广播电台要搞"长篇小说连续播讲节目"开播五十周年纪念,此等重大活动,姚老自然不能缺席,于是访谈、照相、拍视频短片……一切行动听指挥;至于一般报纸杂志的编辑记者,则姚老又念他们"年轻",心疼他们"都是带着任务来",所以百分百是有问必答,"免得他们回去挨批评"。

不知不觉中,姚老头顶上的"老作家"光环越来越淡远,而一个和蔼慈祥的"老祖父"模样则越来越鲜明。姚老用事实改变了我对他的"预设印象",也用事实教我读懂了他的话语:"一切伟大的作家都是伟大的人道主义者,都具有悲天悯人的胸怀,都富于人类的正义感和同情心。"① 我心目中的姚老越来越平易越来越"民主",他不再事必躬亲,该我的工作就放心大胆由我去做,有问题请示时他也每每用"好""听你的""按你的意见办"等诸如此类充满了信任的词语作答。

宽松的环境中,文集短篇小说卷初步编定了,《姚雪垠回忆录》也整理出了《我的故乡、家庭与童年》录音片段。老作家非常高兴,曾不止一次感慨:"你如果早来几年帮助我多好,那就不只是李自成,恐怕连太平天国和戊戌变法都写出来了。"记不得是他第几次作如是喟叹时,我趁机打趣:"我其实早就来过,1987年刚从部队进北京就投奔您来了。可是敲了好半天门,您不给开呀!怪谁呢?"老人拊掌大笑:"怪你呗!怪你没有自报家门,我不知道是你呀——再不就是你走错了门,撞到爪哇国里去了。"

当是时,姚老正在写作《李自成》第五卷有关吴三桂的章节。印着"中国青年出版社"的稿纸永远摊开在宽大的写字台上,旁边的花瓷盖碗里也永远袅袅飘荡着绿茶的清香。除去读书和接待客人,姚老的大部分时间都是面

---

① 《论深刻》,载《姚雪垠书系》第17卷《小说是怎样写成的》,中国青年出版社2000年版,第303页。

桌面窗而坐，良久的凝思默想之后，偶尔也许会有一行勾画了的蝇头小字落在纸上；然而说不清什么时候，写有这行小字的稿纸又被撕掉而不知去向了。当时我尚未受命接近《李自成》，所以对写在纸上的内容并不关心，只是偶尔有意无意地一瞥，便总会很不合时宜地想起哪位名人关于"文学之神也不喜欢老头子"的戏言来。

事实上，此时的姚老也的确更热衷于坐而论道，口说远比笔写更容易把他的情绪调动起来。我想这也许是以录音方式搞创作所造成的负面影响吧——从《李自成》第三卷开始，老作家真的已经不太习惯默默地伏案"码字""爬格子"了。

## 第四节 "君子协定"

1995 年 12 月下旬，姚老写了一篇千字文——《〈姚雪垠回忆录〉自序》，发表于 1996 年 1 月 31 日《北京晚报》的"文学与社会"栏目中，后来《郑州晚报》又全文照登了一次。文中写道："《李自成》这部书已经写了 38 年，大约还得两年才能全部写完。除了《李自成》一书必须完成外，还有《姚雪垠文集》必须在我生前编完，数量很多。如今又加上《姚雪垠回忆录》的写作，并不是一个简单工作。我打算采取口述录音办法，由一位文笔修养较好的秘书整理录音，校订资料，按照计划分卷完成……现在为编定文集和整理回忆录，已经物色了一位力能胜任的秘书。"

写作这篇《自序》前，姚老曾与我进行过一场非常严肃的谈话。关于编纂工作，他问我："你知道为什么我的作品集要叫'文集'吗？""知道。因为不是'全集'。""为什么我不编'全集'？""因为要去粗取精。""是的是的！你一语中的。"姚老高兴起来，"一定要有所取舍。当初我卖文为生，有不少东西写来是为了换饭吃。那些东西是我的包袱，根本不能代表我的水平，编辑过程中一定要大胆动手术，该删则删，该去则去，这是对我负责，也是对读者负责。当然，这要在认真研究的基础上才能去做。"

关于回忆录，姚老则特别强调一个"真"字。他告诉我："《回忆录》我以前写过一些，但不满意，因为回避了许多矛盾。有许多重要的人和事该直笔写出来，却因为有顾虑而没有写，所以这一次要推倒另来。"他问我："你敢说真话吗？""敢。""你不怕得罪人？""我一无官可丢，二无名可臭，我真正的'无产者'一个，您说我怕谁？""好！好！好！"姚老高兴了，"咱俩订个'君子协定'吧，谁都不许说假话——咱们之间不说，对外人也不说，写回忆录更不能说。实在不能说实话的时候宁可不说话。行不行？如果你不反对，我就写一篇文章，算是咱俩的'共同宣言'，声明我在回忆中说的全部是真话，任凭读者检验。咱们言必信，行必果，好不好？"

我同意了，姚老便写了《自序》——关于"谁都不说假话"的"君子协定"或曰"共同宣言"。文章说："回忆录就是史料，不仅是作者个人的史料，也是反映一个时代的史料，它的价值在于真实。连有关的人物的真实姓名都不敢直接写出，怎么能算史料？怎么能够使后人凭信？""回忆录中要说实话，就必须有称颂，有批评，有谴责。"

严格说来，这篇《自序》是姚老亲笔写就的最后一篇文章，以后基本上再没写过什么成篇的东西，要写也是他授意我捉刀。令人欣慰的是，就是在这篇实为"绝笔"的文章中，老作家以掷地有声的语言，把他对待历史和历史研究的态度与追求，做了最直截了当的表述："我平生不赞成风派人物，不能在晚年的回忆录中对事情'和稀泥'。我赞成写春秋的史学精神！""我决不是史学家，但有志向史学家学习。春秋时期那些为直笔而死的史学家且不去说，唐代有一位叫吴兢的小史学家我还不能学习么？要是连吴兢都不如，那就太没出息了。"

按照姚老的设想，他的自传将一直写到1990年他的80岁生日。

《〈姚雪垠回忆录〉自序》发表之后，《北京晚报》副刊主编高立林亲自把样报送到姚家，闲谈中提到希望能得一副"墨宝"。那时姚老的工作关系已从武汉转进北京，成为中国作家协会的驻会作家，许多因为人与单位远距离分居而招致的困难和麻烦都迎刃而解，心情正为之大好，于是欣然从命，展纸濡墨，略作沉吟，一对"春阑又逢芳草绿 笔端再见夕阳红"的联语喷薄而出立现纸上。这是老作家所创的最后的对联作品，再后来虽然为别人生产了不少条幅，其内容则不是反复书写此联，便是摘录前人诗句，属于只"录"不"创"了。

当是时，新一轮"闯王争夺战"正在拉开帷幕。湖南"夹山派"与湖北"通山派"都在动员自家的名人站出来以壮声威，不断有人为此来信、来访、来电话。姚老开始还热心地解答着相关问题，发表着自己对这些问题的研究结论。后来他缄口不言了，因为他突然发现大顺皇帝李自成的归宿问题，已经远远超出其本身的研究范畴而变成了一个赤裸裸的经济问题，弥漫在两派之间的地域观念，严重影响了学术问题的探讨。

中华大地上，到处都在"文化搭台经济唱戏"，全社会都在忙忙碌碌地把自己纳入经济建设中，而文化与艺术新秩序的建立却几成弃儿。姚老为此而愤悫，而悲哀，他一生所钟爱的历史科学，并没有真正走上严肃认真实事求是的研究道路。站在这个角度看去，《自序》是诉说，也是呼唤；既勉励自己，也期待他人——只是，一个九旬老人再如何慷慨激昂，充其量也不过是微乎其微的一声叹息而已。滚滚红尘之中，他和他的学说，已经不可能再引起谁人的注意了。

## 第五节　忙碌的 1996 年春与夏

1996 年 4 月 11 日，姚老应邀出席中国作家协会第四届主席团第十次会议，一散会就打电话找我，只为告诉我一件事，他说："这次开会，会餐时我和丁关根、翟泰丰同志坐一桌。他们问我工作、生活上有什么困难，我说我的助手是借的，没处发工资。他们让我别着急，说这个问题由组织上想法解决。"

说到这里，他笑一笑，忽然冒出一句话来："如果这一回真能解决问题，作家协会同意为我配备助手，就证明我还是有一定社会地位的，同时也证明有人骂我爱'吹牛'，那纯属诋毁，你说是不是？"我说："没听过谁说你'吹牛'，是说你太'狂'、太'傲'，把谁都不往眼里放，逮谁批谁。"

姚老收起笑容，好一阵不说也不动。再开口时，低沉的语调中带有很浓烈的感喟味道："你不懂，世人也不懂，我不'狂'也不'傲'，那是自信，是自强。你知道，现代文坛上，从英法美留学回来的一大批，组成了一个'民主作家'阵营。从日本和苏联留学回来的一大批，组成了一个'革命作家'阵营。还有一部分作家没有留学，但也多为科班出身，或者是有家学渊源。可我什么都没有——既没有正经的学历背景，又不是书香门第出身，如果再没有这点儿自信自强，我至今也走不出河南那个小村庄呀！"

原来如此。姚老并非不懂立足文坛需要"流"需要"派"，只是为了充分地发展自己，缺乏背景与"关系"的他，宁愿在遍布荆棘与陷阱的现实社会里，感受着个人力量的单薄，承受着"党同伐异"的攻击，却始终不肯"入乡随俗"地拉帮结派，而是把人格至善作为生命根基，以强烈的自主意识作为立世支撑，坚定地向着自我实现的既定目标奋进。他是孤独的，他又不乏力量。因为他清醒，因为他坚韧；因为他独立，因为他自主。不论是非对错，他都无怨无悔地把"责任"扛在自己的两个肩头上——担当生前事，何惧身后评。

4月13日——即会后第三天，中国作家协会党组书记打电话找姚老，专门为饭桌上的承诺商讨解决方案。翟书记说，解决姚老的助手问题，"需要姚老先动一动"，把姚老从湖北文联转入中国作家协会，助手名正言顺地跟进就是了。姚老闻之大喜，只是担心动作大了困难会更多，翟书记风趣地回答："繁杂俗务不劳大作家费心。您如果同意我说的办法，就写个申请，只要把要求调动的理由说明白就可以了。"

5月上旬，姚老的工作关系由湖北文联转入中国作家协会，我紧随其后，于6月11日拿到调令，6月13日即到作家协会人事部报到，分配在作协办公厅秘书处，成为"名正言顺"的驻会老作家工作助手。在此过程中，徐光处长告诉我：从履历看，姚老 1929 年就从事革命工作了，应该算老红军才对；而实际上他的工龄却从 1949 年算起，前后差了二十年呢！徐处长说，趁着一些当事人还健在，如果个人提出要求，组织上不会不管，肯定会为其落实政策的。

我把徐光处长的话转述给姚老，希望他能关注这个问题。姚老听罢眼圈立刻红了，连说："只要组织了解就好，就好。"我建议他趁热打铁，借调动之机把老红军待遇找回来。姚老立刻急了，又摇头又摆手："不要不要，别给组织添麻烦了。待遇是身外之物，这么多年没有要，我不也过得好好的！再说现在也没有精力想那些问题，当前的首要任务，是抓紧时间搞创作呀。"

6 月 20 日，王成纲老师组织的"端阳诗会"在石景山八角饭店开幕。姚老应邀以嘉宾身份出席会议。当鹤发童颜的老作家双目炯炯、神采奕奕出现在会场时，来自全国各地的一百多位民间格律诗人全体起立，热烈的掌声经久不息。这久违的场面让姚老无比激动，事先讲好"不作发言"的他竟情不自禁地作了发言，而且一开口就收不住，滔滔不绝、兴致勃勃。

他说，他原本不会写格律诗。为创作历史小说《李自成》，五十岁以后才开始学着吟诗作词，但也是偶一为之，并未多下功夫。其中甘苦，体会尚浅。同与会诸君相比，只堪谓"初窥门径"，因此特赶来向诸位诗友学习。

他说，中国是一个诗国，中华诗词是世界文学百花园中的一束奇葩，是老祖宗留给我们的光辉遗产。有志气有出息的炎黄子孙，应该把这份遗产接过来、传下去。短短几行，寥寥数语，却能叙事，能抒情，能绘景，能发浩叹，能启哲思，这个本事，是中华诗词的专利。一个"四声"，一个单、双音节，就把我们的诗词变成了歌吟，高山流水，抑扬顿挫。正因为如此，我们的汉语言才是世界上最美丽的语言，我们一定要珍惜它，保护它。浩瀚如星辰大海的诗作是中华民族对世界文化的独特的伟大贡献，我们应该为此骄傲为此自豪。

他说，成千上万的古代诗人中，他最喜欢的是诗圣杜甫。杜甫之所以被称为诗圣，就因为他更接近人民，更敢为人民说话。诚然，浩如烟海的诗词中不乏反映民间疾苦之作，但创作那些诗词的诗人，多是站在士大夫立场上的旁观者，他们是为了"补察时政"而书写——看起来是在为人民说话，而灵魂却离人民很远。杜甫跟他们不一样，他是把心贴近了人民，所以他才能写出《石壕吏》《新安吏》《新婚别》《垂老别》《无家别》以及《兵车行》等不朽名作。这些诗作代痛苦无告的民众大声控诉，对吃人杀人的政治勇猛攻击，细细品之，会觉得诗人就站在人民中间，在与人民同呼吸共命运。姚老说，凡志在格律诗词创作者，都应该研究杜甫学习杜甫，从而写出为人民所喜闻乐见的作品来。

## 第六节　由再版《长夜》扯出的话题

1996 年 5 月中旬，人民文学出版社把二三十本再版《长夜》① 送进了"无止境斋"。几天之后，我"近水楼台"先得一册："建辉文友惠存　姚雪垠九六年五月廿二日"。姚老在赠书同时布置任务："这第一本给你。剩下的由你当信使，替我送给朋友们去。"

我遵嘱而行。先给洛杉矶、武汉、南阳等地的朋友李辉、徐迟、周勃、洪洋等寄走一批书，又给北京的朋友吴祖光、朱子奇、柳倩、郑伯农等寄走一批书。剩余十来本，姚老都签好名放在写字台上，待我逐一去送达本人，同时还特别吩咐："过一段时间，你要挨门再去转一圈，听听他们的批评意见。"

每当送书出发前，必先听姚老讲一堂"友谊课"。比方袁宝华，姚老会说："他比我年龄小，但比我革命早。抗日战争中，我们曾一起被派去舞阳，

---

① 1981 年，人民文学出版社再版《长夜》时，作者删去《后记》，增写《为重印〈长夜〉致读者的一封信》作为代序。1996 年 5 月作者所得《长夜》，版权页上注明"1981 年 1 月北京第 1 版，1996 年 9 月北京第 1 次印刷"。

组织召开'河南全省救亡青年代表大会'。后来虽然从事不同工作，但友谊终生不渝。"关于周而复，姚老会说："我们都在河南大学读过书，是校友；后来又都被河南大学除名了，可谓'难兄难弟'。他是没读完高中就考上了大学，因为没有高中文凭，被大学推出校门。我是假造初中文凭考进了'预科'，因为'思想荒谬'，被学校挂牌开除。后来我们都搞小说创作，彼此相知甚深。他说我'既是李自成的参谋长，又是崇祯的秘书长'，我很喜欢这两个头衔。"

给臧克家、刘白羽、魏巍、柯岩、穆青、韩作黎诸君的送书任务，我都完成得很好。只有给胡绳的一本未能送达，原因何在已无从查考。偏偏姚老最关注这一本《长夜》，因为胡绳是他最信赖的畏友和净友。"人们都知道他是哲学家、史学家，却不知道他还是文学评论家。"姚老这样说，又这样写："胡比我年轻数岁，才华胜我十倍，知识甚博，使我敬佩。"胡因为佩服姚在《春暖花开的时候》中对三位女性典型性格的塑造而称姚为"少女心灵的探险者"；姚则因为胡"一眼就看出来《李自成》的创作意图"而称胡为"真正的有识之士"。

分送《长夜》的过程中我读完了《长夜》。说实话，在姚老的小说著作中，我最喜欢的就是这一本。我喜欢它的语言。"从平汉线的驻马店通往南阳的三百里官路已经荒废，常常有枯草埋没着深深的车辙。官路旁的村落大半都成了废墟，剩下些烧红的墙壁映着蓝天。井沿上围着荒草。碾石上长着苔藓。"这种如诗如画的描绘，会在我眼前展开另一幅诗画："深蓝的天空中挂着一轮金黄的圆月，下面是海边的沙地，都种着一望无际的碧绿的西瓜。"我喜欢它的人物。薛正礼、王成山、刘老义、赵狮子……一群杀人放火的土匪，却就是招不起人的切齿痛恨。我喜欢它用朴实无华的笔墨，为20世纪20年代的旧中国留下了一帧惨不忍睹的真实写照。军阀混战、土匪横行、田园荒芜、尸横遍野、奸掠烧杀无处不在，"土皇帝"们严刑重法动辄屠戮——暗无天日的人间地狱！可它确确实实真真切切地存在过！感谢呀，感谢那些浸满血泪的文字给了我太多的庆幸：我庆幸自己与漫漫长夜无缘！庆幸自己"生在新中国长在红旗下"!

姚老十分认可我的"读后感"。他告诉我:那些土匪之所以不太招人恨,是因为他们本质上都不坏,他们多是失地的农民,没有生活出路才叛乱。他们是很希望能够不当土匪而活下去的。"但他们毕竟是土匪",姚老说,"我是从他们杀人放火的生活中,写出来他们若干被埋葬、或被扭曲的善良品性。""因为这是一部带有自传性质的小说,所以我在进行写作时,不追求惊险离奇的故事情节,不追求浪漫主义的夸张笔墨,而力求写出我少年时代一段生活经历的本来面貌。"姚老还提出两个问题让我思考:一是可曾从《长夜》的主人公身上,看出来作者本人在少年时代已经形成了什么样的性格特点?二是这已然形成的性格特点,与其后来在《李自成》中塑造的某些人物存在着什么样的关系?

两个问题,我回答得"不假思索":姚老您身上有一种与生俱来的"英雄因子",勇敢,坚毅,执着,顽强,激情奔涌,乐观豪迈。这种"英雄因子"经过"百日传奇"的土匪生活,就历练成了你个人独具的"英雄情结"——崇拜英雄,向往英雄。"英雄情结"再与您的"作家身份"相结合,就是您后来表现在文学创作中的"史诗情结"——写英雄、颂英雄,通过为英雄立传写出"百科全书"式的"史诗性"作品;"史诗性"作品写出来了,您本人的理想也就变成了现实——英雄之梦,美梦成真。

"英雄情结"四个字,姚老似乎十分受用。他说,《长夜》时代,中国共产党尚在幼年,中国农民还看不到希望,至少在北方农村中还没有摩西式人物出现。因此,他的那些朋友们虽然不顾一切奋起反抗,但能走的却只有那条在两千年中被尸首堆满、被鲜血浸红的不归之路。作为一个已经读过不少五四新文学的知识少年,他不希望看着他的朋友们走向毁灭,所以他的心里萌动着一种渴望——渴望着一位能把一盘散沙拢成堆攥成团的人物的突然降临,带领他的朋友们走出长夜奔向光明。否则,他的那些朋友便只能像荒沙像野草,任人践踏任人宰割,永无出头之日。

## 第七节　活跃在茅公百年纪念活动中

1996 年 7 月 4 日，是茅盾先生的百年诞辰。中国作家协会为之举办了一系列纪念活动。姚老一个不漏，有请必到。

7 月 1 日下午，瞻仰茅盾故居。一走进那个院落，寻寻觅觅的落寞和物是人非的悲凉便写在了姚老的脸上。站在院中环视四周，他两三次举起手杖对着某处虚空指点着，似乎想说什么话，却终于什么也没有说。工作人员请他去展览室，他默默地跟着去了，一间屋一间屋地走，最后停在了一对灰布面的简易沙发前。"你看，就在这里。"他用手杖指指一个沙发又指指另一个沙发，"茅公和我谈论《李自成》，他坐那边，我坐这边。"

然后，他被请到摄像机前坐下来，按活动主办方的要求，对着摄像头用 10 分钟完成一篇"我与茅公"的讲演。这个题目，姚老有太多话要说。他讲了在重庆时"文协"组织的读书会，讲了茅盾先生在会上对《牛全德与红萝卜》的批评与肯定；他讲了 1945 年春天胡风派对《春暖花开的时候》的攻击和谩骂，讲了茅盾先生如何挺身而出保护他；当然，《李自成》是必须讲到的，"恩师"对《李自成》的评论指导具有永远无可替代的意义和价值……

10 分钟过去了，又一个 10 分钟过去了。工作人员一次又一次地悄悄看表，到底还是忍不住下了休止令："时间太长了，可别把老人累坏呀。"我理解对方，赶紧连哄带骗截住了话头。结果当然是很不高兴，姚老蹙起眉头诘问我："为什么不让我把话说完？茅公的高风亮节，我们这些知情的老头子不说，以后谁还知道？"

沉浸于思念的姚老，回到家中仍然意犹未尽，居然把一向藏而不露的《茅公书简》拿出来，说是要让我"一饱眼福"。那是一本大册页，第一页是姚老用蝇头小楷写就的"前言"，其后则是茅公的亲笔手书，一张张一篇篇，平平展展铺开在册页里。俊秀遒劲的小字写在印花笺上，每一幅都是艺术精品，真让人目不暇接。当最后一页翻过之后，老人说："你看到了，茅公这些信是写给我的，但我没有权利专有它们。这是我们中华民族的宝贵财富，将来要全部捐献国家。"

7月2日上午，去东城区图书馆，参观纪念茅公一生活动的图片展览。面对着"沈雁冰"致党中央和"茅盾"致中国作家协会的两封信，姚老都一字一句地读过之后，两眼含着泪花对我说："茅盾先生不仅是伟大的文学家，也是伟大的革命家呀……"姚老的由衷感慨，让我想到了他写给茅盾先生的一封信：

> 沈老：您偶然写的信稿都很有价值，而且您为当前和后人树立了极好的榜样。例如传说您曾于中央红军到达陕北后同鲁迅一起打电报给毛主席和党中央表示祝贺，多年来已经变为"信史"，不但被许多著作所传述，且成为绘画题材。像这样事情，许多人处在您的地位，不但不愿澄清，而且巴不得利用机会往自己的脸上贴金。您回答罗荪的信发表之后，使我和许多同志感到由衷的敬佩……我常想，每个在社会上较有威望的老作家，他所教育当代和留给后代的，不仅是他的作品、知识，还有他的工作态度和做人的高尚的风格和可敬的风骨！

7月3日的上午，"茅盾百年诞辰纪念大会"在人民大会堂召开。姚老早早到了，一进会场就径直奔了第一排的中间位置。我劝他"谦虚"点儿，往后坐一坐。他反驳："你不懂！这扯不到'谦虚'不'谦虚'。纪念茅公，我当然要坐前排——这叫当仁不让！"坐下之后，他突然小声问我："你说，那些照相的能把前面这些人都照进去吗？"我未加思索胡乱答道："照是能照进去，但肯定分不清谁是谁。"他无语。随后不无伤感地说道："与茅公有关的大活动，我能参加的，大概也就这一次了。"

散会回家，路上他几次赞扬"这个会开得好"。他认为对茅盾先生，就应该这样抓住时机大力宣传，让大家都知道茅盾先生对国家和民族的贡献，知道先生在我国现代文学史上的地位。说到这些，就很自然地联想到数年前否定茅盾等人的歪风，姚老称之为"民族虚无主义作祟"。他说那些居心叵测者越是这样，就越说明茅盾先生是一座不可逾越的高山，他们嫉恨他，又没有办法搬走他，所以只好闭起眼睛说看不见他。说到这里姚老笑了起来："真是眼中没有他，哪里还用得着去诋毁他呢？这就叫掩耳盗铃自欺欺人，是本质虚弱者的惯用伎俩啊！"

7月3日下午，在奥林匹克饭店召开"茅盾著作研讨会"，姚老又早早到了。看到大会服务处在卖纪念品，便很热心地打听是什么东西。知道是一面有茅盾先生雕像的小铜镜后，老人立刻掏出他的钱包让我去买，说是不管多贵，都要两份。一份他自留，一份送给我。我很惊讶——为老人并不多见的这一份慷慨。可惜那小铜镜只给与会作家每人一面，根本没有我这种编外人员份儿。姚老便亲自去会务组交涉，没想到还真的如愿以偿。

等待之间，姚老同人闲聊，不知怎么忽然批评起主席台两侧临时贴上的一副对联来，好像是说"平仄不对"，让我去告诉会议组织者，建议最好揭下来。我不去，说这么多人都看着哪，别人都不说，您也就睁只眼闭只眼得了，又不是什么大不了的事。没想到竟把老人惹火了："你这叫什么话！别人都不说，我就不能说？对联不讲究平仄，还叫对联吗？既然不是什么大不了的事，为什么批评不得？我就是要说：把这样的东西写给文坛大师，是会贻笑大方的！"他越说声音越大，把四周的眼球全都吸引过来。我受不了众目睽睽的压迫，赶紧找借口逃之夭夭。

在茅公百年诞辰系列纪念活动期间，先后有数家报刊、杂志邀请姚老写文章。但此时的老人已没有精力四面出击，又不肯像对待其他文债一样让我捉刀应付，只好把旧作七律《祝茅公八十一岁高寿》抄录数纸，分赠登门索稿的编辑们。诗曰："笔阵驰驱六十载，功垂青史仰高岑。平生情谊兼师友，晚岁书函泛古今。少作虚邀贺监赏，暮琴幸获子期心。手浇桃李千行绿，点缀春光满上林。"诗后又注："'少作'指我在1938年春天所写的短篇小说《差半车麦秸》；'暮琴'指我中年以后所写的《李自成》。末尾一联指茅盾平生为青年作家看稿子，作出了重大贡献，我只是他亲手培养的作家之一。"

## 第八节 "卖"了《李自成》改编权

1996 年 7 月 17 日下午，姚老电话通知：中央电视台要买断《李自成》的改编权，已经在电话里谈好，只差当面敲定并签合同，让我次日早一点儿赶到他家，别误了接待央视来人。

翌日上午 10 点左右，徐小斌与谢丽虹两位女士如约而至。她们告诉姚老：党的十五大以后，中国电视剧制作中心确定了两部重大题材，一部是《解放战争》，另一部就是《李自成》。徐小斌说，央视决策层对改编《李自成》的工作非常重视，已特别指定因拍《水浒传》蜚声影坛而从山西调进北京的张绍林担任这部剧作的导演。

姚老听得满脸笑容。他并不知道张绍林是谁，他也没看过由张绍林执导的《水浒传》，但他相信中央电视台，相信人才荟萃的中国电视剧制作中心当仁不让地代表着国内业界的最高水准。当然，他更相信温文尔雅谈工作如话家常的作家徐小斌，相信把自己几十年的心血交到她手上是最可放心的选择。

在和谐友好的氛围中，女作家适时地把话题引到了"钱"的问题上。她说，《李自成》一至三卷共 8 本书，因为是名著，他们准备按 1 本 1 万元的价格买断改编权。话里话外，明显透露出对老作家的尊重和优待。最后，徐小斌笑嘻嘻地问道："这么办，姚老满意吧？"

"好！好！"姚老连声回答。为了表示他的满意程度，老作家又主动提出，要把尚未出版的第四、五两卷一起出让，而且同意担任"顾问"，承诺"可以随时解答有关《李自成》的各种问题，而且再分文不取"。

那天中午，老人执意要留客吃饭，特意嘱咐保姆"添个鸡子"——这是清苦了一辈子的老作家招待客人的最高礼遇。但徐小斌工作太忙，执意谢绝了。最后只有我留了下来，因为晚上湖北文联的两位领导同志要来看望老作家，需要我作陪；也因为知道老人一高兴就必有许多话要说——他需要听众。

果不其然，午饭后姚老兴致盎然地摆开了讲坛，话题自然是围绕《李自成》的改编。姚老说，1977年春天，北京电影制片厂第一个有了改编《李自成》的动意。拟由著名作家李准执笔改编剧本，著名电影艺术家崔嵬担任导演。崔导考虑到自己的年龄，只打算拍上、中、下三集。而厂长汪洋则主张不要设限，"根据实际情况，只要有内容，能拍多少集就拍多少集"。姚老还说，北影厂上下当时都决心很大，决心拍出来代表中国最高水准的片子。他们的工作也推进很快，4月16日李准已带着影片第一集的故事轮廓登门征求姚雪垠的意见，最近几日将拿出粗略提纲。汪洋和崔嵬也都到姚家谈过，说1977年是准备年，要物色和训练演员，要设计制作明代的服装道具，要与内蒙古军区商借几千名骑兵，美工、资料等等，都要在年底前准备充分，转过年去就开拍一、二两集，而且为节约人力、物力考虑，到时候将宽、窄银幕同时进行……厂长汪洋在全厂大会上公开讲话："我已经六十多岁了。只要能够拍完纪念毛主席和周总理的两部片子，再拍完《李自成》，我就死而无憾了。"崔嵬则对姚雪垠说，他要把拍摄《李自成》作为他向艺术高峰的最后进军，拍好以后，大概也就该去见马克思了。他说："我会骑马，会耍刀，扮演过宋景诗。要是我年轻十岁，我自己就扮演李自成！"

讲到这些，姚老陷入深深的怀念中。他以无限感激的心情谈到梁信，谈到祝希娟，谈到杨在葆、许还山、金梦、尤小刚，谈到所有为使《李自成》走上银幕和荧屏做出过艰苦努力的艺术家们，顺便也谈到了西安电影制片厂的导演郑大年，言其青睐《长夜》而欲将其改编，并由芜湖的张尔和、翟大炳执笔写出了电影剧本。他憧憬着《李自成》在中央电视台播出后观众的热烈反响，用了一种既欣慰又惆怅的语调慨叹："可惜崔嵬再也看不到了！"

姚老又谈到历史小说改编中应该注意的问题。对他来说，这是老生常谈，但他仍然要说，因为他坚定地认为：写历史小说者，必须兼具史学家和艺术家的双重身份，改编者也一样。如果只懂艺术不懂历史知识和历史生活，就会在影视片中出现历史知识性错误。譬如《赤壁之战》中在周瑜房中挂着《隆中对》《戊戌喋血记》中把"世兄"用于平辈之间、《双雄会》中左良玉约张献忠打猎等情节，都是"不可能"的事。

因为历史小说是形象的历史，一部好的历史小说应该使读者得到许多有意义的历史知识——搞历史题材的文艺家应该具有这样的责任感。他甚至认为，在历史题材创作中随心所欲地颠倒、歪曲历史事件，就是糟蹋古人，糟蹋历史，就是对国家对民族犯罪。为此，老作家嘱咐我要搞一份文件，题为《〈李自成〉改编中应该注意的问题》送给徐小斌。我答应了，后来也的确搞了4千多字发出去。但我当时最关心的是另外一个问题："姚老，8万块钱就把你半生心血都卖了，是不是太便宜了？"

显然，这个问题很出乎老作家意料，他被问怔了。但他立刻又明白过来，断然回答"够了"。他告诉我，对这一笔款子，他有3个用项。第一，要还账，加倍还；第二，要买一台"最好的"电脑，因为"工欲善其事，必先利其器"；第三，要寄一部分给家乡政府的教育部门，以恢复因为老妻生病而中断的"小学生春风作文奖"。根据预算，8万元足够这3项支出了。如果还有剩余，就留作未来的"长篇历史小说创作基金"。姚老喜滋滋地算着账，在他的心目中，8万元仿佛一个天文数字，取之不尽，用之不竭。

其实，姚老要还的"账"是一笔无法用金钱偿还的友情账。那是在其老妻患病之后，中央人民广播电台的老编审王成玉得知其经济拮据而主动给予的资助。姚老为之十分感动，他在1994年1月11日致王成玉的信中说："那一天你来看我，留下一个信封，我原以为里边装的是一两百元，并不十分重视。你走后，我才知道了你带来的竟是六千元，始而吃惊，随后心中十分不安。这笔数目的款子，你积蓄起来也不容易。我考虑两天，决定收下，以后再谋回报。"

老实讲，用8万元应付3项支出，即使双倍回报友情账也仍然绰绰有余，但因此就把《李自成》8万元卖出去，我心里总觉得不踏实。下班回家后立刻打电话向影视界的朋友咨询，对方立刻跳起来大叫："还没签合同吧？那好，我跟他签，给他80万，怎么样？"把消息立刻反馈给姚老，得到的回答却是:"《李自成》是文学,是艺术,不是可以任意买卖的商品,怎么可以随便讨价还价呢? 80 万卖出去,到时候搞得一团糟,岂不是得不偿失吗?"

我无言以对。估计姚海天兄已下班回到家中,便拨通电话向他通报了情况。7 月 20 日,由姚海天代表姚老与中央电视台谈判,最后以 16 万元成交,比姚老自己认同的数额整整翻了一番。事后,老作家作出一副嗔怒的样子对我伸出一双手打趣道:"你看看,你看看,我这回可真成了两手空空,以后想卖也没得可卖了。"

8 月 20 日,我一到岗,姚老就迫不及待地拉开抽屉,拿出捆扎齐整的一叠百元大钞拍在桌上,霸气十足地命令我:"拿去,买台新的'打字机'! 古人说,'工欲善其事必先利其器',咱们一定要买最好的机器。钱要不够,你再来拿!"真没想到,卖了《李自成》,我头一个受益——联想"286"升级成了"586",鸟枪换炮啦!

## 第九节 "说"而"不服"的落伍者

1997 年 10 月 7 日,作协机关党委召集会议,组织机关干部学习中央文件。会议结束后,秦友苏处长叫我去他的办公室,把一页 A4 纸复印件递给我,内容是用红铅笔勾出的署名"育豹"的一则消息,题目是《发行股票集资拍戏"李自成""身价"1.5 亿元》。

该消息称:"以拍摄电视连续剧《李自成》为主要投资方向的无锡中视影视基地股份有限公司,以股份制改造为契机,对存量资产进行了优化组合,该公司通过上海证券交易所发行 5000 万流通股,所募资金除用于收购无锡的水浒城外,将斥资 1.5 亿元投拍 50 集电视连续剧《李自成》。此项巨额投资,创中国电视剧投资之最,以发行股票的形式,为一部影视作品的制作募集资金,这在我国还是第一次。"

"中视影视"? 不就是"中央电视台中国电视剧制作中心"吗? 我问。"是啊，就是刚跟姚老签订《李自成》改编合同的那个单位。"秦处长答。他告诉我，这则消息，登在1997年10月2日《羊城晚报》第九版上，很低调。他建议我把报纸复印件带给姚老看看，如果老人有意购买一些原始股，可以抓紧与"中视影视"联系。原著作者提出这种要求，应该说合情合理。

我把报纸复印件带到了，秦处长的建议也转达了。原以为老作家会反应热烈，却不料他只对"'李自成''身价'1.5亿元"发生兴趣，股票问题却视若无睹。我催问怎么办，老人白我一眼，用了已经不太连贯的表述很不客气地批评道："你不要把眼睛盯在钱上！只要中央电视台能把戏拍成真正的艺术品，他们就做了天大的好事，我就感谢他们。其他要求，我没有想过，当然更不会提出来——你不要在这个问题上做说客，'说'我也不会'服'！"

姚老的话让我想起了俞汝捷先生的一段文字："1977年秋至1985年春，我在北京给姚老当助手。关于第一卷修订本和第二卷的印数，虽然记不确切，但超过200万册则是毫无疑问的。姚老拿了多少稿费呢？第二卷83万字，按千字10元计算，他到手的钱不会超出1万。第一卷因在1963年初版时已经拿过稿酬，现在就只能拿一点印数稿酬了。1981年出版的第三卷，印数仍达100多万册，稿酬标准略有提高，但送到作者手里，也不过1万元出头而已……如果他稍有生意头脑，或者愿意为赚钱多动点脑筋，恐怕也不难找到生财之道。譬如他的小说都十分好看，如果改编成电视剧，显然会有相当的收视率，但他却不善于讨价还价。他在这一领域受坑蒙而不自知的一些传闻，令人既为之叹息，又哑然失笑。又如他无疑是新时期最早被多家出版社列为出文集对象的作家之一，如果他会玩花样，怕是早就有几种不同编法的文集流行于世了。然而事实上他连一本文集都未出过，他总认为出文集是一件非常严肃的事，要出就得出好，要对得起读者，于是事情就拖了下来。再如他早年的一些小说如《春暖》，既然在香港和东南亚一而再地被翻印，那么在内地通过媒介和书商炒作一番，畅销亦应不成问题；然而这样的策略他似乎连想都没有想过。"

综上所述，俞汝捷得出结论："80年代以来，随着计划经济向市场经济转型，姚老经历的风霜对于年轻一代作家来说，已经显得遥远而陌生了。现在人们更关心的是如何提高稿酬和版税，如何对付盗版，如何维护自身权益。就这一点而论，当姚老还健在时，便已经十分'落伍'了。"

似乎是为了给"落伍说"提供强力证明，1991年6月11日，姚老曾致函芜湖师专教授翟大炳："你来信说，西影郑大年同志希望你将《长夜》改为电影剧本，我看不必浪费时间了。这只是郑大年个人希望，不是西影厂的拍摄计划。何必作无效劳动？教好当代文学课并不容易，可研究的问题很多，而研究深一点更难。集中精力，在教学与研究工作上搞出成绩，这是你的本行。"

匪夷所思的行为，不是"落伍"，岂有他哉？唯其如此，才好解释：面对众人趋之若鹜的"原始股"无动于衷置若罔闻不说，还偏偏自我感觉良好；明明手里没几个小钱，却动不动就捐赠、慷慨解囊；邓州的故居卖掉后，他把全部所得悉数捐给了当地教育部门。《李自成》第二卷荣获首届茅盾文学奖时，他立刻委托工作人员把奖金捐给了"中国儿童和少年基金会"，还特地嘱咐对方不要宣布，以免给其他获奖者造成压力。为了帮助家乡的孩子们提高写作能力，他又从有限的工资中逐年拨款，建立了"小学生春风作文奖"……

可是，说姚老"落伍"，又委实冤枉，因为他的"落伍"只表现在他对个人利益的疏于算计和诉求，但只要排除了"个人"，他又常常是较早觉醒较早出发因而雄赳赳走在队伍前面的那一位。新中国成立以来，"只比奉献不谈索取"的意识行为蔚然成风。从50年代初到70年代末一路走来，"不计时间不计报酬"已成社会公认的美德。姚老却带头发动挑战，率先把作家的"权利"和"报酬"问题呈上了庙堂。他说："一部被群众欢迎的小说出版之后，改编成各种剧种和电影剧本、连环画、上电台播讲……从来没有人考虑原作者曾付出过创造性的艰苦劳动，甚至连一本连环画也不赠送。说得苛刻一点儿，这是剥夺了作家的著作所有权。"

为此，他提出建议："作家生前，凡重印旧日作品，要给予适当报酬……作品改编为其他文艺形式，如对改编者给予报酬，对原著作者也应给予报酬。作品在电台进行广播，如对播讲员给予报酬，对原著作者也应给予报酬。选入作家某篇作品编入某书，如必须修改删节，应在出版前征得原作者同意；如选用文字过多，影响版权，亦应征得原作者和原出版社同意，并酌情给予作者报酬。"

别忘了，那可是 1979 年。"报酬"二字在大庭广众之下还犹抱琵琶半遮面，姚老却将其堂而皇之地摆在了全国政协会议上。特立独行也好，不合时宜也罢，反正他就是我行我素：当全社会都在以"政治标准第一"来评价作品时，他在孜孜不倦地进行艺术探索；当铜臭已弥漫于整个文坛上空时，他仍在锲而不舍地追求着他心目中的文学艺术。他是清贫的，他又是富有的，因为他有一颗真正的文学家的纯净良心。在物欲横流的滚滚红尘中，他始终心无旁骛高视阔步地前行，从不肯以背叛艺术去换取铜钿。

其实，姚老也想有钱。但他要钱的目的，仍在于他心目中的"文学事业"。自从 1979 年 6 月在全国政协会议上第一个提出"建立文学基金会设置各种文学奖"的建议后，筹措一笔款项设立长篇历史小说奖励基金的设想，就成为姚老的最后心愿。为此，他把零星稿酬和"润笔"偶得的散碎银两请保姆存入银行，点点滴滴地做着准备。遗憾的是直到病倒住院，他也才不过积攒起 3 万多元。幸亏他的后人们理解他支持他，在他辞世后不久，即将《李自成》四、五两卷的稿酬 50 万元全部捐出，由中国作家协会运作设立了"长篇历史小说奖励基金"，姚老终于如愿以偿，始得含笑九泉之下。


## 第十节 "知道说了没用也得说"


1996 年 5 月，姚老住进复兴医院，进行一年一度的例行体检。

一日上午，我前去探望。刚出电梯，就听到老人在发脾气，声音威严而洪亮。走进病房，见姚兄也在。姚老一脸忿懑之情，以手指我说道："你要记住，知识分子应该有气节！要是都明哲保身，屁话不敢说，历史还怎么前进！"

　　几句话突如其来，我怔住了。姚兄赶紧解释："跟你没关系，是跟我生气呢！"后来才知道，是有人给中央领导人写了一封信，来拉姚老签名。姚老认为信中所谈问题"不实事求是"，写信人"说话不负责任"。于是儿子批评父亲："你不签名就得了，还说那么多话干什么？"一下子惹恼了姚老，连带我也撞枪口上了。

　　5月15日，姚老出院，步行回家。走到半路，忽然停住脚步，手中的拐杖在地上使劲顿了顿，又举起来指了指远处，用一种很伤感的语调说道："前几年，我每天早晨都从这里跑过，一直跑到三里河国宾馆，然后跑回来。后来就再不跑了，因为一到这里，就能想起许多事情来。"

　　7月31日，有电话通知姚老，中央有关部门不日将派人来征求关于作协五代会主席人选的意见。老人很高兴，说这是他进驻作协之后接办的第一桩"公务"。8月2日下午，他早早就穿戴整齐，正襟危坐于客厅的紫红色皮沙发上。三时许，中组部一位田司长与中宣部一位年轻干部如约而至，几句礼貌的寒暄之后，谈话直切正题：

　　田："作协新一届的主席由谁担任好，想听听姚老的意见。"姚："我不出门，情况不了解，只能泛泛谈几点：一是年龄要相对小一些，因为要干工作嘛。二是要选坚持马列主义的。现在理论上搞得很混乱，西方有股什么风，马上就搬过来，也不管适用不适用，总之月亮是外国的圆，那不行。三是要选关心创作的，最好自己有一定的文学成就，自己有成就才能够服人。四是要肯读书。不读书的人没法当领导。不管是搞政治，还是搞文化，都一样。五是要思想作风正派。见风使舵的人、会抬轿子的人、爱搞个人攻击的人，说话办事都不可靠。"

　　田："您的意见很重要，我们一定认真考虑。但希望姚老能具体说一说。"姚："我这么多年一直埋头钻故纸堆，搞历史小说创作，没时间接触外界，新的文学作品也很少读，具体人选我提不出来，因为没有比较。但我相信后来者居上，这是规律。"

田："最关键的是作协主席人选，很想听听姚老对这个问题的意见。"姚："作协主席实际是虚设，是一个标志。重要的是要有一个好书记，带领书记处工作就是了。翟泰丰同志干得很不错，应该让他继续干下去。他不是靠抬轿子抬上来的，没有敌人，让他继续搞比较稳妥。"

田："您说的是书记，我们最急于解决的是主席的人选问题。×××、×××、××，请您谈谈看法。"姚："他们都不错。"

田："京外作家呢？您能不能推荐一下？"姚："我说过，现在的文坛新人我都没有接触，大多数是只知道名字，没看过作品，不好乱说；个别的甚至连名字也很陌生。我只跟古人为伍。昨天为查一个历史人物的名字，花了两个小时翻书，其实这个人物只在我的作品中晃一下——虚名之累呀！我无暇顾及其他。"

田："您还可以再考虑考虑，有什么意见可以随时通知我们。"

谈话结束，客人告辞。我送至电梯口后转回，老人正仰在沙发里若有所思，良久一声长叹，惋惜又是半日蹉跎，自嘲"说了一堆废话"。但转而又高兴起来，"明知道说了和没说一个样，可是该说还得说"，因为这是他"调入作协后的'第一桩公务'"，他必须认真对待，不能随随便便地弃权不用。

接下来，老人便沉浸于和陈建功一起出访日本的回忆中了。他告诉我，日本的电视有一个播放黄色录像的专门频道，一打开就会自动计时，最后按时计价，费用在房租外另行加收。他说："接待人员只是向我们介绍了情况，并没有一个字说到不让看。但我们的人都非常自觉。我和徐光耀两个老头子不看，陈建功等几个年轻作家也都不看，我们自始至终没有一个人碰过那个频道。"老人讲，此前他曾跟随周扬出访过日本，知道日本宾馆代客洗衣的服务收费很高，所以他特意带了六七件衬衣出去，穿脏一件收起一件，全部等到带回家后再洗。而陈建功们没有那么多衬衣储备，便每天就寝前自己动手把衬衣洗干净，挂在卫生间里晾一天一宿，两套衣服三天一轮倒换着穿，既保证了个人着装整洁，又给东道主节省了开支。还有，代表团的用餐地点定在饭店的楼下餐厅，和、中、西式菜肴样样齐全，任人自主选用，餐后只需要签个字就行。但年轻作家们一直都在吃那些比较便宜的菜，最多再喝点啤酒、清酒什么的。而且，房间的冰箱里冷藏着各种各样的饮料，可是从来没有谁去动过。

讲起这些往事来，老作家满面春风，滔滔不绝，抑制不住的骄傲和自豪之气在脸上荡漾着。他说，那时候，中国作家代表团一举一动都会牵动无数的目光——朋友和对手都在看着。其实大家都知道，对于事关原则的大问题，我们绝对会保持高度警惕；有可能出现的纰漏，只会是在生活细节上。而我们却把能注意的生活细节都注意到了，因此而博得了东道主的由衷钦敬和高度赞扬。老作家总结：生活细节不是小事，而是一个人的思想作风和道德修养的直接反映。他所谓的眼睛"毒"，说的就是通过小事看大节、看一个人的品质和节操的能力。在他看来，"陈建功磊落、耿直，有敏锐的政治眼光，更有生活上的高度自律，所以很有人缘，年长的年轻的都愿意接近他，他在代表团里的一举一动便都有了榜样带头作用。"追昔抚今，雪垠老感慨，"代表团不辱使命，陈建功功不可没"。

## 第十一节　京西宾馆见闻录

中国作家协会第五届代表大会召开前夕，作协办公厅打电话，再次落实姚老是否出席会议。姚老做了肯定性回答，并提出"要一间带会客室的房子"。筹备组的同志虽有些为难，但还是想方设法满足了老人的要求，而且考虑得很周到，把姚老同湖北代表团安排在同一个楼层，以为老友往来方便。

姚老很满意。当听说一个套间每24小时就要花掉580元时，老人用他的河南家乡话感叹："乖乖，一觉就睡掉600块钱呀！那我不睡了，一定要24小时都睁着眼不可，不然可就太浪费了。"

会议驻地在海淀区京西宾馆，离姚老家很近。按要求应该提前一天报到的，姚老却沾"近水楼台"的光，12月15日在家吃罢早饭才去。我把他送至会议报到处，签到领文件后，再送至位于9层东北角的带会客室的房间内。老人在又宽敞又明亮的房间内里里外外走了两趟，笑容满面地称赞房子很好，"来多少人都能坐得下"。然后笑容满面地离开房间，到另一座楼里去出席第五届作代会正式开幕前的预备会议。但他心绪不宁，会没开一半就悄悄退场，说是怕有人找他，执意要回到房间里等候。

返回途中碰到了江晓天。老友重逢，姚老很激动，热情相邀去他的房间说话。但江晓天先生说他正在开会，因为有什么事情出来一下，马上还得赶到会场去。两个人就在铺着紫红地毯的走廊上随便聊了几句。姚老站立时间稍长就腿脚发软，江晓天见状赶紧握手作别。姚老依依不舍，嘱他务必再到房间里晤谈。江晓天答应着匆匆离去。

一回到房间，姚老就给我放了假，说他要小憩片刻，养精蓄锐，说不定很快就会有人来，久别重逢的谈话是很累人的事。说着这些话，他面带笑眼发光，神情里充满着对故友新交的期待。

然而，从上午到下午，从午饭前到晚饭后，再从晚饭后到临睡前，宽敞的会客室里竟无一人光顾，茶几上的电话机安安静静地卧着，一声响动也没有。地处东北一隅的房间，门口鲜有人经过，偶尔一阵脚步声自远而近，姚老都会下意识地坐直身子，全神贯注地倾听着，期待着……可是，脚步声却停在了隔壁房间的门口。几多这样的希望复失望之后，我也不能再陪他守候，因为回去太晚了家里不放心。老人很理解我的心情，爽快地挥挥手说：走吧，明天还要早起呢。

我出去了，从外边把门轻轻带上。我知道，从那一刻起，门内里外两间的大客房，就只剩下了姚老一个人，守着一堆不会发声的什物——桌子、椅子、沙发、茶几、床和窗户。满怀高朋满座放言纵论的憧憬而来，却将带着门可罗雀的凄清寂寞而归，巨大的心理落差，姚老将如何承受？他会怎么想？他会怎么做？老人居家时，据说姚兄一夜都要过去看几趟的；可是这一夜，耄耋老人独处一隅，万一发生点什么意外怎么办？

越想越怕，越怕越想。我辗转反侧，一夜无眠。第二天一大早，当我乘上第一班地铁从石景山赶到京西宾馆，匆匆忙忙走进那个空空旷旷的大房间时，却见姚老早已洗漱完毕穿戴整齐，精神矍铄地坐在沙发上，拐杖放在右侧，帽子放在左侧，一副整装待发的样子。见面第一句话是："真可惜了一个早晨！昨天把工作带来就好了。"

中国作家协会第五次全国代表大会的开幕式，要在人民大会堂举行。早饭后陪姚老坐在宾馆大堂里，等候上汽车去会场。眼看着大轿车一辆一辆开出去，大厅里的人越来越少。接着又是小轿车，老作家也一人一辆次第坐上走了，当张海迪的轮椅也夹在老作家的行列里被抬上"奔驰"时，姚老终于沉不住气了，叫我去问问几时该他上车。工作人员回答：等着等着，忘不了的……

开幕式结束回到宾馆，小憩片刻即到午饭时间。从客房去饭厅途中，与同一楼层的几位年轻女代表在电梯间相遇。本来嘻嘻哈哈的一群，上了电梯却都三缄其口。铁笼子般的电梯轿厢里，尴尬和沉闷把人压抑得喘不上气来。

饭厅里倒是熙熙攘攘，几十张大饭桌都已经差不多坐满了。举目四顾，靠近里边墙角处的一桌较为冷清，凑过去拣个空位坐下来，才看见同桌有马烽和公刘两位老作家。马烽先生热情招呼："姚老看起来气色不错，胃口也还可以吧？"一边说着，一边把一份烧得很烂的荤菜往姚老跟前推了推，"这个软，好消化，姚老尝尝这个"。

饭后回到客房，姚老似乎不再盼望什么，直接进里间躺下了。我不能离开，又无处可去。幸亏包里还装着一本什么书，就坐在客厅里胡乱翻翻看看。不知道过了多长时间，电话铃骤然响起，一把抄起听筒，始知是诗人曾卓打来的。曾老问姚老下午是否参加小组讨论。如果不参加，他就过来聊聊天。

终于有人要光顾了，偌大的会客室终于可以派一回用场了。我一点没想到要征求姚老的意见，就大包大揽一口应承下来："太好了，曾老您来吧！姚老等着您。"抬腕看看表，是下午2点半，已经过了会议规定的午休时间，我正想进里间去把老人叫醒，转身却见他早已站在地上，双手把拐杖挂在胸前，目光炯炯地看着我。"曾卓要来？""是的。我接电话你听见了？"他点点头，神情中平添出几分欢愉和期待。

三时许，门铃响了。姚老迫不及待地站起身，伸出双手热情迎接来访者。知道老友重逢的交谈中我可以自由，便借故溜出找朋友闲聊去了。等我再回到房间时，听到他们正在谈论徐迟之死，两个人的语调中都充满了惆怅和痛惜。姚老一迭连声地感慨："他是耐不住寂寞呀！""他是耐不住寂寞呀！"

晚饭前，送走了第五届作代会期间第一个也是最后一个来客，我知道第9层东北角这间带客厅的客房算是完成自己的使命了，就向老人提出建议，请他当晚就搬回家去住，"反正22楼离京西宾馆不过一站地远，有什么会议要参加时再过来也不迟"。姚老似乎早有此意，我话刚说完，他便提起包来开步走。路过一层大堂时，看到有出版社在大门口设了一个图书柜台，老人驻足粗粗浏览一遍，掏钱买了一套袁中郎的小品集，一边看着我往包里装，一边解嘲般喃喃自语："这也算是没白来走一遭吧。"

回到家中，姚老似乎很疲惫，一边在家人的帮助下脱去臃肿的棉大衣，一边郑重声明：而今而后，他再不会去参加任何会议——无论这会议是什么级别什么性质由什么人所组织召开的。几天之后，姚老得到了一个"中国作家协会名誉副主席"的名义，从此实实在在地退出了历史舞台。

2004年1月31日，即姚老去世四年零九个月后，马烽先生也走了，追悼会于2月8日在太原举行。我知道我所在的中国现代文学馆会去人吊唁，于是自告奋勇领命前往。我庆幸朔风怒号滴水成冰的日子里，没有人来跟我抢夺这个机会。正月十五日元宵节的傍晚，我乘上K717次列车奔赴山西。当我在马烽先生的灵前深深弯下腰去鞠躬致祭的那一刻，京西宾馆里与先生同桌共进午餐时的一幕不禁浮现脑海，于是我仿佛又听到了马烽先生对姚老说的那几句暖暖的话语，又仿佛看到了先生为姚老让菜时那可亲可敬的满面笑容……

## 第十二节  老作家"累了"

1997年2月24日，下午三时许，我到岗。

姚家客厅里没有人，但电视开着。身着黑色礼服的播音员在播送邓小平逝世的有关消息。倚床读报的老作家冲我招招手，然后起身下床，慢慢蹬上加了棉里的拖鞋，穿上紫红色的羊毛背心，套上深蓝色的加厚羊毛衫，再慢慢踱到写字台前坐下，戴上眼镜，然后仰脸看着我，那意思是：可以开始工作了。

我从挎包里掏出两份打印好的稿子递到老人手上。一份是悼念邓小平的文章，系《艺术报》的约稿，由我捉刀；另一份是为《四月交响曲》写的跋语，北大教授严加炎布置的任务，由姚老面授大意，我记录整理。老人接过稿子，看了第一篇文章的标题和开头几句，又还给我，让我读给他听。

遵命而行。像往常一样，我读几句，停一停，等待老人批评。可直到把一篇文字读完，老人也没开一次口。开始我以为是一路绿灯呢，后来才发觉他有些心不在焉，一向炯炯有神的目光似乎有些迷离，这是以前从来不曾有过的现象。经我追问提醒，老人才反应过来，说写的内容"比较可以"；"至于其他方面嘛——"他停顿一下，颇有深意地一笑，"就不是你这一篇文章的任务了"。"不是'我'的文章，是'您'的。""我是摘桃子，是剥削，是贪天之功。"老人幽了一默。我问"其他方面"指什么，他不回答，只催促我快读第二篇。

这一刻，姚老的精神比较集中了。听我读完，他问我："《四月交响曲》你看过吗？"我点头，又摇头："没有认真看，只是随便翻了翻。""应该看看，那是纪实，是历史。"他说，"你这文稿还要认真推敲推敲。有些国民党军队独立进行的战斗，打得很惨烈，很英勇，像台儿庄，还有……"他说"儿"

的时候不卷舌尖，字音只在他的舌根部"出溜"一下就又缩回去了。他把"有"字拖长节拍看着我想了一会儿，"你查查资料吧，我相信你。国民党有些高级将领，确实是坚决抗战的，比如张'治'忠将军，就死得很英勇，很有民族气节。"我说："不是张'治'忠，是张自忠。"姚老争辩："我说的就是'张自忠'，是你听错了。好了，你忙你的去吧，我也要干我的事情了。"

我把稿纸和钢笔给他摆好，就到客厅的茶几边修改稿子去了。时间不长，忽然听到书房里有响动，进去一看，姚老正在摆弄钢笔，弄得到处是墨水。赶紧帮他拾掇干净，又往茶杯里续上热水。再看姚老，摸摸这动动那，若有所思，若有所遗，恹恹的没有情绪。我建议他上床休息一会儿。他"嗯"了一声，扶着椅背努力站起来，正要举步，却身子一歪，突然向右侧栽过去——幸亏我就站在他的旁边，一把扶住了。"姚老，你怎么了？""我——累——了。"

自从认识老作家，还是头一回听他说到"累"！他的腿已经站不直，生靠我连拉带拽拖到床边，扶他躺下，他立刻把眼睛闭上了。保姆正在对面房间，听到声音后跑过来。我要她赶紧给复兴医院打电话，却被老人很坚决地阻止了："不要大惊小怪。我没病，就是累了。休息一会儿就好了。"

保姆转身走了，说是要下楼取报纸。我拉把椅子坐在床边，近距离观察情况。姚老仰面躺着，往日里放谈纵论的一张嘴紧紧抿住，一点声音都不出，令原本欢声笑语不断的"无止境斋"风云突变，静寂得令人窒息。我突然害怕起来，不禁伸手在老人亮晶晶的额头上使劲拍了几下："姚老，你睁睁眼。""姚老，你笑一笑。"老作家居然忠实地执行了我的指令，并且慢慢抬起手，自己又在额头上使劲拍了两下，连说"发聋振聩、发聋振聩"！"不对！不是'发聋振聩'，而是'振聋发聩'。"我纠正他，企图引诱老人继续说话。但老作家却不肯"上当"，兀自把眼睛又懒懒地闭上了。

幸而姚兄下班了。我赶紧迎上前去通报了情况，他说："不要紧，就是累了。连着几天了，天天守着电视看邓小平，都是11点以后才睡，一到3点又爬起来，说是睡不着。唉，有啥办法！"一边说着，一边俯身向床，摸摸老人的额头，掖掖老人的被角，又俯下身子说了几句什么。断定"没问题"，便催我下班。姚老突然插话："快走吧，已经晚了。"

一路上脑子里都在回放整个下午的经历，总感觉有什么地方不对头。回家后即给一位大夫朋友打电话咨询，对方提示"注意'中风'！"赶紧拨通姚老的电话，接电话的是保姆，说"爷爷睡了，没有事"，我把大夫的提示讲了，催她告诉姚兄。挂断电话后，心里才感觉踏实了一些。

翌日一大早赶到姚家，进门见一家人正在吃早饭，我问老人有无不舒服，姚兄说："没事，没事。就是太累了。夜里想去卫生间，腿没劲儿站不起来，顺着床和柜子滑坐在地上。手也没劲儿，昨天晚上吃饭掉了两回筷子，今天早晨又好了。我爸爸年轻时候有很严重的肺病，老了倒好了，很少生病住院。偶尔感冒两天，自己找点常用药一吃就得——我们家的人都这样。一会儿我给中医研究院的一位专家联系一下，让过来看看。那是我们老乡，医术很好，对我父亲的健康状况也比较了解。"

那一天我本不该上班的，但既然来了，当然得等着看看医生怎么说。正好《李自成》第四卷的一部分稿子还下落不明，我便到姚老的卧室兼书房里去翻书柜。姚兄说他也不去单位了，就在家里看稿子。老人吃罢早饭又躺回床上，一个哈欠连着一个哈欠。姚兄说："爸爸，你太缺觉了，赶紧睡会儿吧。你不是总希望留小许吃饭吗？今天中午她答应不走了。"老人连答几个"好"字，脸上笑容是由衷的，只是说话声音小了许多。

姚兄回自己房间去了，我继续翻找书柜。按照习惯，只要我在，姚老就总是说这说那。可是这一刻他竟旁若无人，一言不发。只听哈欠声连连，频率越来越快。忽然有淅淅索索的声响。我回头看去，只见姚老大睁着两眼，一双手颤颤抖抖地在床上摸来摸去。我问他需要什么，他不回答。看他坐起的动作异常吃力，我就去扶，不想手摁到床上，感觉褥子是湿的。小便失禁？一个概念"突"地跳进脑海，立刻变颜变色地把姚兄叫过来，并立刻给复兴医院打了电话。

复兴医院就在隔壁，大夫很快来了。先听了心脏，测了血压，又让咧嘴、吐舌头，然后果断地下达指令："马上到医院做 CT。"CT 做罢，老作家被家人推回家去，我则坐在放射室外走廊里的长木椅上等候结果。中午，结果有了——"退行性脑软化，双侧广泛性脑栓塞"。现代化的检查手段以迅捷的速度做出了无情的宣判，直言不讳，不含糊，没商量。把结果送回姚家，姚兄一下子怔住了。他是个孝子，他希望自己的父母都长命百岁，他不相信他们会生病会躺下，一听说他们有病，他就无所措手足慌慌然惶惶然了。多亏他的夫人王琪女士镇静如常，手脚麻利地为老人打点着住医院要用的东西。

就这样，同命运抗争了一辈子的老人又一次接受了命运的挑战，胜败难卜，生死攸关。以其垂垂老矣之身，面对这突如其来的病魔，他该怎么办？他能怎么办？他会怎么办？

悄悄走进"无止境斋"，只见迎门的单人床上，老人正呼呼睡着。一线涎水顺着他的嘴角挂下来，把枕巾濡湿了一片。看看宽大的写字台上，皱巴巴的稿纸上只有一行字："吴三桂举杯笑道……"这几个字是头春节就写下的。

## 第十三节　在医院中

姚老住院第二天，作家协会领导前往探望，给他带去了生机勃勃的鲜花，带去了情真意切的关怀，嘱他安心静养，不要着急，既来之，则安之。老作家躺在病床上抱手拱拳，唯唯连声，泪水却止不住在眼眶里打转转。姚兄告诉作协领导："昨天夜里我陪床，后半夜刚睡着就被惊醒，见父亲穿着睡衣躺在地上。赶紧扶起来，问他是不是想上卫生间。老人却说：'快三点了，我该起床了，起来写《李自成》，写不完对不起读者。'"

是的，姚老放不下他的《李自成》，他想同往常一样伴着荒鸡起舞。然而肢体不遂，他已经失去自主行动的能力了。"无止境斋"宽大的写字台上，一如既往地摊开着稿纸，稿纸右侧一如既往地摆放着钢笔、剪刀和糨糊。

没有人动它们，总想着老人痊愈之后还会接着写下去。然而，没有，老人没能再写。现代医学"狙击"了他血管中的血栓，却未能消灭脑栓塞后遗症，加之无法逆转的功能退行性病变，使老人腿不能举步，手不能握笔，思维不再飞扬，一张悬河之口也封门罢工了。

"姚老，给我们讲个故事吧——讲讲李自成。"护士逗他说话。

老人抱歉地微微一笑："我—累—了。"

的确，老人是真累了！他天天起五更睡半夜，没有星期天，不休节假日，悠悠数十载，欠下了多少觉！他似乎想在病床上一下子补回来。每天上午输液，药水顺着透明的塑料管注入静脉，一滴、两滴、三滴……那分明是时间的脚步呀！姚老静静地注视着，目光越来越散漫，哈欠越来越频繁，终于沉沉睡去。等到再睁开眼时，半天又溜走了。吃过午饭还有一觉，起床后做一回理疗，就该看着早班和中班的医护人员进行交接了。一个素来惜时如金的老人，就这样眼巴巴看着时间空自流淌，他心中该是何等痛苦！

我天天都去医院，有时待一天，有时待半天。每次走进病房，只要老人醒着，迎接我的便肯定是一份恬静的微笑。没有焦躁，没有忧伤，写在脸上的，总是那种洞明一切、一切随缘的沉稳和安祥。"姚老，你什么地方难受？"他摇头；"需要我帮你干点什么？"他摇头；"这里的大夫好吗？"他点头；"护士好吗？"他点头……就这样，老人两年中几进几出复兴医院，自始至终从来没有对任何人提过任何要求，也从来没有对任何人任何事有过一句抱怨。

有一回午饭后我去看他，见专门请来照顾他的安徽小伙子正歪在沙发上呼呼大睡，而吊着的药瓶里已经没有药液了，针头荡在半空里，老人的右手背上一片血。怎么回事？一惊一乍之后恍然明白：针头是老人自己拔下来的！幸亏他的左手还能动弹，否则……我不懂医学，不知道滴干了药水的针头依然扎在血管里会是什么后果，只知道既后怕且生气，正想把小伙子叫醒说他几句，老人却冲我又眨眼又摇头，慢慢地说："你—不要—麻烦—他—了—他—累—让—他—多—睡—会儿—吧。"

还有一次，姚老坐着轮椅从理疗室回到病房，一进门就偷偷冲我乐。等推送他的人走了，才一脸神秘地小声对我说："我—明明—是—右边—胳膊—坏了，他—却—给—我—揉—左—胳膊。""为什么不提醒大夫？""我—怕—旁边—的人—听到了—要—告他—的—状，领导—会—批评—他。""那你的胳膊不中断治疗了吗？"我站起身，想去找大夫说明情况，却被老人扯住了衣角："你—不要—去，他们—很辛苦，不要—再—去—添—麻烦—了。"

我为这种宽容所感动，同时又有一种很清楚地感觉产生出来：生病以后，姚老似乎变化了许多——从一个渊博的学者型老作家向一个慈祥的老祖父迅速靠拢。

两个星期后，当老人的病情基本稳定，情绪也有所好转时，我便有意识地引逗他练习说话。起初老人并不配合，无论你怎么"启"，他就是不肯"发"，只是很冷静地看着你，间或用轻轻眨眼、微微点头表示他知道。所幸情况在一天天好转，不久便有了对外交流的需求——先是积极回答问题，继之主动张口说话——虽然语句还不能连贯，声音也小得仿佛耳语。但他的思路是清楚的，记忆也挺不错——尤其是对过去的事情，越久远的记得越真切。虽然说出口时多是"单字蹦"，但只要联结成句，所要表达的意思都是很明确的：

"我写小说，是被肚子、被家庭拖累的，是'逼上梁山'。我治学与科班出身的人不同，兴趣杂，无系统，抓住什么就看什么。"

"我这个人很刚强，越处逆境，脊梁挺得越直。"

"爱国主义是至高无上的操守。只要地球上还存在国家，就一定是这样。"

"吴梅村自己没有守住操守，做了清朝的官，一直很苦恼。又不能明说，就迁怒吴三桂，把吴三桂说成是不要家国、不要父母、只要美女的无耻小人。吴梅村是借题发挥，却哄了多少代人。"

"毛主席的几位秘书都很有学问，首屈一指应该说是胡乔木。这个人不但有学问，还挺有人情味。"

"金庸的书我读过两三本，没有发现常识性错误。他不愧是读书人，底子很厚，从他的武侠小说中能学到很多知识。我没有时间，不然我会把他的书都读一遍。"

如此这般，想到哪说到哪，虽说是无主题变奏，但哪一个"音符"都有承载都言之有物。而且，随着病情的缓慢向好，姚老越来越爱说话了，而且思想在扩容，音量在加大，说出来的话由单音节而双音节而成句而成段。虽说还是要经过一定编辑整理，但与刚开口时是明显不一样了：

"曹禺了不起，二十几岁就写出了《雷雨》！我早就佩服他。当然，他也佩服我。我住在幸福一村的时候，他大老远来看我，上楼时还摔了一跤，我一直很过意不去。我们俩同岁，他比我大几个月。他说：'有好一段时间，《李自成》是我的枕边书。'他还问我：'你现在生活有什么困难没有？需要用钱的话，我马上给你送来！'"

"在重庆时候，我跟周总理很熟。他是副主席，我们都称他'周公'。周公比我大十来岁，却以'兄'呼我。他太谦虚——伟大的谦虚。后来我离开重庆到三台，进东北流亡大学教书去了，他再去郭老家时见不到我，就专门向人打听：'雪垠兄哪里去了？'周公虚怀若谷，心里能装下所有人。新中国成立后再没有来往，他太忙，我不想打扰他。"

　　诸葛亮出山前不在南阳而在襄阳，南阳自古就是交通要道，没有隐居条件，只是因为有个卧龙岗才被附会。东汉时南阳与洛阳齐名。洛阳是京城，南阳是刘秀的家乡和发祥地，又称宛城。古时候襄樊是两个地方——襄阳府和樊城。前者在汉水南岸，因是"府"而社会地位高；后者在汉水北，是商业区。襄阳往西50里进山口，再走一段就是隆中，四面环山，中间有溪流有稻田，很适合隐居。南阳距隆中一百多里路，不算多远，只是分属两个省，如果让诸葛亮从南阳迁到隆中，河南就会少一份骄傲。

一天，看老作家跟我聊得高兴，送饭来的年轻保姆便趁机凑热闹，半真半假地批评道："爷爷，怎么许阿姨一来你就这么能说，她一走你就哑巴了呢？"而老人也不在意她的唐突，笑吟吟看了她一会儿，然后出语："你们都没知识没文化，跟你们说你们也不懂，我不愿意对牛弹琴。"而保姆的回答更有趣："谁要爷爷弹琴了？爷爷弹琴我也没有时间听，我就知道得把爷爷伺候好。"姚老被逗乐了，连夸她是"劳动模范"，她辛苦，要感谢她。

## 第十四节　半缘信任半无奈

为让老人的语言能力尽快恢复，医生建议多找些他感兴趣的话题，刺激他的说话欲望。我正想更深一步了解姚老，便自告奋勇承包了任务。于是每天下午把护工"炒了鱿鱼"，自己动手推着姚老的轮椅，在"老年病房"安静的走廊里慢慢绕圈子，边走边谈，或历史，或新闻，或者背点诗、词、曲……

1997年4月2日午后，我把轮椅推到走廊的一头，让姚老从7层楼的高度凭窗远望。近处，是一块不大的空场。四周一圈红砖矮墙，圈内绿草茵茵，如毡似毯。溜边一排白杨，鹅黄的嫩叶在蓝天白云下熠熠闪光。

"姚老您看。"我指着绿树红墙，"'满园春色关不住'——请您对下句。""流水—落花—春—去也。""不对不对。"我忍不住大笑，"您这是哪儿跟哪儿呀！""我是说……"老人的目光依然对着窗外，"我—就是—'无可奈何—花—落去'了。"

笑容僵在了我的脸上。默然良久才想起来："姚老，不许悲观啊！您这不是在一天天好起来吗？您别忘了，'花落去'之后就该'燕归来'了！"老人轻轻摇头："不会—了—我—已经—山穷水—尽了……以前，我—写过一首诗，里面有—两句，是说—司马迁—和曹雪芹—的书—都没写完。"

"'一床青简悲司马，半部红楼哭雪芹'——您说的是这两句吗？""是的，是的。你—记得—这么—清楚。""怎么想起这个了？"话刚出口，立刻就后悔问得太傻。"姚老，您不要那么想，您跟他们不一样。"一边说，一边搜肠刮肚寻词觅句，"真的不一样——司马氏一辈子只有一部《史记》，曹雪芹只有一部《红楼梦》，您可是除了《李自成》，还有那么多的文学作品，那么多的文艺论著，您是真正的著作等身啊！再说，《李自成》的主要内容不是都有了吗。"

"唉！"姚老一声叹息，两行老泪潸然而下。"你—不用哄—我，我—什么—都—明白。《李自成》，只好—这样子了。你—把它—整理—出来，先—出书，以后—有机会了—再作—修改吧。"

我震悚了，因为我知道这个托付有多么沉重！信任是不言而喻的，但更多的却是客观情势逼迫下的无奈。从姚老的健康状况看，让他重新拿起笔来已不大可能，《李自成》的"远征"，看来只能到此为止了。

4 月 14 日，姚老出院了，但治疗并未中断——我每个星期去一趟协和，开一大堆药品抱回来，口服的注射的都有。前者交由他的专职保姆管理，后者则由复兴医院家床科的护士天天上门做静脉滴注。尽管如此，姚老的身体却仍在不可逆转地衰弱、瘦削下去，我能很明显地感觉到这一点，所以我必须抓紧工作——先完成《姚雪垠文学创作 70 年》的编撰任务，再全心全意地投入《李自成》四、五卷书稿的整理工作。

自从"姚雪垠文学资料陈列馆"成立，姚老几十年的创作资料就都送回家乡存放在了南阳市卧龙区档案馆；旅美女作家李辉几年前捐赠姚老的 1 万元美金，也同时交由档案馆管理。资料加资金等于项目，编一本"画传"的计划便应运而生。派员进京汇报，姚老听罢除了感谢就是感动；又提出邀请"许秘书"为"画传""第二主编"，内容、体例、一应文字等都由"许秘书"负责，老作家也不假思索一一慨允，似乎忘记了《李自成》文稿的整理才是重中之重。

9 月 24 日，中国青年出版社编审、《李自成》四、五两卷责任编辑李硕儒先生登门拜望姚老。我事先得到通知，把四、五两卷的所有稿件——手稿、抄稿、打印稿、剪贴稿、在发表文本上勾勾画画的修改稿等汇集一起，按内容分类并列出清单，在此基础上写出取舍意见。通过李硕儒先生的全面分析交流，确定了整理工作的方向和方法，从而真正迈开了整理工作的第一步。

10月10日，姚老的87岁寿辰。这一天，书桌上茶几上满是大把大把的鲜花，赤橙黄绿青蓝紫，把客厅和书房都装扮得生机勃勃。9点一过，前来祝寿的人陆续登门，姚老身穿新购置的浅灰底小绿格呢外套，微笑着逐个与人握手、合影。不打哈欠时，他的目光依然明亮，只是轻易不再开口。只有一句话，他是对每一位来客都要说的："不许走，在我这里吃顿饭啊！"

1998年2月底，南阳档案馆分派给我的《姚雪垠画传》"第二主编"的任务基本完成。我以"风雨斗士""文坛骁将""友谊使者""故园赤子""伏枥老骥"为题把画传分为五编，写了数百至千字不等的五篇小文置于每编开头，既作为内容提要，又是档案馆对照片进行编选的依据。同时写出的，还有画传的《前言》和《后记》。

3月4日，我把"画传"《前言》读给姚老听。当读到"可惜由于时间久远，人事消磨，许多珍贵的资料已经无从查找，他的'作家'以外的经历也便鲜为人知了"的时候，老人突然大张嘴紧闭眼，一副号啕大哭样，却一点儿声音也发不出，唯见热泪奔涌，汩汩流过他的双颊。

3月11日，我完成了对《李自成》四、五两卷书稿的第一遍粗略梳理，继之用一周时间写出了一份工作情况报告，题为《关于〈李自成〉第四、五两卷书稿整理工作的说明》。说明分为基本原则、具体操作、总体感觉三大块内容，用五千余字的篇幅，谈了大大小小十九个问题。总之"压力山大"，唯恐语焉不详。

3月17日，在姚家客厅召开了《李自成》第四、五两卷第一次编辑会议。与会者有中国青年出版社总编辑陈浩增、新任《李自成》责编李向晨、姚老之子姚海天、姚老及我，共计5人。这次会议的主要内容，就是听取关于《李自成》第四、五两卷书稿整理工作的情况汇报。我怕"说"不好，就采取"读"的方式，把"说明"从头至尾念了一遍。再加上问答讨论什么的，足足用去半天时间。

　　会议从头至尾，姚老都窝在宽大的深紫红皮沙发里，腿上裹着毛毯，一边打着哈欠，一边强挣起精神听。当大家异口同声"请姚老指教"时，老人的评价只有一个字的重复："好、好、好……"我想，这个"好"字，与其说是对汇报内容的肯定，不如说是对我这个人的信任和嘱托。因为实事求是地讲，以老人此时的记忆力，当我谈"B"时，他未必还能记得"A"是什么；当我说"C"时，他大概早把"B"忘到脑后了。但是不管怎样，只要姚老在场，而且点了头，书稿的整理工作就名正言顺、理直气壮。况且，老人给予的并不只是一个空洞的评价，他同时还贡献了一个思想——他弯起一个指头点着我说："你—要—写—一个—后记，把—上面—的—问题—都—说—清楚。"

　　陈浩增总编辑立刻明白了，他顺着老人的心思指示我："对，你一定要搞个厚重一点的后记，把整理过程交代明白。"我答应了，知道这是一种责任——对读者负责、对社会负责、对历史负责，当然，也是对作者负责——毋庸讳言，老作家把《李自成》交给我整理，委实是一种无奈，一种无可选择的选择。所以他生怕我狗尾续貂、蝇污白璧，所以他要求我把该说的都说清楚，其目的是不言而喻的——整理后果，由整理者"自负"。

　　4 月 9 日，姚老突然发烧，持续十来个小时后，于翌日上午恢复正常。此前他已烧过一次，时在 1997 年 9 月 11 日。两次病况都一样，两次都原因不明，两次都是在家中输液而转危为安，但两次都对他的身体造成了无可置疑的巨大伤害，同时也造成了愈加依赖家庭病床的负面影响。

　　4 月 22 日，老人又发烧了，来势比前两次都猛。姚兄连夜打电话给我，商定翌日清晨由我先去协和医院挂号急诊，家人带着老人随后再到。一番紧紧张张地检查之后，得到一张"重感冒，建议住院治疗"的诊断单，同时却又被告知"医院暂无床位"。作协领导得知消息，千方百计进行协调，最后批准姚老的医疗关系转入与其寓所毗邻的复兴医院，那里可以说随时都有"老年病房"在恭候着。就在这奔波辗转中，老人的高烧又悄悄退去了。

## 第十五节　唇亡齿寒说"最后"

1998 年 6 月 1 日，姚老第二次住进了复兴医院。几乎同时，传来了韩作黎先生逝世的消息。

韩作黎，教育家，河南邓县人，1938 年奔赴延安的老革命。凭着肩上一副箩筐，他把烈士后代聚集的延安保育院挑到了西柏坡，又挑进了北京城。一部小说《摇篮曲》，生动地记录下他的杏坛春秋，同时也把他送进了作家的行列。在"北京市教育局局长"岗位上离休后，他又一手创办起清素淡雅的《校园文学》，在滚滚红尘中为中小学生顽强地坚守着一块陶冶情操的文明净土。因为姚老在第五战区主编《中原文化》时发表过他的处女作，所以他一直对姚老执弟子礼。他对建立"姚雪垠文学资料陈列馆"的工作极其热心，以"主任"身份承担了筹建该馆的各种事务性工作。

1997 年 12 月 16 日夜晚，韩老曾冒着凛冽的寒风从崇文门外他的寓所跑到木樨地——那是他最后一次来看望他的"姚老师"。后来我送他下楼、上车，车门被我关上后又被他推开，他从车中探出半边身子对我说："你现在做的工作，很了不起！抓紧时间，争取让姚老能看到《李自成》四、五卷出版——我先替姚老谢谢你了！"见我频频点头，他才挥手作别匆匆远去。

学生遽然离世，让先生顿生唇亡齿寒之感。那几天，姚老的情绪陷入低谷。知道我曾前往吊唁并写了悼念文章，他眼含泪花说"谢谢你"！精神稍见好转，他就指派我以他的名义起草一份文件，内容是赋予我对他所有著作的使用权。我很感激，但我拒绝了。面对一个沉疴在身的老人，我觉得这像是偷盗，又像是乘人之危。可是拗不过老人的坚持，终于跑到作协向组织作了汇报。经作家权益保障委员会主任张树英同志一番释疑解惑，顾虑得以消除，同时还得到了一份"授权书"的样本。照猫画虎打印一份拿到医院，老作家看后满脸笑容，然而笑过之后却是深陷苦痛，因为他的手已经握不住笔，在"授权书"上签下的名字如同鬼画符，若不加注解，很难认出那一堆

"丫丫叉叉"竟是"姚雪垠"三个字。老人掷笔长叹，眼圈又忍不住红了。

触景生情，一种清醒的认识突如其来：姚老已是风烛残年，他的生命历程已经进入倒计时，他病中经历的所有大事小情，实际上都具有了"最后"的意义：

1997 年 5 月 10 日，我把摄影家张新学请到姚老寓所，为老作家与其夫人拍下了最后一张合影。照片上的两位老人手拉着手肩靠着肩，脸上荡漾着满足而快乐的笑容。

1997 年 6 月 17 日，中国作家协会书记处书记张锲亲率文学基金会工作人员登门看望姚老，把 1 万元补助款送到老作家手中。姚老第一次也是最后一次接受了组织以经济形式给予的关怀。

1997 年 12 月 16 日，湖北作家洪洋携夫人看望姚老，两位"忘年交"朋友最后一次久别重逢。当洪洋先生坐在姚老床边，深情地回忆起 1986 年湖北省作协组织召开"'三老'文学创作五十周年纪念大会"的盛况时，姚老眼含热泪，连说："谢谢大家！谢谢湖北作协！"

1998 年 10 月 10 日，姚老在医院中度过了最后一个生日。那一天傍晚，瘫痪失语多年的老伴坐着轮椅带着鲜花和蛋糕被推进病房，推到床边，相依相携六十多年的一对老夫妻相对注视着，在默默无语中进行了最后的交流。

1999 年 2 月 6 日，新加坡作家周颖南看望姚老，成为老作家生前会见的最后一位外国客人。此前我曾以姚老助手的名义与周颖南先生书信往还了好长一段时间，姚老对这位"国际友人"热情关注"姚雪垠研究会"一事十分感谢。

1999 年 2 月 16 日，姚老在家中度过了他生命中的最后一个春节。那天上午，我携先生与儿子一起去给老人拜年，老作家很高兴，坐在轮椅上同我们握手再握手。虽然还是不爱说话，但脸上的笑容却依然发自内心的灿烂。

那天，我把抢在节前完成的《李自成》第四卷最后一遍整理稿也带去了。我对姚兄说："两卷稿子已全部交出，我的工作暂时告一段落。这一段时间我手里没活儿，就打算抓紧把《后记》写出来。""不着急。"姚兄胸有成竹，"前一阵子你太紧张了，现在先抓紧休息休息吧。《后记》好写，到最后你要没时间我来写都行。或者你写个初稿，我再过过目，有个二三千字，就行了。写多了也没人爱看。"他的夫人也说："你就让海天写吧。他写方便，你不好说的话，由他说出来会比较合适些。你看你这一阵明显瘦了，赶快去医院好好检查一下要紧。"

虽然我想不出我会有什么"不好说的话"，但我感谢这种诚心诚意的关照。姚老就在旁边，自始至终窝在沙发里微笑着，不知道他是否还能听明白我们正在谈论的是什么。"写个有分量的后记"的任务就这样交卸了，但我的心情却并不轻松，因为"把整理过程交代明白"的事情是一定要做的，这是陈浩增先生替姚老向我发布的最后一项指示。我放不下它，直到半年后写出《最后的〈李自成〉》一文，心里才一块石头落了地。

1999年3月25日，姚老收到了有生之年的最后一封信。出自著名作家孟伟哉之手的这封信写得很有感情。他说："姚老，恭贺春节，给您拜年！我在《今晚报》拜读了您的《李自成之死》，平实的文字，历史的悲剧，大手笔啊！衷心祝您心情愉快，保重身体，为中华民族多写些东西。"他说："这几年，我退了下来，对外界少有闻见。但对您老我一直深怀敬仰之情。"他说："记得在某一年春节的贺卡上我曾说过，《李自成》是一部伟大的作品，我的看法至今不变。这是您对中华民族的大贡献。我不能给您什么帮助，只能对您表示钦敬，希望您多为中华民族写些东西，尤其是完成《李自成》。我向上苍为您的健康祈祷！"他还说："希望这封信您能收到。如收到，请您的助手回个电话即可。"遗憾的是我未能给孟先生回电话，因为此时我的工作地点已转移到自己家中，"无止境斋"是早就不进了。就连孟先生这封信，我也是通过天津《今晚报》才看到的。

1999年4月1日，姚老最后一次离开家，最后一次住进了复兴医院。他当时的身体状况，新华社原社长穆青在回忆文章中作了最生动形象的描述：

　　最使我难忘的是去年国庆期间，我最后一次到医院看望他的情景：当时他因患中风瘫痪症已是第二次入院治疗了。走进病房，只见躺在病床上的姚老浑身上下已瘦成了皮包骨头，原本大而明亮的眼睛在瘦削的脸庞上更显得异常突出。我坐在他身边，抚摸着他枯枝般的手臂，和他大声地讲话，可无论我怎么讲、怎么问，他都没有一点反应。从他那呆滞的双眼里，我再也看不到已往的睿智和激情的光芒。一阵心酸，我止不住热泪盈眶。想不到一向鹤发童颜、身体健康的姚老竟被病魔折磨成如此光景。几十年艰苦不辍的笔耕，似乎已耗尽了老人全部精力。我起身剥了一颗葡萄，去掉籽，送到他嘴里，没想到他竟很快咽下去；我又剥了一根香蕉，一口一口地喂给他，他慢慢地把它吃完了。看到这情景我心里多少有点欣慰，便拉着他的手又说起话来，可他还是那样毫无反应地、呆滞地看着我，看着我……那天因为是节假日，病房里没有医生，也没有护士，只有一个安徽籍的小姑娘在陪伴着他。我问她，姚老是不是每天都这样，她说："是，来医院半个多月了，老先生就没有说过一句话。"看来，一切都是徒然了。最后，我只得取过一张纸来，在上面大大地写上："我是穆青，来看你，望你多保重，早日康复。"我把纸放在他眼前，停了一会儿，我突然发现他眼里有了一点点泪花。此时，我再也无法忍受心中的悲恸，放下纸片，便踉跄着含泪走出了病房，甚至不敢再回过头来看他一眼。

　　文中所记情景，发生在 1998 年的秋天，待到半年后姚老最后一次送进医院时，其状况更可想而知了。随着一个个"最后"的到来，老作家的生命之火正在一点一点地萎缩、熄灭。他的灵魂正在一点一点地离开他的肉体，渐行渐远，渐行渐远，直至完全彻底地化入永恒中。

## 第十六节　荣奔西极"马拉松"

1999 年 4 月 29 日 7 点 20 分左右，突接姚海天兄电话，说刚接陪床护工通知，"老人不行了"。他要立刻去医院，让我也尽快赶到。

纵然早有心理准备，却依旧震惊而惶恐。思维瞬间空白后，我拨通了作协办公厅的电话。还不到上班时间，幸亏秦友苏处长提前到岗，听取了我的关于姚老病危的报告。

待匆匆忙忙赶到医院时，病房里已经恢复了宁静。医护人员都撤了，只剩下姚兄和他的两个女儿，还有陪床的安徽保姆。一切都结束了！只有老人脸上横七竖八贴着的胶布，和用胶布固定在嘴上的一个管状绿色塑料器具，述说着刚刚终止的一场紧张抢救。

姚兄两眼通红，显然刚刚哭过。他说早晨 6 点时，护工曾往家里拨过一次电话。可她只说老人一夜没退烧，却没说有多严重。所以他是接到第二次电话才赶来的。"晚了，没见着最后一面。"

姚兄悲痛不已，我也非常难过。为了让老人能看到《李自成》四、五两卷的出版，近些日子我一直在废寝忘食地整理书稿，顾不上再到医院来……追求圆满，却酿就遗憾！"没见着最后一面"的悔恨，怕是要煎熬人一辈子了。

想到老人离去时竟无亲人在侧，忽然就对他脸上的胶布等愤恨、害怕起来——都是些什么东西呢！不能挽救生命，只能徒增痛苦！"快把那些东西取掉吧！还有那个尿袋子，都拿下来——看着太难受了！"

可是，多余的东西一拿走，才发现老人大张着嘴，半睁着眼。姚兄伸手把老人的眼皮抹下来，我则托起老人的下巴让他合上嘴。可是一松手，嘴又张开了，姚兄便接着托起来。他的女儿樱在一旁说："爸爸，别费劲了，到时候有整容的。"姚兄不理女儿，就那么托着，一动不动地托着……

此情此景，让我骤然想到了"死不瞑目"的含义，想到老人不肯闭拢的口中一定还积存着许多话——是的，死不瞑目！因为还有很多事情，姚老想做却没有来得及做！还有许多话语，姚老想说还没有来得及说！

姚老想看到《李自成》四、五两卷的成书；想看到《姚雪垠书系》的集结；想写《天京悲剧》；想写《大江流日夜》；想筹集一笔款子，继续给孩子们颁发"春风作文奖"；想组织一个历史小说研究会，研究历史科学与文学艺术该怎样才能完美结合……他早就说过："假若我活到八十多岁或九十岁，到临死的时候……我决不满足于已经获得的成就，而是非常遗憾，可惜呀可惜，可惜荒废了一些时间，使我有许多想象、梦想、计划，都没有来得及完成，就辞别了人间。"

神思恍惚间，听到保姆抽抽噎噎地讲述："昨晚半夜，爷爷把眼睛睁得好大好大，一直看着我，好像有什么话要说。我问：'爷爷，你不舒服吗？'他摇摇头；我说：'把大夫叫来吧？'爷爷说：'不用了'，声音小小的。我听着他嗓子里'呼噜呼噜'响，就想叫护士来给他吸吸痰，爷爷不让，说：'不麻烦了。'又说：'谢谢你！'再问他话，爷爷就不吭声了。"

病房里一片沉寂。一个即将远行的老人留在世间的最后几句话，引起了所有在场者的心灵震颤。"不用了""不麻烦了""谢谢你"——老作家宁愿自己咬紧牙关抵御痛苦，也不肯为了一个小小的要求去搅扰他人。不知道这算怎样的品格？也不知道这该叫什么精神？只知道老人从来如此、始终如此，到了生命的最后关头，依然如此！于是恍然明白，也许正因为如此，老人才不辞而别，不声不响地一个人踽踽走去了。

8 点 40 分，姚兄叫我跟他回家去，说有些紧急事务要处理。路上，他对我说，"老人早有遗言：丧事一切从简，不搞任何仪式——就照钱钟书先生的丧仪办。不知道作家协会在这方面有没有什么规定？"我说可以打电话问问，估计丧事从简的要求是会得到支持的。

9 点 30 分，我们又回到医院。

9 点 40 分，姚兄夫妇去买寿衣。离开病房时，他拉过被头蒙住了老人的脸。

9点50分，保姆按主家要求收拾完逝者的遗物，该扔的扔掉了，不该扔的全部装进老人生前坐的轮椅，推上走了。

病房里，一床白色棉被隔开了阴阳两个世界，一辈子辛辛苦苦笔耕不辍的老人，就连头带脚蜷曲在一床棉被下。瘆人的宁静质疑着时空的真实，我坐在病床对面的沙发里混混沌沌地想：这一切，该不会是一场梦吧？

突然，电话铃声大作，是新华社记者打来的，找我核实老人的有关情况，说是要发通稿。稿子中有大意为"去世前一直在写作"的字句，我说这不符合事实。对方问"那怎么办"？我说"可以虚化"，改为"一直笔耕不辍"为好。但对方说稿子已经发走，估计改不成了。我便有些心急火燎出言不逊。好在对方涵养甚深，没有跟我过多计较。

刚撂下电话，便有一辆窄窄长长的平板车推进病房，车上平铺着一个金黄色的大口袋，袋子上印着一个大大的黑色"奠"字。推车人自我介绍说是医院的殡仪工，受家属委托，要把遗体拉到太平间去。我说还没有给老人擦洗呢，他们说"还擦洗个什么劲，弄瓶酒一喷不得了"。一边说着就一边动了手——然而，他们又立刻住了手，粗声大气问道："怎么还光着呢？就这么着拉下去吗？"我说去买衣服去了，让他们等一等。他们不屑："早干什么去了？这会儿才想买装裹！"我说："不都是想着老人会好嘛！"两个人翻我一眼，嘟嘟哝哝埋怨几句，一个走了，另一个搬把椅子在病房外边坐下了。

11点左右，作家协会的人到了——人事部的领导到了，办公厅的领导到了，书记处书记张锲同志也到了！

11点30分左右，作协人事部领导夏申江同志打电话，把姚老的两个孙女樱和桦都叫来医院，指派她们去买两瓶酒精。酒精买来了，秦友苏处长挽起袖子给老人擦洗面部，接着又去擦脚，却发现老人的右腿还蜷着呢，又赶紧给老人揉搓关节。

11点50分左右，姚兄夫妇抱着大包小裹气喘吁吁赶到病房，大家一齐动手为老人穿戴……

12点5分左右，把老人送进太平间。

一切安排停当时，已近午后 1 点。张锲携作家协会的各部门领导离去。

14 点半，中国现代文学馆馆长舒乙先生携副馆长吴福辉并征集室主任刘屏率先登门吊唁，带黄、白两色大菊花插成的双层大花篮一只。"无止境斋"已经腾空，把花篮摆进去，昔日的书房变成了灵堂。

15 点 40 分左右，中国作家协会的两位负责同志——党组书记翟泰丰和书记处书记吉狄马加赶到姚老家中，吊唁并征询家人的治丧意见。姚兄转述了姚老"一切从简"的遗言，并说明依照老人的遗愿，对组织没有任何个人要求。两位领导钦佩老作家的高风亮节，但仍力主要搞一份《姚雪垠生平》，搞一个具有一定规模的告别仪式。翟泰丰书记说："一点都不搞不行。姚老这么大的作家，办得太简单了，读者会有意见的。"

临走时，翟泰丰书记走到姚老的卡片箱前，拉开一个抽屉，认真地翻看了整整齐齐排列其中的资料卡片，看了写在卡片上的蝇头小楷，不禁喟然而叹曰："姚老为写一部书，就下了这么大的功夫，这在中外文学史上都是不多见的。这才叫'做学问'哪！姚老这种精神，值得作家们好好学习。"

草拟《姚雪垠生平》的任务落到了我头上。是夜，我坐在电脑桌前，一颗心沉浸在怀念中，冥冥之中仿佛又听到姚老那洪亮的河南话："我从青年时候起，虽然有狂妄浮夸的缺点，但是我从来不停留在夸夸其谈，而是很严肃、很认真地对待我所追求的目标。我不仅能够实干，而且能够在逆境中不改素志。我这一生，从青年到老年，为着自己追求的目标，严重的疾病和贫困压不倒，骂不倒，斗不倒，沉重的政治压力压不倒。这就是我的性格。"

把一个顽强的生命 89 年的坎坷经历浓缩进几千个汉字中，我自知没有这样的资格和能力。但秦友苏处长的"命令"是不容违抗的，"你必须写"。他说，"初稿归你，定稿由组织负责"。近三十个小时的鏖战结束后，《姚雪垠生平》初稿完成。又经几番修改，最后由作协人事部主任段海燕为之划上了句号。

1999 年 5 月 14 日，姚雪垠遗体告别仪式在八宝山举行。殡仪馆第一告别厅里，老作家静静地偃卧在鲜花丛中。葬礼曲奏响前，中国作家协会党组书记翟泰丰同志传达:"丁关根同志特意打来电话,表示深切悼念。"只可惜逝者长已矣,人间天上,他已无从享受这一份并不在期待之中的哀荣。倘若真能九泉有知,我想整个告别仪式中最能安慰老作家心灵的,只能是悬挂于他遗像两侧的那副挽联——那副出自俞汝捷之心之手的挽联:

> 高志岂曾移,甚矣风霜历尽,落落一生,研透闯王,写活崇祯,耻学东吴牛喘月;征鞍从未卸,壮哉文集编成,煌煌廿卷,辟开《长夜》,迎来《春暖》,荣奔西极马拉松。

姚老走了,他把逾千万字(包括资料卡片和书系存目作品)的思想结晶留在了人间。就在他辞世不久,《李自成》第四、五卷问世,22卷《姚雪垠书系》出版,"姚雪垠长篇历史小说奖"如愿设立,"姚雪垠文学馆"也在他的家乡落成。中国作家协会特意为《姚雪垠书系》的出版举行了座谈会,作协党组书记金炳华在会上盛赞:"姚雪垠先生的精神世界,就像那广阔无垠的白雪一样,具有冰清玉洁的美好品质。"

# 后 记

2003年4月，"中国新文学学会"以电子邮件告知，拟于当年10月在其"根据地"武汉华中师范大学举行"姚雪垠创作国际研讨会"。9月，又通报因为"准备不充分"，研讨会延期举行，时间待定。

怎么会是这样呢？我困惑。适逢去武汉参加另外一个会议，便登门拜访了中国新文学学会会长——华中师范大学原校长王庆生先生和新文学学会常务副会长兼秘书长——华中师范大学文学院教授张永健先生。两位学者拨冗接见并治宴款待，席间几次说到"（研讨会）准备好了就开"，却绝口未提什么时候能够"准备好"。我以为问题出在钱上，而湖北社科院研究员——中国新文学学会理事俞汝捷却以深知内情的语气告诉我："不在钱，在人。现在研究姚老的人很少，研讨会当然就不容易准备。"

早就知道姚老"门前冷落车马稀"，但冷落到居然连个学术会议都开不起来，却也实在出乎意料。我忽然感觉到了"情绪化"这种东西的无处不在，同时也忽然产生了要为会议的"准备"做点什么的冲动——写这份传记，就这样被"情绪化"地决定了。

这个决定立刻得到了朋友们的支持：俞汝捷把他给姚老当助手时的部分日记以电子文档形式发到了我的信箱里，湖北省作协原党组书记洪洋则把他与姚老在一起的珍贵照片寄给了我。《红旗》杂志退休编审陆荣椿给我介绍了动员姚老参加文艺争鸣的经过，中国人民解放军总参谋部兵种部原政委田永清少将讲述了他与姚老"忘年之交"的点点滴滴。还有武汉之行新识新知的朋友——福州师范大学年轻的副教授涂秀虹，把她的导师齐裕焜教授的专著《中国历史小说通史》托人送到我手上，因为书中有专门章节讲到"姚雪垠的《李自成》"。

朋友们倾力相助催我前行，真正动手时已是 2004 年的春节。借贺岁之机我拜望了刘白羽、江晓天等老人，从他们的讲述中得到了有关姚老的许多"独家信息"；而臧克家、碧野等文学大家们的自传、"他传"则都是能为我所用的资料富矿，20 世纪三四十年代的姚雪垠就活在他们的著作中。

2005 年盛夏，我随中国现代文学馆学习考察团东渡扶桑。在日中文化交流协会的办公室里，日本朋友满怀深情地说起与他们携手共建日中友谊的中国作家们，其间几次提到姚雪垠。分别前夕，本村美智子和佐藤纯子又拿出姚雪垠题赠她们的诗作"斗方"，亲手交给了我团团长——中国现代文学馆常务副馆长李荣胜先生。曾两次接待姚雪垠访日的横川健先生则用一笔漂亮的汉字代书华函一封，详细述说了两位日本女学者将其多年的珍藏赠予中国现代文学馆的惠心美意。国际友人的慷慨之举，既为我提供了不可多得的珍贵史料，又让我进一步提高了工作的热情与信心。

最早关注此事的出版界朋友是江苏文艺社的汪修荣。他想编一套与历史小说有关的丛书，其中涉及姚老的一部分，他向我下达了编选任务。当他知道我正在忙活什么时，彼此间的交流内容立刻扩展了，深入了。2005 年的初冬季节，进京办事的汪修荣以一个资深编辑的身份，特意当面提出了很负责任的建议，使我和我的书稿受益匪浅。

来自出版界的另一束目光属于湖北人民出版社的左泽荣。这位资深编辑从他的同学——文艺报新闻部副主任石一宁处知道了我的电话号码，第一次通话时就开门见山直奔出版主题，那种热情与坦荡让我非常感动。后来又谈到姚老与湖北与武汉的关系，谈到他对姚老及其著作的理解……当书稿即将杀青时，他的电话又来了，这一回谈的是"奇怪个案"问题。他认为"姚先生是一个奇怪的个案"，"因为毛泽东是一直把李自成当作反面教员的，姚先生却把李自成写得那么好，而结果居然得到了毛泽东的赏识。"他不理解，"好奇怪哟！究竟是书中的什么东西拨动了一代伟人的心弦？这个问题值得研究！"左泽荣反复强调着"奇怪个案"四个字，建议我"一定把它写进'后记'中"。

我愿意接受左泽荣的建议，因为我认同他的"奇怪个案说"。在我看来，"奇怪个案"四个字对于姚老而言是知人之语，对于这本书来说则堪称简练至极的内容提要。也许是感觉到了便更能深刻理解的原因吧，我忽然欣喜地发现：在这本书里，我的拙笔所试图描画出的，正是姚老生命旅途中那些最能凸显"奇怪个案"主题的独特"景点"。

他视"唯有读书高"为信条，而偏偏没有像样的正规学历。他想研究历史，却不得不写小说。他从1929年就参加了革命，工龄计算却始于新中国成立的1949年。他从事着"人学"的文学，说话办事却一味我行我素而不考虑他人感受。为了对人类的知识宝库有所贡献他只记得"我"和"我的事业"，却每每忘记社会本身就是一个彼此相互支撑的"人"字架构。他有出色的外交潜质，却常常不能妥善处理身边琐事。他疾恶如仇、宁折不弯，却因为太刚直、太耿介而每每得罪朋友。他无心机少黠虑真诚待人，却在走南闯北几十年后仍然是一支势单力孤的"独立大队"。他用他的文学创作首当其冲对极左路线举起了叛旗，而在以讹传讹人云亦云的"口碑"中他却一直是"左"名昭著。贫穷、疾病和无边长夜一次又一次把他推入鬼门关，他却一次又一次战胜死神顽强地活到了89岁。他有着哲人的深邃，却又像孩童一样天真。在知识界流行相互攻讦以求自保的反"右派"岁月里，他固守着与人为善的根基咬紧牙关拒绝"揭发""批判"；可是到了文坛道弟称兄一团和气时，他却为了一种自我掮起的社会责任而吹求张三、指责王五、四面出击、八方树敌。政客厌弃他，因为他拒绝吹吹拍拍；同行疏远他，因为他三句话便离不开《李自成》。他鄙夷"世故文章"；他崇尚"惟忧道不忧贫"。他能无视实利，却难割舍虚名。他在逆境中活出了人性的美丽，却在鲜花和掌声中迷失了自我。他曾经独上高楼而望断天涯，他曾经衣带渐宽却无悔无怨。当灯火阑珊处蓦然回首时，阅尽人间"三境"无限风光的姚老在他的《学习追求五十年》中坦诚自陈："我从青年时候起，虽然有狂妄浮夸的缺点，但是我从来不停留在夸夸其谈，而是很严肃、很认真地对待我所追求的目标。我不仅能够实干，而且能够在逆境中不改素志。我这一生，从青年到老年（到"四人帮"倒台为止），为着自己追求的目标，严重的疾病和贫困压不倒，骂不倒，斗不倒，沉重的政治压力压不倒。这就是我的性格。"

我知道，以我的学识与见识来对一个充满传奇色彩的人生说三道四评头论足，实在是有些捉襟见肘、不自量力。好在从一开始我就不乏这点自知之明，所以我的工作目标只在为后来的研究者铺路搭桥，而从不敢有更高的企求与奢望。整个工作进程中，每当我感到有些心力不济、底气不足时，伟大的契诃夫总会让他的莉达走出《带阁楼的房子》浮现于我的脑海教导我："人不可以把手放在膝盖上坐着不动。固然，我们没有拯救人类，也许我们还做了许多错事，可是我们在尽我们的能力做，那我们就是对的。"

两年又七个月过去了，《姚雪垠传》终于画上了最后一个句号。行将付梓之际，我收到了自己由衷敬重的"顶头上司"——中国作家协会副主席兼中国现代文学馆馆长陈建功先生为书稿写的序言。由此而来的感动与感激无法言表，因为我非常明白，《序》里的每一字每一词都生产于名副其实的"百忙之中"，而每一词、每一字都举足轻重，蕴含着沉甸甸的信任与鞭策。

在莫名的感动与感激中，我又收到了同事小友辛昭瑞利用业余时间替我扫描的为书稿配备的几十帧照片，收到了姚老之子姚海天在关键时刻送来的珍贵史料。就这样，来自四面八方的支持与鼓励围护着我，使我坚定地相信自己是一个随时随地都能"得贵人相助"的有"福"之人。唯其如此，我便有理由更加坚定地相信——读者们一定能够宽宥我的浅薄与粗疏，从而一定能够原谅本书的所有瑕疵与缺漏。

——难道不是吗？

许建辉

2006 年初秋于北京顺义樱花园

# 再版后记

2019 年 8 月 10 日，中国新文学学会姚雪垠研究分会组织召开"新世纪姚雪垠研究的推进与深入"学术研讨会。会议在河北大学文学院举行。

陕西师范大学人文社会科学高等研究院院长李继凯教授远道赴会。会议茶歇时，李教授对我说："把你的《姚雪垠传》再版一下吧。加入我们的'秦岭学术书系'。""真的?"我有些喜出望外。"还能有假?"李教授非常认真。"那我得好好修订一下。""最多再搞些注释就行了。"

拙著《姚雪垠传》于 2007 年 5 月由湖北人民出版社初版，迄今已 12 年有余。再版之事，早就想过，也曾与两三位搞出版的朋友谈过，收获了不少热情的鼓励与支持。但"想"是一回事，"干"是另一回事。对于一个懒人来说，真要动起来，还必须有一种能使之心悦诚服的"指令"才行。

而李继凯教授所言，对我来说就是"指令"。因为我敬重他的人品与文品，佩服他的学养和识见。而他独具的沉着、稳重、练达、细致的待人接物风格，更是有着一种可以凝聚信任的天然魅力。所以，能站在他的麾下，是一种幸运。

于是，从 8 月中旬开始，我便投入了《姚雪垠传》的修订工作。三个多月里，除按《中国作家》(纪实版)的要求改了一篇小文、应《河北革命老区发展史》编辑部之邀为家父搞了一份比简历略繁的小传之外，其他时间倾心倾力投入，终于完成了修订工作。

这次修订，主要体现在以下方面：

第一，原有 14 章，现删改后留 13 章。

第二，原第一章的全部——第一到七节和第二章的第一节合并为"引子"，由原二万一千多字缩为七千多字。

第三，删除原第九章的第六节《牛棚内外》，增加现第九章之第五节——《鱼雁传书谈艺忙》。

第四，《尾声》原为十节，现拆分为十六节。原始资料略有增加，而总字数减少六千左右。

第五，原八十多个小节标题，三分之二有更动。例如：《又与死神擦肩而过》改为《遭逮捕与被开除》，《这土地是我们的》改为《敌寇枪刺下的宣言》，《〈风雨〉开封》改为《风雨同舟办〈风雨〉》，《话说"创作集"》改为《"怀正文化社"与〈雪垠创作集〉》，《病从口出》改为《五株"鸣放""毒草"》，《欲加之罪》改为《一朝定案"极右"》，《〈长夜〉热法国》改为《法国朝野〈长夜〉热》，《海上明月共潮生》改为《"血胜于水"同胞情》……究其目的，或为明晰，或为准确，或为好读，或为好记，或为更客观，或为更概括……

第六，内文从头至尾都有改动，至少语言表述上在尽力向"简洁"靠拢。其中改动较大的是第三章的第四和第五节，第五章的第四节，第六章的第一、第三、第四节。

第七，引文注释由"夹注"改为"脚注"。

综上所述，此次修订，动作较大，所涉文字在一半以上。

然而，千改万改，求真求实的"初心"未改；千变万变，尊重历史忠于历史的立场观点不变——这一点，是要特别交代的。

拙著一册，从文稿到成书，不知还要耗费多少人的劳动。谨向所有默默付出着心血和汗水的朋友，致以由衷的谢忱。

许建辉

2019 年 12 月 1 日

于北京中粮祥云小镇

责任编辑：姜　虹

**图书在版编目（CIP）数据**

姚雪垠传 / 许建辉 著 . — 北京：人民出版社，2023.10
ISBN 978 - 7 - 01 - 025469 - 2

I. ①姚…　II. ①许…　III. ①姚雪垠（1910—1999）- 传记　IV. ① K825.6

中国国家版本馆 CIP 数据核字（2023）第 035185 号

## 姚雪垠传
YAOXUEYIN ZHUAN

许建辉　著

人民出版社 出版发行
（100706　北京市东城区隆福寺街 99 号）

环球东方（北京）印务有限公司印刷　新华书店经销

2023 年 10 月第 1 版　2023 年 10 月北京第 1 次印刷
开本：710 毫米 × 1000 毫米 1/16　印张：26
字数：367 千字

ISBN 978 - 7 - 01 - 025469 - 2　定价：100.00 元

邮购地址 100706　北京市东城区隆福寺街 99 号
人民东方图书销售中心　电话（010）65250042　65289539